suhrkamp taschenbuch
wissenschaft 979

»Methodische Philosophie«, obgleich bis in Buchtitel hinein zu finden, ist bisher nicht als Schul- oder Positionsbezeichnung gebräuchlich. Wo Vertreter der methodischen Philosophie als solche identifiziert werden, spricht man vielmehr von »Erlanger Schule« oder von »Konstruktivismus«. Der vorliegende Band dokumentiert, wohin sich Vertreter methodischen Philosophierens entwickelt haben. Heterogenität ist für den Leser unschwer zu erkennen in zweifachem Sinne: zum einen im Vergleich heutiger mit früheren Auffassungen, zum anderen im Vergleich der heute vertretenen Auffassungen untereinander. Aber sie findet eine Grenze darin, daß jedwedes Thema von jedweder Ausgangsposition Gegenstand der Debatte werden kann, für die Gemeinsamkeiten geblieben sind – eben die eines »methodischen Philosophierens«. Geblieben ist der Anspruch auf terminologische Nachvollziehbarkeit, auf das prinzipielle Recht, für jede These eine Begründung zu verlangen, und der Ernst, Philosophie nicht nur als konsequenzenloses Glasperlenspiel zu betreiben. Wirkungen auf die Philosophie selbst, auf die Fachwissenschaften, auf das politische Handeln und auf die Pflege des Verständnisses der eigenen Vergangenheit sind durchgängig spürbar.

Entwicklungen der methodischen Philosophie

Herausgegeben von
Peter Janich

Suhrkamp

Die Deutsche Bibliothek – CIP-Einheitsaufnahme
Entwicklungen der methodischen Philosophie /
hrsg. von Peter Janich. –
1. Aufl. – Frankfurt am Main :
Suhrkamp, 1992
(Suhrkamp-Taschenbuch Wissenschaft ; 979)
ISBN 3-518-28579-3
NE: Janich Peter [Hrsg.]; GT

suhrkamp taschenbuch wissenschaft 979
Erste Auflage 1992

Satz und Druck: Wagner GmbH, Nördlingen
Printed in Germany
Umschlag nach Entwürfen von
Willy Fleckhaus und Rolf Staudt

1 2 3 4 5 6 – 97 96 95 94 93 92

Inhalt

Vorwort 7

SPRACHE UND BEGRÜNDUNG

Hans Julius Schneider
Kann und soll die Sprachphilosophie methodisch vorgehen? 17

Friedrich Kambartel
Notwendige Geltung. Zum Verständnis des Begrifflichen 34

Kuno Lorenz
Das dialogische Prinzip in der Philosophie. Ein Beitrag zur Überwindung der Subjekt-Objekt-Spaltung 47

Jürgen Mittelstraß
Rationalität und Reproduzierbarkeit 54

WISSENSCHAFTSPHILOSOPHIE

Peter Janich
Die technische Erzwingbarkeit der Euklidizität 68

Rüdiger Inhetveen
Wissenschaftstheorie und die Einheit der Natur 85

Rudolf Kötter
Vereinheitlichung und Reduktion. Zum Erklärungsproblem der Physik 91

Holm Tetens
Naturalismus und Kulturalismus. Reflexionen zur naturalistischen Erforschung des Mentalen 113

Christian Thiel
Neuere Überlegungen zur Geschichtsschreibung einzelwissenschaftlicher Disziplinen 125

PRAKTISCHE PHILOSOPHIE

Carl Friedrich Gethmann
Universelle praktische Geltungsansprüche. Zur philosophischen Bedeutung der kulturellen Genese moralischer Überzeugungen 148

Oswald Schwemmer
Moralität und Identität 176

Paul Lorenzen
Diesseits von Idealismus und Realismus 207

DINGLERIANA

Ulrich Weiß
Die andere Seite der Medaille. Das »Irrationale« im Verhältnis zu Hugo Dinglers Methodik 218

Jörg Willer
Relativitätstheorie und methodische Philosophie . . . 240

Gereon Wolters
Opportunismus als Naturanlage: Hugo Dingler und das ›Dritte Reich‹ 257

Hinweise zu den Autoren 328

Vorwort

»Methodische Philosophie«, obgleich bis in Buchtitel hinein zu finden, ist bisher nicht als Schul- oder Positionsbezeichnung gebräuchlich. Wo Vertreter der methodischen Philosophie als solche identifiziert werden, spricht man vielmehr von »Erlanger Schule« oder von »Konstruktivismus«. Diesen drei Bezeichnungen ist hier kurz nachzugehen, um zu erläutern, was die Autoren dieses Bandes zusammenführt.

Zunächst muß sich der Versuch, etwas Orientierendes über Schul- oder Richtungsbezeichnungen zu sagen, vorsehen, nicht die Geschichte einer »Schule« zu schreiben – schon aus dem einfachen Grund, weil Geschichtsschreibung in der Regel Geschehenes im Sinne von Abgeschlossenem betrifft. Philosophische Schulen oder Richtungen, die zu ihrer eigenen Geschichte gekommen sind, betrachten diese oder doch Phasen ihrer Geschichte als beendet. Der vorliegende Band jedoch kann das Gegenteil dokumentieren.

Damit soll kein Verdikt über Schulgeschichtsschreibung ausgesprochen sein. Daß es für das Verständnis auch aktuell betriebener Philosophie sinnvoll und ergiebig sein kann, aus systematischem Interesse heraus den eigenen historischen Wurzeln im institutionellen, personellen und geistesgeschichtlichen Sinne nachzugehen, kann die lesenswerte Einleitung Carl Friedrich Gethmanns zu seinem Sammelband *Lebenswelt und Wissenschaft* (1990) zeigen. Dieses Beispiel belegt, wie Philosophiegeschichte nichtarchivarisch geschrieben, sondern als Beitrag zum Fortgang der systematischen Diskussion, im gegebenen Fall etwa für das Verhältnis lebensweltlicher Orientierungen zu wissenschaftlichen Rationalitätsstandards, genutzt werden kann. (Hier jedoch geht es lediglich um eine Information des Lesers zur Auswahl dieses Sammelbandes.) Die Bezeichnung »Erlanger Schule« ist meines Wissens ursprünglich eine Erfindung ihrer Gegner. Selbstverständlich tauchte sie zunächst mündlich auf, bevor sie die Stabilität der Schriftlichkeit (und damit die leichtere Verwendbarkeit und vermeintlich klarere Bedeutung) erhielt. Dies geschah wohl zunächst in den beginnenden Auseinandersetzungen um die Wissenschaftstheorie mit den (vor allem aus München kommenden) Vertretern analytischer und empiristischer Positionen, und andererseits in der Konfrontation mit den Entwicklungen der Frankfurter Schule. Aus damaliger Innenansicht tat sich die Erlanger Philosophie mit beiden schwer: mit der analytischen Tradition wegen ihres pragmatisch-methodischen Defizits und der völligen Abblendung von Rechtfertigungs- gegenüber Begründungsaufgaben; gegenüber der Frankfurter Schule wegen des Defizits an terminologischer und methodischer Strenge. (Beide Schwierigkeiten haben sich inzwischen deutlich verringert.)

Wie in voranschreitenden Wissenschaften häufig, sind auch in der frühen Erlanger Zeit zwei Effekte zusammengetroffen: einerseits der Dissens zu anderen Positionen als Veranlassung der klaren Artikulation eigener Auffassungen, andererseits ein über einige Jahre institutionell gegebener Diskussionszusammenhang für eine Gruppe von Philosophen, die, begünstigt durch das Programm kritischer Sprachrekonstruktion, schnell eine gemeinsame Sprache fanden, um, von der Verschiedenheit des Naturells und fachwissenschaftlicher Herkünfte belebt, an denselben Problemen zu arbeiten.

Lange bevor »Erlanger Schule« als Selbstbezeichnung zum ersten Mal auftrat (im Klappentext von Paul Lorenzens *Konstruktive Wissenschaftstheorie*, Frankfurt am Main 1974) waren die philosophischen Diskussionen zwischen Wilhelm Kamlah und Paul Lorenzen und deren gemeinsame Oberseminare mit deren erster Schülergeneration (Jürgen Mittelstraß und Kuno Lorenz als Assistenten, Peter Janich als Student) der Boden, auf dem sich die »Logische Propädeutik«, dann allgemein sich weiter differenzierende Lehrmeinungen zur Sprachphilosophie, zur Logik, zur Wissenschaftstheorie von Mathematik und Physik und zu einigen anderen Themen entwickelte. Nur aus persönlicher Erinnerung kann ich beitragen, daß damals in Erlangen, konfrontiert mit der Außeneinschätzung einer Schule oder Position, die Bildung oder Zugehörigkeit zu einer solchen als wenig erstrebenswert und mit der konstruktiven Philosophie unverträglich betrachtet wurde. Dies galt auch noch, als später Christian Thiel und noch später Oswald Schwemmer und Hans Julius Schneider nach Erlangen kamen bzw. zum festen Teilnehmerkreis der Lehrveranstaltungen von Kamlah und Lorenzen wurden. Noch die zweibändige, von Kuno Lorenz herausgegebene Festschrift für Paul Lorenzen zu dessen sechzigstem Geburtstag verrät mit ihrem Titel *Konstruktionen versus Positionen* die Auffassung, daß es in der Philosophie nicht um die Einnahme von Positionen im Sinne von Standpunkten gehe, von denen aus die Welt ihre philosophischen Aspekte gewinnt, sondern um Philosophie als Erkenntniskritik vor allem durch Sprachkritik.

Jeder Widerstand gegen die Zurechnung zu einer Schule ist jedoch spätestens seit der (dieser Richtung zugeschriebenen) *Enzyklopädie Philosophie und Wissenschaftstheorie* (hg. von Jürgen Mittelstraß mit Gereon Wolters), die in den Artikeln »Erlanger Schule« und »Konstruktivismus« zumindest äußerlich betrachtet zu sich selbst gekommen ist, aussichtslos. Zwar fehlt immer noch deren dritter Band, und operativ ließen sich jetzt die »Konstruktivisten« als Adressatenkreis für die Frage nach dessen Erscheinungstermin definieren, aber dieses Kriterium für den Fortbestand eines Diskussionszusammenhangs ist aus vielfachen Gründen zu schwach.

Immerhin läßt sich jetzt die Verantwortung dafür, die Bezeichnungen »Erlanger Schule« und »Konstruktivismus« in einer Diskussion zu gebrauchen, nicht mehr deren Kritiker oder Kontrahenten zur Last legen. Vielmehr muß sie, wo denn das legitime Interesse der Zusammenfassung und Vereinfachung auf Schulbezeichnungen führt, nun von den so Angesprochenen übernommen werden. Sie haben festzulegen, was unter dem Schulnamen zu verstehen sei. Die Pseudokanonisierung von Schulbezeichnungen durch Wörterbuchartikel ihrer eigenen Referenten gibt aber auch Gelegenheit, vom eher sozialpsychologischen oder affektiven zu einem eher informativen Sprachgebrauch überzuleiten.

Dazu darf wohl die Selbstverständlichkeit für alle wissenschaftlichen oder philosophischen Schulen oder Gruppierungen rechnen, daß diese aus mehreren Personen bestehen, die jeweils ihren eigenen Kopf haben. Vielleicht trägt hier – der ansonsten gefährliche – Vergleich mit Glaubensgemeinschaften religiöser Art: die »Gleichgläubigkeit« von Angehörigen einer Religionsgemeinschaft ist ja im günstigsten Falle, ausgehend von kanonischen Texten und einer diese sanktionierenden Institution, nur eine regulative Idee. Die Schäfchen der Herde benötigen zum Zusammenhalt zumindest den Hund und benehmen sich dann doch, aus der Sicht des Schäfers, nur wie eine Schafherde. Das Schaf, recht besehen eigenständiger als der die Befehle des Schäfers ausführende Hund, fügt sich – in Maßen. Das *tertium comparationis* zum Hund ist die institutionelle Konkurrenz von Philosophen. Oder anders formuliert, es ist gerade die Schulbezeichnung durch Außenstehende, die die Herde als Einheit zusammenhält, aber eben auch nur in der Außenperspektive des Schäfers.

Was zum Beispiel für die internen Diskussionen unter den Vertretern des Wiener Kreises längst zum philosophiehistorischen Wissen gehört und auch für die intimen Kenner der Frankfurter Schule als gängiger Wissensbestand gilt, war auch für die philosophischen Diskussionen in Erlangen selbstverständlich: sie wurden kontrovers geführt; und dort, wo diese Diskussionen zur Einigung im Ergebnis kamen, waren diese Ergebnisse durch die Zeit hindurch nur phasenweise konstant, um schließlich erneut, sei es durch externe Herausforderungen, sei es durch interne Aspektverschiebungen, diskutiert zu werden.

Erhebliche Bewegung kam in die im erwähnten Sinne homogene Gruppe der Erlanger Philosophen, als die Ethik ins Zentrum des Interesses rückte. Die praktische Philosophie galt zeitenweise, vor allem in den Lehrveranstaltungen, als vordringlich gegenüber der theoretischen, und zugleich begannen, personenbezogen, zwei Auseinanderentwicklungen: so groß die Einigkeit in Sprachphilosophie und Logik zwischen Wilhelm Kamlah und Paul Lorenzen war, so schnell erschöpfte sie sich im Bereich der Moralphilosophie, wie dann Wilhelm Kamlahs *Philosophische Anthropologie* (Mannheim, Wien, Zürich 1973) im Vergleich zu Paul Lorenzens und Oswald Schwemmers *Konstruktive Logik, Ethik und Wissenschaftstheorie* (Mannheim, Wien, Zürich 1973) belegen. Zum andern zentrierten sich zwei Gruppen bereits in Erlangen um die Interessenschwerpunkte der theoretischen und der praktischen Philosophie.

Institutionelle Gründe, vor allem die Berufungen von Jürgen Mittelstraß und Peter Janich nach Konstanz, führten dann in Konstanz zu einem neuen Durchgang durch alte Themen und zu einer von Erlanger Personen weitgehend unabhängigen Fortentwicklung der bisherigen Ansätze, nicht zuletzt durch eine anregende Zusammenarbeit mit Friedrich Kambartel. Ein von einer ganzen Gruppe von Philosophen getragenes wissenschaftstheoretisches Kurssystem für alle Studenten der Universität Konstanz (wiewohl nicht von allen Professoren anderer Fächer gern gesehen), an dem sich dann auch Hans Julius Schneider und Franz Koppe beteiligten, war ebenso ein Versuch einer ersten Umsetzung der methodischen Philosophie in eine abgeschlossene Lehrform wie das von den drei Autoren Peter Janich, Friedrich Kambartel und Jürgen Mittelstraß gemeinsam verfaßte Buch *Wissenschaftstheorie als Wissenschaftskritik*. Derweil ging in Erlangen, wo Oswald Schwemmer Assistent bei Paul Lorenzen geworden war und sich dann dort habilitierte, die Gründung des »Interdisziplinären Instituts für Wissenschaftstheorie und Wissenschaftsgeschichte« vonstatten. Schon Jahre vorher hatten die Berufung von Kuno Lorenz nach Saarbrücken, später die von Christian Thiel nach Aachen die institutionelle Vorgabe eines Diskussionszusammenhangs aufgelöst. Jetzt, 1990, sind die ehemals aus Erlangen stammenden und einige von außen hinzugekommene Philosophen (neben Friedrich Kambartel vor allem Carl Friedrich Gethmann) über viele Universitäten verstreut. Das Kriterium des gemeinsamen Universitätsortes als äußerer Anlaß eines Diskussionszusammenhanges ist damit entfallen.

Zwar lassen sich noch neben dem von Friedrich Kambartel und Jürgen Mittelstraß herausgegebenen Sammelband *Zum normativen Fundament der Wissenschaft* (Frankfurt a. M. 1973) einige Tagungen nennen, welche (teilweise ebenfalls in Sammelbänden dokumentiert) die der Erlanger Schule zugerechneten Philosophen wieder zusammengeführt haben (zum Beispiel Oswald Schwemmer (Hg.), *Vernunft, Handlung und Erfahrung. Über die Grundlagen und Ziele der Wissenschaften*, München 1981; Peter Janich (Hg.), *Methodische Philosophie. Beiträge zum Begründungsproblem der exakten Wissenschaften in Auseinandersetzung mit Hugo Dingler*, Mannheim/Wien/Zürich 1984, ein Kolloquium über Protophysik in der Reihe der Boston Colloquies for the Philosophy of Science, April 1985, sowie eine nicht veröffentlichte Tagung über den physikalischen Massebegriff, Marburg, Oktober 1986). Erst 1989 erschien – wohl wegen einer längeren Entstehungs- und Übersetzungsgeschichte – der von R. E. Butts und J. R. Brown herausgegebene (und dem Theologen, Botaniker und Philosophen Johann Jakob Feinhals gewidmete) Band *Constructivism and Science. Essays in Recent German Philosophy*, in dem die Autoren Carl Friedrich Gethmann, Peter Janich, Kuno Lorenz, Paul Lorenzen und Jürgen Mittelstraß mit je zwei Beiträgen, die Autoren Oswald Schwemmer und Christian Thiel mit je einem Beitrag einen Durchgang von der Logik über die Protowissenschaften bis zur Ethik unternehmen.

Andere Ansätze, in der englischsprachigen Diskussion, vor allem

in den USA, mit konstruktivistischen Arbeiten Fuß zu fassen, sind (in chronologischer Reihenfolge) Paul Lorenzens *Normative Logic and Ethics* 1969, die schriftliche Fassung seiner John Locke Lecture Oxford 1967/68, Peter Janichs »Protophysics of Time. Constructive Foundation and History of Time Measurement«, das 1985 in den *Boston Studies in the Philosophy of Science* erschien, Paul Lorenzens Aufsatzsammlung *Constructive Philosophy* (1987) und schließlich Peter Janichs *Euclid's Heritage. Is Space Threedimensional?*, das derzeit in den »Western Ontario Series in the Philosophy of Science« erscheint. Als die APA (American Philosophical Association) in ihrer Jahrestagung von 1986 in Chicago (in der Reihe von Vorstellungen nationaler Philosophien) sich der damals bundesrepublikanischen widmete, stellten Carl Friedrich Gethmann und Peter Janich argumentationstheoretischen und wissenschaftstheoretischen Konstruktivismus vor.
Aber darüber hinaus war ein lebendiger Diskussionszusammenhang außer einigen bilateralen Diskursen nicht mehr gegeben. Die räumliche Zerstreuung, die selbstverständliche Orientierung an eigenen Schwerpunktsetzungen, an konkurrierenden Lehrmeinungen und der Kontakt mit neuen Kollegen an neuen Universitätsorten hat Einfluß genommen auf die Wahl der Arbeitsgebiete. Die Form der Tagung ist das Mittel geworden, sich über den Fortgang der eigenen Arbeiten auszutauschen.
Hinsichtlich der Bezeichnung »Konstruktivismus« war es ein unerwartetes und zunächst schwer einzuordnendes Ereignis, daß 1985 ein Buch *Einführung in den Konstruktivismus* erschien, das nicht den geringsten Bezug zum Erlanger Konstruktivismus nahm und von Autoren (unter anderem Erich von Glasersfeld, Heinz von Foerster, Paul Watzlawick und Siegfried J. Schmidt) verfaßt war, die keine Verbindung zur Erlanger Schule haben bzw. hatten. Aus dem 1987 von Siegfried J. Schmidt herausgegebenen Band *Der Diskurs des radikalen Konstruktivismus* konnte man dann erfahren, um welche philosophischen, vor allem in Kognitionswissenschaften biologischer, psychologischer und literaturwissenschaftlicher Richtung hinein fortgesetzten Thesen es ging. Hatten Erlanger Konstruktivisten noch lange darauf beharrt, ihre eigenen Bemühungen »konstruktiv«, nicht aber »konstruktivistisch« zu nennen, so gab es nun terminologisch weniger bedenkengeplagte Wissenschaftler, die sich selbst entschieden als Konstruktivisten variierender Radikalität bezeichneten. Aus ersten

Kontakten im Rahmen des Schwerpunktprogramms »Gehirn und Kognition« der Deutschen Forschungsgemeinschaft ergaben sich Ansätze zu einer Zusammenarbeit, die zum Beispiel zu einem Kolloquium Erlanger und (reformiert radikaler) Konstruktivisten in Marburg (1989) führte.

Die Selbstwahrnehmung des Radikalen Konstruktivismus ging zunächst von einer rein zufälligen Namensgleichheit ohne sachlichen Bezug zur Erlanger Schule aus, bis W. Zitterbarth nachwies, daß der italienische Linguist und Philosoph Silvio Ceccato, Lehrer Ernst von Glasersfelds, ein intimer Kenner der Dinglerschen Philosophie war und wohl auch mit diesem wissenschaftlichen Kontakt hatte. Inzwischen ist auch die systematische Nähe der beiden Positionen Gegenstand wissenschaftlicher Publikationen geworden (Zitterbarth 1991, Janich 1991). Zur Abkehr vom wenig informativen Ortsnamen »Erlangen« zugunsten einer sachbezogen informativen Bezeichnung ist dort von »methodischem Konstruktivismus« die Rede.

Die in diesem Band vorgestellten Beiträge waren – aus dem äußeren Anlaß des 75. Geburtstags von Paul Lorenzen – Vorträge einer Tagung, und zwar in Marburg im März 1990. Auf ihr sollte (hier sei noch einmal der Fritz-Thyssen-Stiftung für ihre Unterstützung gedankt), ohne jede thematische Vorgabe, eine Übersicht über jüngste Fortentwicklungen gewonnen werden. Manche Autoren haben auf der Beibehaltung ihres (zeitlich limitierten) Vortragstextes bestanden, andere eine Ausarbeitung zu Aufsätzen nach den üblichen Kriterien verlangt. Daraus ist eine gewisse Inhomogenität der Beiträge entstanden, die aber die Lektüre nicht unattraktiver machen muß. (Für den Beitrag von Gereon Wolters war – wegen der unentbehrlichen Zitate von Belegen – von vornherein ein größerer Umfang geplant).

Die Zusammenfassung von mehreren Vorträgen zu insgesamt vier Teilen ist eine nachträglich vom Herausgeber vorgenommene und war keine Vorgabe an die Autoren.

Der vorliegende Band dokumentiert, was – aus der Binnenwahrnehmung eines rund 25jährigen Diskussionszusammenhangs – auch schon in den ersten Erlanger Anfängen gegolten hat, nämlich eine Gleichheit in der Verschiedenheit. Heute würden sich einige der in diesem Band versammelten Autoren mit Nachdruck dagegen verwahren, zur Erlanger Schule gerechnet zu werden. Fast wie Jugendsünden wird mancher eigene Aufsatz aus der Vergangenheit betrachtet. Für andere haben sich keine Gründe für grundsätzliche Umorientierungen ergeben. Aber nicht nur muß sich eine Gruppe von Philosophen von Außenstehenden die Zusammenfassung zu einer Gruppe oder Richtung gefallen lassen (und damit eine Interpretation, die vielleicht den eigenen Absichten wenig entspricht), sondern auch der einzelne innerhalb der Gruppe von deren anderen Mitgliedern.

Sicher spielen für die Gruppenzugehörigkeit psychologische Faktoren eine Rolle. Eine Tagung von Personen, die sich aus gemeinsamer Arbeit ein halbes Leben lang kennen, hat auch den Charakter des (für die eigene Identität und Lebensübersicht durchaus fruchtbaren) Klassentreffens. Die Zusammenfassung in einem Band wie dem vorliegenden ist dann die Äußerlichkeit, welche die Heterogenität der Meinungen im Inneren unberührt läßt. Heterogenität ist für den Leser unschwer zu erkennen im zweifachen Sinne: zum einen im Vergleich heutiger mit früheren Auffassungen, zum anderen im Vergleich der heute vertretenen Auffassungen untereinander. Aber sie findet ihre Grenze offenbar darin, daß – so wenigstens die Selbstwahrnehmung – jedwedes Thema von jedweder Ausgangsposition Gegenstand der Debatte werden kann, für die Gemeinsamkeiten geblieben sind – eben die eines »methodischen Philosophierens«. Geblieben ist der Anspruch auf terminologische Nachvollziehbarkeit, auf das prinzipielle Recht, für jede These eine Begründung zu verlangen, und der Ernst, Philosophie nicht nur als konsequenzenloses Glasperlenspiel zu betreiben. Wirkungen auf die Philosophie selbst, auf die Fachwissenschaften, auf das politische Handeln und auf die Pflege des Verständnisses der eigenen Vergangenheit sind durchgängig spürbar.

Vermutlich war es vor allem das sogenannte »Orthosprachen-Programm«, das in der ersten Auflage (1973) von Paul Lorenzens und Oswald Schwemmers Buch *Konstruktive Logik, Ethik und Wissenschaftstheorie* mit einem »Ortholexikon« (in der 2. Auflage 1975 nicht mehr enthalten) als einem Versuch des methodischen Aufbaus der ganzen philosophischen Terminologie nachhaltig für einen Dogmatismusverdacht gegen den methodischen Konstruktivismus sorgte – von der Tatsache abgesehen, daß sich in der Analytischen Philosophie spätestens seit Thomas S. Kuhn und Paul K. Feyerabend als Mehrheitsmeinung immer mehr Relativismen durchzusetzen begannen, wo einige Konstruktivisten das philosophische Programm einer Erkenntnis- und Wissenschaftskritik in Form von Begründungen durch rationale Rekonstruktionen weiter für tragfähig halten. Schon äußerlich ist dieser Vorwurf eher durch die Psychologie der Kritiker als durch systematische Positionen zu erklären, und neuerdings fand sogar auf Einladung des Konstanzer Zentrums Philosophie und Wissenschaftstheorie (im Zusammenhang einer Kooperation mit dem Center for Philosophy of Science, Universität Pittsburgh) eine Tagung (»Carnap-Reichenbach-Centennial«) statt, auf dem die Analytische Philosophie ganz unter sich war.

Der Herausgeber hat hier weder den Weg seiner Freunde und Kollegen noch die einzelnen Beiträge zu kommentieren und etwa ins Verhältnis zu setzen zu früheren Auffassungen der Autoren. Vielleicht kann der Leser entdecken, daß es nur in der Außenwahrnehmung ein Paradox ist, zugleich einen bestimmten Rationalitätstypus oder Stil des Philosophierens zu favorisieren und sich doch auf sehr verschiedene Wege zu machen. Insofern setzt der vorliegende Band fort, was als Entwicklung bereits in der *Enzyklopädie Philosophie und Wissenschaftstheorie* deutlich wird: daß nämlich die von ihren Gegnern anscheinend so klar identifizierten »konstruktivistischen« Lehrmeinungen von deren vermeintlichen Vertretern weit am Ziel ihrer Gegner vorbei weiterentwickelt, von anderen der der Schule zugerechneten Autoren aber nicht mehr geschätzt werden.

So mag es denn Außenstehenden und Kritikern überlassen bleiben, über die unstrittige Identifikation einer Gruppe oder Schule am Kriterium der institutionellen Genealogie hinaus zu befinden, wo die prinzipiellen Gemeinsamkeiten liegen.

Hans Julius Schneider

Kann und soll die Sprachphilosophie methodisch vorgehen?

I

Wie Sie bemerkt haben werden, ist der Titel meines Beitrags eine Anspielung auf eine Formulierung Michael Dummetts, der auf dem Stuttgarter Hegel-Kongreß von 1975 gefragt hatte, ob die Analytische Philosophie systematisch vorgehen könne und solle.[1] Dummett hatte dort die These vertreten, daß die Philosophie des späten Wittgenstein auf eine vollständige Zurückweisung der Sprachphilosophie Freges hinausläuft. Dies heißt für ihn insbesondere, daß eine Parteinahme für Wittgenstein in dieser Sache bedeuten würde, diejenigen Ideen Freges abzulehnen, die den systematischen Charakter der Analytischen Philosophie wesentlich ermöglichen, indem sie dem semantischen Zusammenhalt der Sprache einen systematischen Charakter zuschreiben. Ohne eine solche Systematik im Bereich der Semantik kann es nach Dummett keine Systematik in der Analytischen Philosophie geben, die sich ja verspricht, durch eine Aufklärung sprachlicher Verhältnisse zu einer Aufklärung der Gegenstände unseres Denkens zu gelangen.

Die angesprochenen Vorstellungen Freges betreffen das Problem der semantischen Komplexbildung; sie sollen unter anderem die Frage beantworten, wie es möglich ist, daß wir die Bedeutungen von Sätzen erfassen können, die wir vorher noch nie gehört haben. Frege meinte nach der Deutung Dummetts, dies sei deshalb möglich, weil wir aus unserer Kenntnis der Bedeutungen der Teile des neuen Satzes und aus unserer Kenntnis der Art ihrer Verbindung die Bedeutung des Gesamtausdrucks auf regelhafte Weise erschließen können. Die durch diese Regelhaftigkeit erzeugte Systematik ist dann das, was der Analytischen Philosophie ein systematisches Vorgehen ermöglicht. Es ist diese Regelhaftigkeit, die (ebenfalls nach Dummetts Deutung) von Wittgenstein in Zweifel

1 Dummett 1977.

gezogen wurde. Es ging Frege und Wittgenstein demnach um eine Eigenschaft der *Sprache*, deren Vorliegen oder Nichtvorliegen Konsequenzen hat für die Möglichkeit oder Unmöglichkeit eines systematischen Vorgehens in einer sprachbezogenen *Philosophie*.

Ich möchte diese Diskussion hier fortsetzen[2]; das heißt mir geht es im folgenden gleichfalls um das richtige Verständnis semantischer Komplexität, speziell um die Frage, wie systemhaft der Charakter dessen ist, was man die »semantischen Strukturen« einer natürlichen Sprache nennen könnte.[3] Dem Anlaß entsprechend will ich meine Überlegungen hier weder auf Freges Modell noch auf Wittgensteins Einwände dagegen beziehen, sondern auf die so genannte ›Orthosprache‹. Darunter verstehe ich diejenige Mustersprache der konstruktiven Philosophie, die von Lorenzen 1972 entworfen[4] und unter Federführung von Schwemmer 1973 in ausgearbeiteter Form dargestellt wurde.[5] Ihr hervorstechendstes Merkmal sehe ich darin, daß sie mit einer Mehrzahl von Kopulae und von Wortarten arbeitet. Sie führt damit im Vergleich zur *Logischen Propädeutik*[6] (und zu überkommenen Vorstellungen über die Logik elementarer Sätze) Neuerungen ein, deren Tragweite nach meiner Kenntnis auch unter uns Sympathisanten bislang zu wenig erörtert worden ist.[7]

Um meine Fragestellung deutlicher zu machen, will ich mich zweier Zitate bedienen, die widersprüchliche Aussagen zu machen scheinen; ich versetze sie dabei bewußt in einen ihnen fremden Kontext und übergehe die Frage, wie ihr Autor sie gemeint hat. Im *Blue Book* erklärt uns Wittgenstein seinen Gebrauch des Ausdrucks »Sprachspiel«, und er erläutert die Rolle, die eine Betrachtung der so bezeichneten einfachen sprachlichen Aktivitäten beim Vertreiben des geistigen Nebels spielen sollen, der den gewöhnlichen Gebrauch unserer entwickelten Sprache oft umgibt.

2 Vgl. auch Schneider 1990 und Schneider, *in Vorbereitung*.
3 Vgl. dazu auch Kambartel/Stekeler-Weithofer 1988.
4 Lorenzen 1972.
5 Lorenzen/Schwemmer 1973.
6 Kamlah/Lorenzen 1967.
7 Eine der wenigen Ausnahmen, aber ganz aus der klassischen Perspektive, ist Hegselmann 1979; einen Hinweis darauf, daß manche Schritte in den Konstruktionen der Orthosprache stark an Verfahrensweisen Wittgensteins erinnern, enthält Schneider 1986.

Damit eine solche aufklärende Wirkung mit Bezug auf *unsere* Sprache möglich ist, muß es einen Zusammenhang geben zwischen den einfachen, von Wittgenstein erfundenen Formen der Sprache und unseren hochentwickelten Sprachformen, um die es ihm schließlich geht. Dazu heißt es bei Wittgenstein:

»Andrerseits [obwohl sie so primitiv und von unserer Sprache so verschieden sind; H. J. S.] erkennen wir in diesen einfachen Vorgängen Sprachformen, die von unseren komplizierteren Sprachformen keineswegs durch einen Einschnitt getrennt sind. Wir sehen, daß wir die komplizierten Formen aus den primitiven zusammensetzen können, indem wir nach und nach neue Formen hinzufügen.«[8]

Dies könnte eine Programm-Formulierung für die Orthosprache sein: auch bei ihrem Aufbau werden einfache, klare, gut durchschaute Sprachformen entworfen, die schrittweise und in diesem Sinne methodisch bereichert werden. Man möchte bei diesem Vorgehen erwarten, daß es für die einfachsten Formen charakteristisch sein wird, daß bei ihnen ›Semantik und Syntax zusammenfallen‹: Es gibt keine ›bloß historisch‹ zu erklärenden Zufälligkeiten, keinen ›bloß grammatischen‹ Zwang der Ausdrucksmittel, vielmehr garantiert ihr unmittelbarer Praxisbezug sowohl die Eindeutigkeit der Formen als auch ihre inhaltliche Deutbarkeit, was ihnen einen Status verleiht, der mehr als ›nur syntaktisch‹ in Carnaps formorientiertem Verständnis von ›Syntax‹ ist. Es könnten diese Eigenschaften der Sprachspiele sein, die die Erwartung nähren, ihre Untersuchung könne den ›geistigen Nebel‹ vertreiben, mit dem der Gebrauch unserer Sprache oft verbunden ist.
Durch das stufenweise Hinzufügen neuer Formen soll dann entweder (so hört es sich bei Wittgenstein an) eine Sprachform erreicht werden, die mit unserer eigenen zusammenfällt, die wir aber nach der Rekonstruktionsarbeit endlich auf eine gründliche Weise verstehen, oder es soll durch dieses Hinzufügen eine Sprache erreicht werden (und dies legt sich für die an den Wissenschaften orientierte Orthosprache nahe), die zwar einige Merkmale unserer Sprache nicht zeigt, zum Beispiel solche, die in den Bereich von ›Färbung‹ und Poesie gehören, die aber doch, was den ›rationalen Kern‹ angeht, mit unserer Sprache übereinstimmt und von der sich daher sagen läßt, sie würde diesen Kern herausarbeiten und unverhüllt darstellen, auch wenn sie sich zum Teil einer an-

8 Wittgenstein 1970, S. 37 (= Wittgenstein 1958, S. 17).

deren Notationsweise bedient. Das Wort ›Orthosprache‹, das zu ›Orthographie‹ parallel gebaut ist, sollte ja wohl den Vorsatz ausdrücken, es in einem relevanten, wahrheitsbezogenen Sinne ›richtig‹ zu machen.

Mein zweites Zitat stammt ebenfalls von Wittgenstein, aus dem so genannten »Big Typescript«, und in ihm scheint er das gerade erörterte Programm zu widerrufen oder ihm jedenfalls den von mir hineininterpretierten zu erwartenden Nutzen abzusprechen. Es heißt dort nämlich:

»Wenn ich bestimmte einfache Sprachspiele beschreibe, so geschieht es nicht, um mit ihnen nach und nach die Vorgänge der ausgebildeten Sprache – oder des Denkens – aufzubauen, was nur zu Ungerechtigkeiten führt (Nicod und Russell), – sondern ich stelle die Spiele als solche hin, und lasse sie ihre aufklärende Wirkung auf die besonderen Probleme ausstrahlen.«[9]

Wenn wir auch diese Aussage, wie die programmatische Erklärung des ersten Zitats, im Sinne einer wahrnehmungsverschärfenden Collage auf die Orthosprache beziehen, dann stellt sich die Frage, ob die Gründe, die Wittgenstein dafür hatte, hier von »Ungerechtigkeiten« zu sprechen, auch für sie gelten. Kann die Orthosprache, wie ihr Name zu signalisieren und die Tradition der Suche nach der ›logischen Form‹ nahezulegen scheint, den Anspruch erheben, ihre Grammatik würde die verborgenen »Vorgänge der ausgebildeten Sprache – oder des Denkens –« sichtbar machen, sie würde eine ›reine Semantik‹ zeigen, ohne syntaktische ›Verunreinigungen‹? Oder wäre eine solche Deutung eine »Ungerechtigkeit«, das heißt eine sachlich nicht zu rechtfertigende Auszeichnung der konstruierten Formen vor anderen, deren Konstruktion ebenso möglich und ebenso rational wäre und von denen sich mit nicht weniger Recht sagen ließe, sie lägen unserer Sprache zugrunde? Ist die Orthosprache eine Sprache *neben* anderen, oder deckt sie etwas auf, was unserer Sprache und gleich leistungsfähigen Sprachen notwendigerweise zugrunde liegt oder gemeinsam ist?

Auf den Vorgang der semantisch orientierten Komplexbildung bezogen, stellt sich also die Frage, ob wir es bei ihm mit ›methodischen‹ Erweiterungen in einem starken Sinne zu tun haben, der verlangt, daß ihr Resultat ein systemartiger, sich einer ›inneren

9 Zitiert nach Rhees, Vorwort zu Wittgenstein 1958, S. VIII.

Logik‹ verdankender und daher überschaubar zu machender Zusammenhang ist, oder ob die Erweiterungen und die von ihnen zu machenden Verwendungsweisen in ›unmethodischen‹ oder ›halbmethodischen‹ Schritten verlaufen, die zwar als pragmatisch nützliche Handlungsmöglichkeiten einzeln jeweils einleuchten, die aber nicht nach Prinzipien überschaubar gemacht werden können, so daß der durch sie gebildete Zusammenhang von Aussagemöglichkeiten im Unterschied etwa zum Fall der Junktorenlogik keinen systemartigen und daher universalen Charakter hat, der sich im Fall der Junktorenlogik aus der Tatsache ergibt, daß sie es mit einem von vornherein überschaubaren Gebiet zu tun hat: Den endlich vielen Weisen, wie zwei im Wahrheitswert variierbare Sätze so verbunden werden können, daß die Wahrheit der Satzverbindung allein von der Wahrheit der Teilsätze abhängt. Anders gesagt: Es stellt sich die Frage, ob die Orthosprache *den* Vorgang semantischer Komplexbildung als ein über-einzelsprachliches, also ›begriffliches‹ oder ›logisches‹ Phänomen *richtig* darstellt oder ob gerade sie in ihren wenig beachteten Neuerungen beispielhaft zeigt, wie vielfältig und in ihrer Bedeutung (das heißt im Gebrauch) unberechenbar sprachliche Komplexbildungen sein können, so daß derjenige, der die Orthosprache richtig versteht, gerade an ihr erkennen kann, wie unangemessen es wäre, sie als Darstellung einer angeblich vorhandenen ›Tiefenstruktur‹ der rationalen Seite der natürlichen Sprachen zu deuten.
Ich möchte hier für dieses zweite Verständnis plädieren, und ich will auch nicht verheimlichen, daß ich in einem Gespräch mit dem Schöpfer der Orthosprache[10] den Eindruck gewonnen habe, damit auf offene Ohren zu stoßen, denn es war darin von einer »Pluralität der Lebensformen« die Rede, die man damals nicht gesehen habe. Ich will aber hier nur für mich selbst sprechen, und ich meine, daß gerade der Aufbau der dann allerdings ganz falsch benannten Orthosprache eindrucksvoll zeigt, wie wenig zwingend die Wahl bestimmter Komplexitätsformen ist und wie verschieden von der logischen Komplexität die in ihr dargestellten und zur Norm erhobenen Formen semantischer Komplexität sind. Daraus folgt nicht nur, daß es zum jeweils eingeschlagenen Weg fast stets Alternativen gibt (was schon immer durch die Betonung des Vorschlagscharakters der vorgeführten Konstruktio-

10 Mit Lorenzen im Oktober 1989 in Göttingen.

nen deutlich zum Ausdruck gebracht, wenn auch von Kritikern oft übersehen wurde), sondern daß auch *innerhalb* des gewählten Konstruktionsweges, das heißt unabhängig von der Frage möglicher anderer Konstruktionen, die semantischen Verhältnisse nicht dem Gebrauch vorgreifend überschaubar gemacht werden können. Vielmehr gilt umgekehrt, daß der sinnvolle Gebrauch den paradigmatischen Form-Festlegungen immer wieder vorauseilt; dadurch verändern sich ihre Bedeutungen, so daß auch in der Orthosprache, wie in den natürlichen Sprachen, Semantik und Syntax nicht zusammenfallen.

2

Soviel zur Kennzeichnung meines Fragehorizonts und zur Formulierung meiner These. Ich möchte diese nun an zwei ausgewählten Beispielen für typische orthosprachliche Erweiterungsschritte erhärten, wobei ich eine zumindest oberflächliche Kenntnis der einschlägigen Texte bei den Teilnehmern dieser Tagung voraussetzen darf.
Einer der frühesten Erweiterungsschritte ist die Einführung von Dingprädikatoren als spezifizierende Ergänzungen der unbedingten Aufforderungshandlungen mit Hilfe von Tatprädikatoren. Konnte der Sprecher von Ortho bisher Aufforderungen wie ›wirf‹, ›gib‹, ›singe‹ etc. aussprechen, so kann er nach diesem Schritt mit komplexen Ausdrücken der Form ›wirf Stein‹ und ›gib Apfel‹ auffordern. Entscheidend dafür, daß dieser Erweiterungsschritt eine *syntaktische*, satzbildende Komplexbildungsweise einführt, im Unterschied zu einer Einführung einer begrenzten Anzahl komplexer Tatprädikatoren, ist die Regelung, daß es zum richtigen Verständnis dieser Art der Erweiterung gehört, daß der fingierte Sprachschüler nach erfolgreichem Unterricht nicht nur die vom Lehrer benutzten Beispiele gebraucht, sondern auch selbständig neue komplexe Ausdrücke bildet, die in der Zusammenstellung der Wörter verschieden vom Lehrmaterial sind, die aber *dieselbe Form* haben wie die Paradigmen, die im Unterricht vorkamen. Er soll nicht nur ›wirf Stein‹ sagen können, sondern auch ›wirf Ball‹, ›wirf Tomate‹, etc., wobei statt ›Ball‹ und ›Tomate‹ ein beliebiger Dingprädikator stehen kann, das heißt ein beliebiger Ausdruck aus dem Vorrat derjenigen Prädikatoren, die auf die

geschilderte Weise als ›Objekt-Spezifizierungen‹ eines Tatprädikators eingeführt wurden. Ebenso soll er beliebige Tatprädikatoren mit den Dingprädikatoren verbinden können, neben ›wirf Stein‹ also sagen können: ›bringe Stein‹, ›befestige Stein‹, etc.
Wie steht es nun aber mit Ausdrücken, die nicht nur von den Paradigmen verschieden sind, sondern die uns in einem stärkeren Sinne abweichend erscheinen oder mehrdeutig, wie zum Beispiel ›bringe Wind‹, ›laufe Ball‹, ›male Schiff‹ oder ›singe *Hallelujah*‹? Die einzelnen Wörter, die hier auftreten, können als unproblematisch gelten: Der Dingprädikator ›Wind‹ könnte in einem Handlungskontext des Abdichtens von Fenstern und Türen eingeführt sein; ›Ball‹ und ›Schiff‹ machen ohnehin keine Probleme, ebensowenig die Tatprädikatoren ›bringe‹, ›laufe‹, ›male‹ und ›singe‹. Der vielleicht irritierende, weil einer anderen Sprache angehörende Ausdruck ›Hallelujah‹ könnte für unsere Zwecke den gleichen Status haben wie ›lalala‹ oder ein anderes Muster einer jener Phonemfolgen, die in der Sprachgemeinschaft faktisch gerne zum Singen benutzt werden.
Bezogen auf das Komplexitätsproblem stellt sich nun die Frage, ob die genannten komplexen Aufforderungen alle ›dieselbe Struktur‹ haben, und falls ja, was das heißt. Eine Teilantwort darauf ist leicht zu geben: Syntaktisch gesehen haben sie in der Tat dieselbe Struktur; und dies heißt, daß sie sämtlich das Schema ›Tatprädikator + Dingprädikator‹ erfüllen. Problematischer ist die Frage, ob sie auch semantisch gesehen dieselbe Struktur haben (was wir von einer Orthosprache ja erwarten) und was eine bejahende oder verneinende Antwort auf diese Frage bedeutet.
Man könnte einerseits meinen, daß die Tatsache, daß die wenigen bis dahin aufgetretenen spracheinführenden Schritte inhaltlich motiviert waren und daß auch die Wortklassen inhaltlich voneinander unterschieden werden, schon dafür genügen muß, daß wir sagen dürfen, es könne hier gar keine Diskrepanz zwischen Semantik und Syntax geben. Wo kämen wir hin, wird man aus der traditionellen logischen Perspektive fragen, wenn selbst in der Orthosprache schon im zweiten oder dritten Erweiterungsschritt Semantik und Syntax auseinanderfallen? Was wird aus der Zielsetzung, eine logisch orientierte Sprache habe alle Inhalte ›explizit und eindeutig‹ darzustellen? – Aber dies Argument scheint nur zu sagen, daß nicht sein kann, was nicht sein darf, denn ihm steht die Aussage unseres Sprachgefühls gegenüber, daß die genannten

Sätze entweder sinnlos, oder, wenn schon nicht sinnlos, so doch semantisch deutlich von den Einführungs-Paradigmen abweichend und teils mehrdeutig sind.
Schauen wir sie noch einmal an: Kann man sagen ›bringe Wind‹; ist diese Aufforderung befolgbar? – Man könnte Durchzug machen, und genau dies könnte auch die Interaktionsfortsetzung sein, die der Handlungspartner, der die Aufforderung geäußert hat, erwartete. – Wie ist es mit ›laufe Ball‹: kann ein Ball das ›Objekt‹ des Laufens sein? Warum nicht, zum Beispiel wenn man einem Wasserball, der vom Wind getrieben wird, hinterherläuft? Aber würde nicht die Aufforderung ›laufe Weg‹ (im Sinne von: laufe auf dem Weg, belaste den *Weg* durch dein Laufen, nicht das Gras) ein anderes semantisches Verhältnis ausdrücken als ›laufe Ball‹, so daß wir sagen müßten: Zwar haben wir überall dieselbe syntaktische Beziehung zwischen einem Tatprädikator und einem Dingprädikator, der das ›Objekt‹ der Handlung bezeichnet, aber diese syntaktische Gleichheit verbirgt semantische Unterschiede. Zur Stützung dieser These läßt sich auf ›male Schiff‹ verweisen: Diese komplexe Aufforderung läßt nicht erkennen, ob das Schiff, vor dem die Interaktionspartner sitzen, endlich wieder einmal einen Anstrich braucht oder ob es in dem Sinne das ›Objekt‹ einer Handlung des Malens werden soll, daß es als Vorlage einer Zeichnung dient. Wir scheinen also feinere syntaktische Differenzierungen zu brauchen, wenn in der Orthosprache Syntax und Semantik in Übereinstimmung sein sollen; vollends deutlich, so könnte man argumentieren wollen, werde das an ›singe *Halleluja*h‹, denn das Verhältnis des Sängers zu seinem Lied sei doch wahrhaftig ein anderes als das eines Diskuswerfers zu seiner Scheibe, was schon daran deutlich werde, daß ein Lied ein abstraktes Objekt sei, nicht ein Ding wie ein Diskus oder ein Ball, und schon deshalb zu einer Tätigkeit in einer anderen Art von Beziehung stehen müsse als ein Ding.
Wir haben also semantische Unterschiede diagnostiziert. Können wir durch ein methodisches Vorgehen dafür sorgen, daß diese Unterschiede in der im Aufbau befindlichen Orthosprache von Anfang an explizit und eindeutig zum Ausdruck kommen? Können wir die Orthosprache von vornherein so konstruieren, daß die semantischen Relationen ein System von Beziehungen bilden, das man nicht nur (wie im Fall der natürlichen Sprache) im Gebrauch erkennt, in dessen Verlauf man kontextbezogen von Fall zu Fall

darüber urteilt, was ›man sagen kann‹ und was nicht, sondern ein Beziehungssystem, das schon in den ersten Schritten an den Formen zu erkennen und in diesem Sinne ›explizit‹ ist? Läßt sich die Syntax im alten grammatischen Sinn, das heißt als eine auf die natürlichen Sprachen bezogene Lehre von der Satzbildung, mit einer ›reinen Semantik‹ als einer Lehre vom Bereich des sinnvoll Sagbaren in einem methodisch vorgehenden Sprachaufbau zur Deckung bringen? Wenn dies gelänge, wäre in der Orthosprache die ›reine Semantik‹ syntaktisch im Sinne Carnaps gefaßt, nämlich als eine Lehre von den zulässigen Komplexbildungen dieser Orthosprache, die alles, was sie zu sagen hat, auch allein unter Bezugnahme auf die *Formen* der Ausdrücke und Ausdrucksteile formulieren kann.

Ich meine, daß die Vorschläge zum Aufbau der Orthosprache deutlich zeigen (wenn auch nicht explizit genug aussprechen), daß diese Zielsetzung weder intendiert noch auf direktem Wege erreichbar ist. Ein vergleichbares Ziel könnte allerdings indirekt erreicht werden[11], wenn man bereit ist, hohe Kosten dafür zu zahlen, deren Hauptposten eine so große Entfernung von den natürlichen Sprachen ist, daß die sprachphilosophischen Einsichten, die man aus dem Studium der so veränderten Orthosprache ziehen kann, sich gegen Null bewegen. Diese These möchte ich in aller Kürze durch die Erörterung eines zweiten Beispiels erhärten, worauf dann eine Zusammenfassung der sich ergebenden Einschätzung des Status der Orthosprache folgen soll und damit der Versuch einer Beantwortung meiner Titelfrage. Ein drittes Beispiel, nämlich den Fall einiger nicht-wahrheitsfunktionaler Wenn/dann-Verbindungen, habe ich an anderer Stelle erörtert.[12]

Ich möchte also kurz auf den Übergang von den Aufforderungssätzen zu den Beschreibungen eingehen. Sie erinnern sich, daß in der Orthosprache auch Eigennamen eingeführt werden, die unter anderem den Zweck haben, die Person, an die man seine Aufforderung richtet, kenntlich zu machen. Man kann dann Sätze sagen wie ›Peter, wirf!‹ oder ›Fritz, gib Apfel!‹. In einem dann folgenden Erweiterungsschritt werden Ausdrücke dieser Form umgedeutet,

11 Siehe dazu die unten im Abschnitt 3 unter ›drittens‹ zur Möglichkeit des ›Einfrierens‹ angestellten Überlegungen.

12 Schneider 1986.

so daß ihr pragmatischer Sinn nicht mehr darin besteht, eine Aufforderung zu erteilen, sondern über die Befolgung einer Aufforderung zu berichten. Statt ›Peter, wirf!‹ heißt es nun ›Peter tut werfen‹; statt ›Fritz, gib Apfel!‹ heißt es ›Fritz tut Apfel geben‹, etc. Schon dieser Schritt zeigt, daß in der Orthosprache konstruierte Strukturen in späteren Schritten neuen Zwecken dienen, so daß der Gebrauch, der von ihnen gemacht werden kann, sich von der paradigmatischen Einführungssituation entfernt. Im gerade referierten Schritt wird dieser neue Gebrauch auch äußerlich sehr deutlich sichtbar gemacht durch die Hinzufügung der ›Tatkopula‹ ‹tut›.[13]
Nun stellt sich aber sofort die Frage, ob die neue Form auch in Situationen verwendet werden darf, in denen nicht über die Befolgung von Aufforderungen berichtet wird, sondern über das Vorliegen einer Situation, die sich so ansehen läßt, *als ob* eine Aufforderung befolgt wurde. Darf man ›Emil tut schlafen‹ sagen, wenn Emil dazu nicht aufgefordert wurde? Darf man ›der Tausendfüßler tut laufen‹ sagen, obwohl man niemanden kennt, der einen Tausendfüßler erfolgreich auffordern könnte? Daß die Schöpfer der Orthosprache hier von einer »Ermessensfrage« sprechen[14], die Abweichung zwischen Paradigma und Verwendung also anerkennen, lese ich als Zustimmung zu meiner These, daß auch und gerade an dieser Sprache studiert werden kann, daß der Bereich sinnvoller Anwendungen durch paradigmatische Einführungen von Weisen, syntaktische Komplexe zu bilden, nicht überblickbar gemacht werden soll; wäre dies beabsichtigt, hätte man besser komplexe Wörter eingeführt und nicht Satzbildungsweisen.

3

Für den Status der Orthosprache ergibt sich also das folgende Bild, das ich in vier Punkten charakterisieren möchte: Erstens: Die hier betrachteten Erweiterungsschritte, von den Tatprädikatoren zu den Dingprädikatoren als ihren Objekten und von den an Personen adressierten Aufforderungen zu den Beschreibungen

13 Zur besseren Lesbarkeit verzichte ich in dieser Darstellung auf die in den Originaltexten gewählte Notationsweise.
14 Lorenzen/Schwemmer 1973, 2. Auflage, S. 37.

von tierischem Verhalten, sind so methodisch, wie man es sich nur wünschen kann: In den *Einführungsschritten* kann ich keinen Fehler entdecken, vorausgesetzt es soll dabei bleiben, daß wir die *Satzbildung* rekonstruieren wollen, nicht die Bildung komplexer *Wörter*. Trotzdem haben diese wenigen Schritte bereits zu einem Auseinanderklaffen von Semantik und Syntax geführt und so zum ›unsystematischen‹ Charakter der Semantik. Dies von Anfang an und vorsorglich verhüten zu wollen ginge nur um den Preis, die freie Variabilität bei der Ersetzung der im Paradigma auftretenden Wörter durch andere derselben Kategorie zu verbieten; man dürfte von ›wirf Stein‹ ohne explizite Erlaubnis des Sprachlehrers nicht zu ›wirf Ball‹ übergehen, wenn dieser Ausdruck nicht schon als Paradigma vorkam; ›wirf-Stein‹ (deutlicher notiert: ›Steinwerfen‹) wäre also ein komplexer Prädikator wie ›ausatmen‹ und kein Satz.

Die andere Möglichkeit einer vorgreifenden Verhütung des Auseinanderfallens von Semantik und Syntax würde dem Orthosprachen-Konzept ebenfalls zuwiderlaufen, weil ihr Resultat eine Sprache wäre, die ganz anders arbeitet als natürliche Sprachen. Sie bestünde darin, wie in manchen logisch orientierten Sprachuntersuchungen üblich, an Frege anzuknüpfen und für alle möglichen Inhalte nur eine einzige Form der Darstellung zuzulassen (nämlich das Schema ›$F(x_1, x_2, \ldots, x_n)$‹); die dabei nötig werdenden ›Gegenstände‹ (›Ereignisse‹, ›Zeitpunkte‹ etc.) müßten dann als ›grammatische Fiktionen‹ einfach ›postuliert‹ werden.

Zweitens: Wir sehen daraus, daß die Satzbildungslehre der Orthosprache wie diejenige der natürlichen Sprache dazu dient, den Mitgliedern der Sprachgemeinschaft die Bildung von Komplexen in Analogie zu paradigmatischen Fällen zu *ermöglichen*, von Komplexen, mit Bezug auf die vorweg nicht entschieden ist (weder entschieden werden soll, noch entschieden werden kann), ob sie einen Gebrauch haben werden oder nicht. Es ist der Witz der Syntax der natürlichen Sprache, solche ›Fahrten ins Blaue‹ zu ermöglichen und dabei ständig einen Gebrauch von bereits verfügbaren Formen zu machen, der manchen Mitgliedern der Sprachgemeinschaft neu und dem Paradigma gegenüber fremd vorkommt, obwohl sie seinen Sinn, wie sich an der Fortführung der Handlungen zeigt, verstehen. Bei genauem Hinsehen kann man nun feststellen, daß dies auch der Witz der Syntax der Orthosprache ist. Eine so im Blick auf den Gebrauch verstandene Syntax oder Satzbildungslehre *ermöglicht* also in einem ganz anderen Sinne Handlungen, als es die Regeln des Schachspiels tun: Ihr Ermöglichen geht (semantisch gesehen) ins Offene, nicht Überschaubare, während die Regeln des Schachspiels sich ganz in einem vorher abgesteckten Rahmen bewegen. Dieser enthält zwar unüberschaubar viele *Kombinationen* von (im ›Regelverzeichnis‹ vorgesehenen) Zügen, aber kein Zug kann *neue*, nicht in den Regeln vorgesehene Weisen des Weiterspielens erforderlich machen, ohne den Rahmen des Schachspiels zu sprengen.

Drittens: Es stellt keinen Einwand gegen diese Thesen dar, wenn man darauf verweist, daß es bei wenig weit entwickelten Sprachen im Prinzip möglich ist, einen gegebenen Sprachzustand samt seiner bis dahin üblich gewordenen Gebrauchsweisen festzulegen und einzufrieren, um dann *ex post* so viele Markierungen an den vorhandenen Ausdrücken anzubringen, wie nötig sind, damit mit ihrer Hilfe diejenigen Plätze genau angegeben werden können, die die Äußerungen im nun überblickbar gemachten Feld der Gesamtheit der Anwendungen einnehmen können. Zu diesen Markierungen könnte etwa die Festlegung gehören, daß das Wort ›bringen‹ transitiv ist, daß ›malen‹ als Resultativum (das heißt als Wort wie ›aufessen‹, ›erklingen‹, ›erschlagen‹) von ›malen‹ als Durativum (wie ›schlafen‹, ›wachen‹, ›frieren‹) zu unterscheiden ist, daß in dem Satz ›ich bin mit dem Zug und meinem Manuskript angereist‹ ein instrumenteller von einem nichtinstrumentellen Gebrauch des Wortes ›mit‹ zu unterscheiden ist, etc., etc. Stellt man sich aber vor Augen, was es heißen würde, im Bereich dieser Regelungen *Vollständigkeit* zu erreichen, dann wird klar, daß eine solche Vereisung eines gegebenen Sprachzustandes auf dem Komplexitätsniveau unserer natürlichen Sprache vermutlich praktisch nicht durchführbar und ganz sicher nicht wünschenswert ist. Sie ist nicht wünschenswert, weil sie einen entscheidenden Witz der Syntax, nämlich das Schaffen eines Formenvorrats ohne übersehbare Verwendungsweisen und damit die ständige Einladung zu immer neuen metaphorischen Verwendungsweisen dieser Formen, zu ›syntaktischen Metaphern‹[15], aus der Welt schaffen würde. Wenn wir uns hier an der verbreiteten Redeweise vom ›Leben‹ der natürlichen Sprache orientieren, dann müßte ein solcher Schritt als ihre ›Abtötung‹ bezeichnet werden.

15 So mein terminologischer Vorschlag in Schneider 1990.

Viertens: Es zeigt sich also, daß die Semantik erst mit der Syntax entsteht. Die Syntax kann ihr nicht folgen, sie kann ›reine semantische Verhältnisse‹ nicht in nachbildender Weise ›explizit machen‹. Vielmehr entsteht in einem ersten Schritt durch das bloße Wiederholen vorgeführter Paradigmen die Möglichkeit, durch die nachahmende Äußerung komplexer Ausdrücke spezifische, in ihrer Rolle mit Bezug auf das nichtsprachliche Handeln genau festgelegte Sprechhandlungen zu vollziehen. Es wird nichts Neues gesagt, es wird nur das Gelernte wiederholt. Die Komplexität dieser Äußerungen ist, solange die freie Variabilität fehlt und nur Vorgemachtes nachgeahmt wird, eine von komplexen *Wörtern*, nicht von komplexen Sätzen. Da es in diesem Sinne noch keine Syntax gibt, ist sie nicht als ›syntaktisch‹ charakterisierbar, und da es zwar Bedeutungen gibt, aber keine zu einer Syntax in einen Gegensatz geratende Semantik, handelt es sich auch nur mit Einschränkung um eine semantische Komplexität. Erst in einem zweiten Schritt kommt das Auseinanderfallen (oder besser: Entstehen) von Semantik und Syntax dadurch zustande, daß bei Freigabe der Kombinationsmöglichkeiten konservativ gesehen *mißbräuchliche*, progressiv gesehen *bedeutungserweiternde* Schritte unternommen werden, indem von den Paradigmen (genauer: von ihren Formen) dadurch ein neuartiger, aber sinnvoller Gebrauch gemacht wird, daß einige oder alle der in ihnen vorkommenden Wörter durch wortartgleiche, aber vom Paradigma aus gesehen (und das heißt auch: von den bisherigen handlungsleitenden Aufgaben her) ›abweichende‹ Wörter ersetzt werden[16] und daß das Resultat verstanden wird. Zwar könnte man *nach* einer solchen Erweiterung dazu übergehen, das neu erschlossene Terrain nun auch durch eine Modifikation der Formen als neu und andersartig kenntlich zu machen; eine solche Kanonisierung, eine systematische Festlegung und Kartographierung des (nun vergrößerten) Bereichs des Sinnvollen ist aber immer nur *ex post* möglich, und wenn sie wirklich festlegend gemeint ist, als Gegenmittel gegen die entstehenden Mehrdeutigkeiten, ist sie nur als Beschränkung des Gebrauchs (als ›Vereisung‹) denkbar.

Ob es naturwissenschaftliche Gebiete gibt, die als endgültig abgeschlossen gelten dürfen, so daß das Einfrieren in ihrem Bereich

16 Vgl. den provokativen Gebrauch des Wortes *»misuse«* in Schneider 1980.

sinnvoll ist, will ich nicht beurteilen. Für die Kulturwissenschaften wäre es aber widersinnig und ihrem Gegenstand nicht angemessen. Regelrecht schädlich ist eine auf die geschilderte Weise ›festlegende‹ Sprachtheorie dort, wo sie aus technischen Bedürfnissen heraus die Zustände, die sie zunächst nur theoretisch postuliert, praktisch zu erzeugen hilft, ohne daß dies als enge und zweckbezogene Spezialisierung bewußt bleibt: Wenn Automatisierungsprozesse im Kommunikationsbereich eine sachlich unangemessene Festschreibung eines Bereichs möglicher Inhalte ›nötig‹ machen, werden dadurch Verhältnisse herbeigeführt, die die vorher nur theoretisch konzipierte Erstarrung nun tatsächlich zeigen. Es käme dann darauf an, die Tatsache im Auge zu behalten, daß es sich hier um einen die wahren Verhältnisse verzerrenden Notbehelf für einen begrenzten Zweck handelt, nicht um eine praktische Bestätigung der ›vereisenden‹ Theorie.

Aus diesen Überlegungen folgt, daß die Orthosprache den Charakter eines *Beispiels* hat, nicht den eines *Vorbildes*. Wir lernen an ihr etwas über sprachliche Operationen. Was wir kennenlernen sind aber typische syntaktisch-semantische Verfahrensweisen, weder vorgegebene oder alternativenlos zu konstruierende semantische Strukturen, noch solche, die so etwas wie einen unterstellten ›Gesamtbereich‹ mit ihnen erreichbarer sinnvoller sprachlicher Handlungen überschaubar machen. Gerade die Tatsache, daß in der Orthosprache Semantik und Syntax nicht zusammenfallen, macht sie als Vergleichsobjekt für natürliche Sprachen geeigneter als Konstruktsprachen vom Typus der Fregeschen Begriffsschrift, in denen das Fallen eines Gegenstandes unter einen Begriff als einzige semantische Grundbeziehung fungiert und die Rekursion das Modell für sprachliche Kreativität darstellt, nicht die Metapher.

Für meine Titelfrage nach der Möglichkeit eines methodischen Vorgehens in der Sprachphilosophie möchte ich daraus die folgende Schlußfolgerung ziehen: Die *Philosophie* der Sprache darf ihrem Gegenstand nicht mehr ›Systemcharakter‹ unterstellen, als ihm zukommt. Das adäquate Verständnis für unsere Fähigkeit, nie gehörte Sätze zu verstehen, darf dort kein nach Regeln vorgehendes ›Rechnen‹ oder ›Ableiten‹ unterstellen, wo es der Sache nach nichts zu rechnen oder abzuleiten gibt, wie bei den Verstehensleistungen, die beim Übergang von ›wirf Stein‹ zu ›singe *Hallelujah*‹ oder von ›Peter tut hämmern‹ zu ›dieser Tausendfüßler tut laufen‹

nötig sind. Damit wird nicht bestritten, daß es auch Sprachbereiche gibt, in denen in der Tat eine Art ›Rechnen‹ stattfindet, etwa bei Übergängen wie dem von ›Faust liebt Gretchen‹ zu ›Gretchen wird von Faust geliebt‹. Mir kommt es hier darauf an, daß nur die Berücksichtigung *beider* Pole, der Regel *und* der kreativen Regelverletzung, des Kalkül- *und* des Phantasieaspekts, zu einem treffenden Bild vom Ganzen führt.

Dies Ergebnis kann die Sprachphilosophie freilich, wie auch dieser Vortrag exemplifizieren sollte, Schritt für Schritt argumentierend gewinnen und klarmachen, und in diesem weiten Sinn kann und soll sie methodisch vorgehen. Aber das sprachphilosophische Vorgehen bei der Rekonstruktion unserer Aussagemöglichkeiten kann sich nicht an einem über-einzelsprachlichen systematischen Zusammenhang von Bedeutungen, einem ›Reich des Sinnes‹, orientieren. Das methodische Vorgehen in der Sprachphilosophie folgt auch nicht einer Systematik, die sich aus Prinzipien oder einer internen Logik sprachlichen Handelns, sei sie auf ein bestimmtes Medium bezogen oder universal, ergibt. Es gibt keine vorfabrizierte semantische Welt des Sinnes, der die Syntax einer ›richtigen‹ Sprache nur zu folgen brauchte; es gibt mehr als nur *einen* Weg, sich eine syntaktisch-semantische Welt mit Konstruktionen und metaphorischen Übergängen aufbauend zu erschließen; und es gibt keine methodischen Prinzipien eines solchen Erschließens, deren Studium es gestatten würde, das Gelände im voraus zu umgrenzen, das mit ihrer Hilfe erschlossen werden kann.

Trotzdem ist die Nachzeichnung dieser konstruktiv-metaphorischen Erschließungstätigkeit in vielen Bereichen eine sinnvolle und nötige philosophische Aufgabe. Vor dem Hintergrund einer aktuellen Kontroverse[17] erscheint es mir sinnvoll, hier ausdrücklich zu betonen, daß diese Arbeit im einzelnen immer wieder normativ-kritisch vorgehen muß; sie kann und soll einzelne *Bereiche* der Sprache von jeweils *bestimmten* Mißverständnissen befreien und für *konkrete* Zwecke verbessern. Diese kritische Tätigkeit ist aber keine Übersetzung in ein Medium, das schon im Vorfeld aller *bestimmten* Probleme ausgearbeitet und global ausgezeichnet werden kann. Auch die Orthosprache ist kein solches

17 Vgl. Kambartel 1989 und die nach meinem Eindruck zu großen Teilen auf Mißverständnissen beruhende Entgegnung in Mittelstraß 1989.

Medium. Sie ist eine Konstruktion, an der sich einige unserer sprachlichen Arbeitsweisen beispielhaft studieren lassen. Daß wir uns dieser Verfahren immer schon bedienen, macht den ›deskriptiven‹, erinnernden Charakter der Sprachphilosophie aus, den Aspekt, unter dem sie alles so läßt, wie es ist, obwohl sie im Einzelfall immer wieder kritisch und aufklärend vorgeht.

Daß es zu den Aufgaben der Philosophie gehört, überkommene Redeweisen zu korrigieren, war auch Wittgensteins Meinung. So spricht er zum Beispiel ausdrücklich davon, einen »philosophischen Fehler« zu »rektifizieren«.[18] Seine mißverständliche Aussage, die Philosophie würde den tatsächlichen Sprachgebrauch »am Ende also nur beschreiben«[19], erscheint erst dann im rechten Licht, wenn man im Auge behält, daß die Rede vom ›tatsächlichen Sprachgebrauch‹ die Einschränkung enthält, daß er nur dort vorliegt, wo die Sprache *arbeitet*, nicht dort, wo sie, wie bei Philosophen so häufig, »feiert«. Diese beiden Fälle auseinanderzuhalten, ist aber auch nach den zitierten Aussagen Wittgensteins ein *kritisches*, kein bloß deskriptives Geschäft.

Literatur

Dummett, Michael (1977), »Can Analytical Philosophy be systematic, and should it be?«, in: D. Henrich (Hg.), *Ist systematische Philosophie möglich?* Bonn, S. 305-326; dt. in: Dummett; *Wahrheit*, Stuttgart 1982, S. 185-220.

Hegselmann, Rainer (1979), »Klassische und konstruktive Theorie des Elementarsatzes«, in: *Zeitschrift für Philosophische Forschung* 33, S. 89-107.

Kambartel, Friedrich (1989), »Vernunft: Kriterium oder Kultur? Zur Definierbarkeit des Vernünftigen«, in: ders., *Philosophie der humanen Welt*, Frankfurt am Main, S. 27-43.

Kambartel, Friedrich, und P. Stekeler-Weithofer (1988), »Ist der Gebrauch der Sprache ein durch ein Regelsystem geleitetes Handeln? – Das Rätsel der Sprache und der Versuch seiner Lösung«, in: A. von Stechow/M.-Th. Schepping (Hg.), *Fortschritte in der Semantik*, Weinheim, S. 201-223.

Kamlah, Wilhelm, und P. Lorenzen (1967), *Logische Propädeutik. Vorschule des vernünftigen Redens*, Mannheim ([2]1973).

18 Wittgenstein 1989, S. 179.
19 Ebd., S. 188.

Lorenzen, Paul (1972), »Semantisch normierte Orthosprachen«, in: *Die wissenschaftliche Redaktion* 7, S. 117-132; wieder in: F. Kambartel/J. Mittelstraß (Hg.), *Zum normativen Fundament der Wissenschaft*, Frankfurt am Main 1973, S. 231-249.
Lorenzen, Paul, und O. Schwemmer (1973), *Konstruktive Logik, Ethik und Wissenschaftstheorie*, Mannheim (²1975).
Mittelstraß, Jürgen (1989), »Von der Vernunft. Erwiderungen auf Friedrich Kambartel«, in: ders., *Der Flug der Eule. Von der Vernunft der Wissenschaft und der Aufgabe der Philosophie*, Frankfurt am Main, S. 120-141.
Schneider, Hans Julius (1980), »On Language Use and Language Structure«, in: *Kodikas/Code* 2, S. 77-85.
– (1986), »Wenn/dann-Verbindungen in der Logik und in der natürlichen Sprache«, in: Schweizerische Naturforschende Gesellschaft (Hg.), *Jahrbuch* 1982/1, Basel, S. 181-188.
– (1990), »Syntactic Metaphor: Frege, Wittgenstein, and the Limits of a Theory of Meaning«, in: *Philosophical Investigations* 13, S. 137-153.
– *Phantasie und Kalkül*, (in Vorbereitung).
Wittgenstein, Ludwig (1958), *Preliminary Studies for the ›Philosophical Investigations‹, generally known as The Blue and Brown Books*, Oxford.
– (1970), »Das Blaue Buch«, übersetzt von P. von Morstein, in: ders., *Schriften* 5, Frankfurt am Main, S. 15-116.
– (1989), »Philosophie«; §§ 86-93 (S. 405-435) aus dem sogenannten »Big Typescript« (Katalognummer 213), in: *Revue Internationale de Philosophie* 43, S. 175-203.

Friedrich Kambartel
Notwendige Geltung
Zum Verständnis des Begrifflichen

Das *Wesen* ist in der Grammatik ausgesprochen.
Wittgenstein, *Philosophische Untersuchungen* I 371

Es gibt Sätze, deren Geltung oder Wahrheit von einer besonderen Art ist, so nämlich, daß wir uns, wie wir wohl sagen, *nicht denken oder vorstellen können*, es verhalte sich anders, als es diese Sätze aussagen. Von dieser Art erscheinen uns etwa der Satz, daß eine Fläche nicht zugleich weiß oder farbig (oder rot und blau) ist, ferner elementare arithmetische Gleichungen, schließlich auch bestimmte unter den so genannten logischen Wahrheiten.
Daß diese Sätze gelten, kann, so scheint es, nicht das Ergebnis einer normalen Beobachtung oder Nachforschung sein, weil wir die Richtigkeit in diesem Falle von vornherein, ohne alltägliche oder wissenschaftliche Wahrnehmung und Erfahrung, wissen können.
Es gibt in der Philosophie und Logik eine Reihe von Erklärungen für das Auftreten der *notwendigen*, von empirischen Feststellungen unabhängigen Geltung. Der heute weithin vorherrschende Verständnisvorschlag ist angeleitet durch Vorstellungen aus der formalen Logik und dem wissenschaftstheoretischen Empirismus. Er unterscheidet zwischen Feststellungen, die sich, durch so genannte logische, syntaktische oder semantische Analysen, aus den *Regeln der Sprache* ergeben, und Aussagen, welche wir im *primären* sprachlichen Verkehr, in schlichter *Befolgung* der sprachlichen Regeln also, treffen. Feststellungen der zweiten Art erscheinen dann gewissermaßen als Feststellungen *in* der Sprache. Feststellungen der ersten Art sind Feststellungen *über* die Sprache, über den Regelrahmen nämlich, innerhalb dessen wir uns mit der Sprache bewegen. Das Verwirrende ist aus dieser Sicht der Dinge nun nur, daß die *metasprachlichen* Feststellungen mit den *primären* (den auch sogenannten »objektsprachlichen«) Aussagen die syn-

taktische Form gemeinsam haben können. Die erfahrungsunabhängig gültigen Sätze erhalten so scheinhaft den Charakter besonderer, empirisch unbestreitbarer Aussagen über die *Welt*; so als müßte sich diese an gewisse Grenzen des in ihr Möglichen halten, wie es insbesondere die Vorstellung von Leibniz war, während wir in Wirklichkeit hier lediglich Schlüsse aus den sprachlichen *Konventionen* ziehen, denen wir bei unseren empirischen Urteilen folgen. Konventionen aber sind offenbar als solche weder wahr noch falsch und können daher samt ihren Folgerungen auch nicht auf ihre empirische Richtigkeit hin untersucht werden. Allenfalls lassen sich für sie Fragen ihres praktischen Sinnes, ihrer Zweckmäßigkeit etwa, erörtern. Und Sätze, mit denen wir *feststellen*, daß eine Konvention *verbreitet* oder *eingeführt* ist, müssen zwar üblicherweise als *empirische* Behauptungen angesehen werden, sind allerdings wohl zu unterscheiden von denjenigen Sätzen, mit denen wir unsere sprachlichen Konventionen selbst zum Ausdruck bringen.

In dieser Perspektive ergibt sich die Begründung der notwendig wahren Aussagen durch Analyse der den Sprachgebrauch und die Sprachkomposition leitenden *Regel*systeme. Daher wollen wir diese Aussagen entsprechend dem Üblichen *analytisch gültig* (*wahr*) nennen.

Andererseits verbinden die Logiker häufig auch das Wort »Begriff« mit der Stelle, welche ein Ausdruck in einem sprachlichen Regelsystem einnimmt, damit, daß es bei bestimmten Aussagen auf das bestimmte (gewählte) Wort nicht ankommt, nur auf seine geregelte Position in der Sprache, eben den »Begriff«, den es »repräsentiert«. Entsprechend läßt sich dann das Analytische mit dem *Begrifflichen* identifizieren.

Allerdings wird das Wort »begrifflich« in meinen folgenden Überlegungen etwas anders verwendet, im Rahmen eines nicht der logisch-szientistischen Tradition verpflichteten Versuches, die rein begriffliche (begrifflich begründete) Geltung zu verstehen.

Zunächst will ich jedoch noch einige differenzierende Bemerkungen zum *analytischen* Verständnis notwendiger Geltung an das bereits Gesagte anfügen:

In der Gesamtheit sprachlicher Regeln läßt sich eine bestimmte Untergruppe auszeichnen, welche stets die besondere Aufmerksamkeit der Logiker und Sprachtheoretiker gefunden und häufig ihr Sprachverständnis in die Irre geführt hat. Es sind dies die *schematisch kontrollierbaren* oder kurz auch so genannten »*formalen*« Regeln der Syntax und Semantik. Die für sie wesentliche Art der Kontrolle gestaltet den Umgang mit diesen Regeln übersichtlich wie im Fall von Rechenregeln.

Die Grundlage dieser »formalen« Übersicht ist unsere elementare Anschauung, genauer unsere »sinnliche Anschauung« in Kants Verständnis. Das Wort »Anschauung« steht in diesem Zusammenhang nicht für eine besondere Art von Wahrnehmung, sondern für unsere Fähigkeit, in gewissen Urteilen mehr oder minder unmittelbar übereinzustimmen, indem wir schlicht unsere normalen Sinne benutzen, um gemeinsam eine Unterscheidung zu treffen, zum Beispiel indem wir aufmerksam hinsehen oder uns durch Anfassen überzeugen, oder etwa gewisse optisch oder haptisch wahrnehmbaren Veränderungen erzeugen.

Entsprechend möge eine Feststellung oder Regelbefolgung *anschaulich evident* heißen genau dann, wenn ihre Wahrheit oder Richtigkeit sich in Gegenwart bestimmter (relevanter) unmittelbar zugänglicher anschaulicher Verhältnisse nicht bestreiten läßt, also ohne weitere Argumentation schlicht »gezeigt« werden kann, indem sich die Beteiligten auf gegebene (vorhandene oder hervorgerufene) anschauliche Erscheinungen (zum Beispiel Figuren oder Marken) beziehen.

Beispiele für das anschaulich Evidente sind, unter normalen Umständen, Feststellungen, daß »die Tür geschlossen ist«, daß »das Zeichen (der Buchstabe) x sich vom Zeichen (Buchstaben) y unterscheidet«, daß »ein Exemplar der Ziffer $||||$ dadurch produziert wird, daß man einen Strich zu einem Exemplar der Ziffer $|||$ hinzufügt« (gemäß der »Regel«: $n \Rightarrow n|$), usf.

Neben solchen *unmittelbar* evidenten Feststellungen kennen wir Behauptungen, die sich durch einen Beweis anschaulich rechtfertigen lassen. Unter einem *Beweis* einer Behauptung sei dabei eine Begründung dieser Behauptung verstanden, welche sich so in Schritte auflösen läßt, daß jeder dieser Schritte anschaulich evident ist. In diesem engen Sinne wird der Ausdruck »Beweis« oft in der Mathematik und in anderen Feldern formaler Manipulation und Deduktion benutzt. Die Kontrolle und Sicherheit, die für Beweise charakteristisch ist, ruht hier also auf anschaulicher (anschaulich verfügbarer) Evidenz.

Die skizzierten Verständnisse anschaulicher Evidenz und des Beweisens führen uns zu einer weiteren Unterscheidung im Bereich der Handlungen und Tätigkeiten, in der sogenannten *generischen* Bedeutung der Worte »Handlung« und »Tätigkeit«: Eine Handlung oder Tätigkeit ist, wie ich sagen möchte, *schematischer Kontrolle zugänglich* (ist *formal* im weiten Sinne des Wortes) genau dann, wenn eine (unterstellte oder behauptete) richtige Ausführung (»Aktualisierung«) entweder anschaulich evident oder beweisbar ist. Es ist vielleicht der Erwähnung wert, daß der Ausdruck »formal« hier nicht auf die sogenannte *syntaktische* Analyse beschränkt ist.

Formales Handeln in diesem Sinne liegt zum Beispiel vor, wenn wir der Vertauschungsregel $n + m = m + n$ folgen, bei der schriftlichen Multiplikation, wenn wir »*b*« aus »*a* und *b*« ableiten, oder wenn wir unter übersichtlichen Umständen einen Prozeß stoppen oder starten (zum Beispiel beim Fahren eines Autos oder beim Bedienen einer Maschine).

Läßt sich die notwendige Geltung eines Satzes auf *schematisch kontrollierbare* Regeln gründen, so möchte ich den Satz *formal-analytisch wahr* nennen. Ich weiche dabei von der älteren Terminologie der konstruktiven Semantik ab, wie sie sich auch in der *Logischen Propädeutik* von Kamlah und Lorenzen findet[1]; das heißt, das »formal« in »formal-analytisch« gehört in meinen Überlegungen eher in das Wortfeld von »formalistisch« als in die Umgebung der Rede von »logischen Formen«.

Im Falle der schematisch kontrollierbaren Regelbefolgung beruht die Notwendigkeit der Satzgeltung allein darauf, daß wir es mit *von uns selbst gesetzten* Regeln zu tun haben, für welche sich die Konsequenzen ihrer Befolgung im allgemeinen vollständig und unstrittig vorab übersehen lassen. Wir könnten auch sagen, es gibt derartige Regeln; und diese »Tatsache« ist die Grundlage für das Auftreten dieser Seite der notwendigen Satzgeltung.

Wir gehen hier davon aus, daß die richtige Befolgung der Regeln von denjenigen, welche sie beherrschen, durch *Einübung* weitergegeben wird. Wenn die Beteiligten die Befolgung einer Regel im konkreten Fall, oder aus den Regeln gezogene Folgerungen, verschieden beurteilen, so muß dies dann als eine Situation erscheinen, welche durch mehr Übersicht oder bessere Übung zu bewältigen ist.

1 Wilhelm Kamlah und Paul Lorenzen, *Logische Propädeutik – Vorschule des vernünftigen Redens*, Mannheim u. a. [1]1967, S. 214.

Wir haben es hier eben uns selbst, unserer eigenen Veranstaltung (Vereinbarung, übersichtlichen Darstellung, Übung) zuzuschreiben, daß bestimmte Sätze unabhängig von unseren Wahrnehmungen, Beobachtungen und empirischen Untersuchungen gelten. In diesem Sinne sind wir für ihre Begründung nicht auf dasjenige angewiesen, was sich ereignen, uns zustoßen muß, durch unser Handeln nicht erzwungen werden kann.

Ich denke, daß die bei formal-analytischer Geltung maßgebende Verfügung über die Sprache das Muster auch für die »materialen« Situationen regelbezogener Analytizität abgegeben hat.

Das analytische und a fortiori das formal-analytische Verständnis notwendiger Geltung beruht auf zwei Voraussetzungen: Zum einen müssen sich im Rücken des einschlägigen Sprachgebrauches *Regeln* identifizieren lassen, welche ihren Namen verdienen. – Zum anderen darf es nicht unangemessen sein, diese Regeln als bloße *Konventionen* zu betrachten, unter denen sich allenfalls nach Gesichtspunkten praktischer Zweckmäßigkeit wählen läßt.

Beide Unterstellungen sind aber für weite Teile unseres sprachlichen Handelns problematisch, ja mehr, nämlich offensichtlich unrichtig.

Zeichen haben eine *Bedeutung*, wenn für sie, durch Tradition oder Vereinbarung, ein der Welt- oder Handlungsorientierung dienlicher Umgang bestimmt ist. Der so verstandene *Gebrauch* der Zeichen ist also »institutionell« gemeint, als *sprachliche Handlungsform*, *nicht* als sprachliches Handeln im *konkreten* Fall, nicht, heißt das, als (mehr oder minder) institutionsgemäße konkrete »Verwendung« der Sprache.

Zunächst darf uns bei der Beschreibung oder Vermittlung sprachlicher Formen das Modell syntaktischer (grammatischer) *Regeln* nicht irreführen. Regeln verschiedener Art sind nämlich nicht die einzige Möglichkeit, unseren Sprachgebrauch zu *bestimmen*. Diesen Dienst kann auch die als *Muster* (*Paradigma*) vorgeführte *Verwendung* eines Zeichens leisten; oder wir lernen sprachliches Handeln schlicht durch *Teilnahme* (kennen).

Wir verstehen also den Gebrauch des Ausdrucks als *sprachpraktische Form* oder Institution, ohne dabei bereits *bestimmte* Weisen der Konstitution oder Einführung solcher Formen zu unterstellen.

Wenn wir den Sprachgebrauch als *Institution* bezeichnen, so tun wir zwar so, als vollzögen sich unsere sprachlichen Äußerungen im Rahmen einer praktischen Form, die wir *eingerichtet*, *abgesprochen* haben. Tatsächlich ist dies aber natürlich im allgemeinen nicht wirklich der Fall. An die Stelle ausdrücklicher Absprache tritt in den meisten Fällen die Weitergabe durch praktische Einführung, die »Tradition« der sprachlichen Handlungsformen.

Die *Grundeinheit* der Sprache ist der *Gebrauch* des Satzes in einer *typischen praktischen Umgebung*. – Im elementaren Fall *lernen* wir den *Gebrauch* des Satzes, indem wir *Verwendungen* des Satzes, entsprechende konkrete Satzäußerungen also, als *typisch* verstehen, das heißt insbesondere die *Situationen*, in welche diese Verwendungen des Satzes (dialogisch-praktisch) eingebettet sind, als *typische* verstehen; so daß sie auf andere »derartige« Situationen verweisen.

Der paradigmatisch verwendete Satz dient als *semantische Mitteilung*. In der *semantischen Mitteilung* steht der *faktische* Situationsbezug des Satzes (seiner Äußerung) für seinen *typischen* Situationsbezug. Die (faktische) Verwendung zeigt den (typischen) *Gebrauch*.

Dies erklärt uns auch die Sprach*schöpfung* in der Rede: Die erstmalige Verwendung läßt sich bereits als typisch und damit als ein möglicher *Gebrauch* verstehen.

Das Typische einer konkreten Verwendung des Satzes läßt sich im allgemeinen nicht so in der Form von *Regeln* angeben, daß es über die Aneignung dieser Regeln gelernt werden könnte. Zwar richtet sich die *Bildung* der Sätze einer Sprache im allgemeinen nach (grammatischen) Regeln, nicht jedoch (im selben Sinne) der *Gebrauch* (»Sinn«) der Sätze.

In der paradigmatischen Äußerung des Satzes geschieht die Mitteilung des Sprachgebrauchs bewußt und absichtlich. Häufig allerdings lernen wir den Sinn der Sätze und Worte durch schlichte *Teilnahme* an der Sprach*verwendung*. Wir bilden dabei gewisse Vorstellungen zum Sprachgebrauch aus und korrigieren sie über die eigene gelingende oder mißlingende zukünftige Mitwirkung am sprachlichen Verkehr.

Insgesamt können wir also unterscheiden zwischen 1. *semantischen Erklärungen* in der Form allgemeiner, zum Beispiel regelartig gemeinter Sätze über den Sprachgebrauch, 2. *paradigmatisch* verstandenen Satzäußerungen und schließlich 3. der Vertrautheit mit dem Sprachgebrauch, welche wir *teilnehmend* aus der (nicht

als semantische Mitteilung intendierten) Sprachpraxis selbst gewinnen.
Auch Paradigmen und Teilnahmeerfahrungen *leiten* unser Sprachverständnis *an*, geben ihm insoweit (in diesem Sinne) eine »Regel«. Hier erscheint dann allerdings das Wort »Regel« nicht an einen allgemeinen Regel*ausdruck* und seine kontrollierbare Anwendung in der Sprachpraxis gebunden. Ein *analytisches* Verständnis notwendiger Wahrheit ist aber gerade auf eine solche *engere* Auffassung von Regeln angewiesen.
Für unsere Zwecke beziehen wir also das Wort »Regel« auf einen *Ausdruck* der Regel, so daß die Anwendung einer Regel auf die Anwendung ihres Ausdruckes hinausläuft. – In diesem engeren Sinne des Wortes »Regel« können wir dann andererseits nicht mehr sagen, daß wir uns im paradigmatisch geleiteten Lernen (Verstehen) der Sprache an *Regeln* des Sprachgebrauches, semantischen Regeln etwa, orientieren. Das sprachliche Muster läßt sich im allgemeinen nicht durch eine Reihe (ein System) von *Regelausdrücken* rekonstruieren. Es ist sogar gegenüber den sprachlichen Regeln *primär*. Das Verständnis von Regeln stützt sich nämlich letztendlich selbst auf Paradigmen einer Regel*anwendung*.
Wenn die Sprache wesentlich über unsere bloße (nicht semantisch angeleitete) Teilnahme und paradigmatisch konstituiert ist, dann kann ein Verständnis notwendiger oder begrifflicher Geltung nicht auf dem skizzierten *analytischen Wege* gewonnen werden.
Zur Vorbereitung einer Alternative möchte ich zunächst einiges zur Rede von *Begriffen* sagen:
In den tradierten oder fest vereinbarten Sprachen sind die sprachlichen Institutionen an bestimmte Zeichen als gleichsam ihre »Träger« gebunden. Das *Begriffliche* am Gebrauch der Zeichen tritt in den Blick, wenn wir darauf achten, daß das bestimmte Zeichen, der »Träger« des Gebrauchs, ohne Verlust des Wesentlichen ausgetauscht werden könnte. Es kommt uns, heißt das, im sprachlichen Verkehr an sich nicht darauf an, das, was wir tun, (als Operationen) mit einem bestimmten Zeichenträger zu vollziehen. Die Vereinbarung oder Tradition, welche den Zeichenträger zum *Symbol* werden läßt, könnte prinzipiell auch an einen anderen Zeichenträger geknüpft werden, ohne daß die Orientierungsfunktion der Sprache wesentlich berührt wäre.
In diesem Sinne unterscheiden wir den *Begriff* vom *Ausdruck* (Zeichen) als seinem Träger und von dessen, dem trägerbezogen

verstandenen, *Gebrauch*; ohne also dabei lediglich an die Substitution der Träger *salva veritate* zu denken. Die Rede von Begriffen ist damit weder auf (bestimmte) sprachliche Regelsysteme noch auf Wahrheitsbedingungen eingeschränkt. Vielmehr hat diese Rede ganz allgemein ihren Sitz im trägerunabhängigen Bezug auf praktische sprachliche Formen. Das heißt insbesondere, hier soll nicht die Frage interessieren, warum wir in bestimmten Fällen Begriffsausdrücke als eine Art »Namen« für Begriffe ansehen dürfen.

Ich will Begriffe in diesem Sinne *sprachpraktische* (oder auch *empraktische*) Begriffe nennen. – Wir vollziehen also insbesondere eine Umorientierung gegenüber dem üblichen abstraktionslogischen Gebrauch der Worte »Begriff« und »begrifflich«.

Daß es für das Wesentliche an der sprachlichen Bedeutung auf den Zeichenträger nicht ankommt, ist dort eingeschränkt, wo das Zeichen seine Bedeutung zugleich als *Bild* vergegenwärtigt:

Das Bildhafte (»Hieroglyphische«) am Zeichen kann unerheblich sein, das heißt für den Gebrauch des Zeichens keine wesentliche Funktion haben. Dieser Fall, in dem auf das Bildhafte verzichtet werden kann, läge etwa vor, wenn jemand die Verkehrssymbole Rot und Grün durch suggestive Bilder von Brems- und Anfahrvorgängen ersetzen wollte. – Anders wäre die Situation zum Beispiel bei einer *prototypischen* Darstellung, in welcher das Bild die *Identifizierung* einer bedeutungskonstitutiven figürlichen Gemeinsamkeit ermöglicht, weil diese auf andere Weise, durch Beschreibung etwa, nicht gegeben ist oder nicht gegeben werden kann. Man könnte sich vorstellen, daß morphologische Unterscheidungen einer phänomenologischen Biologie durch einen bildlichen Symbolismus dieser Art konstituiert werden.

Daß es (in ihren Folgerungen übersichtliche) sprachliche Regeln gibt, und in Abhängigkeit von ihnen analytisch wahre Sätze, müssen wir nicht bestreiten. Von den *analytischen* Fällen notwendiger Geltung sind jedoch die Situationen *begrifflicher* Geltung wohl zu unterscheiden:

Nach dem Gesagten können wir also den begrifflich wahren Sätzen im allgemeinen nicht den Status von Folgerungen aus konventional verstandenen konstitutiven Regeln geben. Auch im nichtanalytischen Fall begrifflicher Wahrheit haben wir es weiterhin natürlich mit Sätzen zu tun, bei denen wir uns nicht vorstellen können, wie sie sich je durch normale Erfahrung in Frage stellen ließen. Im großen und ganzen sind es ja dieselben Sätze, deren übliches *analytisches* Verständnis wir nunmehr durch eine *begriffliche* Deutung ersetzen sollten. Wie haben wir sie aber dann zu verstehen?

Hier gibt es zwei andere Möglichkeiten: Wir können begrifflich wahre Sätze zum einen als *Kommentare* zur begrifflichen »Form« unserer Sprachpraxis verstehen, zum anderen als *»regulative«* oder, (Konstruktivismus-)nostalgisch, als *»normierende« Regeln*.

Zur ersten Möglichkeit: Sobald eine Sprachpraxis durch Paradigmen und Teilnahme bestimmt ist, haben die zugehörigen begrifflichen Sätze im allgemeinen zunächst den Charakter einer trägerunabhängig angemessenen *Kommentierung* unserer sprachlichen Institutionen. Wichtig ist, daß solche *Kommentare* methodisch »nachträglich« geschehen, das heißt, das praktische sprachliche Wissen, über das sie sprechen, weder *konstituieren* noch *vermitteln* können.

In einem doppelten Sinne ist hier über das Begriffliche nicht durch Konvention entschieden. Zum einen muß sich ein begrifflicher Kommentar *bewähren an der Sprachpraxis*, die er nicht (per Konvention) konstituiert. – Zum anderen verfügen wir über die *Möglichkeit* sprachpraktischer Begriffe nicht im gleichen Maße, wie dies bei analytisch definierten Begriffen der Fall ist.

Während wir im *analytischen* Fall die *Möglichkeit* der betrachteten Sprachpraxis von vornherein garantieren können (dies jedenfalls unterstellen), ist dies im Falle des *begrifflichen* Kommentars nicht so.

Begriffliche Kommentare dienen zunächst der *Darstellung* begrifflicher Verhältnisse (der Sprachpraxis). Häufig verbinden wir mit ihnen allerdings auch einen *präskriptiven* Sinn, verwenden sie als *normierende Regeln*.

Normierende Regeln lassen sich nicht einfach durch Vereinbarung in Kraft setzen und dann allgemein befolgen. Die Sprachpraxis, in die sie eingreifen, ist ja hier bereits im Gange, wird nicht erst, entsprechend diesen Regeln, erzeugt. In diesem Sinne müssen auch die normierenden Regeln, wie die begrifflichen Kommentare, *angemessen* sein. Diese Angemessenheit läßt sich für solche Regeln allerdings nicht ein für allemal vorab klären. Vielmehr bedarf es dazu der fortlaufenden *Entwicklung* unserer symbolischen Verständnisse durch weitere Normierungen oder Kommentare.

So müssen etwa die *farbterminologischen* Regeln durch zusätzliche normierende Maßnahmen weiter abgesichert werden, Maßnahmen, die im Fall der Disjunktheit von Rot und Blau zum Beispiel die Abgrenzung von Blau und Bläulich oder Rot und Rötlich, den Ausschluß gemusterter Fälle und anderes mehr betreffen. Ob dies jeweils angesichts »neuer« Farbsituationen gelingt, müssen wir im Verlauf unserer entsprechenden Bemühungen stets erst noch *sehen*.

Auch daß es uns gelingt, unsere sprachlichen Verhältnisse im ganzen *widerspruchsfrei* oder nach anderen so genannten logischen Wahrheiten zu organisieren, können wir nicht durch ein (formales) Regelsystem vorweg sicherstellen. Es muß sich dann immer noch die *materiale* Sprachpraxis entsprechend organisieren lassen.

Daß wir eine Regel als *Normierung* verstehen, bedeutet also, daß wir uns um eine die Regel sichernde Entwicklung und Darstellung der Sprache bemühen (wollen). Ob ein solches Bemühen *gelingt*, haben wir jedoch nicht in derselben Weise in der Hand, wie uns das abgestimmte Vorgehen nach einer (schematisch) kontrollierbaren Konvention verfügbar ist.

Natürlich können wir für die *begrifflichen* Wahrheiten eine *analytische* Rekonstruktion geben, einen Wortlaut der *begrifflichen* Wahrheiten *analytisch* unterlaufen; das heißt, wir können zum Beispiel terminologische Regeln für Farbprädikate oder ein System logischer Regeln so einrichten, daß sich die Disjunktheit von Blau und Rot oder ein Widerspruchsprinzip daraus in schematisch kontrollierbarer Weise ergeben. Mit einer solchen Substitution des Analytischen für das Begriffliche würden wir allerdings auf wesentliche Teile der Orientierungsleistung verzichten, welche wir der begrifflichen Arbeit der Sprache verdanken:

Im *begrifflichen* Falle müssen wir nämlich unsere Sprache und ihr Verständnis erst noch so *entwickeln*, daß unsere sprachlichen Formen und die begrifflichen Sätze, welche sich aus ihnen ergeben, gültig sind. Diese Entwicklung läßt sich im allgemeinen nicht abschließen; auch wenn wir uns häufig dessen praktisch sicher sind, daß wir uns auf alles Wesentliche eingerichtet haben.

Daß uns eine Entwicklung des Sprachgebrauchs gelingt, welche die Geltung bestimmter begrifflicher Sätze bewahrt, können wir also nicht vorweg ein für allemal sicherstellen. Dazu müssen uns die Verhältnisse, in denen wir die Sprache gebrauchen, entgegenkommen. Das heißt, hier müssen wir erst noch diese *Erfahrung mit unserem Sprachgebrauch machen.* Insofern es sich dabei um die Erfahrung handelt, daß bestimmte sprachliche Formen als gemeinsame und allgemeine möglich sind, möchte ich von einer *transzendentalen* Erfahrung sprechen.

Der begriffliche Satz, daß Blaues nicht rot ist, ist keine einfache Feststellung über die Welt. Wir sagen damit vielmehr, obzwar in einer mißverständlichen Formulierung, daß unsere Sprachpraxis *so eingerichtet ist. Wir* sind es, welche die Sprache einrichten; und das heißt, wie wir die Sprache einrichten, hängt von unserem Bemühen und der Richtung, welche wir ihm geben, ab. Die Grenzen möglicher Rede erscheinen insoweit als Ausübung dessen, worin wir *frei* sind.

Die sprachliche Einrichtung legt mit dem, was sie *konstituiert*, zugleich den Rahmen dessen fest, was in ihr eine *mögliche* sprachliche Handlung ist. Gleichwohl verfügen wir nicht vollständig über das sprachlich Mögliche, wie es uns die analytische Betrachtungsweise nahelegen mag. Wir haben die Einrichtung unserer Sprachpraxis nicht in derselben Weise in der Hand, wie dies etwa bei der Erfindung von Spielregeln oder Unternehmensformen im Wirtschaftsrecht der Fall ist.

Die Bewegungen, welche wir in den sprachlichen Einrichtungen vollziehen wollen, müssen *allgemein zugänglich* sein, und auch der Sitz, den diese Bewegungen in den Orientierungsproblemen unseres Lebens haben.

Dem möglichen Sprachgebrauch sind so *Grenzen* gezogen. Wir sehen dies am deutlichsten bereits dort, wo wir eine Unterscheidung einführen oder weitergeben wollen, eine Unterscheidung etwa, welche eine Sinnesqualität oder eine Empfindung artikuliert. Die Beispiele, durch die wir hier den Wortgebrauch erläutern, müssen »geeignet« gewählt sein, damit sich eine übereinstimmende sprachliche Praxis ergibt, ein Sprachgebrauch möglich wird. Das heißt, nicht alles, was wir zur Einführung der Unterscheidung anführen könnten, erläutert tatsächlich.

Begriffliche Sätze mit *notwendiger Geltung* sagen uns also, was die *wirklichen*, von uns unabhängigen Grenzen *möglicher* Rede, und damit auch unserer Orientierung in der Welt, sind. Auch die *logische* Notwendigkeit kann nur *diese* Erklärung haben; d. h. der übliche analytische Umgang mit der Logik ist von diesen Überlegungen betroffen.

Begriffliche Kommentare sind, zumal wenn sie die Form von Definitionen und terminologischen Bestimmungen annehmen, in der Philosophie auch als *Wesen*erklärungen verstanden worden. Die Dinge *begreifen*, sich einen *Begriff* von ihnen machen zu wollen, gehört zu den ältesten Absichten der Philosophen.

Unsere Überlegungen erlauben es, dieser Verbindung des Begrifflichen mit dem Begreifen einen einfachen, guten Sinn zu geben.

Daß etwas *notwendig gilt*, zeigt uns zum einen, daß es sich um eine Darstellung, Normierung oder Konsequenz gelernten oder vereinbarten Sprachgebrauches handelt. Das heißt, die *sprachlichen* Tatsachen bringen sich hier zur Geltung.

Die sprachlichen Tatsachen sind zum anderen in unseren Umgang mit der Welt und die Übereinstimmung, die wir dabei erzielen, eingelassen. Daher lassen sie sich nicht rein analytisch, auf der Grundlage konventional verstandener Regeln, gewinnen.

Daß der durch die sprachlichen Tatsachen charakterisierte Sprachgebrauch als gemeinsame Orientierungspraxis möglich ist, zeigt uns das *Wesen der Dinge* (die »*Substanz* der Welt«, wie der frühe Wittgenstein sagt[2]), die *transzendentalen* Tatsachen, wie ich sie oben genannt habe.[3]

Daß schließlich Urteile, zu deren Artikulation wir die Sprache *verwenden* (den Sprachgebrauch aktualisieren), *wahr* sind, zeigt den kontingenten »*Inhalt* der Welt«, die *empirischen* Tatsachen.

Die transzendentalen Tatsachen sind die Bedingungen der Möglichkeit der empirischen Tatsachen: Ein Sprachgebrauch, welcher ein bestimmtes konkretes Urteil tragen soll, muß *möglich sein*. – Dies ist letztlich auch der Kern der Wittgensteinschen Argumente gegen die Vorstellung einer rein privaten Sprache.

Darin, daß die in den begrifflich gültigen Sätzen markierten Grenzen möglicher Rede tatsächlich eine *verständliche* (universale) sprachliche Praxis erlauben, zeigt sich dasjenige, worüber wir mit unseren sprachlichen Veranstaltungen nicht verfügen, das von uns unabhängige Wesen der Dinge.

Das Wesen der Dinge ist aber auch nicht noch anders, nicht über normale Feststellungen nämlich, zugänglich. Dies wäre der Irr-

2 Ludwig Wittgenstein, *Tractatus logico-philosophicus*, 2.021.

3 Vgl. S. 44.

tum der theoretischen Metaphysik oder neuerlich auch bestimmter Spielarten der Phänomenologie. – Das Wesen der Dinge ist also darauf angewiesen, sich in den Einrichtungen unserer Sprache zu zeigen, darin, daß bestimmte sprachliche Einrichtungen als allgemeine, in Übereinstimmung praktizierte *möglich* sind.

Kuno Lorenz

Das dialogische Prinzip in der Philosophie

Ein Beitrag zur Überwindung der Subjekt-Objekt-Spaltung

Im Selbstverständnis konstruktiver Philosophie und Wissenschaftstheorie sind zwei Prinzipien, das methodische und das dialogische, besonders hervorgehoben worden[1], die auch in der Rekonstruktion der wesentlichen Schritte unserer philosophischen Tradition eine zentrale Rolle spielen.

Ich möchte im folgenden allein das dialogische Prinzip untersuchen, und zwar darauf hin, welche Aufklärung es für das Entstehen und die Wirkungsweise der neuzeitlichen erkenntnistheoretischen Differenz von Subjekt und Objekt zu geben vermag.

Zu diesem Zweck schlage ich vor, damit zu beginnen, an dem heute so gern und häufig beklagten Zustand weitgehender theoretischer und praktischer Orientierungslosigkeit auch eine positive Seite zu sehen. Die alle Bereiche durchziehende Zersplitterung, wie sie sich darin zeigt, daß eine Vielzahl von (praktischen) Lebensweisen und (theoretischen) Weltansichten um Anerkennung konkurriert, erlaubt es nämlich, sich einer tiefsitzenden Widersprüchlichkeit in menschlicher Welt- und Lebenserfahrung bewußt zu werden, deren Aufhebung wiederum gerade dadurch gelingt, daß man das dialogische Prinzip befolgt.

Ich möchte diese Widersprüchlichkeit so charakterisieren, daß ich von *zwei* gegensätzlichen, aber gleichwohl elementaren Erfahrungen spreche, die jeder, der nicht nur lebt, sondern dies auch weiß, gemacht hat und immer wieder macht. Es ist auf der einen Seite die Erfahrung des Dazugehörens, des Teil-der-Welt-Seins, und auf der anderen Seite die Erfahrung des Nicht-Dazugehörens, des Der-Welt-gegenüber-Stehens.

Gehöre ich nämlich dazu, bin ich Teil der Welt – Ich als *Objekt* –, so ist die Folge, daß ich das Verwendetwerden durch andere Menschen ebenso wie das Unterworfensein unter Naturgewalten,

1 Artikel »Konstruktivismus«, in: J. Mittelstraß (Hg.), *Enzyklopädie Philosophie und Wissenschaftstheorie*, bisher 2 Bde., Mannheim 1984.

Krankheiten zum Beispiel, jenseits des mir möglichen Widerstands hinnehme. Und dabei geschieht etwas sehr Merkwürdiges: ich erfahre das bloß Objektsein als Ausgeschlossensein zusammen mit dem unwiderstehlichen Bedürfnis, durch Erweiterung der Widerstandsfähigkeit in Gestalt von Handlungsmöglichkeiten das Ausgeschlossensein einschränken zu können.
Stehe ich der Welt hingegen gegenüber, gehöre ich *nicht* dazu – Ich als *Subjekt* –, so greife ich redend und handelnd unaufhörlich in sie ein. Und wieder geschieht dabei etwas sehr Merkwürdiges: ich erfahre mich als Glied sowohl zahlreicher Ursache-Wirkungs-Zusammenhänge wie unübersehbar vieler Mittel-Zweck-Zusammenhänge, als einen Teil der naturalen und der kulturalen Welt also, wiederum zusammen mit dem Bedürfnis, diese Abhängigkeiten, in die ich geraten bin, ein Stück weit abschütteln zu können.
Der paradoxe Charakter dieser Beschreibung, in der zwei Erfahrungen gleichsam ständig die Plätze tauschen, läßt sich auflösen, wenn wir uns einen Begriff vom Übergang von Rede- und Handlungsvollzügen zu ihrer Betrachtung bilden, das heißt den Prozeß der Objektivierung durch ›Distanzierung‹ zu rekonstruieren suchen. In der Entfaltung eines Könnens zum Darum-Wissen, und zwar sowohl fürs Reden wie fürs Handeln, findet ein Perspektivenwechsel statt, vom *aktiven* Vollzug zur *passiven* Betrachtung – und das ist selbst die Keimzelle des Übergangs vom Handeln zum Reden als der ausgezeichneten menschlichen Form des Zeichenhandelns –, dem der Verweis auf eine dialogische Situation offensichtlich bereits abgelesen werden kann.
Eine Handlung im aktiven Aspekt des Vollzugs ist etwas Einzelnes, im passiven Aspekt der Betrachtung hingegen etwas Allgemeines. Über eine Handlung zu verfügen, sie zu ›können‹ oder ›Handlungskompetenz‹ zu haben, tritt nicht anders auf als in Gestalt von Handlungsvollzügen auf der tätigen Seite und in Gestalt eines die Handlung Auffassens, eines ›Handlungsverstehens‹, auf der erleidenden Seite. Beide Seiten in diesem mit einem Können verbundenen Rollenwechsel lassen sich ohne Schwierigkeiten mit Sein und Erkennen unserer philosophischen Tradition identifizieren. Charles S. Peirce übrigens war der erste, der Ontologie und Epistemologie als die zwei Seiten derselben Medaille erkannt hat, nämlich unserer Erfahrung, die in einer Pragmatik, die zugleich Semiotik ist, begriffen werden kann.

Es kommt daher darauf an, nicht erst im Übergang vom Tun zum darüber Reden, in der Distanzierung eines Subjekts von sich selbst, den wissenden Vollzug des zugleich Subjekt- und Objektseins, wie wir dafür sagen können, zu verankern. Vielmehr gilt es, schon im Tun selbst auf beide Seiten, den aktiven und den passiven Aspekt, im Vollzug und in seiner Betrachtung, zu achten.
Wir sind dazu herausgefordert, beim Können, wie es in den Handlungs- und Redezusammenhängen der Menschen verwirklicht ist, nicht dort einzusetzen, wo schon ausgebildete Fertigkeiten aufeinandertreffen, vielmehr seinen Entstehungsprozeß als Erwerbsprozeß sichtbar zu machen. Nur so auch vermeiden wir es, zwei insbesondere für die neuzeitliche philosophische Tradition fundamentale begriffliche Gegenüberstellungen einfach hinzunehmen, statt sie durch systematische Verankerung in dialogischen Zusammenhängen in ihrer Funktion zu bestimmen. Weder der ›ontologische‹ Gegensatz von ›sinnlich Einzelnem‹ und ›geistig Allgemeinem‹ noch der ›epistemologische‹ Gegensatz von ›subjektivem Erkennen‹ und ›objektivem Sein‹ sollte einfach bereitstehen, vielmehr entstehen beide erst auf der Basis dialogischer Elementarsituationen des Erwerbs eines Könnens, einer ›Handlungskompetenz‹.
Wer nämlich etwas kann – Rechnen, Flötespielen, eine Geschichte erzählen, Schwimmen, kernphysikalische Experimente durchführen, sich verständlich machen usw. –, dem kann ein Lernprozeß zugesprochen werden aus der Sicht dessen, der das Können zum Gegenstand seiner Aufmerksamkeit nimmt. Das mögen Handlungspartner ebenso sein wie Beobachter. Dabei braucht der Lernprozeß, wird er zugeschrieben, nicht als empirischer Prozeß stattgefunden zu haben. Manche können etwas, was andere erst mühsam oder gar nicht lernen, und es ist Sache empirischer Wissenschaften herauszufinden, welche Prozesse, und seien es vielleicht gar genetische, stattgefunden haben müssen, damit ein derartiges Können auftreten kann. Hingegen dient die systematische Rekonstruktion des Entstehungsprozesses durch einen Erwerbsprozeß dazu, einen ›Maßstab‹ bereitzustellen, der überhaupt erst sichtbar macht, was empirische Wissenschaften, wenn sie mit ihren Untersuchungen beginnen, in der Regel als ›gegeben‹ voraussetzen.
Offenkundig ist es nun so – an den Beispielen läßt es sich ablesen –, daß die Lösung dieser Aufgabe nur gelingen kann, wenn der

Erwerbsprozeß als ein Maßstab für das Können dabei zugleich auch für seine Darstellung sorgt, im voll entwickelten Stadium mit Hilfe einer Wortsprache. Es würde allen bisher gewonnenen Einsichten widersprechen, unterstellte man, einer wüßte ohne weiteres, was ein anderer kann, ist er nur zugegen. Im Gegenteil, im Können, das zwei, die miteinander handeln, aktualisieren – man nehme als einfaches Beispiel nur Lehrer und Schüler beim Vermitteln einer Kunstfertigkeit –, gibt es stets beides, ein Moment des miteinander Vertrautseins – wir machen ›dasselbe‹ – und ein Moment des einander Fremdseins – was wir machen, ist ›verschieden‹ –, und darüber bedarf es einer Verständigung.
In einer dialogischen Elementarsituation wird in einem ersten Schritt eine Handlungskompetenz erworben, die nicht nur das Können, sondern *zugleich* auch das ›Erkennen‹ dieses Könnens, das Können als ein *Kennen* sichtbar macht. Dies geschieht in den beiden verschiedenen Gesichtspunkten der am dialogischen Erwerbsprozeß Beteiligten. In ihm ist jeweils der eine derjenige, der die Handlung ›aktiv‹ *ausführt*, und der andere dabei derjenige, der der Handlungsausführung ›passiv‹ gegenübersteht, sie *anführt*. Wohlgemerkt, die Bezeichnungen mit den Verben ›ausführen‹ und ›anführen‹ markieren nur die beiden Gesichtspunkte beim Erwerb *einer* Handlungskompetenz in einer offenen Folge von Wiederholungen (Repetition, das heißt ohne Rollenwechsel) und Nachahmungen (Imitation, das heißt mit Rollenwechsel) und nicht etwa eigenständige Handlungen. Wenn beide Dialogpartner über die Handlungskompetenz verfügen, nämlich ihrerseits in jeweils einen Erwerbsprozeß mit einem neuen Partner einzutreten vermögen, so läßt sich rückblickend sagen, daß der Anführende die Handlung ›versteht‹ im Sinne von ›wissen, um welche Handlung es sich handelt‹ (englisch: *recognition*), der Ausführende hingegen sie ›vollzieht‹ (englisch: *performance*).
Es sind gegenwärtig eine ganze Reihe von terminologischen Festlegungen für die in einer dialogischen Elementarsituation von den beiden Personen verkörperten Gesichtspunkte gebräuchlich: von demjenigen, für den es die Handlung aktiv gibt, sagt man auch, daß er ein *token* oder eine ›Aktualisierung‹, die Handlung als etwas Einzelnes (Singulares: *single act*) erzeugt habe: von demjenigen, für den es die Handlung passiv gibt, sagt man hingegen, daß er ein *type* oder ein ›Schema‹, die Handlung als etwas Allgemeines (Universales: *generic action*) erkannt habe.

Im Kennen wird deutlich, daß Sein und Erkennen ebenso wie Einzelnes und Allgemeines jeweils aufeinander bezogen und unabhängig voneinander unbestimmbar sind: jedes Singulare ist nur als Aktualisierung eines Schemas *verständlich*, so wie jedes Universale nur als aktualisiertes Schema *vorhanden* ist. Die dialogische Rekonstruktion endet natürlich hier nicht, sondern kann dadurch weitergeführt werden, daß man die jeweiligen beiden Perspektiven einer Handlungskompetenz, das *Ausführen* und das *Anführen*, in eigenständige ›sekundäre‹ Handlungen mit ihrerseits aktivem und passivem Aspekt überführt.
Mit dem Erwerbsprozeß von Anführungshandlungen, den (sozialen) Perspektiven gegenüber einer primären Handlung, beginnt die Bildung von (Handlungs-)*Objekten* durch ›Identifizierung‹: verschiedene Anführungen sind Anführungen *desselben* Objekts; insofern dabei jede Anführung durch *eine* subjektive Perspektive das Objekt erkennt, werden Subjektzüge im Spiegel der Objekte sichtbar.
Aber wir müssen auch den Erwerbsprozeß von Ausführungshandlungen, der (individuellen) Perspektiven gegenüber einer primären Handlung, berücksichtigen. Mit ihm beginnt die Bildung von (Handlungs-)*Subjekten* durch ›Differenzierung‹: durch die Art der Ausführung lassen sich Subjekte voneinander abgrenzen: insofern dabei mit jeder Ausführung das Subjekt *eine* objektive Gliederung erzeugt, ist ein besonderer Objektaufbau als ein Schritt auf dem Weg, Objekte identifizierbar zu machen, die Spur von Subjekten.
In der Verselbständigung von Ausführung und Anführung, also der ›Ich-Perspektive‹ und der ›Du-Perspektive‹, kommen der pragmatische und der semiotische Anteil *jeder* Handlung zum Vorschein. Übernimmt der Ausführende auch die Rolle des Anführenden, so sprechen wir vom *Vorführen*: mit jedem Handlungsvollzug wird zugleich auf ihn verwiesen.
Man muß sich allerdings ganz klar machen, daß der in der systematischen Rekonstruktion ›zweite‹ Schritt in der Erfahrung, die so ›verstanden‹ wird, jeweils der ›erste‹ ist. In einem verwandten Zusammenhang hatte schon Aristoteles in den *Analytica posteriora* (71b-72a) die Unterscheidung zwischen dem ›natürlicherweise früheren‹ (πρότερον φύσει) und dem ›für uns früheren‹ (πρότερον πρὸς ἡμᾶς), also dem ›Entstehungszusammenhang‹ und dem ›Darstellungszusammenhang‹, eingeführt, und es ist die

Absicht der aristotelischen Unterscheidung, darauf aufmerksam zu machen, daß ›für uns‹, nämlich ›praktisch‹, die Erfahrung ihrer Rekonstruktion vorausgeht, wiewohl ›natürlicherweise‹, nämlich ›theoretisch‹, die Rekonstruktion der Erfahrung voraus ist, weil so Erfahrung überhaupt erst ›möglich‹ wird.

Wird die Umkehrung der Anordnung der Schritte beim Übergang von der praktischen Ebene zur theoretischen Ebene oder umgekehrt, also zwischen ›Gegenstandsebene‹ und ›Zeichenebene‹, wie wir allgemeiner die Ebenen der Handlung und des Wissens um sie bezeichnen wollen, nicht beachtet, so geht die gerade gewonnene Einsicht, daß sich durch Erwerbsprozesse in dialogischen Elementarsituationen der ständige Umbau von Weltbildern und Lebensweisen begreifen läßt – und Begreifen heißt sowohl, pragmatisch gelesen, Erzeugen wie, semiotisch gelesen, Erfahren –, wieder verloren. Jeder solche Umbau wird dabei nämlich begriffen als eine Folge von Schritten, bei denen einerseits Distanzierung durch fortgesetzte ›Objektivierung‹ von Vollzügen in deren Betrachtung, ihre ›Semiotisierung‹, und andererseits Aneignung von Betrachtungen durch deren wiederholte ›Symbolisierung‹ in Vollzügen, ihre ›Pragmatisierung‹, stattfindet.

Mit den Anführhandlungen und den Ausführhandlungen haben wir distanzierende und aneignende Umgangsformen mit Objekten vor uns, eben die Weltansichten und Lebensweisen, von denen schon die Rede war: die Weltansichten im *Zeichen*charakter der Anführhandlungen, die Lebensweisen im Zeichenaspekt der Ausführ*handlungen*.

Von den nächsten Schritten, deren Darlegung aufgrund der gegebenen Randbedingungen hier unterbleiben muß[2], will ich zumindest die folgenden erwähnen: Die ausdrückliche Rekonstruktion der beiden Prozesse der Identifizierung von Anführhandlungen und der Differenzierung von Ausführhandlungen. Damit nämlich *dieselben* Objekte in den verschiedenen Weltansichten sichtbar werden, müssen sich Anführhandlungen ineinander ›übersetzen‹ lassen, und das heißt, es muß durch einen Erwerbsprozeß mit Hilfe einer dialogischen Elementarsituation zweiter Ordnung die Kompetenz der Anführung von Anführungshandlungen mit Hilfe anderer Anführungshandlungen dargestellt werden. Solche

2 Vgl. dazu meine *Einführung in die philosophische Anthropologie*, Darmstadt 1990.

Anführungshandlungen, die nur noch zur Anführung anderer Anführungshandlungen dienen, heißen *Sprach(zeichen)handlungen*. Entsprechend führt die Rekonstruktion der Unterschiedenheit von Ausführhandlungen zum Sichtbarwerden *verschiedener* Subjekte im Vollzug von Lebens*stilen* gegen den Hintergrund einer gemeinsamen Lebensweise.

Die scheinbar unüberbrückbare Kluft zwischen Sprache und Welt wird durch die zugleich pragmatische und dialogische Verankerung des Philosophierens in dialogischen Elementarsituationen überwindbar. Das Auseinandertreten von Handeln und Sprechen wird dialogisch so vorgeführt, daß der menschliche Handlungsspielraum zunehmend differenzierter bestimmt, insbesondere die Ausgliederung der Subjekte und Objekte aus dem Handlungsganzen jeweils selbst als Prozeß begriffen werden kann. Die Handlungssubjekte werden dabei – so kann man zusammenfassen – in den voneinander abhängigen Prozessen der Individuation und der Sozialisation ausgebildet; man zählt die differenzierteren unter den daran beteiligten Handlungen zur Praxis der Künste (›Lebensstile‹). Entsprechend voneinander abhängige Prozesse zunehmend differenzierterer Feststellung von Identität und Verschiedenheit – jenseits von Handlungen der Alltagspraxis gehören die hier auftretenden Handlungen zu den Wissenschaften – führen zur Bestimmung der Handlungsobjekte (›Weltansichten‹).

In beiden Fällen ist es der richtig verstandene Zusammenhang von Gegenstand und Zeichen, der darüber entscheidet, ob die Widersprüchlichkeit der Erfahrung, mit der ich begonnen habe, durch den ständigen Positionswechsel, dem ich mich unterwerfe, wenn ich tätig bin oder mich wahrnehme (als Geist oder als Körper auftrete, hätte man traditionell gesagt) aufgehoben wird.

Jürgen Mittelstraß
Rationalität und Reproduzierbarkeit

Die Situation ist bemerkenswert und beunruhigend zugleich. Die moderne Welt ist eine Welt, die sich in ihrem Werden und ihrem Wesen der Durchsetzung rationaler Orientierungen verdankt und die auch ihre Zukunft auf Rationalitäten – wissenschaftliche, technische, politische, lebensweltliche und andere Rationalitäten – setzt. Moderne Gesellschaften, die diese moderne Welt ausmachen, sind in Form von wissenschaftsgestützten technischen Kulturen rationale Kulturen. Das bedeutet nicht, daß Hegel mit seiner konservativ-optimistischen Vorstellung, daß alles, was ist, auch vernünftig sei, schließlich doch noch recht behalten hat, wohl aber, daß im Streit um den Geltungsanspruch orientierender Instanzen die Entscheidung zugunsten der Rationalität als einer solchen Instanz gefallen ist.

Um so eigentümlicher aber ist, daß keineswegs klar ist, wie rational eigentlich rationale Kulturen sind, und mehr noch: daß der Begriff der Rationalität selbst, auch der Begriff einer wissenschaftlichen Rationalität, keineswegs klar ist. Rationale Kulturen steuern heute vielfach in Situationen, die einer rationalen Beurteilung kaum standhalten, und wissenschaftstheoretische Kontroversen konzentrieren sich mehr und mehr auf die längst entschieden geglaubte Frage, worin (wissenschaftliche) Rationalität eigentlich genauer besteht. Es gibt eine *Dialektik der Rationalität*, die diese in ›irrationale‹ Verhältnisse, eben Verhältnisse, die keiner rationalen Beurteilung standhalten, führt; und es gibt eine Erosion des Rationalitätsbegriffs, in deren Folge *Rationalitätskriterien*, die bisher der Definition der wissenschaftlichen Rationalität dienten, ihre unterscheidende, das heißt ihre begriffliche Kraft verlieren. So definieren Kriterien wie Intersubjektivität, Kontrollierbarkeit, Reproduzierbarkeit, begriffliche Klarheit und Widerspruchsfreiheit auch andere Praxen. Nicht nur Physik-Lehrbücher, auch gute Kochbücher erfüllen sie. Zudem löst sich der Begriff einer ungeteilten (wissenschaftlichen) Rationalität in unterschiedliche Rationalitäten auf: an die Stelle des Begriffs der wissenschaftlichen Rationalität tritt in der modernen Wissenschaftstheorie der Begriff wissenschaftlicher *Rationalitätsmodelle*.

Im folgenden sei von den hier erwähnten problematischen Aspekten des Rationalitätsbegriffs, den kulturwissenschaftlichen und den wissenschaftstheoretischen, der zweite kurz dargelegt, ergänzt durch eine exemplarische Analyse eines Rationalitätskriteriums, hier des Begriffs der Reproduzierbarkeit, durch die Unterscheidung zwischen Theorierationalität und Forschungsrationalität sowie durch ein Plädoyer für einen transparadigmatischen Rationalitätsbegriff.

1. Wie rational ist die Wissenschaft?

Rationalität definiert moderne Kulturen als rationale Kulturen. Was aber definiert Rationalität (wenn diese nicht lediglich mit einer wissenschaftlichen und technischen Praxis synonym gesetzt wird)? Eine sehr brauchbare, hinführende Bestimmung zunächst einer allgemeinen, auf Handlungs- und Dialogkontexte bezogenen, dann auch, daraus abgeleitet, eines wissenschaftlichen Rationalitätsbegriffs gibt Gethmann: »Eine Handlung bzw. eine Handlungsgewohnheit (Handlungswiederholung eines Individuums) oder Handlungsweise (Handlungswiederholung durch verschiedene Individuen einer Gruppe) soll ... genau dann ›rational‹ genannt werden, wenn sie ausschließlich aufgrund von absolut begründeten Behauptungen« – das sind nach Gethmann Behauptungen, die in bezug auf jedermann begründet sind bzw. die sich unter Rekurs auf geeignete Strategien als in bezug auf jedermann begründbar erweisen lassen – »erfolgt«. Von einer ›wissenschaftlichen Rationalität‹ läßt sich dann nach Gethmann »unter einer doppelten Rücksicht sprechen. Einmal kann untersucht werden, inwieweit wissenschaftliches Wissen dazu beiträgt, daß wir in Diskursen zu Begründungen/Rechtfertigungen gelangen. Wissenschaftliches Wissen kann als Prämisse in Diskursen jedoch nur dann unbesehen herangezogen werden, wenn feststeht, ob und inwieweit es selbst Resultat rationalen Handelns ist. Damit ergibt sich zweitens die grundsätzlichere Frage, ob Wissenschaft überhaupt ein rationales Unternehmen ist bzw. wie gewährleistet werden kann, daß sie ein rationales Unternehmen ist«.[1] Ebendies steht heute in der Wissenschaftstheorie in Frage.

1 C. F. Gethmann, »Rationalität«, in: E. Braun/H. Radermacher (Hg.), *Wissenschaftstheoretisches Lexikon*, Graz/Wien/Köln 1978, S. 475.

Solange die Vorstellung galt, daß Wissenschaft ein akkumulativer Prozeß ist, in dem Wissenschaftler nach festen Rationalitätsstandards die Menge der bisherigen wissenschaftlichen Erkenntnisse erweitern und ältere Theorien sich stets als auf spätere Theorien reduzierbar erweisen, gab es keine Probleme. Auch nicht mit einem übergreifenden Rationalitätsbegriff, der sich in jenen festen Rationalitätsstandards sowie in der Bewährung älteren Wissens und einer zunehmenden prognostischen Kraft und Reichweite des Wissens zur Geltung brachte. So noch in der Wissenschaftstheorie des Logischen Empirismus, anders in der neueren Wissenschaftstheorie. Zunächst werden (bei Popper) aus Rationalitätsstandards bloße normierende ›Festsetzungen‹, ferner wird die Bedingung der Reduzierbarkeit, das heißt die Bedingung der logischen Ableitbarkeit der Gesetze einer reduzierten Theorie aus denen der reduzierenden Theorie, fallengelassen. Dann wird (bei Kuhn) über den Aufweis mit derartigen Vorstellungen unverträglicher Prozesse in der Wissenschaftsgeschichte und durch die Behauptung einer Inkommensurabilität der begrifflichen Strukturen verschiedener Theorien die Existenz eines übergreifenden (wissenschaftlichen) Rationalitätsbegriffs überhaupt in Frage gestellt. An die Stelle eines derartigen Begriffs treten unterschiedliche Rationalitäts*modelle*. Die wichtigsten sind hinlänglich bekannt[2]:

(1) Das *fallibilistische* Modell. Nach diesem (von Popper[3] und dem Kritischen Rationalismus ausgearbeiteten) Modell orientiert sich der Begriff der wissenschaftlichen Rationalität nicht mehr, wie noch im Logischen Empirismus, am *Aufbau* von Theorien, sondern an Verfahren ihrer *Kritik*. Reduktion wird durch Falsifikation ersetzt, wobei Popper allerdings mit seiner Forderung, daß bewährte Theorien früher bewährte als Näherung enthalten sollen, der empiristischen Reduktionsbedingung nahe bleibt. An die Stelle einer Rationalität von Wissenschafts- und Sprachkonstruktionen tritt somit auf der pragmatischen Ebene die Rationalität

2 Vgl. zum Folgenden J. Mittelstraß, »Forschung, Begründung, Rekonstruktion. Wege aus dem Begründungsstreit«, in: H. Schnädelbach (Hg.), *Rationalität. Philosophische Beiträge*, Frankfurt am Main 1984, S. 117-140; ferner in: J. Mittelstraß, *Der Flug der Eule. Von der Vernunft der Wissenschaft und der Aufgabe der Philosophie*, Frankfurt am Main 1989, S. 257-280.

3 K. R. Popper, *Logik der Forschung*, Wien 1935, Tübingen [8]1984.

von Prüfungsmechanismen; an die Stelle von ›begründeten‹ Theorien treten ›bewährte‹ Theorien (›begründet‹ ist diesem Modell entsprechend nicht mehr eine mögliche Eigenschaft von Theorien, sondern nur noch von Feststellungen der Art ›eine Theorie T ist mit dem Grad x bewährt‹). Rationalität wird zur Sache von Vereinbarungen und der Kraft falsifizierender Argumente.

(2) Das *historistische* Modell. Nach diesem (von Kuhn[4] begründeten) Modell ist der Wissenschaftsprozeß abwechselnd durch Phasen normaler und revolutionärer Wissenschaft bestimmt. Irrationale Züge weisen dabei sowohl die normalen Phasen, im Hinblick auf die Immunität der sie bestimmenden Paradigmen gegenüber Anomalien, als auch die revolutionären Phasen, im Hinblick auf ihre mangelnde Bestimmtheit durch methodologische Regeln, auf. Der Grund dafür liegt im möglichen Konflikt methodologischer Kriterien wie Tatsachenkonformität, Einfachheit und Reichweite sowie in den unterschiedlichen deskriptiven Sprachen rivalisierender Theorien (These der Inkommensurabilität). Folglich erfolgt nach diesem Modell eine Beurteilung von Geltungsansprüchen wissenschaftlicher Theorien allein auf der Basis faktischer theoretischer Entwicklungen. Dies gilt nach dem Gesagten auch für Rationalitätsstandards, denen wissenschaftliche Theorien folgen. Eine *transparadigmatische* Rationalität gibt es nicht. An die Stelle der Standards einer Begründungsrationalität, die einmal die Beurteilung von Theorien bestimmte, und einer Bewährungsrationalität, wie sie das fallibilistische Modell vorsieht, treten im Historismusmodell wissenschaftlicher Rationalität Mechanismen der (wissenschaftspolitischen) Durchsetzung und Überredung. Konsequenterweise übernehmen dann auch wissenschaftshistorische und wissenschaftssoziologische Analysen Funktionen, die früher in der Ausarbeitung von Begründungsstrukturen, im fallibilistischen Modell in einer falsifikationistischen Methodologie bestanden.

(3) Das *strukturalistische* Modell. Nach diesem (etwa von Sneed[5]

4 Th. S. Kuhn, *The Structure of Scientific Revolutions*, Chicago 1962, ²1970; dt. *Die Struktur wissenschaftlicher Revolutionen*, Frankfurt am Main 1973.

5 J. D. Sneed, *The Logical Structure of Mathematical Physics*, Dordrecht 1971, ²1979.

und Stegmüller[6]) vertretenen Modell treten an die Stelle historistisch gedeuteter wissenschaftlicher Entwicklungen (im Historismusmodell wissenschaftlicher Rationalität) wissenschaftstheoretisch reflektierte Strukturen. In einer modelltheoretischen Konzeption, in deren Rahmen Theorien nicht als Systeme von Aussagen, sondern als komplexe Prädikate betrachtet werden, die außerhalb ihrer Anwendungen keinen empirischen Gehalt besitzen, wird rationale Veränderung (wieder) durch Verfahren einer ›strukturellen‹ Reduktion einer abgelösten Theorie auf eine neue Theorie erklärt. Dabei ist die Struktur einer Theorie durch einen theoretischen Strukturkern und die Klasse ihrer intendierten Anwendungen bestimmt. Im Unterschied zum Historismusmodell wissenschaftlicher Rationalität ist, ebenso wie im Fallibilismusmodell, mit der Formulierung einer transparadigmatischen Methodologie die Möglichkeit einer transparadigmatischen Rationalität gewahrt.

Gemeinsam ist allen drei genannten Modellen wissenschaftlicher Rationalität der Abschied von der Idee einer *Begründungsrationalität* (wie sie zum Beispiel in der Gethmannschen Definition der Rationalität zum Ausdruck kam). Das liegt einerseits an einer strikten Orientierung am Faktum Wissenschaft (charakteristisch für das Historismus- und das Strukturalismusmodell), andererseits an einer vor allem im Kritischen Rationalismus vorgenommenen Identifikation von Begründungsrationalität mit (dogmatischem) Fundamentalismus.[7] Ferner lassen sich diese Modelle als Antworten auf die von Reichenbach getroffene Unterscheidung zwischen einem Entdeckungszusammenhang und einem Begründungszusammenhang wissenschaftlicher Rationalität[8] verstehen. Diese Unterscheidung schließt an die erkenntnistheoretische Unterscheidung zwischen Genesis und Geltung an und trennt die individuellen, insbesondere auch die sozialen und psychischen Umstände der Wissensbildung von den kognitiven Geltungsansprüchen theoretisch geordneten Wissens. Entdeckungszusam-

6 W. Stegmüller, *Probleme und Resultate der Wissenschaftstheorie und Analytischen Philosophie* II/2 (Theorienstrukturen und Theoriendynamik), Berlin/Heidelberg/New York 1973.

7 Vgl. H. Albert, *Traktat über kritische Vernunft*, Tübingen 1968, [4]1980, S. 11 ff.

8 H. Reichenbach, *Experience and Prediction. An Analysis of the Foundations and the Structure of Knowledge*, Chicago/London 1938, § 1.

menhänge erhalten hier einen kontingenten Status; zugleich treten Gesichtspunkte eines geordneten, methodischen Aufbaus des Wissens zurück. Hegels Bild von der Eule der Minerva, die ihren Flug über die Gestalten des Lebens erst mit der einbrechenden Dämmerung beginnt, drängt sich auf. Wissenschaftliche Rationalität, so scheint es, wird primär nicht in der Theorienbildung oder der eigentlichen Forschungspraxis, sondern in (fertigen) Theorien erfaßt. Erkennbar ist sie wiederum nur in der Optik der angeführten Rationalitätsmodelle.

2. Die (verlorene) Einheit der Rationalität

Modelle sind theoretische Einfälle, die dazu dienen, mit dem Anspruch auf Vereinfachung (komplexer Sachverhalte) und Veranschaulichung (abstrakter Strukturen) über etwas zu befinden, das man, jedenfalls in Form eines unmittelbaren Zugangs, verloren hat. Eben dies scheint beim Begriff der wissenschaftlichen Rationalität der Fall zu sein. Eine Orientierungsform, die die moderne Welt in ihren Strukturen und in ihrer Dynamik wesentlich bestimmt und sich dabei paradoxerweise nicht dauerhaft gegenüber eigenen irrationalen Folgen isolieren läßt, hat ihre eigene Orientierung (weitgehend) eingebüßt. Gemeint ist eine *transparadigmatische* Rationalitätsform. Neben einen Pluralismus der Theorien, mit dem die Wissenschaftstheorie heute unter dem Titel ›Theoriendynamik‹ fertigzuwerden sucht, tritt ein Pluralismus auch in Sachen wissenschaftlicher Rationalität. Ist das vernünftig, rational? – gesetzt, man darf so überhaupt noch fragen.
Diese Entwicklung hat übrigens nichts mit der (im wesentlichen wieder Kuhn folgenden) Anerkennung sozialer Strukturen neben kognitiven Strukturen im Wissenschaftsprozeß zu tun. So wie es keine *reine* theoretische Rationalität und keine *reine* praktische Rationalität gibt, kann sich auch das Interesse an einer rationalen Wissenschaftspraxis »nicht mit einer Wissenschaftsreflexion zufriedengeben, die einerseits mit hohem instrumentell-logischen Einsatz kognitive Strukturen beschreibt, ohne soziale Ursprünge und Folgen und deren Rechtfertigung zu berücksichtigen, andererseits Wissenschaft als soziales Teilsystem analysiert, ohne nach

den spezifischen Begründungen der kognitiven Leistungen gerade dieses Teilsystems zu fragen«.[9]

Allerdings darf eine derartige Einsicht wiederum nicht dazu führen, zwischen reinen *internen* Normen wie Konsistenz, Kontrollierbarkeit und Intersubjektivität und reinen *externen* Normen wie Relevanz, Anwendbarkeit und Innovativität im Wissenschaftsprozeß zu unterscheiden. Ich habe an anderer Stelle[10] bereits deutlich zu machen versucht, daß gegen einen derartigen Versuch nicht nur der ›formale‹ Umstand spricht, daß hier die kritikbedürftige Unterscheidung zwischen Normen, die sich auf propositionale Zusammenhänge beziehen, und Normen, die sich auf Interaktionszusammenhänge beziehen, aufrechterhalten wird, sondern auch der ›materiale‹ Umstand, daß ein wissenschaftstheoretisch und wissenschaftssoziologisch nicht zerlegbarer Zusammenhang zwischen wissenschaftlichen Normen, zum Beispiel Diskussionsnormen oder Reproduktionsnormen, und wissenschaftlichen Zwecken, zum Beispiel der Energieforschung oder der Übersichtsfindung über Lösungsmöglichkeiten algebraischer Gleichungen, mit entsprechenden sozialen Normen und Zwecken besteht. Es gibt keine scharfe Grenze zwischen internen und externen Normen, internen und externen Faktoren; es gibt nur internalistische und externalistische Forschungsansätze, das heißt Gesichtspunkte, unter denen wir eine wissenschaftliche Praxis analysieren. Das entspricht im übrigen dem Vorschlag von Lakatos[11], *methodologische Rekonstruierbarkeit* als ein Kriterium für die Unterscheidung zwischen interner und externer Wissenschaftsentwicklung aufzufassen.

Damit bleibt aber die Frage ›transparadigmatische (wissenschaftliche) Rationalität, ja oder nein?‹ auf der Tagesordnung der Wis-

9 Gethmann, a.a.O., S. 476.

10 J. Mittelstraß, »Theorie und Empirie der Wissenschaftsforschung«, in: C. Burrichter (Hg.), *Grundlegung der historischen Wissenschaftsforschung*, Basel/Stuttgart 1979, S. 84 ff.; ferner in: J. Mittelstraß, *Wissenschaft als Lebensform. Reden über philosophische Orientierungen in Wissenschaft und Universität*, Frankfurt am Main 1982, S. 199 ff.

11 I. Lakatos, »History of Science and Its Rational Reconstructions«, in: R. C. Buck/R. S. Cohen (Hg.), *PSA 1970. In Memory of Rudolf Carnap* (Proceedings of the 1970 Biennial Meeting Philosophy of Science Association), Dordrecht 1971 (Boston Studies in the Philosophy of Science VIII), S. 91-136.

senschaftstheorie bzw. der Philosophie, die sich lange Zeit dem Auseinandertreten von Vernunft und Rationalität, Rationalität und Begründung im Namen der Einheit der Vernunft bzw. der Rationalität entgegengestemmt hat, heute aber schwach geworden zu sein scheint. In jedem Falle wird die Theoriendynamik den Rahmen abgeben, in dem sich wissenschaftstheoretische oder philosophische Rationalitätskonzeptionen zu bewähren haben. Und hier muß sich entscheiden, ob gegen die vorherrschenden ›analytischen‹ Tendenzen in der Rationalitätsdebatte eine Rückkehr der (Rationalitäts-)Modelle in eine einheitliche *konstruktive* Begründung der Rationalität als Denk- und Lebensform gelingt.

3. Beispiel Reproduzierbarkeit

Wissenschaftstheoretisch geht es unter dem Titel ›Theoriendynamik‹ nun nicht etwa nur um ein so ›philosophisches‹ Ziel wie eine einheitliche Begründung des Rationalitätsbegriffs rationaler Kulturen, sondern auch, weit methodologischer gewendet, um Rationalitätskriterien oder Rationalitätsstandards im einzelnen. Und dabei zeigt sich, daß auch Rationalitätskriterien von der Entwicklung der Wissenschaft einerseits und der Entwicklung der Wissenschaftstheorie andererseits nicht unberührt sind. Was Rationalität näher bestimmt, ist nach wie vor auch eine Frage derartiger Kriterien und ihrer Entwicklung im Forschungs- und Reflexionsprozeß. Das mag hier beispielhaft bei aller gebotenen Kürze anhand des Begriffs der *Reproduzierbarkeit* deutlich werden.

Reproduzierbarkeit ist eine allgemeine wissenschaftliche Norm – sie sichert die Kontrollierbarkeit wissenschaftlicher Aussagen – und eine besondere experimentelle Norm. Als solche besagt sie, daß Experimente zu jeder Zeit und an jedem Ort von einem sachkundigen Experimentator wiederholbar sein müssen, wobei klar ist, daß die Reproduzierbarkeit der Experimente die Reproduzierbarkeit der Experimentier- und Meßgeräte einschließt. Anders ausgedrückt: Ein Experiment ist die Reproduktion eines anderen Experiments, wenn sich die Beschreibung der experimentellen Sachverhalte allenfalls in singularen Termen (Nominatoren), nicht in generellen Termen unterscheidet bzw. wenn ein Experiment von einem anderen nur in seiner raumzeitlichen Kennzeichnung abweicht und von anderen Experimentatoren durchgeführt wird. Eine derartige Definition erscheint klar, birgt aber dennoch erhebliche, zum Teil begriffliche, zum Teil praktische Schwierigkeiten.[12]

Zu den *begrifflichen* Schwierigkeiten: Findet zum Beispiel ein Fallexperiment auf dem Mond statt auf der Erde statt, so scheint lediglich eine Veränderung des Ortes vorzuliegen. Trotzdem ist sehr die Frage, ob wir es hier mit dem gleichen Experiment, also einer bloßen Reproduktion, zu tun haben. Die Resultate sind nämlich in beiden Fällen verschieden. Eine Feder und eine Bleikugel fallen auf dem Mond erstens mit geringerer Beschleunigung als auf der Erde und zweitens anders als auf der Erde mit gleicher Beschleunigung. Dagegen ließe sich einwenden, daß in diesem Beispiel offenbar nicht nur der Ort, sondern auch andere Bedingungen, nämlich die Gravitationsfeldstärke und der Luftwiderstand, variiert wurden, weshalb das lunare Experiment nicht als Reproduktion des terrestrischen gelten könne. Akzeptiert man diesen Einwand, wird allerdings fraglich, was dann überhaupt noch eine Reproduktion heißen kann. Auch auf der Erde fallen nämlich, zum Beispiel einerseits in Konstanz, andererseits über einer Erzlagerstätte, Fallexperimente durchaus verschieden aus. Im zweiten Versuch ist die Fallbeschleunigung größer als im ersten, da das darunter befindliche Material dichter und die Gravitationskraft entsprechend stärker ist. Desgleichen bei Fallexperimenten am Nordpol und am Äquator: Am Äquator ist die Fallbeschleunigung geringer, da zusätzlich zur Erdbeschleunigung die Zentrifugalbeschleunigung (als Folge der Erdrotation) wirkt. Wollte man also darauf bestehen, daß allein der Ort und sonst nichts verändert werden darf, so hätte als Reproduktion eines Fallexperiments nur ein Versuch zu gelten, der auf dem gleichen Breitengrad und über dem gleichen Untergrundmaterial durchgeführt wird. Ein solcher Reproduzierbarkeitsbegriff aber ist zu eng und für die experimentelle Praxis ungeeignet.

Nicht anders im Falle anderer experimenteller Sachverhalte. Zum Beispiel wird beim Michelson-Morley-Experiment die Überlagerung (Interferenz) zweier Lichtstrahlen untersucht, die von einem

12 Vgl. zum Folgenden M. Carrier, »On Novel Facts. A Discussion of Criteria for Non-ad-hoc-ness in the Methodology of Scientific Research Programmes«, in: *Zeitschrift für allgemeine Wissenschaftstheorie* 19 (1988), S. 205-231.

gemeinsamen Ursprung ausgehen und auf verschiedenen Wegen (über Spiegel) wieder in einem gemeinsamen Meßpunkt zusammentreffen. Darf hier – vermutlich ja – als Reproduktion des gleichen Experiments gelten, wenn man die Lichtwege beider Strahlen durch Anbringen zusätzlicher Spiegel verlängert? In diesem Falle wäre nicht nur der Ort, sondern auch der Aufbau des Experiments insgesamt modifiziert worden. Ähnliches gilt, wenn man das Material der Spiegelhalter (also das Material der Interferometer-Arme) ändert. Auch in diesem Falle würde man trotz des veränderten experimentellen Aufbaus von einer Wiederholung des Michelson-Morley-Experiments sprechen.

Die Beispiele zeigen, daß von Reproduzierbarkeit immer dann die Rede sein soll, wenn sich zwei (experimentelle) Sachverhalte in keinem *relevanten* Merkmal unterscheiden. Allerdings besteht eben die Schwierigkeit darin, derartige Merkmale auf allgemeine Weise inhaltlich zu kennzeichnen. Ein und dasselbe Merkmal (etwa Orts- oder Materialveränderungen) kann in einem Zusammenhang wichtig, in einem anderen unwichtig sein. Das wiederum bedeutet, daß die Frage, unter welchen Umständen ein Experiment die Reproduktion eines anderen ist, nicht nur vom experimentellen Kontext, sondern auch vom theoretischen Kontext eines Experiments abhängt. Erst im Rahmen dieses Kontextes (so Carriers einleuchtende These) kann eindeutig gesagt werden, welche Merkmalsänderungen irrelevant sind, und damit auch, wann ein Experiment als Reproduktion eines anderen gelten kann.

Zu den *praktischen* Schwierigkeiten: Diese betreffen im experimentellen Kontext Phänomene, die nicht deterministischen, sondern statistischen Regelmäßigkeiten unterworfen sind (zum Beispiel in der Psychologie oder in der Quantenphysik). Auch wenn man von der einer philosophischen Interpretation des Zufalls vorbehaltenen Frage absieht, ob die hier zutage tretenden Variationen der Resultate darauf beruhen, daß wir nicht alle relevanten Einflüsse kennen und sie daher auch nicht konstant halten können, oder ob die wechselnden Ergebnisse auch bei Fehlen jeder Veränderung der Randbedingungen auftreten würden, besteht das Problem der Reproduzierbarkeit darin, daß auch dann, wenn Anfangs- und Randbedingungen so weit wie technisch möglich konstant gehalten werden, die Ergebnisse variieren. Größtmögliche Gleichheit der Ausgangssituation garantiert keine Gleichheit der Resultate.

Nun bedeutet auch dies keine grundsätzliche Infragestellung des Reproduzierbarkeitsbegriffs. Zwar läßt sich die Wiederholbarkeit eines einzelnen experimentellen Ablaufs nicht fordern, wohl aber die Reproduktion statistischer Kenngrößen eines solchen Ablaufs. Gemeint ist, daß die Variation irrelevanter Parameter die Verteilung der Resultate, die in der Regel durch Größen wie Mittelwert und Streuung zu kennzeichnen sind, unverändert lassen soll. Das wiederum bedeutet, daß jetzt eine Reihe von Einzeluntersuchungen als *ein* Experiment zu gelten hat; andernfalls käme den statistischen Kenngrößen kein vernünftiger Sinn zu.

Ein schönes Beispiel dafür ist die Teilchenbeugung am Spalt. Wenn man die Teilchen auf einen Leuchtschirm fallen läßt, sieht man nur ein scheinbar unregelmäßiges Aufblitzen an gänzlich verschiedenen Orten. Obwohl die Versuchsbedingungen für jedes Teilchen allem Anschein nach gleich sind, erhält man in jedem Einzelfall ein anderes Ergebnis (einen anderen Auftreffpunkt). Erst in der statistischen Betrachtung, also in der Untersuchung vieler Einzelfälle, bildet sich eine klare Regelmäßigkeit heraus. Und diese ist es auch hier, an der die Reproduzierbarkeitsforderung ansetzen muß, d. h. eine Forderung, die als Rationalitätskriterium im Wissenschaftsprozeß unverzichtbar ist, die aber, wie die kurze Darstellung gezeigt hat, selbst nicht völlig unabhängig von diesem Prozeß gehalten werden kann.

Fazit also: Auch rationalitätsdefinierende methodologische Normen *bestimmen* nicht nur einen Forschungsprozeß und weisen ihn als rational aus, sie *folgen* ihm auch, verändern sich dabei, ohne selbst allerdings zu empirischen Teilen empirischer Forschung zu werden. Nicht nur die Forschung lernt; es lernt im Forschungsprozeß auch die Rationalität, die ihn lenkt.

4. Theorierationalität und Forschungsrationalität

Die Hereinnahme der Rationalitätskriterien in den Wissenschaftsprozeß (und in den Wissenschaftstheorieprozeß) bedeutet nicht, daß damit nun doch einem historistischen Rationalitätsmodell das Wort geredet wird. Vielmehr soll an der Konzeption einer trans-

paradigmatischen (oder transtheoretischen) Anwendbarkeit derartiger Kriterien und deren Begründung festgehalten, dabei aber zwischen der *Theorieform* und der *Forschungsform* wissenschaftlicher Wissensbildung differenziert werden.
Die vorgestellten Rationalitätsmodelle beschränken den Begriff der wissenschaftlichen Rationalität auf die Theorieform des wissenschaftlichen Wissens, das heißt, es sind Theorien, nicht Forschungsprozesse im engeren Sinne, die unter Gesichtspunkten eines Leistungsvergleichs wissenschaftstheoretisch analysiert werden. Hinsichtlich der *Anwendbarkeit* transparadigmatischer (oder transtheoretischer) Rationalitätskriterien bzw. der eindeutigen Auszeichnung von Theorien über derartige Kriterien ergibt sich – wenn ihre Angabe nicht von vornherein als unmöglich angesehen wird (Feyerabend) – aus den angeführten Rationalitätsmodellen folgendes Bild: Einem klaren Ja (bei Popper) und einem klaren Nein (bei Kuhn) zur Möglichkeit einer eindeutigen Auszeichnung stehen einschränkende Konzeptionen gegenüber, zum Beispiel für den Fall grundlegender Theorieteile (im Konstruktivismus) oder historischer Retrospektiven (bei Lakatos).
Hinsichtlich der *Begründung* transparadigmatischer (oder transtheoretischer) Kriterien sieht die Lage nicht anders aus. Hier werden im wesentlichen drei Ansätze vertreten: (1) Die konventionelle Verpflichtung auf ein Wissenschaftsziel (so Popper und Watkins[13]). (2) Historische Konsistenzforderungen, nach denen jede Methodologie, auf Wissenschaftsentwicklungen angewandt, ihre Anforderungen an wissenschaftliche Theorien auch selbst erfüllen, das heißt rationale Rekonstruktionen, die den Kriterien der gewählten Methodologie entsprechen, zustande bringen muß (so Lakatos und Laudan[14]). (3) Erkenntnistheoretische Begründungen, etwa im Begriff der Wahrheitsähnlichkeit (der bei Popper auf der semantischen Ebene den Begriff der Bewährung auf der pragmatischen Ebene ergänzt) oder der Begründungskonstruktion (im Konstruktivismus). In allen Fällen, mit Ausnahme des historistischen Falles, wird an der Idee einer übergreifenden, sich in transparadigmatischen (oder transtheoretischen) Rationalitätskriterien artikulierenden Rationalität festgehalten, allerdings eben

13 J. Watkins, *Science and Scepticism*, Princeton, N.J. 1984.
14 L. Laudan, *Progress and Its Problems. Toward a Theory of Scientific Growth*, Berkeley/Los Angeles/London 1977.

vornehmlich bezogen auf die Theorieform des wissenschaftlichen Wissens. Wissenschaftliche Rationalität wird im engeren Sinne als *Theorierationalität* gefaßt.

Gegen eine derartige Einschränkung stehen heute (innerhalb des Konstruktivismus) Vorschläge, die zwischen einer Theorieform und einer Forschungsform des wissenschaftlichen Wissens unterscheiden und darin auch zwei unterschiedliche Rationalitätsformen, als Ausprägungen einer transparadigmatischen Rationalitätsidee, identifizieren. Dabei bezieht sich (nach einem Vorschlag von Lorenz[15]) die Forschungsform des wissenschaftlichen Wissens auf das Kennenlernen der Gegenstände, also auf einen gegenstandskonstitutiven Aspekt, ihre Theorieform auf die Geltungssicherung gegenstandsbezogener Aussagen, also auf einen Darstellungsaspekt. Wissenschaft im Forschungsaspekt ist daher Ausdruck von Objektkompetenz bzw. *Objektrationalität*, Wissenschaft im Darstellungsaspekt Ausdruck von Metakompetenz bzw. *Begründungsrationalität.* Darstellung als Metakompetenz hängt hier von der durch Forschung realisierten Objektkompetenz ab (zur Abwehr eines Sinnlosigkeitsverdachts gegenüber den verwendeten Sprachmitteln), wobei die Unterscheidung zwischen Wissenschaft im Forschungsaspekt und Wissenschaft im Darstellungsaspekt insofern eine innerwissenschaftstheoretische Unterscheidung bleibt, als sie sich von der älteren (Reichenbachschen) Unterscheidung zwischen einem Entdeckungszusammenhang und einem Begründungszusammenhang wesentlich unterscheidet. Diese ist (nach Lorenz) spezieller. Sie bezieht sich hinsichtlich einer Unterscheidung zwischen induktiven und deduktiven Verfahren auf die Geltungssicherung von Aussagen, betrifft also Formen der Darstellung bzw. eine Theorie der Metakompetenz, nicht eine Theorie über den Zusammenhang von Metakompetenz und Objektkompetenz.

Genau dieser Zusammenhang aber ist es, in dem nun auch wieder die Einheit der wissenschaftlichen Rationalität als aspekthaft ausgedrückte Einheit von Forschungsrationalität und Darstellungs-

15 K. Lorenz, »The Concept of Science. Some Remarks on the Methodological Issue ›Construction‹ versus ›Description‹ in the Philosophy of Science«, in: P. Bieri/R.-P. Horstmann/L. Krüger (Hg.), *Transcendental Arguments and Science. Essays in Epistemology*, Dordrecht/Boston/London 1979, S. 177-190.

bzw. Theorierationalität begreifbar werden könnte. In den vorgestellten Rationalitätsmodellen wird dieser Umstand verwischt, insofern wissenschaftliche Rationalität im Fallibilismusmodell in der Weise einer Darstellung von Forschung (›Logik der Forschung‹), im Historismus- und Strukturalismusmodell in der Weise von Forschung über Darstellungen auftritt. In beiden Fällen ist der Darstellungs- bzw. Theorieaspekt gegenüber dem Forschungsaspekt dominant.

Die Unterscheidung zwischen Forschungsrationalität und Darstellungsrationalität bzw. Theorierationalität bei gleichzeitiger Betonung ihrer aspekthaften Einheit im Begriff der wissenschaftlichen Rationalität ist den konkurrierenden Rationalitätsmodellen unter Adäquatheitsgesichtspunkten überlegen. Sie könnte aber auch geeignet sein, wissenschaftliche Rationalität eben wieder als eine umfassende Rationalität zu begreifen und darin auch (nämlich über ihren Forschungsaspekt) mit den lebensweltlichen Rationalitäten einer rationalen Kultur zu verbinden. Damit schlösse sich dann auch der Argumentationskreis dieses Beitrags. Denn eben diese Verbindung faßt auch die zuvor angeführte Gethmannsche Rationalitätsdefinition, die in der Explikation einer Handlungs- und Dialogratiοnalität beruht, ins Auge.

Peter Janich
Die technische Erzwingbarkeit der Euklidizität

Einleitung

Das Programm der operativen Geometriebegründung Hugo Dinglers ist 1961 von Paul Lorenzen mit seinem Aufsatz »Das Begründungsproblem der Geometrie als Wissenschaft der räumlichen Ordnung« wieder aufgenommen und weiterentwickelt worden.[1]

Eine erste kritische Würdigung fanden Lorenzens Vorschläge in einem Aufsatz Oskar Beckers mit dem Titel »Die Rolle der euklidischen Geometrie in der Protophysik«.[2] Den größten Teil dieses Aufsatzes nimmt die Darlegung eines Einwandes ein, die überschrieben ist mit »Die Unerzwingbarkeit der euklidischen Geometrie«. Auf diesen Einwand ist bis heute meines Wissens nicht geantwortet worden, was einen ersten Grund für die folgende Erörterung abgibt.

Inzwischen ist das Programm einer protophysikalischen Geometriebegründung nicht nur weiterentwickelt worden[3], sondern es liegen mit den Büchern von Rüdiger Inhetveen[4] und Paul Loren-

1 Paul Lorenzen, »Das Begründungsproblem der Geometrie als Wissenschaft der räumlichen Ordnung«, in: *Philosophia naturalis* 6 (1961), S. 415-431.

2 Oskar Becker, »Die Rolle der euklidischen Geometrie in der Protophysik«, in: *Philosophia naturalis* 8 (1964), S. 49-64.

3 Peter Janich, Zur Protophysik des Raumes, in: G. Böhme (Hg.), Protophysik. Für und wider eine konstruktive Wissenschaftstheorie der Physik, Frankfurt 1976, S. 83-130; Paul Lorenzen, Eine konstruktive Theorie der Formen räumlicher Figuren, in: Zentralblatt für die Didaktik der Mathematik 9 (1977), S. 95-99; Rüdiger Inhetveen, Die Dinge des dritten Systems . . ., in: K. Lorenz (Hg.), Konstruktionen versus Positionen, Berlin, New York 1979, S. 266-277.

4 Rüdiger Inhetveen, *»Konstruktive Geometrie. Eine formentheoretische Begründung der Euklidischen Geometrie*, Mannheim/Wien/Zürich 1983.

zen[5] zwei Ausarbeitungen des Programms vor. Zu prüfen, ob und gegebenenfalls wie der Einwand Oskar Beckers dort entkräftet ist, ist ein zweiter Grund für die vorliegende Untersuchung.
Unabhängig von diesem Diskussionszusammenhang bedarf es, insbesondere im Blick auf empiristische Kritik an der Protophysik, einer systematischen Klärung, in welchem Verhältnis die Euklidizität der Geometrie zur Tatsache des technischen Fundaments einer messenden Physik und damit zur operativen Definition ihrer Grundbegriffe steht. Dies ist der dritte und systematische Hauptgrund für die folgenden Überlegungen.

1. Das Problem

1.1 Oskar Beckers Protophysik-Kritik

Becker greift das Programm der Begründung einer »technisch praktischen Geometrie« im Sinne der Vorschläge Lorenzens zustimmend auf – »man kann in allem Grundsätzlichen mit ihm durchaus einverstanden sein« (S. 50). Er sieht es allerdings nur erfüllt für die Ebene durch das Dinglersche Dreiplattenverfahren sowie für die Orthogonalität zwischen Ebenenpaaren durch ein Vierkörper-Schleifverfahren. Nicht erfüllt dagegen ist es für die Parallelität, gleichviel, ob für Ebenen- oder Geraden-, das heißt Kantenpaare.
Becker diskutiert das Parallelen-Problem als räumliches, das heißt als Aufgabe, rechtwinklige, vierseitige Prismen herzustellen. Das dabei auftretende Problem läßt sich der Kürze und der besseren Veranschaulichung halber auch als ein ebenes formulieren: Konstruiert man in der Ebene ein Rechteck, so stellt man konstruierend dreimal einen rechten Winkel her, woraus sich ein vierter Winkel ergibt. Ist dieser vierte Winkel aber ein rechter? Dazu Becker: »Man kann das offenbar nicht erzwingen« (S. 53); und weiter:

»Das bedeutet aber etwas prinzipiell Wichtiges« (S. 53). »Es gibt allem Anschein nach kein idealisierbares Herstellungsverfahren für parallele Ebenen (und Gerade)« (S. 54), »Existenz und Eindeutigkeit des Parallelis-

5 Paul Lorenzen, *Elementargeometrie. Das Fundament der analytischen Geometrie*, Mannheim/Wien/Zürich 1984.

mus wird nicht durch Konstruktion erzwungen; sie sind ein ›Geschenk von oben‹. Dieser Standpunkt könnte nur durch die Vorführung eines Herstellungsverfahrens für parallele Ebenen widerlegt werden, das nicht schon insgeheim von der Euklidischen Struktur des Raumes Gebrauch macht« (S. 54).

Mit anderen Worten, ob sich bei der Konstruktion von Rechtekken oder rechwinkligen Prismen jeweils ein vierter rechter Winkel ergibt und damit Euklidizität vorliegt, sei durch Konstruktion nicht erzwingbar – es sei denn, man zeige, wie. Genauerer Betrachtung bedarf dabei die Wendung von »der euklidischen Struktur des Raumes«, von der ein Konstruktionsverfahren für die Parallelität bzw. die vierte Rechtecksecke nicht Gebrauch machen dürfe.

1.2 Die Logik des Parallelen-Problems

Dem Mathematiker ist bekannt, daß die Rechtwinkligkeit der vierten Rechtecksecke, die Existenz des Rechtecks und die Geltung des Parallelenaxioms äquivalent sind und die Euklidizität der Geometrie ebenso definieren wie etwa die Existenz ähnlicher Figuren.

Hier soll dem Problem zunächst die logische Form gegeben werden, die nachher den vorgetragenen Lösungsvorschlag besser zu beurteilen erlaubt. Dabei verbleiben wir in der Planimetrie.

Zwei Geraden G_1 und G_2 heißen per definitionem parallel, wenn sie ein gemeinsames Lot haben, das heißt, wenn es eine Gerade G_3 gibt, die auf G_1 und G_2 senkrecht steht. Diese Definition enthält also für das gemeinsame Lot einen Einsquantor.

Ersichtlich folgt daraus nicht logisch, daß jedes weitere Lot auf eine der beiden Geraden auf der jeweils anderen ebenfalls senkrecht steht – also genau das Beckersche Problem der Rechtwinkligkeit der vierten Rechtecksecke. Die zu lösende Aufgabe läßt sich deshalb so formulieren: welche Prämisse muß zu den konstruktiven Definitionen für »gerade« und »orthogonal« hinzukommen, damit vom Einsquantor auf den Allquantor, von der Existenz *einen* gemeinsamen Lotes auf das rechtwinklige Auftreffen *aller* Lote einer Geraden auf die jeweils andere geschlossen werden kann?

1.3 Das Formprinzip

In den ausgearbeiteten Vorschlägen von Inhetveen und Lorenzen wird die Euklidizität nun nicht an dem soeben geschilderten Problem und seiner Lösung etabliert, sondern in einer allgemeineren Form, die dort als »Formprinzip« vorgestellt wird. Dem Sinne nach geht es dabei um das folgende: Alle konstruktionsgleichen ebenen Figuren gelten als »konstruktiv ununterscheidbar« (Lorenzen). Das heißt, verschieden große – Größe oder Kongruenz sind keine Begriffe der absoluten Geometrie –, aber konstruktionsgleiche Figuren gelten als gleich. Dies ist eine terminologisch andere Fassung der These von der Existenz geometrisch ähnlicher Figuren. Seit J. Wallis (1663) weiß man, daß die Existenz ähnlicher Figuren äquivalent der Geltung des Parallelenaxioms und damit der Euklidizität ist. Mit anderen Worten, die Rechtwinkligkeit der vierten Rechtecksecke muß logisch aus dem Formprinzip hergeleitet werden.

Oskar Becker hätte wenig Veranlassung, in diesem Vorschlag eine Lösung des von ihm aufgeworfenen Problems zu sehen. Denn der Lösungsvorschlag besteht ja in einem sogenannten »Prinzip«, das die Euklidizität in der Form der Existenz ähnlicher (das heißt konstruktionsgleicher) Figuren schlicht postuliert. Darf man aber postulieren, was bei schwächeren Voraussetzungen für eine Entscheidung durch Erfahrung offengehalten werden kann?

Systematisch unstrittig ist es, daß die operativen Definitionen von »Ebene« und »Orthogonalität« nur auf die sogenannte »absolute Geometrie« führen, die mit beiden Thesen oder Postulaten, dem Parallelenaxiom und dessen Negation, logisch verträglich ist. Systematisch gesehen spitzt sich die Frage also auf die Alternative zu, ob das Beckersche Problem einfach durch ein Postulat zu seiner ausdrücklichen Vermeidung aus der Welt geschafft werden soll, oder ob es, was Becker ausdrücklich als eine Alternative vorsieht, durch ein eigenes Herstellungsverfahren für die Parallelität gelöst werden kann.

Ein großer Fortschritt gegenüber einer axiomatischen Entscheidung der Frage dadurch, daß das Formprinzip nicht »Axiom«, sondern »Prinzip« heißt, ist nicht zu sehen. Ja, es ist mindestens ein Schönheitsfehler, wenn nicht sogar ein Mangel im Prinzipiellen, wenn nach einer bestimmten Begründung der absoluten Geometrie durch die Definition der Ebene und der Orthogonalität nun die Parallelität einem anderen Typus von Begründung überantwortet wird, der jedenfalls nicht mehr die technische Erzeugung von Grundformen an Körpern betrifft, sondern ein Beurteilungsprinzip für unterscheidbare Resultate von Konstruktionshandlungen darstellt.

Wie das Problem planimetrisch zu lösen ist, ist mir unbekannt. Im Zusammenhang meiner Theorie der Dreidimensionalität des Erfahrungsraumes jedoch[6] hat sich gezeigt, daß das Anknüpfen Euklids an die Zeichenpraxis und der historische Beginn der Geometrie bei der Planimetrie eine Beantwortung der Frage verstellt hat, worauf sich unsere intuitive wie wissenschaftliche Sicherheit gründet, daß die Körperwelt eine dreidimensionale sei. Das Dimensionsproblem löst sich jedoch, wenn ein systematischer Anfang sogleich bei den Körpern und ihrer Bearbeitung ansetzt. Daraus ist der Vorschlag entstanden, auch das Parallelenproblem nicht im planimetrischen, Konstruktionszeichnungen betreffenden Zusammenhang, sondern an Schnitten durch Körper zu lösen.

2. Konstruktive Lösung des Parallelenproblems

2.1 Die Grundformen

Auf die bekannte Weise werden zunächst die Ebene und dann die Orthogonalität für Ebenenpaare durch Herstellungsverfahren definiert. Dazu werden drei Platten paarweise bis zur Passung und, auf ebener Unterlage, drei Keile bis zur paarweisen Passung zugeschliffen, wie es die folgende Figur 1 andeuten soll.

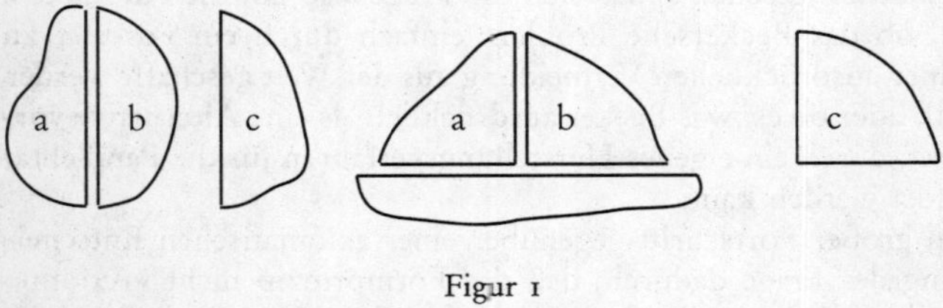

Figur 1

6 Peter Janich, *Euklids Erbe. Ist der Raum dreidimensional?*, München 1989.

Der Übergang von einer Rede über künstlich erzeugte Oberflächenformen an Körpern auf eine mathematische Geometrie erfolgt durch das sogenannte Ideationsverfahren. Wie in der Literatur bisher behandelt, kann so die absolute Geometrie operativ begründet werden.

Im folgenden soll von »schneiden« und »Schnitten« für Herstellungshandlungen und deren Ergebnisse die Rede sein. Unter Zuhilfenahme der Termini »eben« und »orthogonal« lassen sich dann die folgenden, speziellen Schnitte definieren:

(1) »Kerbschnitt«: In einen beliebig geformten Körper werden zwei ebene Schnitte in beliebigem Winkel zueinander so geführt, daß sie sich treffen. Als Resultat ergibt sich ein Keil, der passend in einer Kerbe liegt.

(2) »Tortenschnitt«: Aus einem beliebigen Körper wird durch einen ebenen Schnitt ein Teilkörper gewonnen, der ein ebenes Oberflächenstück aufweist. Zu diesem jeweils rechtwinklig werden zwei weitere ebene Schnitte geführt, die zueinander einen beliebigen Winkel bilden dürfen. Dadurch entstehen vier »Tortenstücke«, die zwei rechtwinklige »Grundkanten« und eine »Zentralkante« aufweisen.

Im Tortenschnitt treten erstmalig an einem ebenen Oberflächenstück zwei sich schneidende, gerade Kanten auf. Die Zentralkante möge mit jeder der beiden Grundkanten per definitionem einen »rechten Winkel« einschließen. (Die Rechtwinkligkeit zwischen Kanten ist also operativ definiert durch das Sich-Schneiden dreier Ebenen, wobei mindestens zweimal die Orthogonalität von Ebenenpaaren realisiert sein muß.)

(3) »Querschnitt«: Ein beliebiger Keil wird durch seine Kante so geschnitten, daß die auf den Keilflanken neu entstehenden Kanten auf der Keilkante senkrecht stehen. Dies kann dadurch erreicht werden, daß mit Hilfe eines »Tortenstücks« ausgehend von einem Punkt auf der Kante des Keils zwei Lote zur Kante konstruiert werden.

Ersichtlich sind die beiden Teile, die durch Querschnitt aus einem Keil entstehen, selbst »Tortenstücke«.

(4) »Winkelgleich«: Entstehen zwei Tortenstücke durch Querschnitt aus ein und demselben Keil, so heißen sie »winkelgleich«. (Der Kürze halber wird hier das ausführliche Verfahren übersprungen, über eine Relation »winkelgleich« für Kantenpaare den Terminus »Winkel« durch ein Abstraktionsver-

fahren einzuführen. Die Rede über planimetrische Formen ist hier insgesamt nicht erforderlich.)

(5) »Keilstück«: Werden zwei Querschnitte durch ein und denselben Keil geführt, so heiße der zwischen diesen Schnitten liegende Teil des Keils »Keilstück«. Keilstücke sind also Körper, die von zwei Keilflanken und zwei Querschnitten (sowie einer unbearbeiteten Fläche) begrenzt werden.

(6) »Doppelkeil«: Zwei Keilstücke aus demselben Keil werden so aneinandergelegt, daß sich
(a) ihre Keilflanken berühren, und
(b) je eine ihrer Grundkanten wenigstens stückweise berühren, und
(c) ihre Zentralkanten in entgegengesetzte Richtung zeigen (»Wechsellage« der Keilstücke).
(Es kommt dabei ersichtlich nicht darauf an, daß Keilstücke in Kantenrichtung gleichlang sind. Dies soll auch an keiner Stelle im folgenden Argumentationsgang unterstellt oder benützt werden.)

(7) »Parallel«: Die freien Keilflanken des Doppelkeils heißen »parallel«.

Damit ist das von Becker geforderte Herstellungsverfahren für parallele Ebenen zirkelfrei und lückenlos angegeben.
Der Doppelkeil weist eine Querschnittsfläche auf, die von Querschnitten durch die Keilstücke gebildet wird. Bei unterschiedlicher Länge bilden selbstverständlich die jeweils »am anderen Ende« der Keilstücke liegenden Querschnitte keine gemeinsame Fläche.

2.2 Homogenitätsprinzipien

Ohne auf die unter Vertretern der Protophysik geführte Debatte über Sinn und Erfordernis von Homogenitätsprinzipien eingehen zu können, sei hier der vorgeführte Aufbau der Geometrie aus den drei räumlichen Grundformen der Ebene, der Orthogonalität und der Parallelität, durch Homogenitätsprinzipien wiedergegeben, sie lauten:

(1) Für die Ebene:
! {P_1/E und P_2/E und a (P_1, E), dann a (P_2, E)} (Lies: wenn der Punkt P_1 in der Ebene E liegt, und wenn der Punkt P_2 in der

Ebene E liegt, und wenn eine Aussage a von P_1 und E – ohne weitere freie Variable – gilt, so soll auch a (P_2, E) gelten.)
Bei geeigneter Ersetzung der Aussage a verlangt dieses Prinzip nicht lediglich die »innere Homogenität«, wie sie zum Beispiel auch von der Kugelfläche erfüllt wird, sondern die zusätzliche Eigenschaft, weder konkav noch konvex zu sein.[7]

(2) Für die Orthogonalität:
! {E/E_1 und E/E_2 und E_1/E_2 und a (E, E_1, E_2), dann a (E, E_2, E_1)} Hier ist die Inzidenz »/« zu lesen als: »... haben wenigstens eine Berührstelle gemeinsam, die jeweils im Inneren oder auf einer geraden Kante des ebenen Stücks liegt.«[8]
Dieses Homogenitätsprinzip formuliert das Herstellungsziel des Vierkörperschleifverfahrens für rechte Keile.

(3) Für die Parallelität:
! {P_1/E_1 und P_2/E_2 und a (P_1, P_2, E_1, E_2), dann a (P_2, P_1, E_2, E_1)} Dieses Homogenitätsprinzip fordert für jeden Punkt P_1 auf einer von zwei parallelen Ebenen E_1 und E_2, daß dieser ununterscheidbar sei bezüglich jeden Punktes P_2 auf der jeweils anderen Parallelebene.

2.3 Eindeutigkeit des Realisierungsverfahrens

Unter der Eindeutigkeit eines Realisierungsverfahrens zu einem Homogenitätsprinzip wird verstanden, daß voneinander unabhängige Wiederholungen des Verfahrens in relevanter Hinsicht dasselbe Resultat haben. Für den Fall der Ebene heißt dies, daß unabhängige Durchführungen des Dreiplattenverfahrens zu Oberflächen führen, die aufeinander passen; kurz, alle ebenen Oberflächen passen aufeinander – ungeachtet ihrer Herkunft.
Analog besteht die Eindeutigkeit der Orthogonalität darin, daß alle rechten Keile ungeachtet ihrer Herkunft sich zur Ebene ergänzen, was im planimetrischen Fall dem Euklidischen Postulat 4 entspricht, wonach alle rechten Winkel einander gleich sind.
Für die Parallelität besteht die Eindeutigkeit darin, daß alle Dop-

7 Peter Janich, Zur Protophysik des Raumes, in: Gernot Böhme (Hg.), *Protophysik. Für und wider eine konstruktive Wissenschaftstheorie der Physik*, Frankfurt am Main 1976, S. 83-130.
8 Nähere Erläuterungen siehe ebd.

pelkeile zu Ebenenpaaren führen, die zueinander parallel sind. Im einfachsten Fall bedeutet dies, daß ein Doppelkeil, entsprechend zwischen zwei ebene Platten gelegt, auch mit jedem anderen Doppelkeil sinngemäß zur Passung gebracht werden kann. (»Sinngemäß« heißt, unter Absehung von Umständen, die durch die Definition des Doppelkeils nicht abgedeckt werden, wie zum Beispiel deren »absolute« Größe.)

Die Eindeutigkeit des Realisierungsverfahrens ist in allen drei Fällen als ein Wissen über die Herstellungsverfahren, nicht aber über die kontingenten empirischen Eigenschaften der Resultate zu verstehen. Solche empirischen, kontingenten Eigenschaften der Resultate werden statt dessen als »Störungen« interpretiert, sofern sie Formeigenschaften sind, und als irrelevant betrachtet, sofern sie keine Formeigenschaften sind.

Im Falle der Parallelität trägt die Eindeutigkeit des Realisierungsverfahrens die ganze Last, die Euklidizität zu etablieren. Denn ersichtlich beinhaltet die Eindeutigkeitsthese gerade, daß die Parallelendefinition für Ebenenpaare unabhängig vom Öffnungswinkel der beteiligten Keile und unabhängig von der jeweiligen Wahl der zusammengelegten Flanken bei der Bildung des Doppelkeils ist. Daraus ergibt sich sofort – hier wieder der Übersichtlichkeit halber als planimetrische Schnittfigur gezeigt – die folgende, aus Keilen zu legende Konstellation, in der ein Dreieck (stellvertretend für ein dreiseitiges Prisma) mit einer zur Grundlinie parallelen Hilfslinie erzeugt wird, aus der sich wegen Gleichheit der Wechselwinkel unmittelbar ersehen läßt, daß die Winkelsumme im Dreieick gleich zwei rechten ist. Da aber jedes Viereck und dementsprechend auch das Rechteck in zwei Dreiecke zu zerlegen ist und die Winkelsumme im Viereck damit vier rechte Winkel beträgt, ergibt sich aus dieser Anordnung direkt die Rechtwinkligkeit der vierten Rechtecksecke.

Es ist deshalb entscheidend, zu sehen, welcher Schritt im Realisierungsverfahren bzw. welche darin enthaltene Unterstellung die Euklidizität trägt. (Nach einer auf Hermann von Helmholtz zurückgehenden Auffassung wird üblicherweise die freie Beweglichkeit eines starren Körpers dafür verantwortlich gemacht; dies muß durch die folgenden Überlegungen revidiert werden.)

Die Eindeutigkeit der Parallelität ergibt sich in zwei Schritten aus einer Keil-Kerbe-Invarianz und einer Öffnungswinkelgleichheit nach folgender Überlegung:

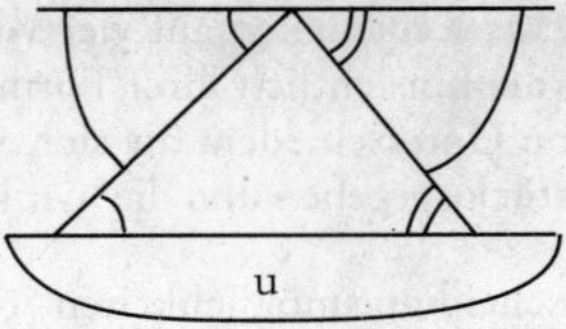

Figur 2

Für den »Kerbschnitt« wird eine »Keil-Kerbe-Invarianz« (KKI) gefordert, das heißt, ein Keil passe auch nach einer halben Drehung in die Kerbe, aus der er entnommen ist. Unproblematisch daran ist, daß jeweils beide Flanken des Keils und der Kerbe eben sind, so daß in beiden relativen Lagen von Keil zu Kerbe die Passung jeweils der ebenen Oberflächenstücke der beiden Teilkörper erwartet werden kann. Dagegen kann nicht aus den beiden Grundformen der absoluten Geometrie, der Ebene und der Orthogonalität, gefolgert werden, daß der Öffnungswinkel des Keils richtungsunabhängig ist und damit die Passung eines Keils in eine Kerbe unabhängig von der jeweiligen relativen Orientierung. Dies wird hier deshalb postuliert.
Bei Postulaten in Realisierungsverfahren ist freilich zu klären, wer von wem was fordert. Die Antwort betrifft die Möglichkeit elementarster Herstellung von räumlichen Formen an Körpern und von handwerklich-technischen Prozeduren überhaupt.
Man kann durchaus, etwa unter Einsatz raffinierter chemischer Kenntnisse, einen Keil und eine Kerbe so herstellen, daß sich die Stoffe bei Berührung nur in einer Lage vertragen, aber bei Vertauschung miteinander chemisch so heftig reagieren, daß eine Passung nicht erhalten werden kann. Deshalb läßt sich die KKI selbst als Norm verstehen, der durch Auswahl geeigneter Materialien Rechnung zu tragen ist.
Es soll aber nicht übersehen werden, daß diese Invarianz von den Technikern als selbstverständlich erfüllt betrachtet wird. Ein besonders häufiger Fall, in dem diese Invarianz technisch genützt wird, ist die Unabhängigkeit der Passung einer Mutter auf die dazugehörige Schraube bezüglich der Seite, von der her die Schraube in die Mutter eingedreht wird.
Die Ununterscheidbarkeit der Keilflanken im Sinne der KKI er-

laubt, Doppelkeile aus Keilstücken auf vier verschiedene Weisen zusammenzulegen, die hinsichtlich ihrer Form ununterscheidbar sind – abgesehen von Unterschieden, die sich aus der verschiedenen Länge der Keilstücke ergeben und die hier keine weitere Rolle spielen sollen.
Zusätzliche Unterscheidungsmöglichkeiten ergeben sich erst, wenn man den Doppelkeil auf eine (ebene) Unterlage U legt und die relative Lage der Keilstücke darauf bezieht.
Der Übersichtlichkeit halber soll auf den einfachen Beweis des folgenden Satzes mit Hilfe der KKI verzichtet werden:
Satz 1: Doppelkeile können im Sinne der Figur 3 formgleich bis auf Längenverschiedenheit »umgebaut« werden.

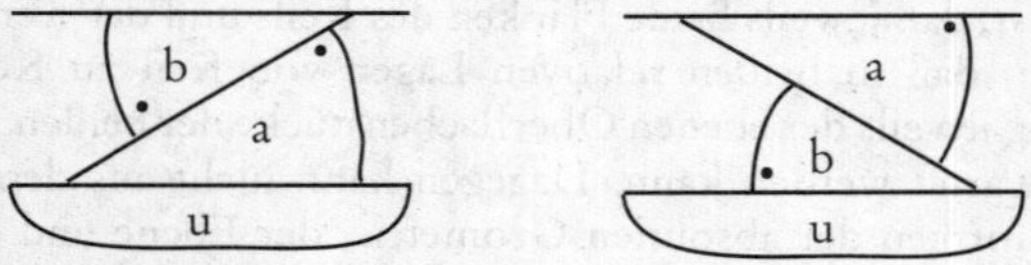

Figur 3

Angedeutet werden soll der Beweisgang für den folgenden Satz, um zu zeigen, daß hier die Öffnungswinkelgleichheit von Keilstücken eines Doppelkeils (neben dem KKI) benützt wird:
Satz 2: Doppelkeile sind drehinvariant.
Man stelle auf eine ebene Unterlage U einen rechten Keil mit der aufrechten Ebene A und bringe dazu einen Doppelkeil so in Berührung, daß
– eine Keilflanke auf U aufliegt, und
– der Querschnitt des Doppelkeils auf dem rechten Keil aufliegt (vgl. Figur 4).
Zum Beweis ist ein drittes Keilstück aus demselben Ursprungskeil erforderlich. Dann wird die Formgleichheit der drei Keilstücke a, b und c (bis auf Länge) durch die drei folgenden, in Figur 5 gezeigten Vertauschungen benützt, die relativ zu U und A die Vertauschung von a und b und, nach einem »Umbau« gemäß Satz 1, eine Drehung des Doppelkeils (ab) um eine Achse ergeben, die auf U senkrecht steht. (Diese letztere Aussage über die Drehachse dient nur der Veranschaulichung der Zeichnung, spielt aber für den Beweisgang keine Rolle.)
Der nun zu beweisende Eindeutigkeitssatz besagt, daß alle Dop-

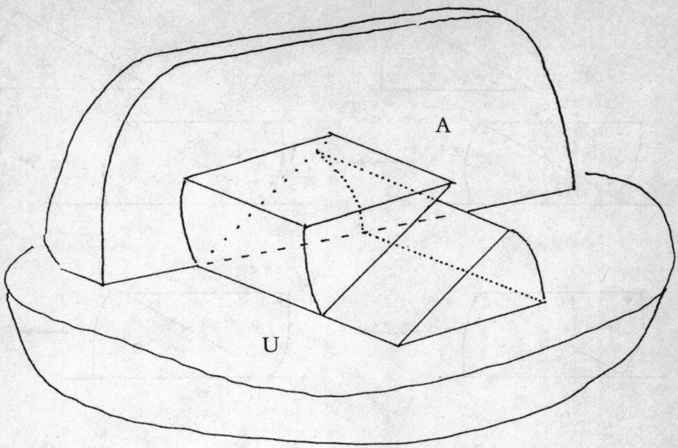

Figur 4

pelkeile auf (und damit zu) derselben Unterlage U dieselbe (parallele) Ebene ergeben.

Der Beweis geht von einer Situation aus, in der zwei Doppelkeile D_1 und D_2 so aneinandergelegt werden, daß

- sie auf derselben Unterlage U aufliegen,
- ihre Querschnitte aufeinander aufliegen, und
- durch Verschieben der freien Keile zwei Zentralkanten eine gemeinsame gerade Kante bilden (vgl. Figur 6).

In Figur 7 ist die Situation in Berührfläche von D_1 und D_2 gezeigt.

Bezogen auf eine ansonsten beliebig gewählte relative Lage von D_1 und D_2 (das heißt bezüglich der Wahl der »Enden« der Kerbstücke), gibt es genau zwei Möglichkeiten, D_1 und D_2 durch Drehung (unter Beibehaltung der Berührung mit U und mit anschließender neuer Berührung an den Querschnitten) zu bewegen: Entweder wird D_1 oder D_2 jeweils relativ zum anderen Doppelkeil gedreht.

D_1 und D_2 (gleichzeitig oder nacheinander) zu drehen, ergibt indessen *keine* neue Situation, sondern ist der Ausgangssituation *äquivalent*. (Es ist leicht zu sehen, daß Keile *nicht* drehinvariant sind, daß aber zwei öffnungsgleiche Keile, die auf einer Unterlage U in gerader Fortsetzung ihrer Zentralkanten in den Querschnit-

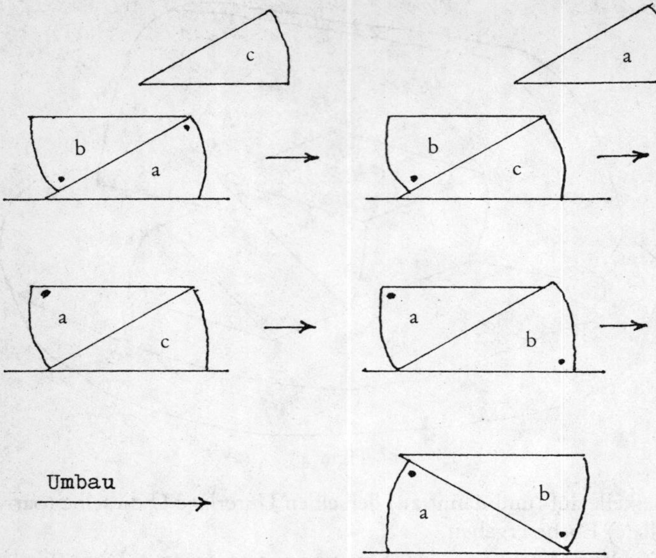

Figur 5

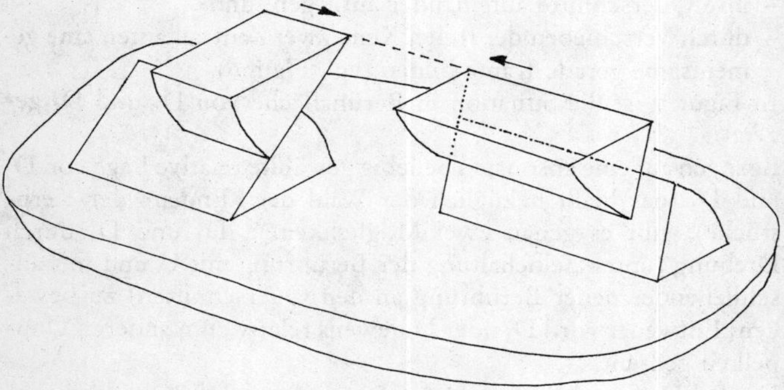

Figur 6

ten aufeinander passen, dies auch nach Drehung *beider* Keile wieder tun.)

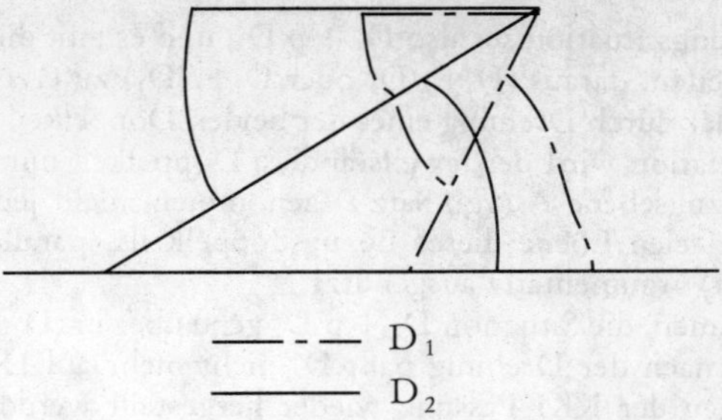

Figur 7

Der folgende Beweis wird indirekt geführt. Das heißt, es wird angenommen, das oben beschriebene, geeignete Aneinanderlegen der Doppelkeile D_1 und D_2 führe *nicht* auf eine gemeinsame Ebene (vgl. Figur 8).
Dann gibt es ein Differenzkeilstück d, das (ohne Beschränkung

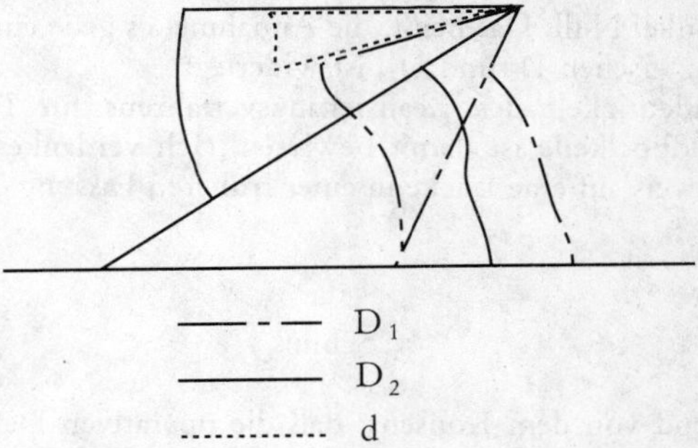

Figur 8

der Allgemeingültigkeit) zu D_1 hinzugefügt wird, um eine gemeinsame freie Ebene mit D_2 zu bilden (vgl. Figur 8). Der um d ergänzte Doppelkeil D_1 heiße D_1+.
Relative Drehung von Doppelkeilen D notieren wir als (D).
Setzen sich die freien Flanken der beiden sich berührenden Doppelkeile in einer Ebene fort, so wollen wir sagen, die Doppelkeile *passen* zueinander, in Abkürzung: D_1 p D_2. $\bar{p}$ bedeutet »nichtpassen«.

Die Ausgangssituation sei also $D_1 + p\ D_2$, und es gibt die beiden Möglichkeiten, daraus $(D_1+)/D_2$ oder $D_1+/(D_2)$ zu erzeugen.
Für jede der durch Drehung eines der beiden Doppelkeile entstehende Situation wird der jeweils andere Doppelkeil nur als aufrechte Bezugsebene A (vgl. Satz 2) genommen, nicht jedoch die Lage der freien Ebene dieses Bezugsdoppelkeils (parallel zu U oder nicht) argumentativ ausgenützt.
Angenommen, die Situation $D_1 + p\ D_2$ gehe über in $(D_1+)\ \bar{p}\ D_2$, das heißt nach der Drehung paßt D_1 nicht mehr auf D_2. Dann kann wegen der KKI Passung wieder hergestellt werden durch Drehung von D_2, das heißt $(D_1+)\ p\ (D_2)$.
Das heißt aber, daß D_2 nicht drehinvariant ist, entgegen der Voraussetzung. Dieser Fall ist damit ausgeschlossen.
Deshalb wird nun angenommen, die Situation $D_1 + p\ D_2$ gehe über in $(D_1+)\ p\ D_2$, das heißt der ergänzte Doppelkeil D_1+ erweise sich als drehinvariant. Da aber auch der Differenzkeil d mitgedreht wurde, also d und (d) bezogen auf U und A wegen der Drehinvarianz von D_1 formgleich sein müssen, hat d den Öffnungswinkel Null. Das heißt, die Annahme, es gebe eine »Differenz« d zwischen D_1 und D_2, ist widerlegt.
Die Eindeutigkeit des Realisierungsverfahrens für Parallelität durch Doppelkeile ist damit bewiesen. (Ich verdanke T. Ditzer den Hinweis auf eine Lücke in einer früheren Fassung dieses Beweises.)

3. Schluß

Ausgehend von dem Konsens, daß die operativen Definitionen von Ebene und Orthogonalität lediglich die absolute Geometrie liefern und die Euklidizität durch ein eigenes, zusätzliches Prinzip sichergestellt werden muß, wo sie denn erwünscht ist, hat sich folgende Lösung des Parallelenproblems ergeben:
Es ist zirkelfrei und lückenlos ein Herstellungsverfahren für parallele Ebenen angegeben worden, durch welches das Problem im Räumlichen, im Dreidimensionalen, als Herstellungsverfahren für eine dritte, zusätzliche »Grundform« gelöst wird.
Empirische Einwände dagegen sind nicht zu erwarten; vielmehr ist das angegebene Verfahren über die Herstellung von Keilen, Torten- und Querschnitten ein einfaches Verfahren, das auch jeder

Schreiner oder Mechaniker benützen könnte, der sich für seine Werkstätte neben einem Lineal auch ein Zeichendreieck bzw. einen Anschlagwinkel verfertigen wollte.
Wer sich dennoch zumuten wollte, die Lageunabhängigkeit der Passung von Keil und Kerbe als einen empirischen Sachverhalt zu betrachten, sei auf die technisch sehr geläufige Tatsache hingewiesen, daß man eine Schraube in eine passende Mutter von beiden Seiten her eindrehen kann – sonst hieße sie nicht passend. Dabei sind es ersichtlich unterschiedliche Handlungs- und Herstellungsziele, etwa eine Holzschraube (nicht zylindrischer Form) und eine Gewindeschraube zu verfertigen, deren Gewindegang eine geometrische Schraubenlinie bildet. Mit anderen Worten, die Keil-Kerbe-Vertauschbarkeit tritt in der Technik tatsächlich als Herstellungsnorm für einen bestimmten Schraubentyp auf und wird als Norm, nicht als empirischer Sachverhalt, von Technikern sinnvoll eingesetzt.
Fragt man, wo denn im Unterschied zu der von Hermann von Helmholtz stammenden und von der theoretischen Physik übernommenen Auffassung, Euklidizität sei gleichbedeutend mit freier Beweglichkeit starrer Körper, im vorliegenden protophysikalischen Ansatz die Euklidizität praktisch in die Formung der Körperwelt eingeht, so ist dies also die relative Lageunabhängigkeit der Passung von Keil und Kerbe, die KKI. Wer diese aber leugnen wollte, müßte elementarste technische Möglichkeiten leugnen, die unserer gesamten Technik zugrunde liegen. Er müßte bis zu so absurden Annahmen gehen, daß unterschiedliche Drehrichtungen einer Töpferscheibe zu verschiedenen Gefäßformen führten, daß das Ziehen gerader Linien im Ergebnis mit der Richtung des Zeichnens differiert und daß die Passung einer Schraube in die Mutter davon abhängt, in welcher Richtung (bei gleichbleibender Links- oder Rechtshändigkeit!) der Schneidevorgang auf der Drehbank erfolgt ist.
Protophysikintern hat der vorgelegte Ansatz den Vorzug, daß drei gleichartige Homogenitätsprinzipien als Zielnormen für technische Herstellungsprozesse die euklidische Geometrie ergeben, während das Formprinzip, ungeachtet der dafür vorgelegten Begründungen, als ein »Metaprinzip« zur Beurteilung von Konstruktionsresultaten aufgestellt wird, die ihrerseits den Prinzipien zur Definition der Grundformen »Ebene« und »Orthogonalität« folgend formuliert sind. Das »Formprinzip« steht in der Tradition

Euklids, die Geometrie aus der Zeichenpraxis zu begründen, ist aber mit dem Problem belastet, daß die Herstellung der Zeichengeräte durch operative Definitionen und Angabe von Realisierungsverfahren nicht wirklich voll gesichert ist.
Entgegen dem Einwand Oskar Beckers ist die Euklidizität als technisch erzwingbar bewiesen und damit das protophysikalische Begründungsprogramm als durchführbar gezeigt. Diese Durchführung liegt vor – in der *Elementargeometrie* von Paul Lorenzen.

Rüdiger Inhetveen
Wissenschaftstheorie und die Einheit der Natur

Solange es Physik gibt, haben Philosophen sich mit ihr beschäftigt, aber Physiker haben diese Beschäftigung selten begeistert aufgenommen. »Allzuoft erhält man als Naturwissenschaftler beim Studium wissenschaftstheoretischer Arbeiten den Eindruck einer mit Allquantoren angereicherten Unterstufenphysik, die eben doch am naturwissenschaftlich Wesentlichen vorbeigeht«, formulierte Hans Primas kürzlich.[1] Und Jürgen Mittelstraß vergleicht die Situation mit dem Sport: »Die einen tun, worüber die anderen reden. Statt Leistung Kommentar.«[2] Denkt man die beiden Kommentare zusammen, dann kommt es sogar noch dicker: nicht nur bloße Reporter sind die Wissenschaftstheoretiker dann, sondern, weil unkundig, sogar schlechte.

Nun lassen sich die Wissenschaftstheoretiker bekanntlich nicht gern über einen Kamm scheren, eher zeigt man gelegentlich mit dem Finger aufeinander und macht den je anderen Teil der *community* für die desolate Resonanz in der Fachwelt verantwortlich mit nicht immer zarten Formulierungen wie »Spitzklammerakrobatik«, »ultraaffirmativ«, *metascience of science fiction* und ähnlichen. Naturwissenschaftler, bei denen auch nach Bohr, Heisenberg und Pauli Ausflüge in die Philosophie gelegentlich noch hoch im Kurs stehen, wenden sich ab von der Wissenschaftstheorie und raten der eigenen Zukunft: »Der philosophisch interessierte Naturwissenschaftler tut besser daran, die großen Universalphilosophen zu studieren. Hegel, Nietzsche etwa oder Heidegger bieten ihm eine faszinierende und inspirierende Andersartigkeit, und auch das Mittelalter steckt voll interessanter Überraschungen«[3], heißt es wörtlich in einem Kommentar zu Mittelstraß. Fürwahr, ein vollkommener Ersatz von – dem Anspruch nach – methodisch

1 »Zum Theorienpluralismus in den Naturwissenschaften«, in: Paul Hoyningen-Huene/Gertrude Hirsch (Hg.), *Wozu Wissenschaftsphilosophie*, Berlin/New York 1988, S. 172-178.

2 »Philosophische Grundlagen der Wissenschaften«, in: a.a.O., S. 179-212.

3 Ulrich Müller-Herold, »Wissenschaftsphilosophie: Wozu?«, in: a.a.O., S. 213-218.

aufklärender Rationalität durch »Andersartigkeit«, aber auch ein vollwertiger?

Sie vermuten zu Recht, meine Antwort zu kennen. Gleichwohl ist souveräne Nicht-Beachtung jener Kritik, die Naturwissenschaftler an der zeitgenössischen Wissenschaftstheorie üben, jedenfalls kein Kennzeichnen von Konstruktivisten. Ich meine, wir haben durchaus Anlaß, jenes Bestehen auf dem »naturwissenschaftlich Wesentlichen« ernst zu nehmen, um auf diese Weise vielleicht die Faszination der »inspirierenden Andersartigkeit« eines Hegel, Nietzsche oder Heidegger zumindest in Grenzen zu halten.

Ganz prosaisch heißt das, daß wir uns fragen müssen, ob wir unsere Hausaufgaben schon alle gemacht haben. Bevor ich exemplarisch zu zeigen versuche, wo vielleicht noch etwas offen sein könnte, möchte ich nur noch rasch betonen, daß ich allerdings keinen Anlaß sehe, vom bisher Erarbeiteten – wie es etwa in dem Protophysik-Themenheft von *Philosophia naturalis* 1985 bilanziert ist – etwas grundlegend zu korrigieren oder gar zurückzunehmen. Was also ist noch offen?

1973 erschien in dem von Kambartel und Mittelstraß herausgegebenen Sammelband *Zum normativen Fundament der Wissenschaft*[4] ein kurzer Aufsatz der beiden Autoren Lorenzen und Inhetveen zum Thema »Die Einheit der Wissenschaften«.[5] Dort wird der Sache nach kurz die Bedeutung von konstruktiver Logik, Ethik und Wissenschaftstheorie für die Begründung von Einzelwissenschaften erörtert. Der Bezug zu der im Thema formulierten »Einheit der Wissenschaften« wird mehr oder weniger definitorisch hergestellt: alles, was in Einklang mit der vorgestellten Methodologie steht, soll »einheitlich« Wissenschaft heißen.

In der Tradition der Philosophie ebenso wie in der Gegenwart der Physik stellt sich die Frage nach der Einheit (der Natur, der Wissenschaften oder auch nur der Physik) so einfach nicht. Der starken Bindung des Einheits- bzw. Systemgedankens an die Möglichkeit von Erfahrung bei Kant kann man das ebenso entnehmen wie der Wiederaufnahme dieses Themas durch Carl Friedrich von Weizsäcker in dem Buch *Die Einheit der Natur*[6], und ganz aktuell

4 Frankfurt am Main, 1973.
5 Ebd., S. 70-78.
6 München 1971.

taucht das Thema wieder auf in den Kontroversen der Hochenergiephysiker über eine Superstring-Theorie.

Lassen Sie mich mit dem letztgenannten Punkt beginnen. 1988 erschien in Cambridge ein Büchlein eines theoretischen Physikers und eines Rundfunkjournalisten[7], in dessen Einleitung aufgezählt wird, was man von einer »wahrhaft befriedigenden« *theory of everything* (TOE) erwarten sollte, nämlich:

1. Sie sollte erklären, warum Physiker die zahlreichen Elementarteilchen beobachten, die sie beobachten, und deren zentrale Eigenschaften (Masse, elektrische Ladung, magnetisches Moment usw.) korrekt vorhersagen.
2. Sie sollte »faithfully« alle Wechselwirkungen zwischen diesen Teilchen beschreiben, also nicht nur den vier fundamentalen Naturkräften Rechnung tragen, sondern auch deren relativer Stärke. Dabei sollte sie insbesondere alle gemessenen Parameter der Teilchenphysik (Streuamplituden, Zerfallsraten, Verzweigungsverhältnisse usw.) zu berechnen gestatten.
3. Sie sollte eine Erklärung für Geometrie und Topologie der Raumzeit bieten und überzeugend auf die Frage nach der Entstehung des Universums antworten. Und sie sollte
4. die Physik vereinheitlichen, das heißt Verbindungen zwischen den zahlreichen Facetten der Natur herstellen.

»Unity at the heart of nature« ist der Abschnitt überschrieben, in dem an historischen Beispielen angedeutet wird, wie »tiefere« Theorien manchmal gestatten, freie (das heißt nur empirisch bestimmbare) Parameter früherer Theorien zu berechnen. Und dann werden diese Beispiele extrapoliert mit dem Ergebnis:

»The ultimate TOE would, ideally, need no recourse to experiment at all!! Everything would be defined in terms of everything else. Only a single undetermined parameter would remain, to define the scale of units with which the elements of the theory are quantified. This alone must be fixed empirically ... Such a theory would be based upon a single principle, a principle from which all of nature flows. This principle would presumably be a succinct mathematical expression that alone embodied all of fundamental physics ... it would be a formula, that you could ›wear on your T-shirt‹.«[8]

7 P. C. W. Davies/J. Brown, *Superstrings. A Theory of Everything?* Cambridge 1988.
8 Ebd., S. 7.

Das klingt vielleicht ein bißchen salopp-realistisch, aber es ist der Sache nach genau das, was E. Scheibe[9] als die »Pointe Weizsäkkers« so formuliert:

»Wenn der Fortschritt der Physik mit der Zeit zu immer universaleren Gesetzen führt, und wenn immer mehr bis dahin nur empirisch gerechtfertigte Gesetze sich aus immer weniger Gesetzen von hoher Universalität durch Hinzunahme kontingenter Bedingungen ableiten lassen, so daß also die jeweils ›letzten‹ Gesetze immer weniger kontingenten Einschränkungen unterliegen, dann liegt die Vermutung nahe, daß die Fundamentalgesetze einer endgültig letzten Theorie, wenn sie existiert, nicht mehr sinnvoll empirisch bedingt werden können, sondern nur noch die Vorbedingungen aller möglichen Erfahrung formulieren.«[10]

Auf eine sozusagen vorsichtige Variante dieses Programms hat sich die Protophysik seit jeher verpflichtet, vorsichtig, weil eingeschränkt: nicht um Bedingungen »aller möglichen Erfahrungen« geht es ihr, sondern zunächst um die Möglichkeit wissenschaftlicher, das heißt unter anderem messender Erfahrung. Geometrie, Chronometrie und – schon etwas undeutlicher – Hylometrie stehen deshalb am Anfang der Bemühungen um eine methodische Rekonstruktion der Physik und schaffen die Basis für die zentrale Art der Erfahrungsgewinnung durch das Experiment. So weit, so gut. Bis hierher trägt die Kennzeichnung der Physik als Apparate-Wissenschaft, die schon Goethe ansprach, als er im Entwurf einer Einleitung zum historischen Teil der Farbenlehre[11] Physiker und Architekten verglich:

»Eben so wie (der Mensch) ganze Gebirgslager abdringt um sich nach eigenen Ideen Paläste zu errichten, Wälder umschlägt um seine Bauten auszuzimmern und zu bedachen, eben so macht sich der Physiker zum Herrn über ihre Erscheinungen, sammelt Erfahrungen, zimmert und schraubt sie durch künstliche Versuche zusammen und so steht zuletzt auch ein Gebäude da zur Ehre seines Baumeisters; nur begegnen wir der kühnen Behauptung, das sei nun auch noch Natur, wenigstens mit einem stillen Lächeln, einem leisen Kopfschütteln. Kommt es doch dem Architekten nicht in den Sinn, seine Paläste für Gebirgslager und Wälder auszugeben.«[12]

9 E. Scheibe, »Die Kopenhagener Schule«, in: G. Böhme (Hg.), *Klassiker der Naturphilosophie*, München 1988, S. 374-392.
10 Ebd., S. 390.
11 Goethe, *Farbenlehre*, 6. Abteilung, 18. Jahrhundert.
12 *Sämtliche Werke*, Münchener Ausgabe, Bd. 20, S. 1219.

Hier fällt auf, daß Goethe dem Architekten ohne Umschweife zubilligt, seine Paläste »nach eigenen Ideen« zu errichten. Sie sollten, wenn der Vergleich denn trägt, eine Entsprechung in der Physik haben. Welche Ideen aber leiten einen experimentierenden Physiker?

Es ist sicher nicht das kasuistische Interesse eines Detektivs am Einzelfall, sondern welche Forschungsfragen sich auch immer einer Fachheuristik verdanken, sie zielen jedenfalls auf empirische Theorien. Holm Tetens hat in seinem Buch über *Experimentelle Erfahrung*[13] sehr treffend aufgezeigt, daß Physiker Versuche als Repräsentanten von »Versuchsklassen« verstehen (sollten), damit sinnvoll überhaupt von Verlaufsgesetzen gesprochen werden kann. Damit ist die Einzelfall-Kasuistik überwunden, aber noch nicht die Gesetzes-Kasuistik. Sie fällt erst mit dem Übergang zu Strukturaussagen, wie der Newtonschen $F = ma$, in der der Buchstabe F *schematisch* für Kraft*terme* steht. Aber was motiviert, veranlaßt oder zwingt zu der Entscheidung, Strukturtheorien als die Repräsentanten des anzustrebenden Typs von empirischen Theorien anzusehen?

Und welche Alternativen gibt es?

Bernulf Kanitscheider hat, Gerald Holton folgend, eine Liste von zehn »Randbedingungen« formuliert, die bei Einstein »die totale Freiheit der Theoriekonstruktion« einschränken:

»(1) Formale Bedingungen: Sie betreffen die Auswahl der Art eines bestimmten mathematischen Instrumentariums.

(2) Vereinheitlichung: Zu bevorzugen sind jene Theorien, die möglichst viele disparate Phänomenklassen abdecken.

(3) Universelle Reichweite: Fundamentale Theorien sollten keine Gültigkeitsgrenzen im sehr Großen oder im sehr Kleinen besitzen.

(4) Ontologische Sparsamkeit: Eine Theorie mit weniger Typen von Entitäten, zum Beispiel eine reine Feldtheorie, ist vorzuziehen.

(5) Notwendigkeit und zwingender Charakter: Die Axiome sollten nicht willkürlich ausgewählt werden, sondern physikalische Plausibilität besitzen.

(6) Symmetrie: Die Theorien sollten keine Asymmetrien enthalten, die durch die Phänomene nicht belegt sind.

(7) Einfachheit: Der begriffliche Aufwand des mathematischen Formalismus sollte möglichst klein gehalten werden.

13 Hamburg 1987.

(8) Kausalität: Unerklärbare, akausale, raumzeitlich nicht deutbare Prozesse sollten nicht vorkommen.
(9) Vollständigkeit: Eine fundamentale Theorie sollte alles Sagbare über die intendierte Objektklasse ausdrücken.
(10) Kontinuität: Sprünge, Brüche als unerklärbare Kontingentia sollten vermieden werden.«[14]

Zu dieser oder ähnlichen Listen ist im einzelnen sicherlich vieles, auch Kritisches, anzumerken. Zitiert wird sie hier, um aufzuzeigen, welche faktische Gestalt das Bemühen um eine »Einheit der Natur« heute angenommen hat: sie ist mit von Weizsäckers Worten eine »konstruktive Aufgabe«, und über das Ausmaß ihrer Realisierung diskutiert man anhand der Eigenschaften von Theorien. Die für die Wissenschaftstheorie hier meines Erachtens offene Aufgabe ist, zu prüfen, welche der genannten oder anderer Eigenschaften mit welchem Recht, das heißt mit welcher Begründung, an welcher Stelle des Theorieaufbaus herangezogen werden können oder sollen. Daß ein solcher Theorieaufbau im Einklang mit dem Prinzip der pragmatisch-methodischen Ordnung möglich ist, soll hier gar nicht bezweifelt werden. Aber dieses Prinzip erzwingt keines der oben genannten Kriterien, ebensowenig wie die historische Physikentwicklung, die sie hervorgebracht hat, für sich ein auszeichnendes Argument ist. Was daher ansteht ist, um es noch einmal mit anderen Worten zu formulieren, die Aufgabe, einen Theoriebegriff anhand von ausgezeichneten metatheoretischen Eigenschaften so auszuzeichnen, daß beurteilbar ist, was an den Diskussionen zum Beispiel über eine TOE, Mode und was Methode ist.
Natürlich ist das Erörtern formaler Theorieeigenschaften keine Protophysik im alten Sinn mehr. Darin sehe ich aber keinen Einwand gegen den Vorschlag, in diese Erörterung einzutreten. Was Herr Thiel in seinem Beitrag[15] eher beiläufig auf die Formel brachte, Wissenschafstheorie fasse nur die äußere Hülle des Forschungsprozesses und nicht seine Inhalte, erlaubt mir jedenfalls, die geschilderte Aufgabe als Teil einer konstruktiven Wissenschaftstheorie der Physik zu verstehen, und wir brauchen nicht so bescheiden zu sein, sie auf Protophysik zu begrenzen.

14 Kanitscheider, Bernulf, in: Böhme (Hg.), *Klassiker der Naturphilosophie*, a.a.O., S. 369.
15 In diesem Band, S. 126f.

Rudolf Kötter

Vereinheitlichung und Reduktion

Zum Erklärungsproblem der Physik

1. Einleitung

Die methodische Philosophie stützt sich, soweit sie sich als Wissenschaftstheorie begreift, auf zwei Prinzipien. Das eine ist allgemein als das »Prinzip der methodischen Ordnung« bekannt und besagt, daß der Aufbau einer wissenschaftlichen Theorie im Einklang mit der sie ermöglichenden pragmatischen Ordnung zu erfolgen hat. Hugo Dingler hat dies auf klassische Weise ausgedrückt:

> »Die zu erreichende strenge Wissenschaft kommt durch eine Reihe von Handlungen zustande. Wenn ich also Überlegungen über diese Wissenschaft anstellte, so dürfen diese niemals so beschaffen sein, daß sie an einer bestimmten Stelle des Aufbaues Handlungen als gegeben voraussetzen, die erst an einer späteren Stelle des Aufbaues geschehen können.«[1]

Das andere Prinzip, das bislang keinen bestimmten Namen trägt, möchte ich das »Prinzip der praktischen Orientierung« nennen. Es weist den Wissenschaften die Aufgabe zu, Probleme einer konkreten Praxis aufzugreifen, ihnen eine theoretische Form zu verleihen und sie auf diesem Wege einer allgemeinen Lösung zuzuführen.

Auf die Physik bezogen, besagt das Prinzip der methodischen Ordnung, daß die empirische Physik erst in Gang kommen kann, wenn ein protophysikalisches, das heißt die einschlägigen Meßtheorien umfassendes Fundament gelegt ist; nach dem Prinzip der praktischen Orientierung ist die Physik insgesamt als theoretische Stütze einer technischen Praxis aufzufassen.

Zwischen diese beiden Prinzipien wird die methodische Rekonstruktion der Physik eingespannt: Ausgehend von einer vorwissenschaftlichen technischen Praxis bewegt man sich schrittweise auf eine empirische Physik hin, wobei sich jeder Erweiterungsschritt unter praktischen Orientierungen rechtfertigen lassen soll.

1 H. Dingler, *Aufbau der exakten Fundamentalwissenschaft*, hg. von P. Lorenzen, München 1964, S. 26.

Nun greifen die beiden Prinzipien bei der konkreten Rekonstruktionsarbeit nicht so reibungslos ineinander, wie sich dies nach den vorangegangenen abstrakten Formulierungen vielleicht vermuten läßt. Die nicht umsonst so beliebte Metapher vom Hausbau hilft uns auch hier, das Problem zu veranschaulichen.

Jedes Haus muß vom Fundament und nicht vom Dachstuhl her errichtet werden, und die Planung der Bauausführung hat diese pragmatische Trivialität zu berücksichtigen. Aber: Man kann ein Fundament nur dann richtig legen, wenn man weiß, welches Gebäude darauf errichtet werden soll. Das heißt, man braucht als erstes den Bauplan des Gebäudes, und dessen Darlegung kann nicht ersetzt werden durch eine Darlegung des Zweckes, dem das Gebäude später einmal dienen soll. Allein im Bauplan konkretisiert sich der Zweck des Unternehmens so, daß damit zugleich die für die Fundamentierung erforderlichen Informationen geliefert werden.

Wenn wir nun im Lichte dieser Metapher die Rekonstruktionen der Physik im Rahmen der konstruktiven Wissenschaftstheorie betrachten, dann haben wir erhebliche Schwierigkeiten, das Pendant zum Gebäudebauplan zu finden. Seit Dingler wird mehr oder weniger umstandslos von der Protophysik zur Newton-Eulerschen Punktmechanik übergegangen: Für Dingler selbst war dieser Übergang zwangsläufig, in den neueren Veröffentlichungen wird über die praktische Aufgabenstellung, das Bewegungsverhalten physikalischer Körper unter wechselnden Rahmen- und variierenden Anfangsbedingungen zu erforschen, eine Behelfstreppe zu den höheren Stockwerken physikalischer Theorie gebaut.[2]

Aber gerade wenn man das Prinzip der praktischen Orientierung ernst nimmt, kann der eingeschlagene Weg nicht so recht überzeugen. Wieso schließt man an die Protophysik die – technisch gesehen – wenig bedeutsame Punktmechanik an und nicht die Kontinuumsmechanik (also die Theorie deformierbarer Körper und die Strömungsmechanik)? Man kann zu dieser Frage nicht argumentieren, daß man eben mit der einfacheren Theorie beginne, um anschließend zur komplizierteren Theorie fortzuschreiten. Ein solches »Fortschreiten« ist nämlich in diesem Falle ohne vorheriges »Zurückschreiten« gar nicht möglich: Die Kontinuumsme-

2 Vgl. etwa H. Tetens, *Experimentelle Erfahrung*, Hamburg 1987, S. 64.

chanik läßt sich nicht aus der Punktmechanik entwickeln – wie man schon bei Georg Hamel nachlesen kann.[3]

Die Problemlage verschärft sich noch, wenn wir uns fragen, in welchem Sinne denn eine technische Praxis überhaupt Theorien benötigt. Zweifellos haben wir ein Interesse, den technischen Problemen, vor die wir in unserer Alltagswelt gestellt werden, nicht immer nur mit ad-hoc-Lösungen begegnen zu müssen. Aber genügt diesem Interesse nicht ein Wissen um empirische Regelmäßigkeiten? Zur Aufstellung solcher empirischen Gesetze benötigt man zwar Messungen und damit auch die entsprechenden protophysikalischen Meßtheorien – aber braucht man auch empirische Theorien? Wenn wir so fragen, dann meinen wir mit »Theorie« natürlich mehr als nur die (offene) Menge konjunktional verknüpfter empirischer Gesetze, »Theorie« bedeutet hier das, was der Physiker »Prinzipien«, »Fundamentalgesetze«, »Hauptsätze« oder »Axiome« nennt (also zum Beispiel Newtonsche Gesetze oder die Hauptsätze der Thermodynamik).

Wenn es schon nicht unmittelbar einleuchtend ist, den ersten Schritt von der Protophysik in die empirische Physik über die Punktmechanik zu unternehmen, so sollte man sich überlegen, ob nicht wenigstens mittelbare Gründe für das übliche Vorgehen sprechen. In diesem Zusammenhang muß dann der Ansatz von Imre Lakatos auf neues Interesse stoßen, hat er doch den Theoriebegriff nicht länger im Geflecht deduktiver Beziehungen belassen, sondern mit einem sehr weitgehenden Anspruch versehen: Eine Theorie verkörpert für ihn ein Forschungsprogramm. Auch wenn Lakatos nicht streng festgelegt hat, was im einzelnen zu einem Forschungsprogramm gehört, es wird doch hinlänglich deutlich, daß mit ihm jedenfalls eine Erklärungsaufgabe und die zu ihrer Lösung zulässigen Mittel angegeben werden sollen. In diesem Sinne hat übrigens auch Holm Tetens in seiner Untersuchung zur Methodik der Physik Lakatos interpretiert.[4]

Wenngleich die Newton-Eulersche Mechanik, gemessen an der Analytischen Mechanik, nur ein geringes Problemlösungspotential besitzt, gilt sie in der Physik bis heute als prominentes Beispiel für einen begrifflich und formal gelungenen Theorieaufbau. Für uns ist nun die Frage interessant, ob sich aus dem mit ihrem For-

3 Vgl. G. Hamel, *Elementare Mechanik*, Leipzig 1912, S. 323 ff.
4 Vgl. Tetens, a.a.O., S. 43 f. und S. 136, Anm. 23.

schungsprogramm verbundenen Erklärungsschema nicht in ähnlich musterhafter Weise etwas über technische Erklärungen lernen läßt, selbst wenn die Anwendungsfälle der Theorie für sich genommen nur geringe technische Bedeutung besitzen. Eine positive Antwort würde zwar nicht erlauben, die Newton-Eulersche Mechanik als Antwort auf technische Probleme von lebensweltlicher Bedeutsamkeit zu verstehen, wohl wäre aber eine zumindest schwache Anbindung an das Prinzip der praktischen Orientierung erreicht.

Bislang hielt man es in den Reihen der konstruktiven Wissenschaftstheoretiker nicht für erforderlich, eine konstruktive Theorie der Erklärung aufzubauen. Da meiner Meinung nach eine solche Theorie das problemlose Ineinandergreifen der beiden methodologischen Prinzipien gewährleisten könnte, möchte ich mit den folgenden Ausführungen zu einer verstärkten Beschäftigung mit diesem klassischem Thema der Wissenschaftstheorie anregen.

2. Pragmatische Aspekte der Erklärung

Die wissenschaftstheoretische Diskussion um den richtigen Erklärungsansatz war lange Jahre beherrscht von der Auseinandersetzung um das sogenannte Hempel-Oppenheim-Schema der Erklärung.[5] Nach diesem Schema gilt ein Ereignis als erklärt, wenn sich seine Beschreibung aus anderen Einzelfallbeschreibungen und mindestens einem generellen Satz logisch deduzieren läßt. Vordergründig ging es in dieser Diskussion darum, ob sich mit Hilfe dieses Schemas historische Erklärungsansprüche einholen und skurrile Einfälle analytischer Wissenschaftstheoretiker diskriminieren lassen und – falls nicht – in welcher Weise Modifikationen vorzunehmen sind.

Im Hintergrund stand jedoch immer auch die Frage danach, was man denn überhaupt unter einer »guten« Erklärung zu verstehen habe. Man wußte, daß mit den Standardinstrumenten, die man sich zur Analyse genehmigte, keine rechte Antwort auf diese Frage zu erreichen war, und folglich wagten in den fünfziger und sechziger Jahren nur wenige Autoren wie etwa Dray, Scriven,

5 Zuerst in: C. G. Hempel/P. Oppenheim, *Studies in the Logic of Explanation*, *Philosophy of Science* 15 (1948), S. 135-175.

Passmore oder Toulmin[6] das Thema nach dem pragmatischen Fundament der Erklärung aufzugreifen. Glücklicherweise haben sich inzwischen die Dinge entscheidend geändert: Die Pragmatik ist zu einem gängigen Topos auch in der analytischen Wissenschaftstheorie geworden.[7]

Es ist ein Gemeinplatz, daß mit Erklärungen nicht schlichte Informationen geliefert werden, etwa Antworten auf Fragen der Art »Wo geht es hier zum Bahnhof?« oder »Welche Geschwindigkeit hat der Stein im freien Fall zur Zeit t?« Erklärungen werden in speziellen Situationen gegeben, die durch die Erwartung charakterisiert sind, daß durch die Erklärung ein bislang unbegriffener Sachverhalt in das vorhandene Wissen eingeordnet oder geläufigen Beurteilungen zugänglich gemacht wird. Diese Erwartung läßt sich in drei Anforderungen an erklärende Argumente konkretisieren: Nach Passmore sollen sie einsichtig, angemessen und richtig sein.[8]

Die Forderung nach der Einsichtigkeit von Erklärungen bedeutet, daß sie sich immer auf einen bereits vorhandenen Fundus an Wissen beziehen müssen. In einer guten Erklärung wird der Wissensstand des Fragenden nach Umfang und Qualität berücksichtigt, das heißt, durch sie wird sein Wissen erweitert, aber nicht gesprengt.

Daß eine Erklärung angemessen sein soll, heißt nicht nur, daß sie die besonderen Umstände des Einzelfalls berücksichtigen muß, wie Passmore meint. Sie muß darüber hinaus in Umfang und Tiefe auch in den Kontext passen, in dem sie gefordert wurde. Dies bedeutet insbesondere, daß umfassendere und quantitativ genauere Erklärungen durchaus nicht immer und in jedem Fall die »besseren« sein müssen. Vielmehr ist die Erklärung angemessen, durch die man in die Lage versetzt wird, in gewünschter Weise zu handeln, sei es in alltäglichen oder wissenschaftlichen Kontexten.

6 Vgl. etwa W. Dray, *Laws and Explanation in History*, New York 1961; St. Toulmin, *Foresight and Understanding*, New York 1963; J. Passmore, »Explanation in Everyday Life Science, and in History«, in: *History and Theory* 2 (1962), S. 105-123; M. Scriven, »Explanations, Predictions, and Laws«, in: H. Feigl/G. Maxwell (Hg.), *Minnesota Studies in the Philosophy of Science*, Bd. 3, Minneapolis 1970, S. 170-230.

7 Vgl. hierzu den Sammelband von G. Schurz (Hg.), *Erklären und Verstehen in der Wissenschaft*, München 1988.

8 Passmore, a.a.O..

Das Kriterium der »Richtigkeit« meint schließlich, daß die Deduktionen, auf die man sich bei der Erklärung konkreter Sachverhalte bezieht, nicht schlicht »wahr« sein müssen, da die Gesetze, die zur Erklärung herangezogen werden, für ideale Sachverhalte formuliert worden sind und nur mit meßtechnischen Abstrichen auf den konkreten Fall übertragen werden können. Eine physikalische Erklärung ist dann richtig, wenn sich der empirische Fall noch als Konkretisierung des idealen Modells begreifen läßt und die Differenz zwischen den errechneten und den gemessenen Werten innerhalb einer vorgegebenen Toleranz liegt.

Natürlich kann man versuchen, diese Kriterien formal präziser zu fassen – van Fraassen, Salmon oder Bromberger[9] haben hierzu Arbeiten vorgelegt. Aber vor solchen formalen Anstrengungen muß man die Musterfälle explizit gemacht haben, in denen sich diese Kriterien als sinnvolle Unterscheidungen erweisen. Und zu dieser Aufgabe möchte ich vier Anmerkungen machen.

(a) Auf pragmatische Kriterien muß man schon zurückgreifen, um den Unterschied zwischen Beschreibungen und Erklärungen deutlich zu machen. Auch wenn mit einer Beschreibung ein universeller Anspruch verbunden wird, das heißt, wenn sie als Korrelation oder Regression in eine mathematische Form gebracht wurde und prognostischen Gehalt besitzt: Allein durch seine Beschreibung wird ein Sachverhalt nicht einsichtig. Insoweit erklären Beschreibungen nichts, auch wenn sie – formal gesehen – in das Hempel-Oppenheim-Schema passen. Um ein Beispiel anzuführen: Die Keplerschen Gesetze erklären nicht die Bahnen, auf denen sich die Planeten bewegen, sie beschreiben diese lediglich und stellen damit einen Sachverhalt dar, der der Erklärung bedarf. Man mag hier zwar einwenden, daß mit ihrer Hilfe doch die von uns aus gesehen rückläufige Bewegung der Planeten »erklärt« wird. Aber dieser Einwand ist bei näherem Hinsehen nicht stichhaltig. Gezeigt werden kann ja nur, daß die den Keplerschen Gesetzen folgenden Planetenbahnen sich in die aus unserer Perspektive beschreibbaren Himmelsbahnen transformieren lassen.

9 Vgl. S. Bromberger, »Why-Questions«, in: R. G. Colodny (Hg.), *Mind and Cosmos*, Pittsburgh 1966, S. 86-108; W. C. Salmon, *Scientific Explanation and the Causal Structure of the World*, Princeton 1984; B. C. van Fraassen, »Die Pragmatik des Erklärens«, in: Schurz (Hg.), a.a.O., S. 31-90; ders., *The Scientific Image*, Oxford 1980.

Damit transformiert sich dann die Frage »Warum zeigen Planeten rückläufige Bewegungen?« in die artgleiche Frage: »Warum folgen Planeten Keplerschen Bahnformen?«
Erst durch das Gravitationsgesetz wird eine erklärende Antwort auf diese Frage gegeben. Durch dieses spezielle Kraftgesetz werden verschiedene Körper durch ihre Massen in ein Kausal- bzw. Wechselwirkungsverhältnis zueinander gesetzt. Und damit wird das, was geschieht, als durch bestimmte Sachverhalte verursacht einsichtig gemacht.
(b) Die damit angesprochenen Kausalerklärungen stellen einen besonders wichtigen, wenn auch nicht den einzigen Erklärungstyp dar. Durch sie gewinnen wir nämlich einen besonderen Zugang zur Welt: Kennen wir die Ursachen für ein bestimmtes Ereignis, so können wir versuchen, diesen Kausalzusammenhang unter technische Kontrolle zu bringen. Gelingt uns dies, so wissen wir in den entsprechenden Fällen, wie wir Zwecke realisieren und Störungen beseitigen können.
Neben diesem aktiven Aspekt haben Kausalerklärungen noch einen nicht minder wichtigen passiven Aspekt: Wo wir uns außerstande sehen, Einfluß auf ursächliche Sachverhalte zu nehmen, können wir uns vielleicht ihrem Einfluß entziehen und dadurch unerwünschte Folgen vermeiden. Und sollte auch dies nicht möglich sein, so werden wir doch die Dinge im Wissen um ihre Ursachen anders aufnehmen und verarbeiten als in dem Falle, da sie uns als bloßes Geschehnis widerfahren.
(c) Neben Kausalerklärungen sind in technischen Zusammenhängen Funktionalerklärungen von entscheidender Bedeutung. Wenn ich jemand danach frage, wie ein Gerät funktioniert, so erwarte ich mir Aufschluß darüber, wie die einzelnen Teile des Geräts und die mit ihnen verbundenen Vorgänge aufeinander bezogen sind, um den Zweck des Geräts zu realisieren. Fundamental für eine Funktionalerklärung ist deshalb die Angabe einer »Gerätefunktionsnorm«, durch die in idealisierter Weise der Zustand oder der Vorgang angegeben wird, den das Gerät wenigstens näherungsweise realisieren soll. In der Protophysik wird auch von Gerätefunktionsnormen gesprochen[10], allerdings allein mit Blick auf Meßgeräte und unter besonderer Berücksichtigung der für sie

10 Vgl. etwa P. Janich/H. Tetens, »Protophysik. Eine Einführung«, in: *Philosophia Naturalis* 22 (1985), S. 3-21, hier: S. 6ff.

charakteristischen Eigenschaft, daß in die Beschreibung des durch das Gerät zu realisierenden Zustands nicht die Größe eingehen darf, die durch das Gerät zu messen ist.

Gerätefunktionsnormen sind aber generell für die Erklärung technischer Geräte unerläßlich. Auch wenn jeder Vorgang in einem Gerät, für sich genommen, kausal erklärt werden kann, so werden diese Kausalerklärungen erst durch die Angabe der Gerätefunktionsnorm als zusammenwirkend verstanden werden können. Hinzu kommt, daß sich durch Kausalerklärungen nicht zwischen korrekt arbeitenden und defekten Geräten unterscheiden läßt. Zwar hat jeder Defekt seine Ursache, was aber als Defekt anzusehen ist, läßt sich nur im Hinblick auf die Gerätefunktionsnorm bestimmen.

(d) Anhand der Kausalerklärung kann recht gut demonstriert werden, worin der oben geforderte »Bezug auf einen bereits vorhandenen Fundus an Wissen« bestehen muß. Dray hat ja bekanntlich argumentiert, die Einsichtigkeit einer Erklärung beruhe darauf, daß ein ungewöhnlicher und damit unvertrauter Sachverhalt in Verbindung gebracht wird mit einem vertrauten, das heißt zumindest erklärten Sachverhalt.[11] Auf die Kausalerklärung bezogen würde dies insbesondere bedeuten, daß ein bislang unbekannter Sachverhalt als durch wohlvertraute Sachverhalte verursacht dargestellt wird. Für Dray ist diese Reduktionsleistung entscheidend, um ein Argument als »erklärend« zu qualifizieren.

Diese Vorstellung ist jedoch zu eng. Sicher hat dieser Fall seine besondere Bedeutung insoweit, als sich an ihm am einfachsten zeigen läßt, was eine Kausalerklärung ist (ich darf hier auf die Ausführungen von Holm Tetens zur ›experimentalistischen Kausalität‹ verweisen[12]). Hat man aber einmal auf diese Weise begriffen, was »kausal erklären« heißt, dann kann man die Erklärungsrichtung auch umkehren. Man kann dann nach den Ursachen für vertraute Sachverhalte fragen und wird die Angabe bislang verborgener und unvertrauter Ursachen als Erklärungen akzeptieren.

Der Gedanke, daß uns durch eine Erklärung ein Sachverhalt

11 Dray, a.a.O., S. 78 ff.
12 Tetens, a.a.O., S. 16 ff.

vertraut gemacht wird, hat natürlich attraktive Züge an sich. Er kann auch gerettet werden, wenn man sich auf die Forderung beschränkt, daß das erklärende Ereignis nicht in einem konkreten Sinn, sondern lediglich »der Art nach« vertraut sein muß.

Um dieser Forderung nachzukommen, muß man in der Lage sein, das erklärende Ereignis mit den gleichen sprachlichen Mitteln zu beschreiben wie (a) das erklärungsbedürftige Ereignis und (b) all jene Ereignisse, die bereits als erklärt gelten dürfen. Dieses »Vertrautsein der Art nach« kennen wir übrigens auch aus unserem Alltagsleben, wo wir ebenfalls meinen, daß uns nicht nur das vertraut ist, was uns schon einmal begegnet ist, sondern auch dasjenige, was uns neu erscheint, ohne uns fremd zu sein, mit dem wir also – auch im sprachlichen Sinne – umzugehen wissen.

Ließe sich nun stets angeben, wann Ereignisse in der »gleichen Sprache« beschrieben werden, dann wäre für die von uns geforderte Theorie der Erklärung ein entscheidender Schritt geglückt. Leider ist diese Aufgabe jedoch alles andere als einfach, selbst in der Physik stoßen wir hier auf erhebliche Probleme: Beschreibt etwa die relativistische Mechanik Vorgänge in der »gleichen Sprache« wie die klassische? Wird in der klassischen Thermodynamik und in der statistischen Mechanik der, bildlich gesprochen, gleiche Gegenstand beschrieben, wenn auch unter je anderer Perspektive? Solchen Fragen lassen sich jederzeit wissenschaftstheoretische Tagungen widmen – garantiert ohne Aussicht auf Einigung unter den Teilnehmern.

Für uns ist an dieser Stelle zunächst nur die Beobachtung interessant, daß überall dort, wo man unsicher ist, noch die »gleiche Sprache« zu sprechen (also Meßgrößen auf gleiche Weise zu definieren und Gegenstände auf gleiche Weise sprachlich verfügbar zu machen), sich diese Unsicherheit sofort auf die Einschätzung der Erklärungsleistungen überträgt. Sodann wird aber auch die besondere Rolle der klassischen Mechanik klarer erkennbar, vermittelt sie doch den Eindruck, als führe ein gerader Weg von umgangssprachlichen Beschreibungen zu solchen in der Sprache der Theorie, so daß man in gewisser Weise davon sprechen kann, die klassische Mechanik beschreibe relevante Teile der Welt, die wir alltagsweltlich kennen und umgangssprachlich beschreiben. Daß dieser Eindruck nicht nur historisch vermittelt, sondern methodisch fundiert ist, konnte wesentlich in der Protophysik gezeigt werden.[13]

3. Die einheitsstiftende Aufgabe physikalischer Erklärungen

Auf eine knappe Formel gebracht, läßt sich als eine der wesentlichen Aufgaben der theoretischen Physik bestimmen, im Rahmen eines Forschungsprogramms Erklärungen für Sachverhalte zu liefern, welche durch die Menge der zulässigen Beschreibungsmittel beschrieben werden können. Für die erfolgreiche Bewältigung dieser Aufgabe muß geklärt sein, (a) welche Beschreibungsmittel zulässig sind, (b) was an einem Sachverhalt erklärungsbedürftig ist und (c) welche Form die Erklärung haben soll.
An der Newton-Eulerschen Mechanik läßt sich nun in der Tat in besonders einfacher Weise zeigen, wie diesen Forderungen Rechenschaft getragen werden kann. Ich werde mich hier auf die Nennung einiger Stichworte beschränken: Die quantitative Beschreibung von Bewegungsvorgängen an Körpern oder von Körpern setzt protophysikalische Meßtheorien voraus; Abweichungen von einer ausgezeichneten Bewegungsform – der geradlinig gleichförmigen Bewegung – werden als erklärungsbedürftig ausgezeichnet und durch Kraftgesetze auf andere Körper bezogen (wobei Körper durch ihre Massen repräsentiert werden); Erklärungen dieser Art sind durch das zweite Newtonsche Gesetz strukturell fixiert (man beachte dabei, daß bei $K = m\ddot{x}$ der schematische Buchstabe »K« keine Größe, sondern einen Term, nämlich ein Kraftgesetz repräsentiert!); das Superpositionsprinzip gibt an, in welcher Weise mehrere Vorgänge als ursächlich für eine bestimmte Wirkung aggregiert werden können; das Gegenwirkungsprinzip schließt ausgezeichnete Ursachen aus; Invarianzforderungen (Galileiinvarianz) konkretisieren den allgemeinen Gedanken der Universalität von Kausalerklärungen.
Es war die große Leistung von Theoretikern wie Newton, Euler,

13 Dies gilt uneingeschränkt zumindest für die Geometrie und die Chronometrie als den für die Längen- bzw. Zeitmessung einschlägigen Meßtheorien.

Lagrange und anderen, nicht nur strukturell fixiert zu haben, was eine mechanische Erklärung zu heißen verdient, sondern auch methodologische Regeln formuliert zu haben, welche als Strategien zur Suche nach solchen Erklärungen dienen können. Holm Tetens hat in seinem Buch die wesentlichen Schritte nachgezeichnet, die zum Aufbau einer mechanischen Theorie führen, wobei er insbesondere deutlich machen konnte, wie sich der Einsatz bestimmter mathematischer Beschreibungsmittel aus einer experimentell-technischen Fragestellung heraus als sinnvoll begreifen läßt.[14]

Was ist nun das Besondere an den Erklärungen, die die klassische Mechanik liefert? Jede für sich genommen ist zweifelsohne einsichtig, angemessen und richtig in dem oben skizzierten Sinne; aber dies sollte ja jede Erklärung sein. Das Entscheidende liegt meiner Meinung nach darin, daß diese Erklärungen Ausdruck eines einheitlichen Gedankens sind. Durch das zweite Newtonsche Gesetz und durch den Begriff des Kraftgesetzes wird expliziert, wie eine Kausalerklärung in der Mechanik auszusehen hat, und dadurch wird jeder in dieser Theorie beschreibbare Vorgang auf »gleiche Weise« erklärt. Erklärungen, die dieser theoretischen Struktur folgen, fügen sich zum Bild einer systematisch geordneten Welt.

Natürlich ist Vereinheitlichung kein Wert an sich, stets müssen sich Gründe für solche theoretischen Anstrengungen angeben lassen, wobei dann dem Prinzip der praktischen Orientierung insoweit eine besondere Bedeutung zukommt, als die einheitliche Erklärungsform der Mechanik auch eine einheitliche Umgangsform mit der Welt vermittelt. Dieser Zusammenhang läßt sich in der Tat schon an der Newton-Eulerschen Punktmechanik studieren. Zugleich zeigt uns das Beispiel »Punktmechanik« aber auch, daß technische Interessen nicht die einzigen sind, die Vereinheitlichungsbestrebungen begründen. Denn historisch gesehen war für die Entwicklung der Mechanik der Gedanke vom einheitlichen und gesetzmäßigen Aufbau der Welt mit seinen ideologiekritischen Implikationen wesentlich wichtiger als technische Überlegungen.

In der neueren Literatur zur Erklärungsproblematik werden ähn-

14 Vgl. Tetens, a.a.O., Kap. 2.

liche Wege gegangen, wie wir sie soeben angedeutet haben.[15] Ph. Kitcher rekonstruiert zum Beispiel das, was wir in lockerer Anlehnung an Lakatos als »Forschungsprogramm« bezeichnet haben, als »Argumentmuster«: »Eine Theorie vereinheitlicht unser Wissen, wenn sie ein – oder allgemeiner – einige wenige Argumentmuster liefert, die in der Herleitung einer großen Zahl von Sätzen, die wir akzeptieren, verwendet werden können.«[16] Er erläutert diese Vorstellung an Newtons *Principia*:

»Die Vereinheitlichungskraft von Newtons Werk bestand im Aufweis, daß ein Argumentmuster für die Herleitung einer umfassenden Menge akzeptierter Sätze wieder und wieder benutzt werden könnte. ... In ihrer Suche nach Kräften analog dem Gesetz der universalen Gravitation versuchten Newtons Nachfolger das in der *Principia* dargestellte Argumentmuster so zu verallgemeinern, daß dadurch »eine Art des Schließens« für die Herleitung aller Bewegungsphänomene hinreichen würde.«[17]

Soweit kann man Kitcher von unseren Überlegungen aus ganz gut folgen. Im unmittelbaren Anschluß an das zuletzt Zitierte wagt er jedoch einen Schritt auf ein völlig neues Terrain:

»Wenn weiterhin die von der Chemie, Optik, Physiologie usw. erforschten Tatsachen mit Tatsachen über Teilchenbewegungen in Zusammenhang gebracht werden könnten, so könnte ein generelles Argumentmuster für die Herleitung aller Phänomene verwendet werden. Ich möchte behaupten, daß dies das Vereinheitlichungsideal ist, welches Newtons unmittelbare Nachfolger anstrebten, ...«[18]

Entgegen dem Wortlaut handelt es sich bei dem »generellen« Argumentmuster nicht um die Verallgemeinerung des »speziellen« Argumentmusters der Mechanik. Wäre dies der Fall, so müßte sich nämlich eine theoretische Struktur angeben lassen, die zeigen würde, wie Beschreibungen und Erklärungen nicht-mechanischer Sachverhalte in solche von mechanischen zu transformieren wären. Ein solches Schema gibt es nicht, und so läßt sich das »generelle« Argumentmuster lediglich als die unspezifische Aufforderung verstehen, alle empirischen Phänomene »irgendwie« auf mechanische Weise zu beschreiben und zu erklären. Um den

15 Vgl. M. Friedman, »Erklärung und wissenschaftliches Verstehen«, in: Schurz (Hg.), a.a.O., S. 171-191, und Ph. Kitcher, »Erklärung durch Vereinheitlichung«, ebd., S. 193-234.

16 Kitcher, a.a.O., S. 204.

17 Ebd., S. 204.

18 Ebd., S. 204.

Unterschied zwischen einem Forschungsprogramm oder Argumentmuster im obigen Sinne und einer derart allgemeinen Aufforderung nicht zu verwischen, schlage ich vor, letztere als eine »Forschungsdirektive« zu bezeichnen. Ob die mechanistische Forschungsdirektive, von der Kitcher spricht, auch als sinnvoll angesehen werden kann, wird dann davon abhängen, was mit der »Herleitung aller Phänomene« gemeint sein kann.

4. Reduktionistische Forschungsdirektiven in der Physik

Die besondere Stellung der Mechanik unter den physikalischen Theorien rührt nicht zuletzt daher, daß die Begriffe, mit denen ihre Erklärungsaufgabe formuliert wird (also »Länge«, »Dauer« und die zusammengesetzten Begriffe »Geschwindigkeit« und »Beschleunigung«), extensive Größen sind, deren additive Verknüpfung jeweils operational hergestellt und unmittelbar mit den Sinnen verfolgt werden kann. Genauer gesagt heißt das, daß der Addition von Längen und Dauern Kombinationshandlungen des Hinzufügens entsprechen, die in allen ihren Aspekten mit unseren Augen wahrgenommen und kontrolliert werden können.
Dieser unmittelbare sinnliche Zugang ist für andere extensive Größen der Physik nicht gegeben, woraus bei ihrer Einführung erhebliche methodologische Probleme entstehen. So läßt sich zum Beispiel schon der Massebegriff, der in den Erklärungen der Mechanik auftaucht, nicht mehr unmittelbar empirisch interpretieren (man sieht einem Körper seine Masse nicht an), und folglich ist auch die Addition von Massen nicht gleichermaßen sinnlich nachvollziehbar wie die Addition von Längen. Relationen wie »massegleich« oder »schwerer als« muß also erst durch eine technische Vorrichtung ein sinnlicher Ausdruck verliehen werden (so etwa durch die Balkenwaage, bei der die Massegleichheit zweier Körper durch die besondere Lage des Waagebalkens ausgedrückt wird). Nun verwenden wir bei der Beschreibung von Zuständen auch Begriffe, die sich nicht einmal indirekt als extensive Größen konstruieren lassen. Solche »intensive« Größen werfen für eine beabsichtigte quantitative Beschreibung besondere Probleme auf, die ich anhand der Wärmelehre wenigstens andeuten möchte. Mit

»Wärmelehre« meine ich dabei die eng an bestimmte Modellvorstellungen angelehnte Behandlung thermischer Phänomene, wie sie bis in die zweite Hälfte des 19. Jahrhunderts üblich war (im Unterschied zur modernen Thermodynamik, die abstrakt von Systemen und ihren thermischen Zuständen handelt).

Unser Wärmeempfinden läßt es zu, daß wir Zustände nach ihrem Wärmegrad unterscheiden. Insbesondere können wir feststellen, daß, werden zwei Systeme A, B mit »A wärmer als B« in Kontakt miteinander gebracht (AB), sie nach einiger Zeit »gleichwarm« sind und es gilt: A wärmer als (AB) und (AB) wärmer als B. Um diese Ordnung zu metrisieren, muß man einen Apparat konstruieren mit einer Eigenschaft, die sich monoton mit dem Wärmegrad ändert. Entscheidend ist dabei, daß diese Eigenschaft sinnlich wahrnehmbar ist und durch eine extensive Größe ausgedrückt werden kann. Ein typisches Beispiel für einen solchen Apparat ist das bekannte Quecksilber-Thermometer, bei dem Temperaturänderungen durch Längenänderungen parametrisiert werden.

Seit Galilei kann man Thermometer bauen, die reproduzierbare Meßergebnisse liefern (jedenfalls in gewissen Temperaturbereichen), allerdings machte der Vergleich von Ergebnissen, die an verschiedenen Geräten ermittelt worden sind, lange Zeit erhebliche Schwierigkeiten: Bis die Skalierungsprobleme technisch und theoretisch gelöst waren, sollten über hundert Jahre vergehen.[19]

Mit Hilfe eines Thermometers konnte man Wärmephänomene zwar recht gut beschreiben, aber deshalb noch lange nicht erklären, ja selbst die Frage, wovon Wärme eine Eigenschaft ist, mußte zunächst offenbleiben: Ist sie materialspezifisch oder gehört sie zu einem unbekannten Stoff, der alle anderen Materialien durchzieht? Da man nicht wußte, was Wärme ist, konnte man auch nicht erklären, wie Wärmegradveränderungen zustande kommen und wie diese wiederum das Ausdehnungsverhalten von Stoffen beeinflussen. Die als Gesetz formulierte Aussage, daß (bei konstanten Druckverhältnissen) Wärmegradveränderungen zu proportionalen Volumenänderungen von Stoffen führen, hat deshalb nur deskriptiven Gehalt.

19 Erst im 18. Jahrhundert begann man, sich auf drei empirische Temperaturskalen zu konzentrieren. Sie sind mit den Namen Fahrenheit, Réaumur und Celcius verbunden.

Nun hat die Beobachtung, daß unterschiedliche Wärmegrade von Systemen sich ausgleichen, wenn diese in Kontakt miteinander gebracht werden, den Gedanken nahe gelegt, daß dieser Prozeß von einem stofflichen Vorgang begleitet ist, bei dem eine bestimmte »Wärmestoffmenge« vom wärmeren zum kälteren System transportiert wird. Nimmt man an, daß es einen »natürlichen« Verteilungszustand (Gleichgewichtszustand) für diesen Stoff gibt, so würde jeder Wärmegradunterschied auf eine erklärungsbedürftige Störung dieses Zustandes hindeuten.
Gelänge es nun, wahrnehmbare und mechanisch kontrollierbare Vorgänge als ursächlich für derartige Störungen auszuzeichnen, dann könnte man versuchen, erklärende Kraftgesetze zu formulieren (jede Störung wäre einer Kraft zuzuschreiben, der eine auf den Gleichgewichtszustand gerichtete gleichgroße Kraft entgegenwirken würde). Die für die Formulierung solcher Gesetze erforderlichen Kenngrößen des Wärmestoffes müßten, da er körperlich ja nicht faßbar ist, durch geeignete Experimente auf indirektem Wege ermittelt werden.[20] Aus der Geschichte der Physik wissen wir, daß man solchen Überlegungen lange Zeit nachgegangen ist – durchaus mit einigem Erfolg, wie die Untersuchungen von Laplace oder S. Carnot zeigen.[21] Erst die allgemeine Formu-

20 Es lohnt sich, den Funktionalerklärungen solcher Experimente mehr Aufmerksamkeit zu widmen. Hat das Experiment in der Mechanik die Aufgabe, Bewegungsvorgänge zu realisieren, an denen durch Messung unmittelbar die Angemessenheit von Idealisierungsannahmen beurteilt oder die Größe von Material- bzw. Naturkonstanten ermittelt werden können, so kommt dem Experiment in der Wärme- oder Elektrizitätslehre häufig die Aufgabe zu, die Eigenschaften fiktiver Entitäten erschließen zu lassen. Dieser Unterschied erklärt auch, warum die nichtmechanischen Disziplinen der Physik so reich an Experimenten sind (sieht man in den Experimenten nur allgemein den Test einer Hypothese oder die Reproduktion von Effekten, dann gerät dieser Unterschied leicht außer Sicht).

21 In der Wärmestofftheorie ging man von der Existenz eines Stoffes aus, der so fein ist, daß er alle anderen Stoffe durchdringen kann. Die Wärmestoffatome werden von den Materieteilchen angezogen, stoßen sich selbst aber gegenseitig ab. Im Gegensatz zur Anziehungskraft der Materie hat die Abstoßungskraft der Wärmeteilchen nur eine kurze Reichweite, das heißt, zwei Materieteilchen stoßen sich ab, wenn sie sich relativ zur Dichte ihrer »Wärmestoffatmosphäre« zu nahe kommen. Im Gleichgewicht ist der Abstand zwischen den Materieteilchen

lierung des Energieerhaltungssatzes (J. R. Mayer, H. v. Helmholtz) und die experimentellen Ermittlungen des mechanischen Wärmeäquivalents (J. Joule) brachten die Ablösung der Wärmestoff-»Theorie« durch die kinetische Gastheorie. Wenn wir nun die methodologischen Aspekte dieses kleinen Beispiels betrachten, so fallen uns zumindest drei Punkte auf.
(1) Als Ausdruck einer reduktionistischen Forschungsdirektive sollte die Wärmestoffhypothese thermische Phänomene »herleiten«. Dieses »Herleiten« bedeutet allerdings nicht, daß die ursprünglich phänomenalen Beschreibungen von Wärmeerscheinungen durch eine andersartige Beschreibung, die nur extensive Größen enthält, ersetzt wird. Mit der Wärmestoffhypothese war nicht die Existenz eines Stoffes postuliert, den es zu entdecken und den Sinnen verfügbar zu machen galt. Von Anfang an als unkörperliche Substanz gedacht, sollte mit dem Postulat seiner Existenz die empirische Basis der Wärmelehre nicht angetastet werden.
Dem Wärmestoff war vielmehr die Übernahme einer Brückenfunktion zugedacht: Auf der einen Seite hatte man die empirisch beschreibbaren Wärmeerscheinungen, auf der anderen Seite den nicht minder empirisch beschreibbaren Umgang mit Geräten und Substanzen, durch welche die Wärmeerscheinungen auf zunächst undurchsichtige Weise erzeugt werden. Diese Kluft sollte der Wärmestoff überbrücken, so daß die experimentalistische Kausalität gleichsam bis an das erklärungsbedürftige Phänomen herangebracht werden konnte. Dazu mußte er so konstruiert werden, daß in der Sprache der Mechanik die experimentellen Manipula-

gerade so groß, daß sich Anziehungs- und Abstoßungskraft aufheben. Bei Temperaturänderungen wird nun Wärmestoff von der Materie in materialspezifischer Weise aufgenommen bzw. abgegeben, und entsprechend ändert sich die Gleichgewichtslage, das heißt ein Körper dehnt sich aus bzw. zieht sich zusammen.
Laplace konnte mit dieser Theorie die adiabatische Kompression erklären und die Schallgeschwindigkeit bestimmen; vgl. P. S. Laplace, *Traité de mécanique céleste*, lib. 12, Paris 1823. Auch S. Carnot bewegte sich noch auf dem Boden einer Wärmestofftheorie, vgl. seine *Réflexions sur la puissance motrice de feu et sur les machines propres á développer cette puissance*, Paris 1824; dt. *Betrachtung über die bewegende Kraft des Feuers und die zur Entwicklung dieser Kraft geeigneten Maschinen*, übersetzt von W. Ostwald, Leipzig 1892.

tionen als auf ihn wirkend dargestellt werden konnten, wobei diesen Wirkungen in eindeutiger Weise bestimmte Wärmeerscheinungen entsprechen sollten. Der Wert dieser fiktiven Entität lag in ihrer heuristischen Fruchtbarkeit: Durch die Annahme des Wärmestoffs konnte an die Stelle des bloßen Herumprobierens das geplante Experiment treten, und mit jedem gelungenen Experiment wurden Wärmeerscheinungen nicht nur verständlicher, sondern auch besser beherrschbar.

(2) Zweifellos wird der Physiker von heute im Wärmestoff auch nur eine fiktive Entität sehen, allerdings zugleich bestreiten, daß die mit ihm verbundene Theorie in einem methodologischen Sinne typisch für die Physik sei. Als typisch wird ihm die Ablösung der Wärmestofftheorie durch die kinetische Gastheorie gelten, denn damit ist in seinen Augen ein Schritt von der mehr spekulativen zur wirklichkeitsnahen Theorie verbunden. Anders als die Wärmestofftheorie paßt die kinetische Gastheorie viel besser zu den benachbarten Theorien aus Physik und Chemie, und außerdem wurde sie in wesentlichen Teilen immer wieder experimentell bestätigt. Nach einer unter Physikern weitverbreiteten Überzeugung kann eine Theorie, die sich so lange Zeit bewährt hat, nicht völlig an der Realität vorbeizielen, sondern muß relevante Züge ihrer Struktur treffen.

An dieser Stelle ist jedoch erhöhte methodologische Aufmerksamkeit geboten. Wenn man schon das traditionsbelastete Wort »Realität« (oder »Wirklichkeit«) verwendet, dann sollte man dies mit größter Zurückhaltung tun und am besten zunächst nur in Verbindung mit der uns unmittelbaren Erfahrung des Wahrnehmens und Handelns. »Real« ist, was durch wahre Sätze beschrieben wird, wobei man sich zur Verteidigung des Wahrheitsanspruches zunächst einmal nur auf Sätze mit Handlungs- und Wahrnehmungsprädikatoren berufen darf (»Wahrheit« wird hier im konsenstheoretischen Sinne verstanden). Relativ unproblematisch erscheint dabei noch die Ausdehnung des Sprachgebrauchs auf solche Sachverhalte zu sein, die unserer Erfahrung lediglich »prinzipiell« zugänglich sind, das heißt erst nach Überwindung einer unter Umständen erheblichen räumlichen Distanz.

Die sprachliche Erfassung der Wirklichkeit beginnt zwar mit der elementaren Prädikation, findet damit aber nicht zugleich auch schon ihr Ende. Von elementaren Beschreibungen ausgehend kann man durch Idealisierungs- und Abstraktionsverfahren zu den Modelldarstellungen der Physik und anderer Naturwissenschaften gelangen. So werden etwa Begriffe wie »Massepunkt« oder »starrer Körper« nicht als Bezeichnungen für eigene Entitäten, die neben die uns vertrauten Körper treten könnten, eingeführt; durch ihre Verwendung wird nur angezeigt, daß man über reale Körper unter ganz bestimmten Einschränkungen spricht.

Dieser Weg von der elementaren Beschreibung hin zur abstrakten bzw. idealisierten Beschreibung wird in der kinetischen Gastheorie sowenig wie in der Wärmestofftheorie beschritten. Die »kleinen, vollkommen elastischen Kügelchen«, von denen die Theorie handelt, sind keine Idealisierungen der uns anderweitig aus unmittelbarer Erfahrung vertrauten Moleküle. Für die »Existenz« der Moleküle wird ja selbst nur ein Indizienbeweis gegeben, der sich zwar auf eine beeindruckende Fülle von empirischen Daten stützt, gleichwohl aber nicht den Augenschein voll ersetzen kann. Auch wenn es dem Fachwissenschaftler kleinlich erscheint, zwischen unmittelbarer und mittelbarer Erfahrung scharf zu unterscheiden und im wissenschaftlichen Alltag die Aufhebung dieser Unterscheidung durchaus ihren praktischen Nutzen haben kann, unter methodologischen Aspekten muß man darauf beharren, daß durch sprachliche Gewohnheiten keine neue Wirklichkeit geschaffen werden kann.

Die Objekte der kinetischen Gastheorie (bzw. der später so genannten statistischen Mechanik) unterscheiden sich also hinsichtlich ihres fiktiven Charakters nicht vom Wärmestoff, wohl aber hinsichtlich ihrer heuristischen Fruchtbarkeit. Das Bild, das die kinetische Gastheorie vermittelt, ist einfach und anschaulich, weder sind mit ihren Objekten neue Kraftgesetze noch absonderliche Eigenschaften (wie etwa die Imponderabilität) verbunden.[22] In der Geschichte der kinetischen Gastheorie wurde der heuristische Charakter der Konstruktion übrigens immer wieder betont.

22 Natürlich sind mit der kinetischen Gastheorie Annahmen verbunden, die sich sowohl in theoretischer wie in experimenteller Hinsicht als problematisch erwiesen haben. Außerdem wird die Annahme vollkommen elastischer Kügelchen nur für denjenigen vertrauter sein als die Annahme eines elastischen Gases, der ihr schon im Rahmen der mechanischen Stoßtheorie begegnet ist. Sobald man sich mit dem Verhalten konkreter Gase beschäftigt, muß man sowieso von dieser Vorstellung Abschied nehmen und Ad-hoc-Konstruktionen bemühen.

Schon Daniel Bernoulli wollte den »elastischen Flüssigkeiten« eine Konstruktion beimessen, die mit allen bekannten Eigenschaften im Einklang stehen und Zugang zu den noch nicht hinreichend untersuchten Eigenschaften geben solle[23]; und Ludwig Boltzmann spricht im Zusammenhang mit den Objekten der statistischen Mechanik von »Bildern« oder »Gedankendingen«, die sich durch ihre theoretische Nützlichkeit auszeichnen.[24] Erst in unserem Jahrhundert scheint der Widerstand gegen die Ontologisierung heuristischer Konzepte zu schwinden.

(3) Wie wir gesehen haben, führt die mit der klassischen Mechanik verbundene reduktionistische Forschungsdirektive im Falle der Wärmelehre nicht dazu, daß ein Phänomenbereich einem anderen einverleibt werden konnte. Auch die moderne Thermodynamik läßt sich nicht durch die statistische Mechanik ersetzen. Dies gilt sowohl in meßtechnischer Hinsicht, da nur die makrophysikalischen Größen gemessen werden können, als auch in

23 Vgl. Daniel Bernoulli, *Hydrodynamica*, Basel 1713; dt. *Hydrodynamik*, übersetzt von Karl Flierl, München 1965, S. 198 ff.

24 Vgl. L. Boltzmann, »Über die Unentbehrlichkeit der Atomistik in der Naturwissenschaft«, in: *Populäre Schriften*, Leipzig 1905, S. 141-157, hier insbesondere Anm. 2 zu S. 145. Boltzmann hat die Atomistik immer verteidigt, aber eine Ontologisierung vermieden; vgl. dazu seinen Vortrag aus dem Jahre 1904: »Über statistische Mechanik«, a.a.O., S. 345-363, insbesondere S. 358. Yehuda Elkana vertritt übrigens die Ansicht, Boltzmann hätte erst in seinen späten Lebensjahren eine realistische Atomvorstellung zugunsten einer heuristischen Einstellung aufgegeben (Y. Elkana, »Boltzmanns wissenschaftliches Forschungsprogramm und seine Alternativen«, in: ders., *Anthropologie der Erkenntnis*, Frankfurt am Main 1986, S. 183-216). Er beruft sich dabei in besonderem Maße auf einen Nachruf, den Boltzmann anläßlich des Todes von J. Loschmidt im Jahre 1895 verfaßt hat; abgedruckt in: L. Boltzmann, *Populäre Schriften*, a.a.O., S. 228-252. Ich denke allerdings, daß dieser Text in erkenntnistheoretischer Hinsicht ein wenig zu mager ist, um das Gewicht der These tragen zu können. Mehr von literarischem Charakter, enthält er keineswegs ein klares Bekenntnis zum Realismus (Boltzmann spricht lediglich davon, daß »gewisse Diskontinuitäten im Bau der Materie vorhanden sind«, vgl. a.a.O., S. 248). Auch J. C. Maxwell hat die Konstruktionen der kinetischen Gastheorie heuristisch verstanden, vgl. J. C. Maxwell, *Theory of Heat*, London 1871; dt. *Theorie der Wärme*, übersetzt von F. Neesen, Braunschweig 1878.

theoretischer Hinsicht, da die ursprünglich avisierte Gleichung »Thermodynamik = Mechanik + Statistik« bis heute nicht aufgeht.[25] Im Grunde genommen hatte die Befolgung der reduktionistischen Forschungsdirektive einen Zuwachs an deskriptiver Komplexität zur Folge, was als Preis dafür angesehen werden muß, daß den Beschreibungen der Thermodynamik ein Erklärungsprogramm beigeordnet werden konnte.

Wie oben schon gesagt, bezog sich die reduktionistische Forschungsdirektive nicht nur auf die Wärmelehre, auch optische und elektromagnetische Phänomenbereiche sollten »mikrofundiert«, das heißt auf mechanische Weise erklärt werden. Wenn man einmal alle metaphysischen Betrachtungen beiseite läßt, dann kann man dieses Interesse an der Verwendung eines einheitlichen Erklärungsschemas mit dem Prinzip der praktischen Orientierung rechtfertigen. Soweit sich nämlich die Physik als Experimentalwissenschaft versteht, benötigt sie Erklärungen, die das experimentelle Handeln mit dem zu untersuchenden Phänomen in nachvollziehbarer Weise verbinden: Ein Experiment ist nur dann voll verstanden, wenn seiner funktionalen Erklärung (durch die angegeben wird, welches Phänomen auf reproduzierbare Weise erzeugt werden soll) eine kausale Erklärung eines Experimentablaufs zur Seite gestellt werden kann.[26] Und diese Beiordnung läßt sich unter Umständen nur erreichen, wenn zuvor mikrophysikalische Theorien konstruiert worden sind, welche eine entsprechende Brückenfunktion übernehmen können. Es erscheint mir

25 Das Problem liegt bekanntlich darin, daß die Mechanik keine irreversiblen Prozesse kennt und sich allein mit ihren Mitteln ein »natürlicher« Gleichgewichtszustand nicht auszeichnen läßt. Um den Anschluß an die Thermodynamik zu gewinnen, mußten in die statistische Mechanik Ad-hoc-Annahmen aufgenommen werden, die bis heute als problematisch empfunden werden, vgl. etwa R. Jelitto, *Theoretische Physik*, Bd. 6: *Thermodynamik und Statistik*, Wiesbaden 1985, S. 198 ff.; ders., »Dynamik und Thermodynamik«, in: *Sitzungsbericht der Wissenschaftlichen Gesellschaft an der Johann-Wolfgang-Goethe-Universität Frankfurt am Main*, Bd. XIX, Nr. 3, Wiesbaden 1983, S. 169-203, oder G. G. Emch, *Mathematical and Conceptual Foundations of 20th-Century Physics*, Amsterdam 1984, Kap. 2.

26 Es sei an dieser Stelle nochmals daran erinnert, daß funktionale Erklärungen nicht durch kausale ersetzt werden können: Die funktionale Erklärung gibt Aufschluß über den Zweck eines Experiments, die kausale über den Ablauf.

wichtig, den Anspruch des Prinzips der praktischen Orientierung auf die Forderung nach der Ergänzung von funktionalen durch kausale Erklärungen zu beschränken. Nur so kann man den Zusammenhang von Physik und Technik (Experiment) festhalten, ohne sich in unfruchtbare Nützlichkeitserwägungen von einzelnen physikalischen Theorien und ihren Erklärungsleistungen verstricken zu müssen.

5. Fazit

Meine Argumentationsskizze sollte zum einen deutlich machen, daß man das der Physik eigene Interesse an Reduktion und Vereinheitlichung verstehend und rechtfertigend aufgreifen kann, ohne metaphysische Thesen über einen einheitlichen Aufbau der Welt teilen zu müssen; zum anderen sollte gezeigt werden, daß ein technikorientiertes Verständnis nicht technizistisch sein muß und folglich nicht dazu zwingt, jedem physikalischen Problem ein technisches Problem der Lebenswelt vorzuordnen. Damit aber nicht aufgrund der Auswahl meines Beispiels der Eindruck entsteht, ich wolle eine mechanistische Forschungsdirektive wiederbeleben, sei eine abschließende Bemerkung erlaubt.

Obwohl sie uns im Lichte des Prinzips der praktischen Orientierung zunächst als plausibel erscheinen durfte, wurde die mechanistische Forschungsdirektive faktisch mit dem Ende des 19. Jahrhunderts aufgegeben. Ein wesentlicher Grund hierfür lag darin, daß die Versuche, den elektromagnetischen Feldern eine anschauliche mechanische Deutung zu geben, nicht zu einer der statistischen Mechanik vergleichbaren kompakten mikrotheoretischen Konstruktion geführt haben. So rang man sich dazu durch, der Elektrodynamik die gleiche fundamentale Bedeutung zuzumessen wie der Mechanik. Durch die spezielle Relativitätstheorie erhielt diese Einschätzung auch ihren theoretischen Ausdruck. Da man außerdem noch auf eine Reihe von Phänomenen gestoßen war, die sich zwar klassisch beschreiben, aber nicht klassisch erklären ließen, wuchs die Bereitschaft, nach einer neuen, nicht-mechanischen, ja sogar nicht-klassischen Mikrotheorie zu suchen. Diese Entwicklung führte zum Aufbau der Quantentheorie.

Die Objekte der Quantentheorie sind nun nicht mehr klassisch beschreibbar, was bedeutet, daß auch die Erklärungen der Quantentheorie nicht mehr der »Art nach« die gleichen sind wie die der klassischen Physik. Dies hat zur Folge, daß die Erklärungsansprüche der Quantentheorie und der klassischen Physik in ein schwer durchschaubares Konkurrenzverhältnis zueinander treten: Einerseits ist der Erklärungsanspruch der Quantentheorie umfassender als der der klassischen Physik, andererseits ist er durch letzteren wiederum eingeschränkt: Grob gesagt darf die Quantentheorie gesicherte Resultate der klassischen Physik nicht revidieren; sollte es zu Differenzen kommen, so gehen diese zu Lasten der Mikrotheorie.

Während der Aufbauphase der Quantentheorie wurden erhebliche Anstrengungen unternommen, um diese Schwierigkeiten zu überwinden, sie führten allerdings nicht zu einer allgemein akzeptierten Forschungsdirektive (am bekanntesten ist wohl das Konzept der sog. »Kopenhagener Deutung« geworden). Heute scheint man sich an die Erklärungskonkurrenz gewöhnt zu haben, zumindest artikuliert sich das Streben nach Einheitlichkeit auf andere Weise: Gesucht wird heute eine im mathematischen Sinne einheitliche Darstellung physikalischer Theorien. Ob man auf diesem Wege auch zu einem einheitlichen und unter pragmatischen Gesichtspunkten annehmbaren Erklärungsschema kommen wird, vermag ich nicht zu beurteilen. Ich denke allerdings, daß die Physik, will sie ihren Charakter als Experimentalwissenschaft bewahren, das Ziel eines einheitlichen Erklärungsschemas nicht aus dem Auge verlieren darf.

Holm Tetens

Naturalismus und Kulturalismus

Reflexionen zur naturalistischen Erforschung des Mentalen

1. Das Programm zur naturwissenschaftlichen Erforschung des Mentalen

Gegenwärtig sind wir Zeugen, wie sich verschiedene Einzelwissenschaften immer entschiedener und vorbehaltloser zu einem großen und langfristig angelegten Forschungsprogramm zusammenschließen. Diese verschiedenen Einzelwissenschaften wollen interdisziplinär endlich einen großen Schritt nach vorne machen bei der Aufgabe, mentale Zustände und Prozesse naturwissenschaftlich zu beschreiben und zu erklären. An dem Programm zur naturwissenschaftlichen Erforschung des Mentalen beteiligen sich vornehmlich die Neurobiologie, die Psychologie, insbesondere die kognitive Psychologie, die Informatik, vor allem die Neuroinformatik und die Künstliche Intelligenz, und die theoretische Linguistik. Außerdem war die Philosophie, besonders die Analytische Philosophie des Geistes, von Anfang an mit von der Partie.

Die genannten Einzeldisziplinen kooperieren miteinander unter der Direktive einiger gemeinsamer Grundthesen und einer gemeinsamen regulativen Heuristik. Es ist eine interessante und keineswegs bereits abgeschlossene Aufgabe der Wissenschaftstheorie, die Leitideen dieses Forschungsprogramms auszuformulieren und kritisch unter die Lupe zu nehmen. Aber das will ich hier nicht unternehmen. Für meine Überlegungen reicht es, die vier Fundamentalthesen des Programms knapp zu formulieren.

Das Programm zur naturwissenschaftlichen Erforschung des Mentalen verlangt, wie der Name schon sagt, die seelisch-geistigen Phänomene konsequent naturwissenschaftlich zu erforschen. Die Protagonisten des Programms verpflichten sich damit auf den folgenden kausalitätstheoretischen Grundsatz:

(1) Es gibt nur einen Typus von Verursachung, nämlich physische (= physikalisch-energetische) Verursachung. Wenn mentale

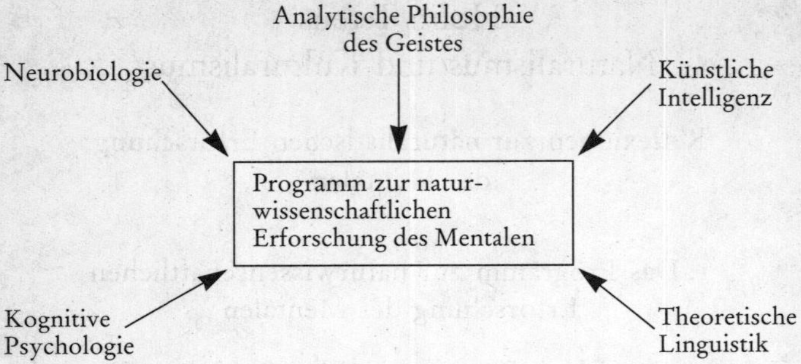

Zustände und Prozesse überhaupt eine kausale Rolle spielen, dann im Sinne physischer Verursachung.

Diese These impliziert noch keineswegs eine bestimmte Form des Materialismus oder Naturalismus. Der Analytischen Philosophie des Geistes verdanken wir ja die Einsicht, daß eine naturalistische Lösung des Leib-Seele-Problems in höchst unterschiedlichen Versionen vorstellbar ist. Freilich steht die naturwissenschaftliche Erforschung des Mentalen gegenwärtig noch ziemlich am Anfang, so daß es verfrüht wäre, sich jetzt schon auf eine bestimmte Version des Naturalismus festlegen zu wollen. Das Prinzip (1) läßt vorläufig nicht mehr als einen geschmeidig und *metatheoretisch formulierten forschungsregulativen Naturalismus* zu. In dieser Form gehört der Naturalismus allerdings zum »harten Kern« des Forschungsprogramms:

(2) Kommen in einer wissenschaftlichen Erklärung E Aussagen des Typs »Person P befindet sich im mentalen Zustand a« vor, so ist es im Prinzip stets möglich, die Erklärung E durch eine Erklärung E' zu ersetzen, in der alle psychologischen Termini eliminiert sind und statt dessen nur noch auf physikalisch beschriebene Zustände des Organismus von P und deren kausale Wechselwirkungen mit der ebenfalls rein physikalisch beschriebenen Umgebung Bezug genommen wird.

In welcher konkreten Form auch immer die empirische Forschung die These (2) zukünftig einlösen wird, eines steht dabei jetzt schon fest, nämlich die zentrale Rolle des Gehirns. Das führt uns zu der dritten These:

(3) Wird im Sinne der These (2) eine mentalistisch-psychologische

Erklärung E ersetzt durch eine naturalistische Erklärung E', so wird E' stets wesentlich Beschreibungen neuronaler Zustände umfassen.

Die genannten drei Prinzipien verbinden sich zuletzt mit einer vierten These. Da die naturwissenschaftliche Beschreibung und Erklärung eines Phänomens auf die Möglichkeit hinausläuft, das Phänomen im Prinzip auf einer *Maschine zu erzeugen oder zu simulieren*, versteht man, warum fast alle Anhänger des Programms zur naturwissenschaftlichen Erforschung des Mentalen der folgenden These beipflichten:

(4) Alle Leistungen, die Menschen aufgrund mentaler Zustände erbringen, können im Prinzip auf einer Maschine nachgemacht oder simuliert werden.

2. Naturalismus versus Kulturalismus

Obwohl der Konstruktivismus dem aprioristischen Anti-Naturalismus zuneigt, überzeugen mich die gängigen apriorischen Argumente gegen den Naturalismus nicht mehr. Vielmehr haben meines Erachtens die Prinzipien und Forschungsdirektiven des Programms zur naturwissenschaftlichen Erforschung des Mentalen eine sehr starke *methodologisch induzierte Plausibilität*. Sie werden meine Sympathie für den Naturalismus nur indirekt daran merken, daß ich bei den nachfolgenden Überlegungen konsequent auf jedes apriorische, vor allem auf jedes transzendentale Argument gegen den Naturalismus verzichten werde.

Gleichwohl steckt in der philosophischen Kritik am Naturalismus ein wirklich ernst zu nehmendes Bedenken. Dabei artikuliert sich dieses Bedenken vornehmlich als moralischer Einwand gegen den Naturalismus: Provoziert eine naturalistische Deutung des Mentalen nicht, den Menschen insgesamt nur als eine komplizierte physikalische Maschinerie anzusehen? Eine Maschinenauffassung des Menschen, so die Kritiker des Naturalismus, sei aber mit der *Idee des Menschen als eines moralisch verantwortlichen Vernunftwesens* unvereinbar.

Statt nun diese moralische Debatte hier zu führen, will ich auf etwas anderes hinaus: Die These von der Unvereinbarkeit des Naturalismus mit den Idealen von Moralität und Vernunft lebt wesentlich von dem Gegensatz: *Rede versus technische Interven-*

tion. Und dieser Gegensatz läßt sich offenkundig zu dem generellen Gegensatz: *Kulturalismus versus Naturalismus* radikalisieren. Mit dem Verhältnis von Naturalismus und Kulturalismus innerhalb des naturalistischen Programms zur Erforschung des Mentalen werde ich dann mein eigentliches Thema erreicht haben.
Der Verdacht, eine naturwissenschaftliche Sicht des Menschen sei mit den Idealen von Moralität und Vernunft kaum zu vereinbaren, läßt sich mit einer kausalitätstheoretischen Überlegung stützen. In jüngster Zeit haben vor allem Robert Spaemann und Reinhard Loew an eine alte, letztlich auf Platon zurückgehende Unterscheidung erinnert, wonach Menschen auf zweifache Weise einander beeinflussen und verändern können. Das Verhalten und Handeln eines Menschen lassen sich erstens beeinflussen *durch direkte leibbezogene, heute zunehmend auch gehirnbezogene technische Intervention.* Leibbezogene technische Intervention ist ein Fall physischer Verursachung. Der Begriff des technischen Handelns, der technischen Interventionen ist zentraler Bestandteil der naturwissenschaftlich-experimentellen Konzeption von Kausalität.
Es läßt sich das Verhalten und Handeln eines Menschen aber zweitens auch *durch Rede* beeinflussen. Es zeichnet gerade eine moralisch handelnde vernünftige Person aus, daß sie sich durch das bessere Argument überzeugen läßt und ihr Handeln an guten Gründen orientiert. *Veränderung durch Rede ist konstitutiv für das Ideal einer moralisch verantwortlichen rationalen Person.*
Handlungserzeugung durch Rede läßt sich auf folgende Weise schematisch wiedergeben:

Sprechakt —(Verstehen des Inhalts)— Nachdenken —(Entscheidung)→ Handlung

Nach dem Kausalitätsgrundsatz des Programms zur naturwissenschaftlichen Erforschung des Mentalen ist Rede, wenn überhaupt, nur als physisches Geschehen wirksam. Ohne erst noch ausstehende empirische Forschungsergebnisse vorwegzunehmen, werden Naturalisten dem folgenden biokybernetischen Modell einer physischen Kausalkette folgen, um Rede als physisch wirksames Ereignis darin einzuordnen:
Vergleicht man die beiden Schemata, so spielt, jedenfalls auf den ersten Blick, die Semantik im zweiten naturalistischen Modell

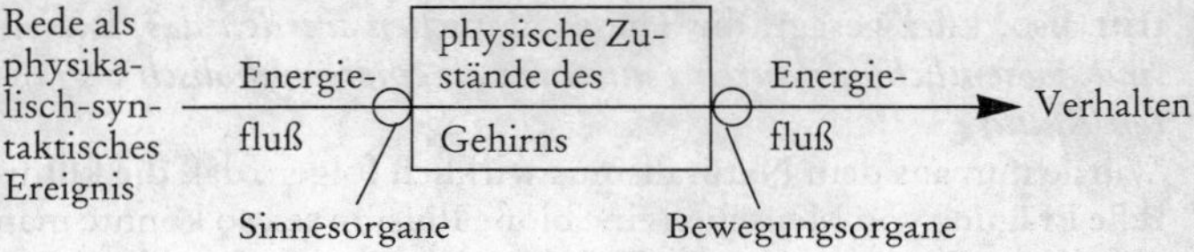

überhaupt keine Rolle mehr. *Die Semantik wird kausal irrelevant.* Tatsächlich wird auch die folgende These immer wieder vertreten:

(5) Wenn Rede nur als physikalisch-syntaktisches Geschehen wirksam ist, so sind die semantischen Eigenschaften der Rede epiphänomenalistisch als kausal irrelevant zu betrachten.

An die These (5) schließt sich leicht eine weitergehende Frage an: Wenn schon die semantischen Eigenschaften von Sprech- und Denkakten irrelevant sind, lassen sich dann die kausal notwendigen physischen Zustände des Organismus, insbesondere die spezifischen Gehirnzustände im Prinzip nicht direkt, nämlich durch redefreie technische Eingriffe in das Gehirn zustandebringen, so daß auf diese Weise schließlich auch das Verhalten von Personen selber manipuliert werden kann?

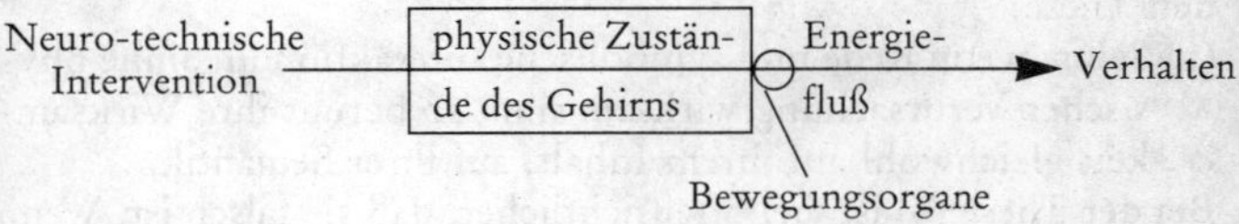

Zur Diskussion steht also die folgende These:

(6) Wenn die semantischen Eigenschaften von Sprech- und Denkakten epiphänomenalistisch irrelevant sind, dann sind Sprech- und Denkakte prinzipiell auch durch leibbezogene, insbesondere neuro-technische Interventionen kausal substituierbar.

Nach dieser These scheint der Naturalismus nicht nur Moralität und Vernunft als bloße Illusionen zu demaskieren, sondern er trifft darüber hinaus insgesamt den Nerv des Kulturalismus: Nach dem Kulturalismus ist der Mensch ein Wesen, das nur in einer sozialen Gemeinschaft überhaupt lebensfähig ist. Und in der Vergemeinschaftung mit anderen ist jeder Mensch ein, wie Cassirer sagt, *animal symbolicum*, ein Wesen, das im Umgang mit sich und seinesgleichen Symbole gebrauchen muß. Der Kulturalismus vertritt also, kurz gesagt, die These: *Menschen werden das, was sie sind, wesentlich nur durch Teilnahme an einer symbolisch verfaßten Kultur.*

Würde nun aus dem Naturalismus wirklich folgen, daß die kulturelle Prägung von Menschen eine bloße Illusion sei, so könnte man auf dieser Folgerung in der Tat eine reductio ad absurdum aufbauen: Der Naturalismus wäre zu verwerfen. Es geht also zunächst darum, die Wahrheit der Thesen (5) und (6) zu hinterfragen.

3. Die Vereinbarkeit von Naturalismus und Kulturalismus

Gleich zu Beginn ist festzuhalten, daß die beiden Thesen (5) und (6) logisch unabhängig voneinander sind. Keine der beiden Thesen impliziert jeweils die andere.

Zudem sind beide Thesen falsch. Eine Widerlegung ist allerdings für die These (5) wesentlich aufwendiger als für die These (6), und deshalb werde ich eine solche Widerlegung jetzt nicht vorführen. Ich unterstelle im folgenden also die Richtigkeit der nachstehenden These:

(7) Selbst wenn Rede und symbolische Interaktion im Sinne physischer Verursachung wirksam sind, so beruht ihre Wirksamkeit gleichwohl auf ihrem Inhalt, auf ihrer Semantik.

Bei der These (6) ist viel offensichtlicher, daß sie falsch ist. Wenn Rede und symbolische Interaktion nur als physische Ereignisse wirksam sind, und selbst wenn die Semantik dabei kausal völlig irrelevant wäre, so sind deshalb Rede oder symbolische Interaktion nicht notwendigerweise durch redefreie technische Intervention kausal substituierbar. Aus den Sätzen

U_1U_2W ist eine Kausalkette

und

U_1 ist Menschen durch Handeln direkt verfügbar

folgt schlicht nicht der Satz

U_2 ist Menschen durch Handeln direkt verfügbar, so daß sie unabhängig von U_1 die Wirkungskette mit dem Ziel W direkt mit U_2 beginnen lassen können.

Der Naturalismus schließt deshalb nicht zwangsläufig den Kulturalismus aus. Solange der Naturalismus nur behauptet:

(a) Es gibt nur physische Verursachung.
(b) Auch die Wirksamkeit symbolischer Interaktion macht davon keine Ausnahme.

und solange der Kulturalismus nur behauptet:

(a) Der Mensch wird zu dem, was er ist, durch Teilnahme an einer Kultur.
(b) Bei der Wirksamkeit kultureller Symbole kommt es auf deren Semantik an.
(c) In den meisten Fällen können Rede und symbolische Interaktion nicht durch neuro-technische Interventionen ersetzt werden.

so lange sind beide Positionen miteinander verträglich.

4. Die Unvermeidbarkeit, die Kultur im naturalistischen Forschungsprogramm zu thematisieren

Angesichts der kulturalistischen These weist jedes naturalistische Forschungsprogramm des Mentalen erhebliche Defizite auf, solange es die Kultur ausklammert. Denn wenn Menschen sich in der Teilnahme an einer Kultur entfalten, wenn aber zugleich menschenbildende Kraft der Kultur letztlich ein Teil komplizierter physischer Verursachung ist, dann hat der Naturalismus eben dies auch im Detail nachzuweisen.

Ich will das Argument, warum der Naturalismus nicht umhin kommt, die Kultur zu thematisieren, noch verschärfen: Eine Reihe von empirischen Befunden deutet darauf hin, daß Menschen, die ansonsten physiologisch hinreichend versorgt sind, physisch nicht überleben, sobald sie sozial völlig isoliert werden. Es scheint also empirisch einiges für die folgende These zu sprechen:

(8) Für das physische Überleben eines menschlichen Individuums ist ein Minimum an symbolisch-interaktiver Anregung und Betätigung unabdingbar.

These (8) ist nur eine ausführlichere Formulierung für die griffige Formel, die Kultur sei die zweite Natur des Menschen. Jeder Naturalismus ist demnach von vornherein unzureichend, der nicht bestätigen und erklären kann, warum es beim Menschen die erste, die rein physische Natur nicht ohne die zweite, die kulturelle Natur des Menschen gibt.

Gegenwärtig jedoch wird im Programm zur naturwissenschaftlichen Erforschung des Mentalen die kulturelle Dimension des Menschen weitgehend ausgespart. Diese Lücke kann nur geschlossen werden, wenn in Zukunft die *empirische Kulturforschung* maßgeblich an diesem Forschungsprogramm beteiligt wird. Unser Eingangsschema müßte also in der Zukunft folgendermaßen aussehen:

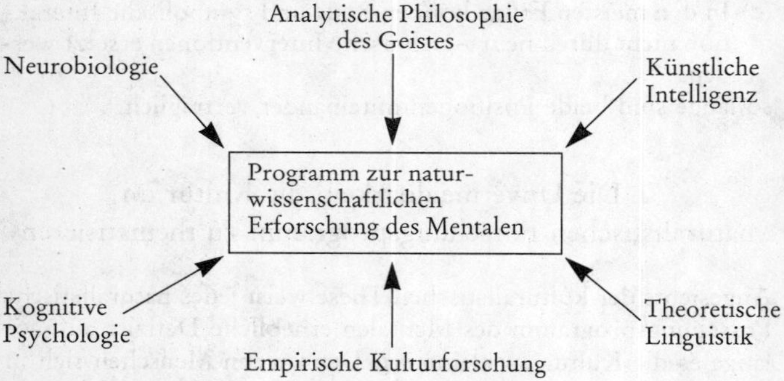

5. Die »Unschärferelation« der Neurobiologie

Ihre kulturelle Selbstschöpfung ist den Menschen bisher gelungen, ohne über ihre Gehirne nennenswert Bescheid zu wissen, geschweige denn, technisch über sie zu verfügen. Die mentalistisch-psychologischen Beschreibungen und Selbstzuschreibungen von Menschen lassen sich geradezu dadurch charakterisieren, daß sie diejenigen kausal relevanten und prognostisch gehaltvollen Beschreibungen sind, die sich gewissermaßen zwanglos anbieten, solange Menschen wirksam symbolisch miteinander interagieren, *ohne* ihre Gehirne zu beobachten oder technisch zu beeinflussen, ja ohne sie beobachten oder technisch beeinflussen zu können. Denn die Methoden, mit denen wir direkt in Gehirnvorgänge wirksam technisch eingreifen können, haben noch allemal gravierende, zum Teil irreparabel zerstörende Nebeneffekte. Doch selbst die Methoden zur bloßen Beobachtung der kausal-relevanten Gehirnprozesse verhindern nicht selten die Verhaltens- und Handlungsweisen, die doch eigentlich durch die zu beobachtenden Gehirnprozesse erklärt und prognostiziert werden sollen, und zwar angeblich wesentlich genauer und prognostisch zuverlässiger, als dies je auf der Basis des Mentalismus möglich sein soll. Es gibt eine Art *»Unschärferelation« der Neurobiologie:*

(9) Je genauer man einen neuronalen Zustand N als Ursache für ein Verhalten V nachweisen will, desto stärker verändert man das Gehirn und die Gesamtsituation der Versuchsperson, so daß das fragliche Verhalten V verhindert oder zumindest beeinträchtigt wird.

Solange wir keine Methoden der Beobachtung und der Beeinflussung von Gehirnprozessen kennen, die nicht zugleich die Handlungs- und Verhaltensmöglichkeiten mehr oder weniger drastisch beeinträchtigen, solange werden Verhaltenserklärung und -prognose mit Hilfe neuro-technisch intervenierender Beobachtungen des Gehirns seltene Ausnahmefälle bleiben. Schon deshalb sind naturalistische Beschreibungen des Menschen keine praktisch realisierbaren Alternativen zu den mentalistisch-psychologischen Beschreibungen. Daran wird sich solange nichts ändern, solange »sanfte« Methoden der Neurobiologie, Neurochirurgie und Neuropsychologie nicht in Sicht sind.

Wenn die »Unschärferelation« der Neurobiologie mit konstitutiven Eigenschaften des Gehirns erklärbar wäre, so wäre, anders als die eliminativen Materialisten erhoffen, sogar in Zukunft nicht damit zu rechnen, daß die naturalistischen Beschreibungen die mentalistisch-psychologischen verdrängen werden. Aber läßt sich die »Unschärferelation« mit grundlegenden Gehirneigenschaften erklären?

Ich glaube, gegenwärtig ist das eine offene empirische Frage. In einem kleinen Gedankenexperiment will ich Ihnen jedoch demonstrieren, daß man nur relativ schwache und keineswegs empirisch abwegige oder bereits falsifizierte Annahmen braucht, um die »Unschärferelation« als eine strukturelle Eigenschaft des Gehirns naturalistisch erklären zu können.

Strukturell betrachtet ist das Gehirn ein *neuronales Netz* und damit ein *endlicher Automat* im Sinne der mathematischen Automatentheorie. Die strukturelle Beschreibung des Gehirns als ein neuronales Netz ist ziemlich elementar und weitgehend unstrittig unter Neurobiologen. Unstrittig ist wohl auch noch die folgende biokybernetische Strukturbeschreibung des Gehirns: Jeder gegenwärtige Gehirnzustand ist eine echte Funktion der gesamten

Vorgeschichte, in der das Gehirn sich unter den energetisch-informationellen Einflüssen ständig sich ändernder Umweltbedingungen und in kybernetischer Rückkoppelung mit dem gehirngesteuerten Verhalten selber organisiert.

Diesen allgemeinen Charakterisierungen des Gehirns widersprechen nicht die beiden folgenden Annahmen:

(10) Das Gehirn ist ein energetisch hyper-sensitives System: Zwei verschiedene Gehirnzustände führen höchstens dann nicht zu verschiedenen Verhaltensdispositionen, wenn die energetischen Differenzen zwischen ihnen unterhalb einer bestimmten Schranke S liegen.

Oder kontraponiert formuliert: Wenn die Energiedifferenzen zweier Gehirnzustände oberhalb einer bestimmten Schranke S liegen, dann führen die beiden Zustände zu unterschiedlichen Verhaltensdispositionen.

(11) Rede und redefreie technische Intervention bzw. technisch intervenierende Beobachtung des Gehirns bewirken jeweils Gehirnzustände, deren Energiedifferenzen oberhalb der Schranke S liegen.

Dann folgt daraus nicht nur die kulturalistische These, daß Sprechakte niemals vollständig im Hinblick auf ihre Handlungswirksamkeit durch direktere technische Interventionen ersetzt werden können. Daraus folgt auch die »Unschärferelation« der Neurobiologie: Jeder Versuch, durch Untersuchungen am Gehirn einen Gehirnzustand N als neuronale Teilursache von Verhalten nachzuweisen, verändert das Gehirn so, daß zumindest langfristig nicht das ganze Verhalten gezeigt wird, das der Gehirnzustand N ohne Beobachtungseingriffe mitverursachen würde.

6. Empirische Grenzen einer naturalistischen Lösung des Leib-Seele-Problems

Auch wenn es geradezu nach einem transzendentalen Argument »schmeckt«, so ist das eben vorgetragene Argument doch schlicht nur ein empirisches Argument. Und ich behaupte nicht einmal, daß seine Prämissen wahr sind. Ich will mit ihm nur zeigen, wie leicht sich die »Unschärferelation« der Neurobiologie, die jedenfalls gegenwärtig ein empirisches Faktum der Forschung ist, als

ein strukturelles Problem jeder Gehirnforschung überhaupt, auch jeder zukünftigen Gehirnforschung erweisen könnte.
Die »Unschärferelation« der Neurobiologie zwingt uns, die Hauptthese (2) des Naturalismus mit einem Zusatz zu versehen, der die ganze These zwar nicht gleich falsifiziert, aber doch empirisch und pragmatisch entwertet. Solange die »Unschärferelation« gilt, sind mentalistisch-psychologische Beschreibungen und Erklärungen menschlichen Verhaltens in vielen Fällen bestenfalls durch naturalistische Erklärungen ersetzbar, die auf mühsame und höchst indirekte Weise zustande gekommen sind, ohne daß dieser Aufwand durch höhere Zuverlässigkeit oder Genauigkeit im Vergleich mit den psychologischen Beschreibungen belohnt würde. Für naturalistische Beschreibungen und Erklärungen müssen aus den Analysen tierischer Gehirne, den Ergebnissen maschineller Simulationen, aus Untersuchungen bei Gehirnerkrankungen oder gar aus Untersuchungen an den Gehirnen verstorbener Personen mit mehr oder weniger großer Unsicherheit die Zustände »normal« funktionierender Gehirne lebender Personen indirekt theoretisch erschlossen werden.
Dort, wo unsere alltägliche Interaktion und Kommunikation sowieso gelingen, empfehlen sich die mentalistisch-psychologischen Beschreibungen und Erklärungen noch allemal durch Vorzüge, die naturalistische Beschreibungen niemals bieten können: Die psychologischen Beschreibungen sind unmittelbar und problemlos in der Handlungssituation zu gewinnen, sie sind in bezug auf unsere pragmatischen Handlungsmöglichkeiten situationsadäquat, und sie verursachen keine schwerwiegenden und störenden Eingriffe in die Praxis, die sie regeln und orientierend mittragen sollen.
Sehen wir einer materialistischen oder naturalistischen Auflösung des Leib-Seele-Problems entgegen? Bei unserem gegenwärtigen Erkenntnisstand scheint mir dies die mit Abstand plausibelste Lösung zu sein. Aber vielleicht hat auch der Fortschritt in den Neurowissenschaften das an sich, daß er größer zu werden verspricht, als er dann letztendlich ausfallen wird. Vielleicht setzt uns die Hyper-Sensitivität des Gehirns nicht nur gegenwärtig, sondern auch zukünftig relativ enge Grenzen der empirischen Forschung.
Es ist nicht unwahrscheinlich, daß eine materialistische Auflösung des Leib-Seele-Problems eben doch nur eine Lösung im weltan-

schaulich Prinzipiellen sein wird. Dem Naturalismus würde es mit dem Seelisch-Geistigen so ergehen wie der Hydrodynamik mit dem Badewasser. Niemand bezweifelt heute, daß, wenn Wasser in die Badewanne einläuft oder aus ihr abläuft, beide Vorgänge der hydrodynamischen Gleichung von Stokes-Navier genügen. Jedermann gibt zu, daß keine anderen als physikalischen Kräfte am Werk sind, obwohl man das nur im Prinzip, keineswegs jedoch im rechnerischen Detail weiß. Denn es ist einfach zu kompliziert, unter den realistischen Bedingungen unserer je individuellen Badekultur Bewegungsgleichungen für das Badewasser aufzustellen und zu lösen. Das Badewasser wäre mit Sicherheit inzwischen entweder kalt oder bereits wieder abgelaufen, ehe wir mit dem theoretischen Geschäft am Ende wären.

Christian Thiel
Neuere Überlegungen zur Geschichtsschreibung einzelwissenschaftlicher Disziplinen

Eine der Absichten, welche die Gründer und die ersten Mitarbeiter der später so genannten Erlanger und Konstanzer Schule zusammengeführt hatte, war es, die Entwicklung nicht nur der Philosophie, sondern auch der Wissenschaften auf einen vernünftigen Zustand hin zu beeinflussen. 1960, noch ehe eine methodische Philosophie und eine konstruktive Wissenschaftstheorie als Mittel zu diesem Zwecke aufgebaut wurden – in vorkritischer Zeit sozusagen –, veröffentlichte Paul Lorenzen sein Bändchen *Die Entstehung der exakten Wissenschaften* (Lorenzen 1960).[1] Im ersten Paragraphen »Über den Sinn von Wissenschaftsgeschichte« rechtfertigte er das Bemühen, die Entstehung der exakten Wissenschaften zu verstehen, als unentbehrlich für das Erkennen der »Situation, in der wir zum Handeln aufgerufen sind« (ein Collingwood-Zitat)[2], und dies wiederum durch Warnung vor den möglicherweise verheerenden Folgen eines in historischer Ahnungslosigkeit vorgenommenen Abbruchs alter wissenschaftlicher Traditionen. *Daß* man Wissenschaftsgeschichte schreiben sollte, wurde also akzeptiert. *Wie* man dies allerdings tun sollte, darüber wird in dem Bändchen von 1960 nicht viel nachgedacht – dem Aufweis der Problematik des Ausgangs von heutigen Disziplineinteilungen folgt nur die Empfehlung, sich das Grundprinzip der historischen Schule zu eigen zu machen und »die begrifflichen Schemata zur Erfassung einer vergangenen Epoche ... aus dieser selbst zu erarbeiten« (Lorenzen 1960, S.12).

Erstaunlich lange bleiben dann nicht nur die Philosophiegeschichtsschreibung (deren Methodenprobleme in der sogenannten Erlanger Schule bis heute keinerlei Interesse erregt haben), sondern auch Fragen der Wissenschaftsgeschichtsschreibung undis-

1 Aus Autornamen und Jahreszahl zusammengesetzte Angaben verweisen auf das Literaturverzeichnis.

2 Collingwood 1955, S. 112 (Original: Collingwood 1951, S. 114: »... in order to see more clearly into the situation in which we are called upon to act«).

kutiert. Zwar hat die Wissenschaft einen prominenten Platz in der zu analysierenden Situation unserer technisch-wissenschaftlichen Welt, sie ist aber abhängig von den gesellschaftlichen, insbesondere politischen Rahmenbedingungen. So galt das Interesse in Erlangen erst einmal den Gesamtsituationen als Systemen zur Befriedigung von Kulturbedürfnissen – unserem eigenen gegenwärtigen System, seinen historischen Vorläufern und seinen anzustrebenden Nachfolgern. Für die Veränderungen, das heißt die Schritte oder Übergänge zwischen ihnen, galt es einerseits angemessene Mittel der Beschreibung, andererseits Methoden der Rechtfertigung zu finden. Mir fehlt die Zeit, hier die komplizierte Geschichte der verschiedenen Genesebegriffe in der Erlanger Schule nachzuzeichnen. Ich erinnere nur mit Hilfe der Schlagwörter an die »faktische« und »normative« Genese in Lorenzens *Normative Logic and Ethics* (Lorenzen 1969, Kap. 7: »Foundations of Practical Philosophy«) und meinen Explikationsversuch in »Rationales Argumentieren« (einem Kapitel meiner Habilitationsschrift von 1970, vgl. Thiel 1972a) sowie an den Weg von Oswald Schwemmers *Philosophie der Praxis* mit der »strukturellen« Genese in der Dissertationsfassung (Schwemmer 1970, besonders Kap. 10: »Die dialektische Methode«), der »historischen«, der enthistorisierten »faktischen« und der »normativen« Genese von Normensystemen in den Druckfassungen Schwemmer 1971 und Schwemmer 1980 über Lorenzens und Schwemmers *Konstruktive Logik, Ethik und Wissenschaftstheorie* (das berühmt-berüchtigte »B. I. 700«: Lorenzen/Schwemmer 1973, Kap. III 4: »Theorie des praktischen Wissens«), wo die »normative« zur »kritischen« Genese wird, bis zur Herausarbeitung des Deutungscharakters der Methoden genetischer Rekonstruktion in Schwemmers *Theorie der rationalen Erklärung* (Schwemmer 1976, Kap. 5: »Überprüfung als genetische Argumentation«). Da es primär um die »Feststellung und Beurteilung unserer gesellschaftlichen Verhältnisse« (Schwemmer 1971, S. 228) geht, »um unsere gesellschaftliche Situation und nicht um die früherer Gesellschaften« (ebd., S. 229), ist Wissenschaftsgeschichte kein Thema.[3]

In der Umgebung dieses Diskurses wirkt meine 1970 gehaltene,

3 In die Geschichte der »Genesen-Diskussion« gehört auch der mir erst nach dem Marburger Vortrag durch einen Hinweis des Autors bekanntgewordene Beitrag Gethmann 1980, der Lorenzens Charakterisierung

1972 gedruckte Antrittsvorlesung »Wozu Geschichte der Logik?« (Thiel 1972b) fast exotisch, obwohl auch sie, wie der Titel ja zeigt, auf eine Rechtfertigung der Beschäftigung mit Logikgeschichte abzielt. Erst sekundär, über die Aufgabe, schlechte Erfahrungen auf einstigen systematischen Irrwegen der Logik, aber auch schon in der Vergangenheit entwickelte triftige Argumente aufzuspüren und dadurch »die gegenwärtig noch keineswegs beendeten systematischen Bemühungen auf dem rechten Kurs zu halten« (Thiel 1972b, S. 87), ergeben sich Schwerpunkte einer von diesen Zielen her gerechtfertigten Betrachtung der Logikgeschichte. Nach Methoden für die logikhistorische Forschung und für die Darstellung ihrer Ergebnisse wird aber auch hier noch nicht gefragt.
Von Thomas S. Kuhns *The Structure of Scientific Revolutions*, 1962 erschienen und seit 1967 auch in deutscher Übersetzung greifbar, war im damals noch so benannten Philosophischen Seminar in Erlangen nicht die Rede, wenig verwunderlich allerdings bei dem dort gewählten Arbeitsschwerpunkt, denn Kuhns wissenschaftssoziologischem Ansatz liegt nichts ferner als Fragen der Begründung oder gar Reform des gegenwärtigen Wissenschaftsbetriebs. Für manche war es daher fast eine Überraschung, als Jürgen Mittelstraß 1972 auf dem Leibnizkongreß in Hannover seine »Fünf Thesen zur Theorie der Wissenschaftsgeschichte« (Mittelstraß 1974a) vorstellte. Sie erschienen 1974 im Kongreßbericht, gleichzeitig mit der überarbeiteten Fassung, die unter dem Titel »Prolegomena zu einer konstruktiven Theorie der Wissenschaftsgeschichte« (Mittelstraß 1974b) die erste und in vieler Hinsicht bis heute maßgebende Erlanger (oder in diesem Falle richtiger: Konstanzer) Stellungnahme zur Wissenschaftsgeschichtsschreibung wurde. Mit ihrem jugendlichen Alter von 16 Jahren ist sie noch immer aktuell, insofern für Jürgen Mittelstraß auch in seinen einschlägigen neueren Abhandlungen wie »Rationale Rekonstruktion der Wissenschaftsgeschichte« (Mittelstraß 1981) und »Weltbilder. Die Welt der Wissenschaftsgeschichte« (Mittelstraß 1989, 1990) nichts zurückzunehmen war, sondern nur einiges zu präzisieren, auszuarbeiten und zu ergänzen blieb (und in manchen Punkten meines Erachtens auch noch bleibt).

von Wissenschaft als einer »Hochstilisierung« lebensweltlichen Handelns für den Fall der Logik weiterführt und am Beispiel der deontischen Logik im Detail belegt.

Das methodologische Stichwort dabei heißt *»Gründegeschichte«*. Mancher wird hier vielleicht zuerst an Thomas Nipperdey denken, der ungefähr gleichzeitig forderte, daß für die Wissenschaftsgeschichte »nicht der Entstehungs- und Entdeckungszusammenhang und nicht der Wirkungs- und Funktionszusammenhang, sondern der Begründungs- und Geltungszusammenhang« entscheidend zu sein habe (Nipperdey 1975, S. 89). Das ist aber nicht gemeint. Ausgangspunkt für Mittelstraß war vielmehr eine Kritik an Kuhn. Dessen »historiographische Wende«[4] nimmt zwar statt Texten und Überlieferungen die Forschungspraxis in den Blick, sieht sie aber als vom gesamtgesellschaftlichen historischen Handlungszusammenhang vermeintlich isolierbar an aufgrund der vom derzeitigen Forschungsstand und dem darauf gegründeten Lehrbuchwissen bestimmten Geltung oder Nichtgeltung der von Wissenschaftsgeschichte untersuchten Forschungsergebnisse. So bleiben alle Bezüge zur umgebenden gesellschaftlich-historischen Praxis ausgeklammert, wozu noch kommt, daß die Beurteilung gegenwärtiger wie historisch vorfindlicher Ergebnisse der Wissenschaft sehr stark von ihrer Interpretation auf dem Hintergrund meist unbemerkt übernommener wissenschafts*theoretischer* Vorentscheidungen abhängt.

Diese Problematik wird nicht dadurch entschärft, daß man diese Vorbestimmtheit in die Betrachtung mit einbezieht und als Aufgabe der Wissenschaftsgeschichtsschreibung die Schilderung einer *Theoriendynamik* hinstellt. Auch eine mit evolutionistischen Begriffen dargestellte Theoriegeschichte bleibt schließlich Theoriegeschichte, Geschichte eines sich verändernden Wirkungszusammenhangs, und dies dann auch noch ohne begründbare Bewertung – auch das gegenwärtige Lehrbuchwissen ist dann nur ein interimistisches, das dem Fallbeil der Selektion zum Opfer fallen kann und aller Erfahrung nach auch zum Opfer fallen wird.

Erkennt man dagegen Wissenschaft als »praxisstabilisierende Theorie, sofern sie in Form von zweckrationalem Handeln praktischen Orientierungen dient« (Mittelstraß 1974b, S. 128), so muß Geschichte der Wissenschaft noch über den Begriff der Zweckrationalität hinaus die Ziele in den Blick nehmen, welche die histo-

4 Mittelstraß 1974b, S. 136, wohl mit Bezug auf Kuhn 1962, S. 3: »... a historiographic revolution in the study of science« (die entsprechende Stelle in der deutschen Ausgabe auf S. 19).

risch vorgefundene Praxis leiten. Es wird zur Aufgabe, den Lauf der Wissenschaftsgeschichte »nicht lediglich als einen Wirkungszusammenhang, sondern darüber hinaus als einen Gründezusammenhang zu begreifen« (Mittelstraß 1974b, S. 141). Gründe sind dabei nicht nur Ursachen (die empirisch als Vorgänger von Wirkungen ermittelt werden), sondern »Begründungen von Zielen und Handlungsregeln« (ebd.), in unserem Falle der einstmals wissenschaftlich Handelnden. Die von der traditionellen Wissenschaftsgeschichtsschreibung gelieferte Wirkungsgeschichte ist um eine Gründegeschichte zu erweitern, Teile von ihr sind durch eine solche zu ersetzen, wobei freilich wirkungsgeschichtliche Rekonstruktionen unumgänglich bleiben, weil jede Praxis Folgepraxis einer vorausgegangenen Praxis ist und wir die Ergebnisse unserer normativ-kritischen Genesen im allgemeinen nicht als historische Zustände wiederfinden – sonst hätte es einer Kultur- und insbesondere Wissenschaftsreform, von der wir ausgingen, ja nicht bedurft.

Auch wenn diese neue Wissenschaftsgeschichtsschreibung in ihrem Bemühen, »Geschichte in Teilen als einen schrittweise sich entfaltenden Begründungszusammenhang nachzuweisen« (Mittelstraß 1974b, S. 142), vor allem bei der Geschichtsschreibung exakter Wissenschaften (wie dies ganz vorwiegend übrigens die Philosophiegeschichtsschreibung tut) besonderes Augenmerk auf die »Rekonstruktion apophantischer Rede« (Mittelstraß 1981, S. 99) richten wird, in der Problemlösungsvorschläge mit Argumenten und Begründungen für einen erhobenen Geltungsanspruch versehen thematisiert werden, so wird sie doch als »Teil einer theorieorientierten Praxisgeschichte« eine *historische Sozialwissenschaft* (Mittelstraß 1974b, S. 132 f.).

Spätestens an dieser Stelle muß jedoch eine fundamentale Ambivalenz der Rede von Gründen und Begründungen ins Auge fallen. Untersucht eine Gründegeschichte – wie von uns soeben aus Mittelstraß zitiert – Begründungen von Zielen und Handlungsregeln einstmals wissenschaftlich Handelnder, so können unter »Begründungen« verstanden sein (1) *heute von uns* für gültig erachtete Begründungen für Handlungen, die wir in der Geschichte einer Wissenschaft als einstmals ausgeführte antreffen, oder aber (2) die *von den einstmals Handelnden selbst* ausdrücklich genannten oder auch unthematisiert gelassenen, jedenfalls aber von ihnen für gültig gehaltenen Gründe ihres Handelns, auch wenn wir diese

Begründungen heute nicht mehr als gültig akzeptieren, vielleicht sogar (und hoffentlich) aufgrund besserer Einsicht. Hinter dem noch ausführlicher darzulegenden methodologischen Ansatz für die Geschichtsschreibung einzelwissenschaftlicher Disziplinen steht nun ein Begriff von Gründegeschichte, der insofern beide Aspekte berücksichtigt, als er zwar Gründegeschichte im zweiten Sinne versteht, aber in Forschung und Darstellung ständig den Vergleich einstmals wirksamer Ziele und Gründe mit ihnen entsprechenden heutigen Auffassungen durchzuführen bemüht ist. Bei diesen ist nicht etwa nur an die Mehrheitsmeinung der Vertreter einer Disziplin zu einem Thema gedacht (selbst wenn es eine solche vorherrschende Meinung geben sollte), sondern an die gegenwärtige Diskussionslage mit allen Pros und Contras, zu denen im Einzelfall auch noch die abweichende, auf systematische Gründe gestützte Meinung des Historiographen selbst hinzukommen mag.

Während dadurch zu ausdrücklichen Gegenständen der Wissenschaftsgeschichtsschreibung auch die in Thiel 1972b angesprochenen »einstigen systematischen Irrwege« der untersuchten Disziplinen (oder auch einzelner ihrer Vertreter) werden, läuft eine auf das ursprüngliche Konzept einer normativen Genese gegründete Wissenschaftsgeschichtsschreibung wohl eher auf die ausdrückliche Aussparung der Irrwege der Wissenschaft hinaus. Diese Ökonomie hat nun aber keineswegs zu einer Fülle erfolgreicher Paradestücke wissenschaftsgeschichtlicher Darstellung geführt. Mit der Auffindung überzeugender Beispiele für normative Genesen hatten wir uns in Erlangen jahrelang abgemüht, und meiner Meinung nach ist keines gefunden worden außer Peter Janichs normativer Genese der Zeitmessung, die dann in seiner *Protophysik der Zeit* (Janich 1969, Kap. III: »Zur Geschichte der Chronometrie«, um eine ausführliche Behandlung der Zeitlehre Augustins erweitert auch als IV. Kapitel der gleichbetitelten Neuausgabe Janich 1980) zu einer entsprechenden wissenschaftsgeschichtlichen Darstellung geführt hat. Bei meinen eigenen späteren Versuchen, für wissenschaftsgeschichtliche Vorlesungen und Seminare sowie für logikgeschichtliche Forschungen einen Leitfaden und methodologische Handreichungen zu finden, und auch in einem Aachener Seminar über Theorien der Wissenschaftsgeschichte, machte es große Schwierigkeiten, eine »Gründegeschichte« nun konkret auch nur für eine über einen kleinen historischen Zeitraum hinweg verfolgte Disziplin zu schreiben. Heute sehe ich das damalige Haupthindernis im Fehlen eines klaren Begriffs von »Gründegeschichte«, und ich finde es nicht leicht, die viele Jahre zurückliegenden ersten Schritte in Richtung auf ein reflektierteres Vorgehen heute nachzuzeichnen. Die Leitgedanken dabei waren aber von der folgenden Art.

Wie ließ sich denn die im Titel der programmatischen Arbeit von Mittelstraß genannte »Konstruktivität« der Theorie der Wissenschaftsgeschichte verstehen?[5] In der konstruktiven Arithmetik (um ein unproblematisches Beispiel heranzuziehen) wird nicht eine formale Beschreibung der Struktur des Gegenstandsbereichs gesucht, sondern dieser selbst durch materiale Konstruktionsregeln erzeugt. Aufgrund der Kenntnis dieser Konstruktion können wir dann theoretische Aussagen über die arithmetischen Gegenstände machen. Aber in einer konstruktiven Theorie der Wissenschaftsgeschichte erzeugen wir natürlich weder den Gegenstand der Wissenschaftsgeschichtsschreibung, noch »erzeugen« wir eine Theorie darüber. Wir begründen vielmehr Auswahlgesichtspunkte für die Wissenschaftsgeschichtsschreibung: Gesichtspunkte für die Auswahl unter den von uns vorgefundenen historischen Daten und Fakten und für die Art und Weise des Herangehens an die dann ausgewählten historischen Gegenstände.

Daran muß nichts sensationell neu sein, auch wenn es von der herkömmlichen Art der Wissenschaftsgeschichtsschreibung abweicht. Wir haben uns zu entscheiden, ob wir *Theorie*geschichte oder eine *Praxis*geschichte schreiben wollen oder eine Geschichte der *Wechselwirkungen* zwischen wissenschaftlichen Handlungszusammenhängen, ihren gesamtgesellschaftlichen Voraussetzungen und ihren Anwendungen. Dabei sind wir immer noch bei der Auswahl des *Gegenstandes* der Wissenschaftsgeschichtsschreibung, und es ist eine zusätzliche Aufgabe, die Zugangsweisen aus-

5 Zwar hieß es bei Mittelstraß selbst: »In einer *konstruktiven* Theorie der Wissenschaftsgeschichte dienen historische Rekonstruktionen [...] dem Ziel einer Reorganisation der bestehenden gesellschaftlichen Praxis unter dem Gesichtspunkt ihrer konstruktiven Begründung« (Mittelstraß 1974b, S. 143). Doch soll wohl durch den Bezug auf eine selbst im Hinblick auf ihre konstruktive Begründung betrachtete gesellschaftliche Praxis die Konstruktivität der propagierten Theorie der Wissenschaftsgeschichte nicht *definiert* werden; die Konstruktivität muß eine Eigenschaft der letzteren selbst sein.

zuwählen, mit denen wir diesen Gegenstand traktieren: ob wir beispielsweise problemgeschichtlich vorgehen wollen oder sozialgeschichtlich. Was ich an Neuerem zu berichten habe, betrifft zum kleineren Teil diese allgemein methodologischen Fragen, zu denen in Erlangen vor allem Volker Peckhaus Wichtiges beigetragen hat. Er hat darüber in einem Vortrag »Historiographie wissenschaftlicher Disziplinen als Kombination von Problem- und Sozialgeschichtsschreibung: Formale Logik im Deutschland des ausgehenden 19. Jahrhunderts« (Peckhaus 1988) berichtet.

Peckhaus informiert dort anhand von Beispielen (auf die ich hier erst etwas später zu sprechen komme) über die am Anfang unseres Erlanger DFG-Projekts »Fallstudien zur Begründung einer Sozialgeschichte der formalen Logik« stehenden Versuche, Fragestellungen und Methoden der schon etablierten und recht erfolgreichen Sozialgeschichtsschreibung der Mathematik auf die formale Logik zu übertragen, und über die sich dann herausstellende Notwendigkeit zu Änderungen und die (schließlich ganz anhand der praktischen Forschungsarbeit entwickelten) für unseren Gegenstand spezifisch zu wählenden Methoden. Er zeigt damit, »daß eine an der inhaltlichen Entwicklung orientierte Problemgeschichtsschreibung durch Einbettung in eine biographische, prosopographische und soziale Momente berücksichtigende kontextuelle Geschichte der Gefahr historischer Fehleinschätzungen und Zuordnungen entgehen kann« (Peckhaus 1988, S. 203). Im zweiten Teil wird dann das Konzept vorgestellt, das wir für unsere eigene Arbeit entwickelt und an dem wir bis heute immer wieder gefeilt und geändert haben, beeinflußt nicht zuletzt von der uns aus externen Gründen sehr beschäftigenden Bestimmung des Feldes »Wissenschaftsforschung«.

Dieser Einfluß wird unter anderem darin sichtbar, daß wir – entsprechend einer schon 1976 von Wolf Lepenies beim VI. Erlanger Werkstattgespräch in einem Vortrag »Probleme einer historischen Wissenschaftsforschung« (verändert und erweitert publiziert unter dem Titel »Wissenschaftsgeschichte und Disziplingeschichte«, Lepenies 1978a) erhobenen Forderung an die historische Wissenschaftsforschung – an wissenschaftlichen *Problemlagen* orientiert die Entwicklung von *Disziplinkomplexen* innerhalb überschaubarer kleinerer Zeiträume zum Thema machen und dabei wo nötig vordisziplinär und im allgemeinen multidisziplinär arbeiten, logikgeschichtlich zum Beispiel nicht ohne ständigen Vergleich mit

den parallelen Entwicklungen in Mathematik, Philosophie und Psychologie. *Integrativ* darf dieser Ansatz deshalb heißen, weil er wissenschafts*soziologische* Methoden und Erkenntnisse bei Bedarf ebenso heranzieht wie für die Beurteilung der Problemlagen die Ergebnisse gegenwärtiger *Wissenschaften* und einer konstruktiv verfahrenden *Wissenschaftstheorie*.
Wissenschaftliches Handeln, egal ob vordisziplinär, mono- oder multidisziplinär, egal ob individuelles oder korporatives Handeln, wird, wie in der »Erlanger« Wissenschaftsforschung so auch in unserer Wissenschaftsgeschichtsschreibung, als *Forschungsprozeß* angesehen und untersucht. An ihm bemühen wir uns, differenzierter als in den uns bekannt gewordenen theoriendynamischen Analysen die Gründe für die Bildung von *Forschungsschwerpunkten* in (und zeitlich oft auch vor) den Disziplinen zu untersuchen. Eine wichtige Frage ist für uns, aufgrund welcher faktischer Entwicklungen und welcher Kriterien »sich Untersuchungsfelder als bearbeitungsfähig und -würdig erweisen« (Peckhaus 1988, S. 205). Einem *wissenschaftstheoretisch* bestimmten Zugang sind solche Themen verschlossen, da sich moderne Wissenschaft wohl einen methodologischen Rahmen, nicht aber inhaltliche Forschungsziele vorgibt und *Wissenschaftstheorie* daher sozusagen nur die äußere Hülle des Forschungsprozesses zu fassen bekommt.
Unser wissenschaftsgeschichtlicher Ansatz wendet dagegen Teile des von Inhetveen, Kötter, Peckhaus und mir entworfenen und mehrfach umgemodelten »Erlanger« Konzepts der Wissenschaftsforschung historiographisch an. Wesentliche Untersuchungsgegenstände sind somit »die Faktoren, die als Vorbedingungen oder begleitende Einflüsse auf [einen historisch nachweisbaren] Forschungsprozeß [eingewirkt haben], und die Kriterien, von denen sich [die] Wissenschaftler bei der Problemwahl und bei der Entscheidung für Lösungsstrategien [haben] leiten lassen«.[6] Natürlich treten die einstigen Forschungsprozesse nicht einfach beim Blick in die Geschichte als historische Entitäten in unser Gesichtsfeld, an denen wir etwa die genannten, für uns wesentlichen Faktoren als offen zutage liegende Merkmale ablesen könnten. Vielmehr gewinnen die in wissenschaftsgeschichtlichen Darstellungen beschriebenen Forschungsprozesse ihren Charakter als

6 Diese Formulierung setzt ein Zitat aus Peckhaus 1988 einfach in die Vergangenheitsform um. Vgl. a.a.O., S. 205 f.

historische Gebilde erst durch die konstruktive Tätigkeit des Wissenschaftshistorikers, der diese Handlungszusammenhänge bearbeitet. Die relevanten Faktoren dieser Forschungsprozesse aufzufinden, erfordert oft ebenso umfangreiche wie intensive biographische und prosopographische Detailarbeit, wie zum Beispiel aus unserem Erlanger Arbeitsgebiet die Forschungsberichte von Christie 1989 und Hümmer 1989 eindrucksvoll belegen.

Die von uns befürwortete, durch Fragen der Wissenschaftsforschung nahegelegte Umorientierung der Wissenschaftsgeschichtsschreibung sollte, so denke ich, nicht nur an Fallstudien (von Fall zu Fall) sichtbar werden, sondern zur Reflexion auf die Methodologie wissenschaftshistoriographischer Forschung anregen. Daß dies den von Mittelstraß ausgelegten Faden einer Gründegeschichte aufnimmt und ihn einer historischen Sozialwissenschaft annähert, ist offensichtlich. Wenn der Gründegeschichte nicht wiederum *internalistische* Fesseln angelegt werden, wie man etwa bei der Lektüre des Artikels »intern-extern« in Band 2 der *Enzyklopädie Philosophie und Wissenschaftstheorie* (Mittelstraß/Schroeder-Heister 1984) befürchten muß, dann besteht Aussicht, durch die jetzt als sinnvoll erwiesene *umfassendere* und zugleich *detailliertere* Analyse der Forschungsprozesse neue und gewichtigere *Ergebnisse* in der Disziplingeschichtsschreibung zu erhalten. Berichtigungen und Perspektivenkorrekturen an herkömmlichen wissenschaftsgeschichtlichen Arbeiten werden die Folge sein.

Dafür möchte ich kurz vier Beispiele aus der Arbeit des Erlanger Logikgeschichtsprojekts vorstellen.

(1) Die Geschichtsschreibung der Logik des 20. Jahrhunderts hat bislang nur Verlegenheitsantworten auf die Frage gegeben, weshalb Brouwers Kritik an mathematischen Beweisen, die vom *Tertium non datur* wesentlichen Gebrauch machen, ein so erstaunlich spätes Echo hatte. Teilweise schiebt man die Schuld auf Brouwers schwierige Persönlichkeit, teils auf die angebliche Grundlosigkeit seiner Zweifel und Einwendungen. Eine genaue *Sichtung der Diskussionsbeiträge* führt dagegen zu einem Bild der damaligen Problemlage, in dem die folgenden Fragen umstritten sind: (a) ob Brouwers Ablehnung des *Tertium non datur* nur den Verzicht auf dieses Aussagenschema oder aber die Behauptung seines Negats bedeute; (b) ob eine oder auch beide dieser Möglichkeiten in sich widersprüchlich sei(en); (c) ob Brouwers Argumentation *gegen*

das *Tertium non datur* nicht stillschweigend vom *Tertium non datur* selbst Gebrauch mache. Eine lebhafte, teils heftige und gelegentlich giftige Kontroverse, bis in die dreißiger Jahre am Leben erhalten durch die unermüdlichen Anti-Brouwerianer Marcel Barzin und Alfred Errera, stimulierte das Interesse an der Klärung der Begriffe der formalen Gültigkeit, der Entscheidbarkeit, der mehrwertigen Logik(en) und allgemein an nichtklassischen Logiksystemen, sowie darüber hinaus an einer sauberen Trennung von Objekt- und Meta-Ebene in metalogischen Untersuchungen. Abgesehen von der Korrektur an Urteilen wie in den mit Recht berühmten *Logik-Texten* von Berka und Kreiser, wonach Barzin und Errera »zum systematischen Aufbau der intuitionistischen Logik beigetragen haben« (Berka/Kreiser 1971, S. 167; ^{3}1983, S. 183; abgeändert in ^{4}1986, S. 183) wird die 1930 von Arend Heyting vorgenommene Axiomatisierung der intuitionistischen Logik erstmals unmittelbar verständlich als Beitrag zu einer aufwühlenden logischen Grundlagenkontroverse, auf deren wichtigste Fragen sie tatsächlich die abschließenden Antworten lieferte, wie in Thiel 1988 zu zeigen versucht wird.
(2) Im letzten Jahrzehnt ist es Mode geworden, die Gründe für die sogenannte Grundlagenkrise und den Grundlagenstreit der Mathematik nicht wie früher in einer Erschütterung dieser Disziplin durch die logisch-mengentheoretischen Antinomien zu sehen, sondern in Zweifeln an bestimmten, unter anderem zum Beweis des Wohlordnungssatzes eingesetzten Beweismitteln. Die ideologischen Hintergründe für diese »Internalisierung« des Streits in die Mathematik sind bisher nicht analysiert worden. Aber Volker Peckhaus hat in seiner Dissertation *Hilbertprogramm und Kritische Philosophie* (Peckhaus 1990) zeigen können, daß innerhalb des von Hilbert inaugurierten und angeführten Axiomatisierungsprogramms der Mathematik die in Göttingen schon Ende des 19. Jahrhunderts bekannten mengentheoretischen Antinomien nicht ernst genommen wurden, bis die Russellsche (in Göttingen stets als »Zermelosche« bezeichnete) Antinomie zeigte, daß hier kein mathematisch-technisches Problem vorlag, sondern eine logisch-philosophische Begriffsbildungsfrage. Für Hilberts frühes Grundlegungsprogramm entstand die Notwendigkeit einer Absicherung durch ein institutionalisiertes Grundlagenforschungs-Programm, in dem der zentrale Platz nicht der (ja selbst am stärksten gefährdeten) Mengenlehre zukam, sondern

der Logik, die aber angesichts der Erschütterung ihrer traditionellen Gestalt ein neues Fundament erhalten mußte. Das Beispiel zeigt sehr anschaulich, wie bei diesem am Forschungsprozeß orientierten Ansatz einer kontextuellen Geschichtsschreibung für sich allein recht unscheinbar wirkende Fakten ein ganz unerwartetes Gewicht erhalten können: Ausgangspunkt dieser Forschungen von Peckhaus war die ebenso *biographische* wie *institutionengeschichtliche* Frage, weshalb der 1907 von Hilbert für Zermelo beschaffte Lehrauftrag nicht auf Mengenlehre, sondern auf mathematische Logik lautete (vgl. Peckhaus 1990a).

(3) Eines der verbreitetsten Periodisierungs- und Klassifikationsschemata für die formale Logik des 19. Jahrhunderts ist die Einteilung in Algebra der Logik einerseits, Logistik andererseits. Sind diese beiden nun Parallelerscheinungen oder aufeinanderfolgende Entwicklungsphasen einer Disziplin? Schließen sie einander aus? Trennt das Schema die Logiker in zwei disjunkte Klassen oder kann *ein* Logiker sowohl algebraischer Logiker wie Logistiker sein? Eine problem- und sozialgeschichtliche Analyse samt einer Verfolgung *der Geschichte der Dichotomie selbst* zeigt eine weit komplexere Situation auf, die jedenfalls die bisherige Simplifizierung widerlegt, wie ich in einem Vortrag auf dem Moskauer IUMPS-Kongreß 1987 ausgeführt habe (Abstract: Thiel 1987).

(4) Das letzte Beispiel ist »spekulativ« in dem Sinne, daß diese Untersuchungen noch nicht abgeschlossen sind und über ein Ergebnis vorerst nur spekuliert werden kann. Es geht um die schrittweise Auflösung des traditionellen Begriffs des Begriffs, wonach er ein Merkmalsaggregat ist. Die Frage ist, ob man darin eine Vorbereitung zur Entwicklung der Quantorenlogik sehen kann. Nach der traditionellen Auffassung wird ein Begriff durch Aufzählung der *charakteristischen Merkmale* bestimmt, die dabei homogene Teilbegriffe von ihm sind, nach der heutigen Auffassung dagegen durch Angabe von *Bedingungen*, die Eigenschaften der unter den Begriff fallenden Gegenstände beschreiben mit Hilfe *beliebig* (später: »beliebig *logisch*«) zusammengesetzter Aussageformen. Historisch führt ein Weg von der Ersetzung der Addition von Merkmalen durch ihre »Multiplikation« bei Drobisch 1836 (§ 17, S. 13) über Lotzes Funktionsauffassung des Begriffs (Lotze 1874, 1880, § 28, S. 46f., § 32, S. 51 und öfter) zu organischen Metaphern bei Frege, der dann aber selbst (angeregt vielleicht

durch die zeitgenössischen Analysen mathematischer Begriffe wie Stetigkeit und Differenzierbarkeit)[7] Begriffe wieder durch präzisere, sprachlich gebundene und zwar nunmehr im modernen Sinne *quantorenlogisch* formulierte Bedingungen für die unter sie fallenden Gegenstände bestimmt sein läßt (Frege 1879, 1884, 1969). Auch diese Fragestellung geht auf die Analyse von Kontroversen zwischen Schröder, Husserl und Voigt über den Vorrang von Umfangs- oder Inhaltslogik zurück, die von Adelheid Hamacher-Hermes bearbeitet werden (Hamacher-Hermes 1991).

Was können diese Beispiele zeigen? Sie machen zunächst einmal klar, daß die von uns bearbeiteten Probleme weitgehend anderer Art sind als die einer »Logik der Geschichte«, wie sie die analytische Geschichtsphilosophie seit den sechziger Jahren – übrigens fast durchwegs auf Wirkungsgeschichte zentriert – erörtert hat. Es geht uns also auch nicht um eine Revision der dort gewonnenen Einsichten, die wir vielfach gerade voraussetzen. Selbstverständlich sind auch für uns die meisten logikgeschichtlichen Aussagen »narrative Sätze« im Sinne von Danto 1965 und White 1965.

Danach bringt der Extremtypus einer »rein historischen« Aussage eine nicht durch Naturgesetze beschreibbare Verknüpfung von Ereignissen zum Ausdruck, die weder die Beteiligten an diesen Ereignissen zum Zeitpunkt ihres Stattfindens noch Dantos »idealer Chronist« in ihre Aussagen bzw. Chronikeintragungen aufnehmen können. Der ideale Chronist verzeichnet sie nicht, weil er (so wie er von Danto konstruiert wird) nur Einzelereignisse und nicht ihre Verknüpfungen registriert, und die Beteiligten können von letzteren nichts wissen, weil die »rein« historische Aussage Ereignisverknüpfungen ausdrückt, die erst der Historiker in *seiner* Gegenwart (die für die Zeitgenossen der Ereignisse noch Zukunft war) rückblickend vornimmt, oft unter Einschluß weiterer Ereignisse, die außerhalb der Lebenszeit jener Personen liegen. So hätte die Aussage »Frege wollte die formale Arithmetik als unzureichend, aber auch als überflüssig erweisen« im Jahre 1903 von Frege selbst bestätigt werden können, nicht jedoch die Aussage »Frege antizipierte mit seiner Kritik der formalen Arithmetik wichtige Gesichtspunkte der Metamathematik«. Vor allem aber werden die in einer »rein historischen« Aussage zu verknüpfen-

7 Frege gibt 1880/81 selbst eine quantorenlogische Formulierung für die Stetigkeit einer Funktion: Frege 1969, S. 27.

den Ereignisse erst vom späteren Historiker aufgrund seiner Relevanzkriterien ausgewählt, eine Auswahl, die bei verschiedenen Historikern (zur gleichen Zeit oder zu verschiedenen Zeiten) im allgemeinen verschieden ausfallen wird und auch auf keine Weise antizipierbar ist. Nach dem zur »Konstruktivität« einer Theorie der Wissenschaftsgeschichte Gesagten ist es gerade diese Auswahl, für deren Begründung unser Ansatz neue Gesichtspunkte liefert.

Wenig im Sinn haben wir mit neueren, wohl durch den literaturwissenschaftlichen Strukturalismus beeinflußten Intentionen der Rede von Narrativität, die zunehmend den beim *Narratio*-Begriff der römischen Rhetorik noch wohlbeachteten Unterschied von Erzählung und Bericht verschwimmen lassen. Mit Wendungen wie der, daß Geschichte sich »in der Erzählung von Geschichten realisiert«, wird nahegelegt, daß die Arbeit des Historikers im Erfinden plausibler Geschichten bestehe, die sich um die der Mitteilung für wert befundenen Ereignisse ranken – so daß man fürchten muß, daß Qualitätsvergleiche zwischen solchen Geschichten vorrangig den vom Autor entfalteten Reichtum an Phantasie, seine erzählerische Kraft usw. berücksichtigen müßten, Eigenschaften also, die man bei einem ansonsten untadeligen historischen Bericht gewiß schätzen wird, die man aber bislang nicht zur Unterscheidung zwischen guter und schlechter Geschichtsschreibung herangezogen hat.

Zahlreiche Berührungspunkte haben sich dagegen mit einer Position herausgestellt, die in der Narrativitätsdebatte der Fachhistoriker unter anderem Jürgen Kocka vertreten hat.[8] In dieser gegen Ende der siebziger Jahre entflammten Kontroverse richtet sich die eine Partei mit der Forderung »Zurück zur Erzählung!« gegen »eine gewisse Dominanz der Strukturgeschichte, gegen theorieorientierte Geschichte und gegen die ihr angemessene Darstellung, die historische Argumentation« (Kocka 1984, S. 402). Diese auch als Neo-Historismus bezeichnete Bewegung will an die Stelle der Analyse von »übergreifenden Strukturen und Prozessen wie Industrialisierung, Staatsbildung oder Revolution« (ebd.) die erzählende, also als zeitliches Nacheinander geordnete Darstellung von Ereignissen und verstehbaren Handlungen der Menschen früherer Epochen, vor allem ihrer alltäglichen Erfahrungen,

8 Vgl. zu dieser Kontroverse Kocka/Nipperdey 1979.

Wahrnehmungen, Verhaltens- und Lebensweisen setzen. Natürlich beeinflußt die dafür gewählte Darstellungsform auch die Auswahl der vom Historiker zu stellenden Fragen, was also zum Problem gemacht und erforscht wird. In seiner Abwägung der in der Kontroverse vorgebrachten Argumente kommt Kocka 1984 zu dem Ergebnis, daß zwar der neo-historistischen Kritik an der strukturgeschichtlich-theoretischen Geschichtswissenschaft in mehreren Punkten die Berechtigung nicht abzusprechen ist, aber trotzdem nicht ignoriert werden darf, daß hinter dem Interesse an einer theoretisch bestimmten Geschichtsschreibung von Strukturen und Prozessen »eine tiefgreifende Erfahrung« steckt, nämlich »die Erfahrung von der großen Macht der Verhältnisse« (ebd., S. 399). Strukturanalytische Geschichtsschreibung macht diese Verhältnisse zu ihrem unmittelbaren Gegenstand, während die Alltagsgeschichtsschreibung allenfalls ihre Auswirkungen für das Leben der Menschen unter diesen Verhältnissen sichtbar machen kann.

Wenn somit Kocka 1984 für die *Allgemeingeschichte* (auf die sich ja der ganze Narrativitätsstreit der Fachhistoriker bezieht) beiden Sichtweisen ihr relatives Recht zu lassen bemüht ist, so scheint uns erst recht für die *Disziplingeschichtsschreibung* die Vermeidung beider Extreme und eine möglichst eingehende Berücksichtigung der vorliegenden Wechselwirkungsverhältnisse unumgänglich. Selbstverständlich schweben Strukturen und Prozeßformen nicht in abstrakten Höhen, sondern sind verankert in den strukturierten Handlungsabläufen, Handlungsschemata, Institutionen, Lebens- und Arbeitsverhältnissen (in unserem Fall insbesondere: den Forschungsbedingungen) der konkret handelnden Personen. Aber bei einer noch so detaillierten Beschreibung individueller Handlungen (und gegebenenfalls sie begleitender Redehandlungen oder deren schriftlicher Fixierung) stehenzubleiben, hieße verzichten auf umfassende Analyse und damit auf ein historisches Verständnis, das über das den einstmals handelnden Personen mögliche Verständnis hinausgeht. Es liefe hinaus auf eine unbeschränkt zunehmende Erweiterung unserer *historischen Kenntnisse* unter gleichzeitigem Verzicht auf *historische Erkenntnis*. Daher kommt dieser Weg für unseren Ansatz in der Disziplingeschichtsschreibung nicht in Betracht.

In der Forderung, Wissenschaftsgeschichtsschreibung müsse mehr leisten als die Einbettung für wichtig gehaltener historischer

Ereignisse in den Zusammenhang plausibler Geschichten, sind wir offenbar mit Carrier einig, der in seiner Abhandlung »Wissenschaftsgeschichte, rationale Rekonstruktion und die Begründung von Methodologien« (Carrier 1986, S. 208) feststellt:

»Wissenschaftsgeschichtsschreibung geht über die Verständnis und Sinn stiftende Erzählung hinaus, sie erschöpft sich nicht im erzählenden Deutlichmachen von Zusammenhängen. Wissenschaftsgeschichtsschreibung ist mehr als Hermeneutik.«

Dennoch entspringen Carriers Überlegungen zur Wissenschaftsgeschichtsschreibung einer anderen Fragestellung und gehen auch in eine ganz andere Richtung als die unseren. Das ist nicht überraschend. Natürlich ist seit 1974 nicht nur in Erlangen, sondern auch an anderen Zentren der methodischen Philosophie und dann oft aus durchaus verschiedenen Gründen über Wissenschaftsgeschichte und ihre Darstellung nachgedacht worden. Matthias Gatzemeier hat an der RWTH Aachen Lehrveranstaltungen zu dieser Thematik durchgeführt, doch muß ich mich mit dieser kargen Feststellung begnügen, weil ich nicht weiß, ob daraus irgendwelche Veröffentlichungen hervorgegangen sind. Jürgen Mittelstraß hat seine Vorstellungen zu einer Gründegeschichte im Zusammenhang gegenwärtiger Diskussionen um das Gebiet Wissenschaftsforschung erst kürzlich erneuert und ergänzt (vor allem im § 6 »Wissenschaftsgeschichte« von Mittelstraß 1988). Vor allem aber hat sein Mitarbeiter Martin Carrier in der eben zitierten Abhandlung von 1986 den in Lakatos 1971 entwickelten »historiographisch-deskriptiven« Ansatz in wichtigen Teilen präzisiert oder revidiert. Grundsätzlich aber scheint er ihn zu akzeptieren – was ich so zurückhaltend formuliere, weil in Carriers stilistisch glänzend geschriebener Abhandlung oft nicht deutlich zutage tritt, was Wiedergabe der Position von Lakatos und was die von Carrier selbst vertretene Auffassung ist.
Carriers Hauptinteresse ist allerdings wie bei Lakatos ein wissenschaftstheoretisches. In seinem Aufsatz diskutiert er drei Verfahren zur Beurteilung methodologischer Theorien, darunter als drittes die Prüfung der Adäquatheit methodologischer Forderungen durch Konfrontation mit der Wissenschaftsgeschichte. »Gegenstand der Wissenschaftstheorie« – so faßt er die Pointe des Ansatzes von Lakatos zusammen – »ist die Wissenschaftsgeschichte; diese fungiert gleichsam als Anwendungsfeld und Testlabor der Methodologie« (S. 206). Carrier zeichnet eine der inzwischen

zahlreichen Bedeutungen von Lakatos' Terminus »rationale Rekonstruktion« aus, indem er ihn zur Kennzeichnung einer mit »historischer Erklärung« befaßten Untersuchungsebene verwendet. Sie ist die dritte und gleichsam höchste neben der »chronologisch-exegetischen« Ebene, auf der wir fragen, »welcher Denker zu welcher Zeit welche Auffassungen vorbrachte«, wo wir also mit der »Darlegung und Auslegung von Ideen« (S. 210) beschäftigt sind, und neben der zweiten Ebene, auf der wir erforschen, »welche Probleme die Wissenschaftler der Zeit sahen, was sie für wichtig hielten, was sie als angemessene Lösung erachteten« (ebd.). Carrier nennt diese zweite Ebene die »hermeneutische« Ebene (ebd.), in Abweichung vom obigen Zitat und anderen Stellen, an denen er (meines Erachtens) Ebene 1 und Ebene 2 als »Ort der Hermeneutik« zusammenfaßt. Über beide hinausgehend widmet sich nun »die methodologisch inspirierte Geschichtsschreibung, die rationale Rekonstruktion«, der Aufgabe (Carrier 1986, S. 210),

»die charakteristischen Entwicklungen offenzulegen, das verzerrende Beiwerk zu entfernen, den Fortgang aus ihren Begriffen abzuleiten, ihn solcherart zu erklären. Die Hermeneutik führt zum Verständnis der Entwicklung, die Forschungslogik zu ihrer Erklärung.«

Uns interessiert dabei besonders Carriers Diskussion der Frage, wieviel Freiheit dieser Art rationaler Rekonstruktion bei der Interpretation des faktischen Verlaufs der historischen Ereignisse zuzugestehen ist. Eine Einschränkung schon im Vorfeld nimmt Carrier dadurch vor, daß er, Lakatos folgend, die von diesem so genannten Basiswerturteile der aus späterer Sicht führenden Wissenschaftler und somit der von ihnen dominierten Wissenschaftlergemeinschaft zum Gegenstand der Rekonstruktion erklärt, das »Tun der einzelnen Wissenschaftler« (S. 215) dagegen als Auslieferung an »die Weltanschauung der Akteure«, an die »Philosophie des einzelnen Wissenschaftlers« (ebd.) ausschließen will. Fast von selbst ergibt sich so ein Primat der internalistischen Wissenschaftsgeschichtsschreibung, wie ihn schon Peckhaus bei den Konstanzer Historiographie-Theoretikern diagnostiziert hatte (vgl. Peckhaus 1988, 210f.; 1990, 240). Nach Carrier darf man

»nicht externen Erklärungen im Grundsatz den gleichen Stellenwert wie internen zuschreiben. Schließlich ist es die methodologisch spezifizierte interne Geschichte, die Wissenschaft definieren, die unser Verständnis dessen, was Wissenschaft eigentlich ist, bestimmen soll« (S. 214).

Gegenüber dieser Variante des Normativismus habe ich nun meinerseits Bedenken, ob man nicht aus der hinter ihr stehenden Furcht davor, »Wissenschaft nur noch relativ zu einer Weltanschauung« (S. 216) darstellen zu können, in die Gefahr der Produktion von *science fiction* gerät, wenn man versucht, »Wissenschaft so zu beschreiben, *als ob* die Akteure stets den unterstellten Standards gefolgt wären« (ebd.), und als Argument dafür ins Feld führt, daß »Wissenschaftler in der Regel nicht wissen, was sie eigentlich tun« (S. 217). Zwar ist sich Carrier dieser Problematik sehr wohl bewußt und beeilt sich, bei der favorisierten internalistischen Wissenschaftsgeschichtsschreibung wenigstens »ein Minimum an historischer Faktentreue einzufordern« (S. 218): »Man wird verlangen können, daß die rational rekonstruierte geschichtliche Episode gewisse (genau spezifizierte) Ähnlichkeiten zum Gang der Ereignisse aufweist« (S. 219). Doch als gehe dieses Zugeständnis schon zu weit, beeilt sich Carrier noch mehr, sogleich hinzuzusetzen: »Eine weitergehende Bindung dürfte wohl schwer zu verteidigen sein« (ebd.).

Nun wird sich ohne die genaue Spezifikation der Ähnlichkeiten, auf die Carrier in seinem Zitat anspielt, wohl kaum für oder gegen die Brauchbarkeit dieser methodologischen Ratschläge für die bei uns in Erlangen im Vordergrund stehende praktische Logikgeschichtsschreibung argumentieren lassen. Bei voller Anerkennung für die zum Teil meisterlichen Stücke praktischer Wissenschaftsgeschichtsschreibung, die wir anderen Arbeiten von Carrier verdanken, scheint mir doch, daß sich an der Intern-extern-Frage der Konstanzer und der Erlanger Leitfaden der Wissenschaftsgeschichtsschreibung trennen – der an Wissenschaftsgeschichte nur um der Methodologie willen interessierte Ansatz von dem anderen, dem es um eine Methodologie für die auch unabhängig gerechtfertigte Wissenschaftsgeschichtsschreibung geht. Falls diese Formel den Unterschied ohne wesentliche Verzerrungen auf einen Nenner bringt, spräche *prima facie* nichts dagegen, beiden Ansätzen ihr Recht zu lassen und sie als Arbeiter im gleichen Weinberg zu honorieren. Ob sich die von beiden geleisteten Arbeiten tatsächlich als Beiträge zu einem gemeinsamen Erzeugnis vereinigen lassen, wird sich wohl freilich immer erst anhand der einzelnen konkreten Forschungsergebnisse diskutieren lassen.

Kehren wir damit zu den von mir angeführten schon vorliegenden Beispielen aus der Erlanger logikgeschichtlichen Arbeit zurück!

Niemandem wird entgangen sein, daß ihre Auswahl von der Absicht geleitet war, durch sie die Möglichkeit von Ergänzungen schon vorliegender Stücke der Logikgeschichtsschreibung, von neuen Perspektiven und gelegentlich auch erforderlich werdenden Revisionen aufzuzeigen. Daß dazu oft die Entdeckung neuer Fakten Anlaß gab, ist für den Ansatz natürlich nicht charakteristisch – die Auffindung neuen Materials ist eher eine Folge des einmal gefaßten Entschlusses, die herkömmliche Logikgeschichtsschreibung überhaupt noch einmal einer kritischen Überprüfung zu unterwerfen. Freilich gehörte dazu auch in unserem Falle das Bemühen um eine »Rekonstruktion« – in dem Sinne, daß wir künftig keine Aussage mehr in eine Darstellung der Logikgeschichte aufnehmen möchten, deren Begründung nicht anhand terminologischer Einführungsverfahren oder explizit gemachter Verwendungskriterien zumindest versucht worden ist (beispielsweise Aussagen mit Prädikatoren wie »Höhepunkt«, »Wendepunkt«, »Richtung«, »Strömung«, »Schule«, »Begründer«, »Vorläufer«, »Lehrbuch«, »Rezeption« usw.). Doch führt dies ersichtlich weit in Probleme einer allgemeinen Methodologie der Disziplingeschichtsschreibung hinein, die als ein für den »praktischen« Disziplinhistoriker brauchbares Organon wohl gegenwärtig erst im Werden ist.

Literatur

Berka, Karel/Kreiser, Lothar (1971), *Logik-Texte. Kommentierte Auswahl zur Geschichte der modernen Logik.* Berlin [Ost] 1971, ²1973, ³1983 (erweitert), ⁴1986.

Carrier, Martin (1986), »Wissenschaftsgeschichte, rationale Rekonstruktion und die Begründung von Methodologien«, in: *Zeitschrift für allgemeine Wissenschaftstheorie* 17 (1986), S. 201-228.

Christie, Thony (1989), »The Logical Community in the 2nd Half of the 19th Century«, in: *XVIIIth International Congress of History of Science [...] 1st-9th August 1989 Hamburg–Munich. Abstracts*, hg. von Fritz Krafft und Christoph J. Scriba, E 1, Nr. 4.

Collingwood, Robin George (1939), *An Autobiography*, London 1939, ²1951; deutsch: *Denken. Eine Autobiographie,* Stuttgart 1955.

Danto, Arthur C. (1965), *Analytical Philosophy of History,* Cambridge 1965; deutsch: *Analytische Philosophie der Geschichte,* Frankfurt am Main 1974.

Drobisch, Moritz Wilhelm (1836), *Neue Darstellung der Logik nach ihren einfachsten Verhältnissen. Nebst einem logisch-mathematischen Anhange,* Leipzig 1836.

Frege, Gottlob (1879), *Begriffsschrift. Eine der arithmetischen nachgebildete Formelsprache des reinen Denkens.* Halle 1879; Neudruck in: ders., *Begriffsschrift und andere Aufsätze,* hg. von Ignacio Angelelli, Hildesheim 1964, ²1990, S. VII-XVI und S. 1-88.

– (1884), *Die Grundlagen der Arithmetik. Eine logisch mathematische Untersuchung über den Begriff der Zahl,* Breslau 1884; Neudrucke u. a. als Centenarausgabe (mit ergänzenden Texten kritisch hg. von Christian Thiel), Hamburg 1986, sowie (hg. von Joachim Schulte) Stuttgart 1987.

– (1969), »Booles rechnende Logik und die Begriffsschrift«, in: ders., *Nachgelassene Schriften,* hg. von Hans Hermes, Friedrich Kambartel und Friedrich Kaulbach, Hamburg 1969; revidiert und erweitert ²1983, S. 9-52.

Gethmann, Carl Friedrich (1980), »Die Ausdifferenzierung der Logik aus der vorwissenschaftlichen Begründungs- und Rechtfertigungspraxis«, in: *Zeitschrift für katholische Theologie* 102 (1980) 1 (Festschrift E. Coreth), S. 24-32.

Hamacher-Hermes, Adelheid (1991), »The Debate between Husserl and Voigt Concerning the Logic of Content and Extensional Logic«, in: Tymieniecka, Anna-Teresa (Hg.), *Phenomenology in the World Fifty Years After Husserl,* Dordrecht 1991. Vorveröffentlichung der deutschen Fassung »Die Debatte zwischen Husserl und Voigt um Inhalts- und Umfangslogik«, in: *Arbeitsberichte aus dem DFG-Projekt Fallstudien zur Begründung einer Sozialgeschichte der Logik,* Nr. 22, Februar 1989 (Kolloquium vom 13. 7. 1988), S. 3-21.

Hümmer, Randolf (1989), »Konfessionelle Einflüsse auf den bayerischen Logikunterricht im 19. Jahrhundert«, in: *XVIIIth International Congress of History of Science [...] 1st-9th August 1989 Hamburg–Munich. Abstracts,* hg. von Fritz Kraft und Christoph J. Scriba, J 2, Nr. 9.

Janich, Peter (1969), *Die Protophysik der Zeit.* Mannheim/Wien/Zürich 1969.

– (1980), *Die Protophysik der Zeit. Konstruktive Begründung und Geschichte der Zeitmessung,* Frankfurt am Main 1980.

Kocka, Jürgen (1984), »Zurück zur Erzählung? Plädoyer für historische Argumentation«, in: *Geschichte und Gesellschaft* 10 (1984), S. 395-408.

Kocka, Jürgen/Nipperdey, Thomas (Hg.) (1979), *Theorie und Erzählung in der Geschichte,* München 1979.

Kuhn, Thomas S. (1962), *The Structure of Scientific Revolutions.* Chicago 1962, ²1970 mit »Postscript 1969« (*International Encyclopedia of Unified Science* 2, 2); deutsch: *Die Struktur wissenschaftlicher Revolutionen,* Frankfurt am Main 1967; ²1976 mit »Postskriptum 1969«.

Lakatos, Imre (1971), »History of Science and Its Rational Reconstructions«, in: Roger C. Buck/Robert S. Cohen (Hg.), *PSA 1970. In Memory of Rudolf Carnap. Proceedings of the 1970 Biennial Meeting, Philosophy of Science Association*, Dordrecht 1971, S. 91-135.

Lepenies, Wolf (1978a), »Wissenschaftsgeschichte und Disziplingeschichte«, in: *Geschichte und Gesellschaft* 4 (1978), S. 437-451.

– (1978b), »Vergangenheit und Zukunft der Wissenschaftsgeschichte – Das Werk Gaston Bachelards« [Einleitung], in: Gaston Bachelard, *Die Bildung des wissenschaftlichen Geistes. Beitrag zu einer Psychoanalyse der objektiven Erkenntnis*, Frankfurt am Main 1978, S. 7-34; wieder in: Wolf Lepenies, *Gefährliche Wahlverwandtschaften. Essays zur Wissenschaftsgeschichte*, Stuttgart 1989, S. 111-139.

– (1984), »'Interesting questions' in the history of philosophy and elsewhere«, in: Rorty, Richard/Schneewind, J. B./Skinner, Quentin, (Hg.), *Philosophy in History. Essays on the historiography of philosophy*, Cambridge, S. 141-171.

Lorenzen, Paul (1960), *Die Entstehung der exakten Wissenschaften*. Berlin/Göttingen/Heidelberg 1960.

– (1969), *Normative Logic and Ethics*. Mannheim/Zürich 1969; ²1983.

Lorenzen, Paul/Schwemmer, Oswald (1973), *Konstruktive Logik, Ethik und Wissenschaftstheorie*, Mannheim/Wien/Zürich 1973, ²1975.

Lotze, [Rudolf] Hermann (1874), *Logik. Drei Bücher vom Denken, vom Untersuchen und vom Erkennen* (= *System der Philosophie. Erster Theil. Drei Bücher der Logik)*, Leipzig 1874; ²1880 erweitert um eine »Anmerkung über logischen Calcül«, Neudruck (hg. von Georg Misch) Leipzig 1912, ferner *Logik. Erstes Buch. Vom Denken (Reine Logik)*, hg. von Gottfried Gabriel, Hamburg 1989.

Mittelstraß, Jürgen (1974a), »Fünf Thesen zur Theorie der Wissenschaftsgeschichte«, in: *Akten des* II. *Internationalen Leibniz-Kongresses Hannover, 17.-22. Juli 1972, Band II: Wissenschaftstheorie und Wissenschaftsgeschichte* [= *Studia Leibnitiana Supplementa*, XIII], Wiesbaden 1974, S. 293-309.

– (1974b), »Prolegomena zu einer konstruktiven Theorie der Wissenschaftsgeschichte«, in: ders., *Die Möglichkeit von Wissenschaft*, Frankfurt am Main 1974, S. 106-144, Fußnoten 234-244.

– (1981), »Rationale Rekonstruktion der Wissenschaftsgeschichte«, in: Janich, Peter (Hg.), *Wissenschaftstheorie und Wissenschaftsforschung*, München 1981, S. 89-111, Fußnoten 137-148.

– (1988), »Die Philosophie der Wissenschaftstheorie. Über das Verhältnis von Wissenschaftstheorie, Wissenschaftsforschung und Wissenschaftsethik«, in: *Zeitschrift für allgemeine Wissenschaftstheorie* 19 (1988), 308-327; wieder in: J. Mittelstraß, *Der Flug der Eule. Von der Vernunft der Wissenschaft und der Aufgabe der Philosophie*, Frankfurt am Main 1989, S. 167-193.

– (1989), »World Pictures. The World of the History and Philosophy of Science«, in: J. R. Brown und J. Mittelstraß (Hg.), *An Intimate Relation. Studies in the History and Philosophy of Science. Presented to Robert E. Butts on his 60th Birthday*, Dordrecht 1989, S. 319-341; deutsch: »Weltbilder. Die Welt der Wissenschaftsgeschichte«, in: J. Mittelstraß, *Der Flug der Eule. Von der Vernunft der Wissenschaft und der Aufgabe der Philosophie*, Frankfurt am Main 1990, S. 228-254.

Mittelstraß, Jürgen/Schroeder-Heister, Peter (1984), Artikel »intern/extern«, in: *Enzyklopädie Philosophie und Wissenschaftstheorie*, hg. von J. Mittelstraß, Band 2, Mannheim/Wien/Zürich 1984, S. 271-273.

Nipperdey, Thomas (1975), »Historismus und Historismuskritik heute«, in: Jäckel, Eberhard/Weymar, Ernst (Hg.), *Die Funktion der Geschichte in unserer Zeit*, Stuttgart 1975.

Peckhaus, Volker 1988: »Historiographie wissenschaftlicher Disziplinen als Kombination von Problem- und Sozialgeschichtsschreibung: Formale Logik im Deutschland des ausgehenden 19. Jahrhunderts«, in: Poser, Hans/Burrichter, Clemens (Hg.), *Die geschichtliche Perspektive in den Disziplinen der Wissenschaftsforschung. Kolloquium an der TU Berlin, Oktober 1988*, Berlin 1988 [*TUB-Dokumentation Kongresse und Tagungen*, Heft 39], S. 177-215.

– (1990a), »›Ich habe mich wohl gehütet, alle Patronen auf einmal zu verschießen.‹ Ernst Zermelo in Göttingen«, in: *History and Philosophy of Logic* 11 (1990), S. 19-58.

– (1990b), *Hilbertprogramm und Kritische Philosophie. Das Göttinger Modell interdisziplinärer Zusammenarbeit zwischen Mathematik und Philosophie*, Göttingen 1990 [*Studien zur Wissenschafts-, Sozial- und Bildungsgeschichte der Mathematik*, 7]; zugleich Phil. Diss., Erlangen–Nürnberg 1990.

Pycior, Helena M. (1984), »Internalism, Externalism, and Beyond: 19th-Century British Algebra«, in: *Historia Mathematica* 11 (1984), S. 424-441.

Schwemmer, Oswald (1970), *Philosophie der Praxis. Versuch zur Grundlegung einer Lehre vom moralischen Argumentieren in Verbindung mit einer Interpretation der praktischen Philosophie Kants*. Phil. Diss. Erlangen–Nürnberg 1970.

– (1971), idem, Frankfurt am Main 1971.

– (1976), *Theorie der rationalen Erklärung. Zu den methodischen Grundlagen der Kulturwissenschaften*, München 1976.

– (1980), Neuausgabe von Schwemmer 1971, Frankfurt am Main 1980, mit einem Nachwort zur Neuausgabe.

Thiel, Christian (1972a), *Grundlagenkrise und Grundlagenstreit. Studie über das normative Fundament der Wissenschaften am Beispiel von Mathematik und Sozialwissenschaft*, Meisenheim am Glan 1970. Um die Zusammenfassung gekürzter Wiederabdruck von § 5.3 »Rationales Ar-

gumentieren« (S. 179-195) mit einer einleitenden Anmerkung in: Mittelstraß, Jürgen (Hg.), *Methodologische Probleme einer normativ-kritischen Gesellschaftstheorie*, Frankfurt am Main 1975, S. 88-106.
– (1972b) »Wozu Geschichte der Logik?«, in: *Philosophisches Jahrbuch* 79 (1972), S. 77-87.
– (1987), »Scrutinizing an alleged dichotomy in the history of mathematical logic (Abstract)«, in: *8th International Congress of Logic, Methodology and Philosophy of Science. Moscow USSR 17-22 August 1987. Abstracts*, Bd. 3, S. 254-255.
– (1988), »Die Kontroverse um die intuitionistische Logik vor ihrer Axiomatisierung durch Heyting im Jahre 1930«, in: *History and Philosophy of Logic* 9 (1988), S. 67-75.
White, Morton (1965), *Foundations of Historical Knowledge*, New York/London 1965.

Carl Friedrich Gethmann

Universelle praktische Geltungsansprüche

Zur philosophischen Bedeutung der kulturellen Genese moralischer Überzeugungen

Die »methodische Philosophie« des Erlanger Konstruktivismus ist in ihren verschiedenen philosophischen Unternehmungen sehr ungleich rezipiert und mit sehr unterschiedlicher Aufmerksamkeit diskutiert worden. Vergröbernd kann man sagen, daß die *Logische Propädeutik* und die mit ihr im Zusammenhang stehenden weiterführenden logischen und sprachphilosophischen Arbeiten die meiste positive Beachtung erfahren haben. Die Arbeiten zu den Proto-Disziplinen der exakten und empirischen Wissenschaften sind sehr viel diskutiert, wenn auch deutlich weniger akzeptiert worden. Für die Wissenschaftstheorie der Kulturwissenschaften gilt ein weiteres Gefälle; dies hängt sicher damit zusammen, daß die Erlanger Ansätze zur Ethik nur recht wenig Aufmerksamkeit auf sich gezogen haben, die zudem vorwiegend negativ-kritisch geprägt ist. Diese Wirkungs-Kurzgeschichte verhält sich offenkundig nicht proportional zu den programmatischen Erklärungen, die von Beginn an hinsichtlich der philosophischen Bedeutung der verschiedenen Bemühungen abgegeben worden sind. So wird die *Logische Propädeutik* ausdrücklich als Vorschule zu einer Hauptschule, nämlich der Ethik und Anthropologie bezeichnet.[1] Die Theorien des mathematischen, techni-

1 Allerdings mit leichten Nuancierungen: in der *Logischen Propädeutik* wird als weiterer Schritt nach der »logischen Vorschule« eine »praktische Hauptschule« (2. Auflage, S. 231) angekündigt; im Vorwort zur 2. Auflage (S. 7) wird die *Konstruktive Logik* von Paul Lorenzen und Oswald Schwemmer als Erfüllung dieser Ankündigung bezeichnet. Dort selbst heißt es, die Autoren ließen der Vorschule des vernünftigen Redens mit diesem Buch eine »Grundschule der technischen und praktischen Vernunft« folgen (Vorwort zur 2. Auflage); Paul Lorenzen *(Lehrbuch)* spricht in der überarbeiteten Fassung von einer »›Hauptschule‹ der technischen und politischen Vernunft« (Vorwort); vgl. auch die Rückbezüge auf die *Logische Propädeutik* bei Wilhelm Kamlah, *Utopie*,

schen und historischen Wissens sollten in der Ethik ihr Zentrum haben.[2]

Ein wesentlicher Grund für die erwähnte Disproportionalität dürfte darin liegen, daß die Vertreter der Konstruktiven Ethik sehr bald nach ihrer Ausformulierung weiterführende Untersuchungen vorgelegt haben, die sich wie Dementis lesen. Insbesondere wird aus unterschiedlichen Gründen die universelle Geltung von handlungsverpflichtenden Regeln entweder überhaupt als unerreichbar oder doch wenigstens als irrelevantes Sonderphänomen dargestellt. Angesichts der zentralen Funktion, die das Moral- bzw. Vernunftprinzip als Prinzip der Verallgemeinerbarkeit in den frühen Ansätzen zur Konstruktiven Ethik[3] einnimmt, wird man schwer die Position halten können, daß es sich hier um eine kontinuierliche Weiterführung des alten Ansatzes handelt.

(a) Oswald Schwemmer wendet sich inzwischen dezidiert gegen den pragmatischen Ansatz, Handlungen als durch generelle Handlungsschemata reguliert zu rekonstruieren und zu interpretieren. Dabei ist in erster Linie jenes Programm angesprochen, nach dem das Handeln als Ergebnis eines syllogistisch organisierten Nachdenkens zu rekonstruieren ist und damit Handlungserklärungen auf das Nachvollziehen eben dieses Nachdenkens zu beziehen sind.[4] Für die praktische Philosophie ergab sich nach diesem Rekonstruktionsansatz eine einfache Möglichkeit, allgemein verbindliche Handlungsorientierungen zu formulieren: Universalität entsteht durch jene Form der Rechtfertigung von Imperativen, bei der der Geltungsanspruch gegenüber jedermann zum Zwecke der Lösung einer Konfliktsituation eingelöst werden

Vorwort, S. 7-9; ders., *Philosophische Anthropologie,* Vorwort und S. 13 ff.

2 P. Lorenzen/O. Schwemmer, *Konstruktive Logik*, S. 20; P. Lorenzen, *Lehrbuch,* S. 18.

3 O. Schwemmer, *Philosophie der Praxis*, S. 106-131; P. Lorenzen/O. Schwemmer, *Konstruktive Logik*, S. 161-170; O. Schwemmer, »Grundlagen einer normativen Ethik«. Zu einigen Schwierigkeiten dieser Prinzipienkonzeption vgl. schon F. Kambartel, »Wie ist praktische Philosophie konstruktiv möglich?«

4 So in Weiterführung von G. H. v. Wrights Wiederaufnahme der Überlegungen zum praktischen Syllogismus: O. Schwemmer, *Theorie der rationalen Erklärung.*

kann.[5] Nunmehr erscheint Schwemmer dieser Ansatz der Handlungsrekonstruktion als inadäquat, weil er am Paradigma der auf Theoriebildung und damit Universalität der Geltung bedachten Wissenschaften gewonnen sei und so gerade das genuine Handlungsverständnis des konkreten Menschen in seiner kontingenten historischen Handlungssituation verfehle. Universalität wird auf diese Weise als genuine Kategorie des Selbstverständnisses des Wissens, nicht aber des Handelns herausgestellt.[6] Zufolge dieser radikalen Änderung der Perspektive des Handlungsverstehens muß die Aufgabe der praktischen Philosophie völlig anders formuliert werden. Die Vorstellung einer universellen normativen Verbindlichkeit gehört der Sphäre des wissenschaftlichen Wissens an. Demgegenüber geht es beim Handeln um praktische Einsichten, die ihre Verbindlichkeit aus der gemeinsamen Teilhabe an Handlungssituationen und der durch sie konstituierten kulturellen Identität der gemeinsam Handelnden erhalten.[7]

(b) Friedrich Kambartel hält nunmehr die Vorstellung, man könne durch die Rekonstruktion invarianter Handlungsstrukturen eine Basis für normative Aussagen finden, für eine »Illusion«.[8] Universalität sei daher auch nicht in Form eines allgemeinen, für alle Handlungsumstände gültigen formalen Kriteriums erreichbar. Vielmehr sei Universalität selbst eine Lebensform, nämlich diejenige, in der sich das vernünftige Leben als gemeinsame Lebensform etabliert hat oder doch wenigstens auf dem Wege hin zu

5 Vgl. O. Schwemmer, *Philosophie der Praxis*, S. 106-131; ders., »Grundlagen einer normativen Ethik«; ders., »Praktische Vernunft und Normbegründung«, Nachdruck, S. 20 ff.

6 Vgl. O. Schwemmer, »Aspekte der Handlungsrationalität«; ders., »Die Verständlichkeit unseres Handelns«; ders., *Die Philosophie und die Wissenschaften*, Kap. 5.

7 Vgl. O. Schwemmer, »Moralisches Argumentieren und ethischer Pluralismus«; ders., »Moralisches Argumentieren im Wandel der Werte und Normen«; ders., *Die Philosophie und die Wissenschaften*, Kap. 6.

8 »Statt eines Vorworts«, S. 9. – Zu Kambartels früherer Sicht vgl. besonders »Wie ist praktische Philosophie konstruktiv möglich?«; »Moralisches Argumentieren«. Die Kritik an dieser und verwandten Positionen ist ausgeführt in: »Universalität als Lebensform«; »Vernunft: Kriterium oder Kultur?«; »Begründungen und Lebensformen«. Kritik an dieser neuen Position (insbesondere an dem Aufsatz »Vernunft: Kriterium oder Kultur?«) hat wiederum J. Mittelstraß, »Von der Vernunft«, geübt.

diesem Ziel ist. Universalität realisiert sich demnach dann, wenn die Menschen verstanden haben, daß sie sich nur selbst verwirklichen können, wenn sie sich gegenseitig als Personen respektieren. Wird diese Lebensform faktisch verfehlt, ist den Beteiligten allerdings kein Kriterium guten Lebens vorzuhalten. Vielmehr läßt sich lediglich auf solche Phänomene gemeinsamer Praxis hinweisen, durch die die bloße Singularität und Partikularität transzendiert wird. Mit dieser Deutung der Universalität setzt Kambartel sie als sprachspielimmanente Größe an: Geltung ist grundsätzlich nur als solche mit bloß lokalem Anspruch sinnvoll.

(c) Paul Lorenzen hat in seinem *Lehrbuch der Konstruktiven Wissenschaftstheorie* für die Theorie des politischen Wissens einen Ansatz entwickelt, der auf eine vorpolitische Ethik völlig verzichtet; eine solche Ethik bezeichnet Lorenzen als nicht theoriefähig. Erst die Beschränkung auf die Aufgabe, Prinzipien für die politische Argumentationspraxis zu liefern, ermögliche eine lückenlose Begründung. Damit wird also ausdrücklich auf ein Vernunftprinzip für das vorpolitische Handeln verzichtet.[9] Vielmehr ergibt sich eine Ethik erst im Rahmen der politischen Praxis: »Und eine Ethik ... läßt sich als eine begründete Wissenschaft auf der Basis der politischen Praxis nur dann aufbauen, wenn aus der posttraditionalen Not dieser Praxis das Denken um des Friedens willen – zunächst in vorwissenschaftlicher Weise – schon begonnen hat.«[10] Der Wille der Bürger zum Frieden ist daher auch nicht ideales Ergebnis der Befolgung des Vernunftprinzips, sondern eine historisch-kulturelle Voraussetzung dafür, daß im Bereich der Praxis zwischen »vernünftig« und »unvernünftig« unterschieden werden kann.[11] Erst auf dieser Basis läßt sich dann »vernünftiges« Argumentieren im Sinne allgemeiner Nachvollziehbarkeit (»Transsubjektivität«) als friedensdienlich einsichtig machen.[12]

Das Ziel der Universalität ist somit keine Voraussetzung moralischen Handelns, sondern Universalität ist erst dann eine praktische Kategorie, wenn die gewaltfreie Konfliktlösung bereits ein kulturelles Faktum ist. Auch hier ist Universalität eingebunden in eine bestimmte Lebensweltkonstellation.

9 Vorwort, S. 238f.
10 P. Lorenzen, a.a.O., S. 239.
11 Ebd., S. 240.
12 Ebd., S. 250f.

Als gemeinsame Pointe dieser (selbst-) kritischen Neuentwürfe früherer konstruktiv-ethischer Ansätze kann der Versuch betrachtet werden, für die Verpflichtung des menschlichen Handelns einen Grund zu finden, der nicht in universellen Handlungsregeln liegt, die dem handelnden Individuum in jeder Situation eine Verpflichtung auferlegen, sondern in der sozial eingebundenen, rechtlich und institutionell verfaßten Situation des Handelnden. Damit ist die Frage aufgeworfen, in welchem Sinn der Verpflichtungscharakter des Handelns – traditionell gesprochen »das Sollen« – überhaupt mit der Universalität von Regeln verbunden ist, denen das Handeln folgt oder als deren Befolgung es zumindest gedeutet werden kann (muß?). Jedenfalls machen die erwähnten Ansätze zu Recht darauf aufmerksam, daß das Sollen nicht analytisch aus der Universalität (der parteien*in*varianten Geltung) von Regeln folgt. Vielmehr ist erst zu zeigen, daß ein Sollen eine bestimmte (universelle) Reichweite hat und daß sich erst daraus ein »unbedingtes« Sollen ergibt. »Moralität« ist nicht analytisch, sondern synthetisch mit »Universalität« verbunden.
Allerdings ist hier genau zu beachten, in welchem Sinne überhaupt etwas »zu zeigen« ist. Aufgrund eines offenkundig tiefsitzenden Deskriptivismus, der sich bei Fundierungsproblemen der Ethik immer wieder einzustellen scheint, könnte das Problem so verstanden werden, als sei zu *begründen*, daß dem Sollen der Prädikator »universell« zugesprochen werden muß und umgekehrt, so daß eine Verpflichtung nur von einer Größe ausgehen kann, die universell ist. Damit würde jedoch allenfalls ein Problem der Beschreibung oder Erklärung des Handelns und seiner Elemente aufgeworfen. Im Zusammenhang der Ethik geht es demgegenüber um die Frage, ob dem Handeln etwas vorgeschrieben werden *soll*. Anders formuliert: Es geht nicht darum, ob das Sollen universell *ist*, sondern ob bzw. unter welchen Bedingungen es universell sein *soll*.
Der elementare Unterschied zwischen dem Universell-*sein* und dem Universell-*sein-sollen* ist der Grund dafür, daß die Universalitätsproblematik in der praktischen Sphäre eine ganz andere Dramatik erzeugt als in der theoretischen. Ob wir die Regeln von Geometrie, Arithmetik oder Mechanik für kultur*in*variant halten oder nicht, ist für das tatsächliche Handeln prima facie nicht sehr folgenreich; denn wer von diesen Regeln überzeugt ist und nach ihnen operiert, profitiert von ihnen, wer hingegen nicht davon

überzeugt ist, kommt entweder auch so zurecht, hat andere Lösungen oder geht unter (womit sich die Anerkennung der Universalität nach darwinistischen Gesetzen einstellt). Wer also das theoretische Subjekt geometrischer (usw.) Geltungsansprüche ist, bleibt eine *praktisch* folgenlose Frage. Demgegenüber ist es praktisch höchst bedeutsam, wer als praktisches Subjekt anerkannt wird, das heißt für wie weitreichend die Handelnden die Verpflichtung ihres Handelns einschätzen. Ob zum Beispiel die Menschenrechte nur für Griechen oder auch für Barbaren, nur für Christen oder auch für Heiden (Arier – Nicht-Arier, Weiße – Schwarze, Kapitalisten – Proletarier, Männer – Frauen usw.) gelten *sollen*, hat für die Betroffenen primäre praktische Bedeutung. Das heißt, praktische Subjektivität (»Personalität«) umfaßt nicht nur die Trägerschaft regulativer Geltungsansprüche (so wie die theoretische Subjektivität die Trägerschaft konstativer Geltungsansprüche umfaßt), sondern auch das Recht auf Anerkennung *als* Subjekt.[13]

Folglich ist der Universalismus der Geltung geometrischer (usw.) Aussagen nicht selbst eine Position der Geometrie (usw.) (sie ändert sich durch den Universalismus nicht; zum Beispiel ändert sich die Euklidische Geometrie nicht dadurch, daß sie für die universelle oder nur für eine partielle Theorie des Raumes gehalten wird). Demgegenüber ist der Universalismus der Geltung moralischer Aussagen eine Position der Ethik. Zusammenfassend: es ist zwar richtig, scharf zwischen theoretischem (zum Beispiel wissenschaftlichem) Universalismus und praktischen Geltungsansprüchen zu unterscheiden; daraus folgt aber keineswegs, daß es keinen praktischen Universalismus gibt oder, sofern es einen gibt, daß dieser bedeutungslos ist.

Allerdings legt sich hier der Einwand nahe, daß die in dieser Darstellung unterstellte scharfe Trennung zwischen theoretischer und praktischer Sphäre bei genauerem Hinsehen nicht durchzuhalten ist. Dafür braucht zum Beispiel nur die Logik betrachtet zu werden. Die Existenz eines situations- oder wenigstens parteien*in*varianten Argumentationsreglements sichert das Recht für jedermann, sich gegebenenfalls auch »moralisches Gehör« verschaffen zu können. Gäbe es nämlich bloß gruppen- (sprachspiel-) bezo-

13 Vgl. C. F. Gethmann, »Lebensweltliche Präsuppositionen praktischer Subjektivität«.

gene Regeln des Argumentierens, könnte man jedem Anspruch entgegenhalten: Das ergibt sich ja nur nach deiner/eurer Logik. Es bedarf keiner großen Phantasieanstrengungen, um ähnliche Situationstypen zu finden, so daß auch die universelle Geltung der Regeln der Geometrie (usw.) eine praktische Bedeutung haben *kann*. Es bleibt jedoch insofern eine grundsätzliche Differenz zwischen theoretischen und praktischen Regeln bestehen, als das Problem der Universalität den Inhalt der theoretischen Disziplinen nicht tangiert, während seine Lösung für die praktischen Disziplinen sehr wohl inhaltlich folgenreich ist (eine Gruppenethik enthält andere Verpflichtungen als eine universalistische Ethik).

Damit wird deutlich, daß die Frage der Anerkennung eines Sollens durchaus ein Problem der Reichweite ist. Entsprechend einer groben Klassifikation der Reichweite einer Verpflichtung unter der Rücksicht, ob sie genau für den Handelnden selbst, für die Gruppe derjenigen, mit denen er interagiert, oder für jedermann gelten soll, lassen sich ein ethischer Solipsismus, Partikularismus und Universalismus formulieren. Damit zeigt sich, daß es in der Tat ein substantielles Problem ist, ob und unter welchen Bedingungen moralische Verpflichtungen universell gelten. Jedenfalls ist eine Verpflichtung nicht erst dann eine Verpflichtung, wenn sie universell gilt; andernfalls wäre beispielsweise der Partikularismus aufgrund eines logisch-semantischen Fehlers zu verwerfen. Die Frage ist jedoch nicht die, ob der Partikularismus widerspruchsfrei ist, sondern ob (wenigstens manche) Verpflichtungen für jedermann gelten *sollen*. Somit ist zu klären, ob die Vorstellung der Geltung für jedermann überhaupt einen lebensweltlichen Ort hat, da doch unbestreitbar ist, daß das konkrete Handeln immer situativ eingebunden ist.

1. Probleme der Fundamentalpragmatik

Universelle Aufforderungen sind zunächst Geltungsansprüche, die Menschen gegenüber anderen Menschen in Diskursen erheben, bezweifeln oder einlösen. Diskurse um Aufforderungen sind regelgeleitete Redehandlungssequenzen zwischen Proponenten und Opponenten, die sich grundsätzlich nicht von Diskursen um Behauptungen unterscheiden. Somit gibt es auch von Haus aus kein Rationalitätsgefälle zwischen konstativen und regulativen Diskursen. Entsprechend ist hinsichtlich der »Rationalität« wiederum unerheblich, ob die Diskurse poietische oder praktische Handlungen zum Thema haben. Freilich haben die mit Aufforderungen erhobenen Geltungsansprüche nicht immer universelle Reichweite. Vielmehr lassen sich regulative Diskurstypen nach dem Gesichtspunkt ordnen, welcher Diskurstyp zweckmäßig gewählt wird, wenn ein vorheriger Konsensbildungsversuch gescheitert ist. Demzufolge läßt sich eine grobe methodische Diskurstypenfolge auszeichnen, die von der Finalisierung über die Generalisierung zur Universalisierung verläuft.[14] Der eigentliche »Sitz im Leben« des Problems des praktischen Universalismus ist daher die Diskursform der Universalisierung.

Die rationale Rekonstruktion von regulativen, näherhin praktischen Diskursen ist aus methodologischer Sicht das erste Kapitel des Aufbaus der Ethik. Dabei bestehen Rekonstruktionsbemühungen – wie auch sonst bei Proto-Disziplinen – vor zwei Aufgaben: *erstens* sind die diskursiven Handlungen terminologisch zu rekonstruieren *(Begriffe)*, und *zweitens* sind diejenigen Aufforderungen zu rechtfertigen, deren Befolgung Mittel zum Zweck diskursiver Einigung ist *(Regeln)*.

Während regulative und konstative Diskurse aufgrund des Aufforderungen und Behauptungen gemeinsamen illokutionären Moments des Geltungsanspruchs viele Parallelen aufweisen, unterscheiden sie sich wesentlich hinsichtlich der unterschiedlichen perlokutionären Momente. Aufforderungen sind Redehandlungen, die perlokutionär auf Handlungen abzielen, während Behauptungen beispielsweise perlokutionär auf Zustimmung abzielen; die perlokutionäre Asymmetrie zwischen Behauptungen und Aufforderungen zeigt sich schon darin, daß Zustimmungen eine Spezies von Handlungen sind. Folglich kann man auch dazu auffordern zuzustimmen.[15] Die perlokutionäre Besonderheit von

14 Vgl. O. Schwemmer, »Praktische Vernunft und Normbegründung«; C. F. Gethmann, »Proto-Ethik«.

15 Dies darf aber nicht so verstanden werden, als könne man Behauptungen als diejenige Spezies von Aufforderungen betrachten, die auf das Ausführen einer Zustimmung abzielt; die Einlösung der entsprechenden Geltungsansprüche ist nämlich ganz anderen Regeln unterworfen. Während die Rechtfertigung einer Aufforderung im Rahmen der Mittel-Zweck-Sphäre erfolgt, gelten für die Begründung von Behauptun-

Aufforderungen führt nun dazu, daß über die Diskursrekonstruktion hinaus auch die elementare Rekonstruktion von Handlungen zum methodisch ersten Kapitel der Ethik gehört *(Pragmatik)*, und zwar so, daß sich die elementare Handlungsrekonstruktion mit der Diskursrekonstruktion hinsichtlich der Begriffe und Regeln verschränkt. Dabei geht es wohlgemerkt nicht eigentlich um »Handlungstheorie«, weil durch den diskursiven Kontext große Teile handlungstheoretischer Debatten nicht einschlägig sein können. So ist bereits durch den Zugang zu Handlungen als perlokutionären Zielen von Aufforderungen eine kausal-deterministische Handlungsdeutung ausgeschlossen. Damit ist selbstverständlich nicht bewiesen, »daß der Mensch frei handelt«, sondern lediglich demonstriert, daß der methodische Aufbau einer Ethik eine nicht-deterministische Deutung von Handlungen erzwingt. Es ist nun bemerkenswert, daß die Schwierigkeiten, die in der jüngeren Diskussion zur Konstruktiven Ethik geltend gemacht worden sind, nicht direkt die Rekonstruktion der Diskursform der Universalisierung, sondern die fundamentale Pragmatik betreffen, die der Rekonstruktion von Diskurstypen methodisch vorausgeht. Daher sollen hier zunächst einige zentrale Probleme der ethischen Fundamentalpragmatik diskutiert werden.

(a) *Poietisches und praktisches Handeln*

Die frühen Erlanger Ansätze gehen nicht von einer Unterscheidung zwischen poietischen und praktischen Handlungen aus. Vielmehr wird – angefangen bei einer Rekonstruktion des Aufforderns und auf dem Wege über die diskursive Bewältigung von Konflikten in Beratungen – zunächst ein Moralprinzip formuliert. In diesem Rahmen ergibt sich methodisch erst die Möglichkeit, »moralisch« relevante Handlungen von anderen abzugrenzen, etwa durch Rückgriff auf Kants Wendung vom »Zweck an sich selbst«.[16] Der andere Weg, nämlich bereits in der elementaren Pragmatik bei einer Unterscheidung zwischen poietischem Handeln (gerätegestütztes Herstellen) und praktischem Handeln (zwischenmenschlicher Umgang) anzusetzen, schien sich aus

gen die Regeln der Grund-Folge-Sphäre; vgl. C. F. Gethmann, »Proto-Ethik«.

16 Diese Abgrenzung geschieht eher en passant: O. Schwemmer, *Philosophie der Praxis*, S. 160.

Gründen der Zirkelvermeidung zu verbieten: vor dem Aufbau der Ethik – so schien es – ist ein Begriff des Praktischen im emphatischen Sinn nicht formulierbar. Dieser Zirkel wäre in der Tat unvermeidlich, wenn das »Praktische« im Vollsinne zwischenmenschlich verpflichtender Moralität verstanden würde. Ihr Sinn und Geltungsanspruch soll ja erst auf dem Wege der Rekonstruktion einschlägiger Diskurstypen bestimmt werden. Es geht jedoch um eine pragmatisch viel einfachere Abgrenzung, die von vornherein klarstellt, daß das poietisch-instrumentelle Handeln nicht als modellhaft für praktisch-kommunikatives Handeln betrachtet wird. Diese Abgrenzung braucht lediglich auf die ethisch unproblematische Erfahrung zu rekurrieren, daß zwischenmenschlich relevantes Handeln grundsätzlich etwas anderes ist als das Handeln im Sinne von Herstellen. Aus dieser Erfahrung heraus hatte schon Aristoteles zwischen Handlungen unterschieden, deren Zweck im Handelnden, und solchen, deren Zweck außerhalb des Handelnden liegt. Für die Exemplifizierung des lebensweltlich bewährten Könnens darf daher nicht ausschließlich, nicht einmal primär, an poietisch-instrumentelle Handlungszusammenhänge, wie beispielsweise an den gerätegestützten Umgang des Handwerkers mit seinem »Zeug«[17], gedacht werden. Damit entfällt Wittgensteins Plattenlegen ebenso wie Lorenzens Steinewerfen als lebensweltlicher Ausgangspunkt für die Rekonstruktion praktisch-kommunikativen Handelns.[18]

Ebenso wie beim poietisch-instrumentellen Handeln zeigt sich bewährter Sachverstand auch in praktisch-kommunikativen Zusammenhängen, zum Beispiel in der Fähigkeit, Streit zu schlichten oder (schon komplexer) Recht zu sprechen. Parallel zur Herstellungsroutine für die theoretische Philosophie muß man daher von einer *Friedfertigkeitsroutine* als lebensweltlich elementarer pragmatischer Basis für die praktische Philosophie sprechen.

17 Heideggers instrumentalistischer Begriff des ›Umgangs‹ (*Sein und Zeit*, § 15) war in der Tat historisch bestimmend für den Primat des Poietischen im frühen Konstruktivismus; zu den historischen Zusammenhängen vgl. C. F. Gethmann, »Phänomenologie, Lebensphilosophie und Konstruktive Wissenschaftstheorie«.

18 Die Kritik von W. Wieland am schematischen Operieren als Modellhandlungstyp für die praktische Philosophie war daher zutreffend: »Praxis und Urteilskraft«; die Kritik betrifft auch noch C. F. Gethmann, »Proto-Ethik«.

(b) *Vor-institutionelles und institutionelles Handeln*

Der in den frühen Fassungen der Konstruktiven Ethik gewählte Ausgangspunkt für eine lebensweltliche Fundierung, nämlich das Plattenlegen oder Steinewerfen, erwies sich als äußerst schwieriger Anknüpfungspunkt für eine Institutionenlehre und die politische Philosophie überhaupt. Lorenzen hat nun, wie schon erwähnt, vorgeschlagen, sofort bei der Gesetzgebungspraxis in verfaßten Verbänden (Staaten) zu beginnen. Somit entfällt eine Ethik im Sinne vor- und außer-institutioneller Verpflichtungskritik. Allerdings ergibt sich dann die Schwierigkeit, daß man unterstellen muß, alle vor-institutionelle Praxis habe erst in ihrer gesetzgeberischen Regulierung ethisch relevante Qualität, oder aber, entsprechende Handlungen seien ethisch irrelevant (weil nicht »theoriefähig«).

Diese Sicht ist jedoch wenig plausibel, wenn man sich beispielsweise die Fragestellungen ansieht, die heute unter dem Stichwort der »applied ethics« diskutiert werden. Gerade hier kommt es darauf an, daß etwa die Probleme der Standesethik für Ärzte, Ingenieure oder Kaufleute bereits unterhalb der Gesetzgebungsebene von höchster praktischer Relevanz sind. Allerdings könnte man fordern, diese Probleme durch Gesetze zu regeln. Wichtiger ist daher der Einwand, wie man sich denn die Inhalte der Gesetzgebung und die Lösung entsprechender Legitimationsprobleme vorstellen soll, wenn nicht auf vor-institutionelle moralische Überzeugungen rekurriert werden kann (man denke an Probleme der medizinischen Ethik). Schließlich haben Institutionen ihre Rechtfertigung nicht aus sich heraus, sondern dadurch, daß sie auf Dauer gestellte, gewissermaßen »gelierte« (»gefrorene«) Diskurse sind.[19] Institutionen erfüllen zwar gerade dadurch ihren Zweck, daß über ihre Legitimität nicht ständig diskursiv befunden werden muß. Andererseits müssen sie aber als aus Diskursen hervorgegangen und daher prinzipiell auch als diskurszugänglich betrachtet werden. Aus diesem Grunde bedarf es einer vor-institutionellen Praxis, relativ zu der die Legitimität von Institutionen wenigstens grundsätzlich funktionell kontrolliert und kritisiert werden kann. Andernfalls gäbe es zum Beispiel keine Ebene, auf der diskursiv geprüft werden könnte, ob und unter welchen Bedingun-

19 Zu diesem Institutionenverständnis vgl. C.F. Gethmann, »Proto-Ethik«, S. 130-135.

gen denn den Gesetzen Folge zu leisten ist. Es kann nicht wiederum eine Frage der »richtigen« Gesetzgebung sein, wie die Pflicht der Gesetzesbefolgung zu qualifizieren und zu modifizieren ist (vom blinden Gehorsam bis zum Widerstand).

(c) Strategisches und kommunikatives Handeln

Jürgen Habermas hat in Anlehnung an Max Weber eine strenge begriffliche Unterscheidung zwischen kooperativem Handeln (»Arbeit«) und interaktivem Handeln (»Kommunikation«) eingeführt, die in seiner Theorie des kommunikativen Handelns zu einer Festlegung des Zweckbegriffs geführt hat, derart, daß »Zweck« semantisch sehr stark in die Nähe von »Erfolg« gerückt wird.[20] Diese Bedeutungsfestlegung hat dann zur Folge, daß über die Zweckrationalität hinaus eine höhere Form der Handlungsrationalität, die »Sinnrationalität«, etabliert werden muß. Im Rahmen dieser Konzeption von Handlungsrationalität müßte eine Wendung wie die vom »Zweck an sich selbst« widersinnig wirken, weil der Mensch nicht sich selbst als »Erfolg« seines Handelns setzen kann (man sehe von einer bestimmten Verwendung des Wortes »Selbstbestimmung« ab); »Erfolge« sind nämlich nach dem üblichen Sprachgebrauch Zustände, die den Handelnden transzendieren. Ein Stück weit geht es hier »bloß« um Fragen einer zweckmäßigen Terminologie und ihrer historischen Adäquatheit (vor allem mit Blick auf Kant). Darüber hinaus hat die Wahl der hier zweckmäßigen Terminologie jedoch weitreichende Folgen für das Verständnis der mit ihr formulierten Ethik.

Dies wird besonders deutlich, wenn man eine zweite Unterscheidung von Habermas, nämlich die zwischen kommunikativem und strategischem Handeln, hinzunimmt. »Strategisch« heißt dasjenige Handeln, das primär am eigenen Erfolg orientiert ist, während es beim kommunikativen Handeln um Verständigung zwischen Menschen geht, die sich wechselseitig nicht nur strategisch behandeln. Gemäß diesem terminologischen Ansatz ist nun zweckrationales Handeln, soweit es sozial relevant ist, analytisch zwingend strategisch. Indem Habermas durch die Erweiterung der Weberschen Handlungstypologie um den Begriff des kommu-

20 *Theorie des kommunikativen Handelns*, Bd. 1, S. 367-452; zum Beispiel: »Im kommunikativen Handeln sind die Beteiligten nicht primär am eigenen Erfolg orientiert ...« (ebd., S. 385).

nikativen Handelns die Typologie von Rationalitätsmodellen ergänzt, schenkt er Weber die (im Vergleich zu Kant) instrumentalistische Reduktion der Zweckrationalität. Umgekehrt besteht aber zu dieser Typisierung kein Zwang, wenn die Konzeption der Zweckrationalität *nicht* auf instrumentell-strategisches Handeln verkürzt wird. In diesem Fall läßt sich dann der »Zweck an sich selbst« als Grenzfall der Zweckrationalität denken. Hier genügt festzuhalten, daß man dann, wenn man den für die Ethik einzuführenden Handlungsbegriff in den Kategorien von Zweck und Mittel expliziert, nicht eo ipso das Verhältnis zwischenmenschlicher Verständigung auf ein strategisches Verhältnis reduziert hat. Allerdings würde bei Aufrechterhaltung *einer* differenzierten Zweckrationalität der Einwand zutreffen, daß eine Ethik, die am Leitfaden des poietischen Handelns expliziert würde, zwangsläufig in der Sphäre des strategischen Handelns verbleiben müßte[21], da nämlich der Zweck poietischer Handlungen, wie unter (a) erörtert, diesen immer äußerlich bleibt, poietisches Handeln somit erfolgsorientiert ist.

Dies alles hindert jedoch nicht, praktisches Handeln im Rahmen der Zweck-Mittel-Sphäre zu rekonstruieren. Letzter Zweck (»Sinn«) ist dabei eine Funktion menschlichen Lebens, die ihrerseits nicht wieder als Mittel für andere Funktionen betrachtet werden kann. Das bedeutet nicht, daß die Ethik letztlich in einer allgemeinen Anthropologie im Sinne eines »Systems der Bedürfnisse« fundiert sein muß. Bezüglich dieser gäbe es erhebliche Schwierigkeiten, ihre Aussagen so zu begründen, daß ein Übergang zur normativen Ethik ohne naturalistische Fehlschlüsse möglich wäre. Die letzten Zwecke sind diejenigen, die wir als Handelnde bei anderen unterstellen *sollen*, ohne daß der Anspruch einer theoretischen Verallgemeinerbarkeit erhoben werden muß.[22]

21 Oder implizit doch von einem praktischen Handlungsverständnis Gebrauch macht; so zum Beispiel bei C. F. Gethmann, »Proto-Ethik«, 132 (»Würde«).

22 Vgl. dazu P. Lorenzens Vorschlag zum Begriff der »Lebensform« (*Lehrbuch*, S. 232 ff.).

(d) *Historisches und schematisches Handlungsverständnis*

Oswald Schwemmer hat in seinen neueren Arbeiten zur Pragmatik und Ethik das schematische Handlungsverständnis, das durch Abstraktion bestimmter situativer Momente der Handlung gebildet wird (»Handlungsschema«), als für die Ethik unbrauchbar verworfen.[23] Nunmehr ist ein historisches Handlungsverständnis gefordert, so daß die praktische Philosophie insgesamt kein rekonstruktives Unternehmen mehr sein kann, sondern sich narrativer Redemuster bedienen muß. Dies wirft jedoch die Frage auf, ob eine narrativ verfahrende praktische Philosophie den Verpflichtungscharakter des Handelns noch verständlich machen kann, und zwar über den bloßen Bericht von Verpflichtungserlebnissen und -überzeugungen hinaus. Schwemmer übersieht (und das gilt allerdings auch schon für die früheren Ansätze der Konstruktiven Ethik), daß das Interesse an der Verallgemeinerbarkeit regulativer Geltungsansprüche und die dazu vorausgesetzte Möglichkeit situationsdistanzierten (schematischen) Handlungsverständnisses nicht erst durch das Rekonstruktionsinteresse des Philosophen in die Welt kommt, sondern daß es bereits ein primäres Interesse lebensweltlicher Handlungsverständigung sein kann, Problemlösungen über die Situation hinaus zu formulieren. Dies gilt allerdings nicht zwangsläufig für jede Lebenswelt. Nur wenn der Gedanke der Verpflichtung dem lebensweltlichen Handlungsverständnis inhärent ist, hat eine Ethik als systematische Rekonstruktion dieses Gedankens einen pragmatischen Ort. Sollte aber die Lebenswelt diesen Aspekt nicht wenigstens ansatzweise aufweisen, gäbe es für eine Ethik keine Funktion, auch nicht für eine narrativ verfahrende. Im übrigen ist zuzugestehen, daß es pragmatische Kontexte gibt, in denen ein von situativen Momenten abstrahierendes Handlungsverständnis unangebracht ist, beispielsweise Erzählkontexte. Dies stellt jedoch den Nutzen eines schematischen Handlungsbegriffs für die Ethik (und in gewissem Umfang auch für die Kulturwissenschaften) nicht in Frage. Welche Abstraktion der Erfahrungstotalität (auch der Handlungserfahrung) vorgenommen wird, hängt nicht von einem geheimnisvollen Wesen der Handlung ab, sondern allein von dem Erkenntniszweck, für den man die Abstraktion vollzieht. Besteht lebensweltlich ein Interesse an Problemlösungen und Handlungsregu-

23 Vgl. die in Anm. 6 und 7 zitierten Arbeiten.

lierungen über den Moment hinaus, dann hat das schematische Handlungsverständnis einen guten lebensweltlichen Sinn.

2. Universalität als Lebensform?

Für das Programm eines methodischen Aufbaus von Redemitteln, durch den die faktischen moralischen Überzeugungen, wie sie in Äußerungen und konkludenten Handlungen einer Lebenswelt faßbar sind, kritisch geprüft werden (Ethik), ist vor allem die Lösung des Anfangsproblems entscheidend. Diejenigen Kritiker der Konstruktiven Ethik, die den Modellcharakter des schematischen Operierens und anderer poietischer Handlungen für die Ethik in Frage stellen, haben aus ihrer Kritik offenkundig den Schluß gezogen, daß wegen des nun fehlenden Anfangs das Konzept des methodischen Aufbaus nicht zu realisieren sei. Tatsächlich erfüllen jedoch auch praktisch-kommunikative Handlungen die Kriterien, die für einen lebensweltlich-methodischen Anfang gelten.[24] Insbesondere lassen sich auch praktisch-kommunikative Handlungen durch *Retorsion* als nicht bloß okkasionelle, sondern apriorische Elemente einer Lebenswelt auszeichnen. Dies läßt sich am Beispiel des Streitschlichtens so demonstrieren: wer in einer Konfliktsituation äußert, er stehe außerhalb des Streites und brauche daher seine Maximen nicht als verallgemeinerbar zu rechtfertigen, ist dadurch bereits in einen Streit eingetreten. Wer nämlich einen Anspruch gegenüber anderen geltend macht, kann nicht wählen, ob er Kontrahent ist oder nicht. Gesetzt, eine Lebenswelt sei so verfaßt, daß Menschen nicht anders könnten, als gegenüber anderen Ansprüche geltend zu machen, dann ist der Streit und das Streitschlichten ein Apriori relativ zu dieser (aber nicht unbedingt jeder) Lebenswelt.
Die weiteren Schritte zur Rekonstruktion der Regeln von Rechtfertigungsdiskursen lassen sich nun mittels der Frage nach den Präsuppositionen gewinnen, die jedermann teilen muß, der mit Aussicht auf Erfolg an Streitschlichtungen teilnehmen können

24 Vgl. zu dieser Konzeption in Abgrenzung zum Programm der »Letztbegründung« C. F. Gethmann, »Letztbegründung vs. lebensweltliche Fundierung des Wissens und Handelns«, zum Anfangsproblem besonders S. 287-292.

will. Für die dazu durchzuführende Diskursrekonstruktion können hier nur einige Aspekte hervorgehoben werden:

(a) Streitschlichten als Aggregat von Redehandlungen
Das Streitschlichten ist zunächst ein Aggregat von Handlungen, die durch Reden ausgeführt werden (wie ermitteln, vorschlagen, beschwichtigen, versprechen, auffordern u. a.). In institutionalisierten Fällen (Schiedsmann, Schlichter bei Tarifkonflikten, Zivilrichter u. a.) werden diese Elemente mehr oder weniger reguliert bis hin zur durch Regeln festgelegten Sequenz von Redehandlungen, wie etwa beim Richterspruch. Das nicht-institutionalisierte Streitschlichten ist allerdings keine bloß additive Verbindung von Handlungen, die auch ohne diese Zusammenfügung einen Sinn machten. Ein Handlungsaggregat, derart, daß wenigstens einige Handlungen einen Sinn nur im Rahmen des Aggregats machen, möge eine *komplexe Handlung* heißen. So ist das An-der-Kasse-Bezahlen nur als Teilhandlung im Handlungskomplex des Einkaufens sinnvoll. Fragt man nach den Bedingungen, die erfüllt sein müssen, damit derartige Handlungen sinnvoll vollziehbar werden, erhält man die Minimalregeln, die befolgt sein müssen, damit eine komplexe Handlung sinnvoll ist. Diese Regeln sind allerdings keineswegs hinreichend, um eine komplexe Handlung eindeutig zu bestimmen oder gar, um eine Handlungssequenz zu rekonstruieren. Andere Beispiele für komplexe Redehandlungen sind das Argumentieren, das geschäftliche Verhandeln, das Unterrichten, das ein-Match-Schiedsen. Nach der Standardanalyse, die J. R. Searle gegeben hat[25], ist eine Redehandlung dadurch charakterisiert, daß man in ihr durch das Reden etwas tut. Dieses Tun muß selbst nicht zwingend phonetisch oder graphisch wahrnehmbar sein; auch der Stumme kann Redehandlungen vollziehen, wie zum Beispiel etwas versprechen, jemanden loben, zu etwas auffordern usw.[26] In diesem Sinne ist auch das Streitschlichten ein komplexes Handeln. Entsprechend kann nach den Präsuppositionen dieses Handelns gefragt werden.

25 *Sprechakte.*
26 Daher ist es nicht ganz unproblematisch, beim Begriff der »Äußerung« immer gleich an verlautbarte Rede zu denken. Allerdings gibt es hier komplizierte rekonstruktive Abgrenzungsfragen.

(b) Präsuppositionelle Analyse

Die Diskussion um den Begriff der Präsupposition greift gewöhnlich auf Strawsons Vorschlag zurück[27], wonach ein Satz S einen Satz P genau dann präsupponiert, wenn die Wahrheit oder Falschheit von S P subjungiert. Dieses *logische* Verständnis ist jedoch für die Rekonstruktion von Redehandlungen nicht brauchbar, weil es dabei nicht um die Präsuppositionen von Sätzen, sondern von Handlungen geht. Es ist daher ein *pragmatisches* Verständnis des Begriffes der »Präsupposition« heranzuziehen, gemäß dem ein Sprecher/Hörer eine Regel R für eine Redehandlung H pragmatisch genau dann präsupponiert, wenn die Befolgung von R die angemessene Ausführung von H ist.[28] Dabei ist »redehandlungstheoretisch« folgendes unterstellt:

(I) Handlungen werden, nach dem früheren Vorschlag O. Schwemmers[29], als Befolgungen von Aufforderungen rekonstruiert.

(II) Regeln sind bedingte generelle Aufforderungen, d. h. im Sukzedens der Regeln steht die Handlungsanweisung, im Antezedens eine generelle Situationsbeschreibung: immer wenn T der Fall ist, tue H!

(III) Dementsprechend werden Redehandlungen verstanden als Befolgungen von Regeln des angemessenen Sich-Äußerns. Redehandlungen werden somit rekonstruiert durch Angabe derjenigen Regeln, als deren Befolgung die vollzogenen Handlungen zu deuten sind, bzw. derjenigen Regeln, die man hätte angeben müssen, um eine angemessene Ausführung der Handlungen zu gewährleisten.

(c) *Präsuppositionen des Streitschlichtens*

Wer einen Streit schlichten will, präsupponiert (wenigstens):

(I) Es besteht ein (zumindest vermeintlicher) Konflikt zwischen den Kontrahenten.

27 »On Referring«, Introduction.

28 Die Unterscheidung zwischen logischem und pragmatischem Präsuppositionsbegriff hat G. Grewendorf (»Präsuppositionen bei disjunktiven Fragen«) eingeführt. Ähnlich schon U. Egli, »Zweiwertigkeit und Präsuppositionen«; D. Wunderlich, »Präsuppositionen in der Linguistik«; U. Blau, *Die dreiwertige Logik der Sprache*, S. 50ff.

29 *Philosophie der Praxis*, S. 37ff.

(II) Konflikte sollen, aus welchen Gründen auch immer, vermieden werden.

(III) Es ist für die Beteiligten unerwünscht, daß der Streit durch Ausschluß eines Kontrahenten aus der Klasse derjenigen, die das Recht haben, Ansprüche geltend zu machen, beigelegt wird.

(IV) Alle Ansprüche sind als rechtfertigungsbedürftig und -zugänglich anzusehen; oder anders formuliert: niemand soll seine Ansprüche immunisieren dürfen.

Diese Präsuppositionen sagen noch nichts darüber aus, was denn als Verfahren oder gar Inhalt einer Streit schlichtenden Empfehlung dienen kann. Dies ist in der Tat zunächst vollständig situationsgebunden und vom Willen der Beteiligten abhängig. Grundsätzlich spricht auch keine Gelingensbedingung dagegen, daß in jeder neuen Streitsituation alle Beteiligten den Streit auf immer wieder neue Weise schlichten. Allerdings liegt es nahe, daß unter den Bedingungen knapper Zeit und beschränkter psychischer Energie die Bildung von Konfliktlösungsverfahren oder sogar -inhalten, die über den bloß momentanen Streit hinausgehen, wünschenswert erscheint. Auf diese Weise gelangt man zu Streittypen, für die es typische Schlichtungsverfahren oder -inhalte geben kann. Fragt man systematisch nach denjenigen Diskursformen, die gewählt werden müssen, damit jeweils Schlichtungschancen ausgenutzt werden können, falls die Einigungsmöglichkeiten im Rahmen einer vorherigen Diskursform ausgeschöpft worden sind, so erhält man die schon erwähnte methodische Reihe von Diskursformen:

(I) *Finalisierung:* Der Zweck einer afinalen Aufforderung wird expliziert; Einigungschancen bestehen unter der Bedingung, daß der Konflikt sich der Tatsache verdankt, daß die gemeinsam Handelnden sich nicht darüber im klaren sind, zu welchem Zweck ihre Handlungen Mittel sind. Das Erlanger Moralprinzip ist dabei eine von mehreren Möglichkeiten, durch Finalisierung einen Streit zu schlichten.[30]

(II) *Generalisierung:* Die situativen Handlungsbedingungen wer-

30 Vgl. P. Lorenzen/O. Schwemmer, *Konstruktive Logik;* F. Kambartel hatte schon in »Wie ist praktische Philosophie konstruktiv möglich?« darauf hingewiesen, daß das Moralprinzip nur eine, nicht aber *die* Konfliktlösungsregel ist (S. 15).

(II) *Generalisierung:* Die situativen Handlungsbedingungen werden expliziert, wobei eine Aussicht auf Einigung unter der Bedingung eintritt, daß der Konflikt darin besteht, daß man nicht anzugeben vermag, welchem Typ die Situation entspricht, in welcher sich die Handelnden befinden.

(III) *Universalisierung:* Hier wird gefragt, was jedermann unter den gegebenen Umständen zumutbar wäre. Dabei besteht eine Einigungschance dann, wenn richtig fingiert werden kann, was jedermann an Ansprüchen vorbringen könnte und wie diese gegenüber jedermann zu rechtfertigen wären.

Bereits diese grobe Klassifikation macht deutlich, daß lebensweltliche, situationsbezogene Konfliktlösungspotentiale keineswegs die Garantie in sich bergen, unter allen Bedingungen ausreichend zu sein. Im Gegenteil: lebensweltliche Konfliktlösungen sind trotz ihrer faktischen Leistungsfähigkeit grundsätzlich störanfällig, weil sie aufgrund ihrer Situationsgebundenheit uneindeutig, lückenhaft und bereichsbezogen sind. Viele Aufgaben haben viele Lösungen, die untereinander häufig nicht vereinbar sind; viele Aufgaben sind noch gar nicht vorgekommen, und viele Problemlösungen hängen von materiellen Rahmenprämissen ab, die die Beteiligten in neuen Situationen eines bestimmten Typs nicht teilen. Die lebensweltliche Friedfertigkeitsroutine ist, unbeschadet ihrer relativen Leistungsfähigkeit, kein stets verläßliches und stets verfügbares Instrument zur Vermeidung oder Beseitigung von Konflikten. Sind die Störungen lebensweltlicher Potentiale nur hinreichend groß, dann wird ihre Leistungsfähigkeit entsprechend klein. *Die Suche nach universellen Regeln ist somit eine in der inneren Tendenz lebensweltlicher Konfliktbewältigung liegende Dynamik.*

Mit Blick auf die von Friedrich Kambartel vertretene Position, daß die Bereitstellung von Konfliktlösungspotentialen lokaler Reichweite ausreichend sei, ist zu sagen, daß solche »sprachspielimmanenten« Lösungsmuster durchaus ihre Bedeutung haben und jedenfalls solipsistischen Lösungen überlegen sind. Andererseits schöpfen die lokalen Lösungsmuster die Möglichkeiten nicht aus, die echt universelle, also über die präsentisch im Handeln erlebte Gemeinsamkeit hinausgehende Geltungsansprüche haben *können*. Nun stellt Kambartel selbst heraus, daß Universalität auf einer gemeinsamen Praxis des vernünftigen miteinander Umgehens beruhe, welches somit eine Transzendenz des bloß situativen

und partikulären Handelns impliziere.[31] Vernunft ist in der Tat zunächst ein Kulturphänomen; ansonsten hätten Universalitätsansprüche keinen Sitz im Leben. Der Hinweis auf eine gemeinsame Kultur des Umgangs miteinander ist jedoch nicht ausreichend. Für jede faktische Handlungsgemeinschaft gilt nämlich, daß die Transzendenz des bloß Partikulären ihre *faktische* Grenze an den Grenzen dieser Handlungsgemeinschaft hat. Insofern ist Kambartels Universalität als Lebensform – wenn man einmal unterstellt, daß es bis jetzt keine Handlungskultur auf der Ebene der »Weltgemeinschaft« gibt, die eine nennenswerte praktische Erlebnisqualität hätte – immer nur partikulär, wenn auch vielleicht auf sehr große Gruppen bezogen. Da jede Gruppe andere ausschließt (damit anderen wenigstens implizit die Anerkennung als praktische Subjekte (Personen) verweigern kann, ohne gegen die eingelebten und anerkannten Gruppenregeln zu verstoßen), ist durch keine lokale Geltung wirkliche Universalität erreicht, wenn auch vielleicht angezielt. Solange jedoch darauf bestanden wird, daß die Universalität selbst eine Lebensform ist und nicht – darüber hinaus – ein aus Lebensformen heraus angezielter Limes, solange gibt es zum Beispiel gegen die gruppenimmanente Moral eines Feudalsystems, einer arischen Volksgemeinschaft oder eines Apartheid-Regimes usw. ethisch nichts einzuwenden.[32]
Daher kann man auf Kambartel erwidern, daß zwar dann, wenn jeder, der sich auf das Auffordern versteht und somit Geltungsansprüche erheben kann[33], auch als praktisches Subjekt (Person) anerkannt ist, das Ziel der Universalität als Lebensform erreicht ist. Solange dies jedoch nicht erreicht ist, transzendiert Universalität alle Lebensformen (ein analytisch wahrer Satz). Somit hat die Vorstellung der Universalität zwar einen (methodisch wesentlichen) lebensweltlichen Ansatzpunkt, aber sie geht darüber hinaus.

31 F. Kambartel, »Vernunft: Kriterium oder Kultur?«, S. 42.

32 Kambartel stellt sich diese Frage nach der Relativität unserer historischen Kultur und ihrer Kritisierbarkeit selbst und antwortet darauf: »Nun, wir sehen, wo, in welchen Situationen, unsere Verständnisse jeweils unangemessen sind« (»Begründungen und Lebensformen«, S. 58). Aber dies ist gerade das Problem eines jeden Partikularismus: diejenigen, die an ihm teilhaben, sehen nichts Unangemessenes.

33 So der Vorschlag zur Bestimmung der Reichweite des Begriffs der praktischen Subjektivität bei C. F. Gethmann, »Lebensweltliche Präsuppositionen praktischer Subjektivität«.

Ob man nun dem terminus ad quem dieser Situationstranszendenz ein »definierbares« Kriterium nennt, oder eine Utopie oder eine regulative Idee oder eine Limes-Vorstellung, ist dabei philosophisch weniger erheblich. Wenn man jedoch auf der diskursiven Einlösbarkeit praktischer Geltungsansprüche besteht, dann stellt sich auch dieser Limes als eine besondere (eben universelle) Aufforderung dar. Diese hat jedoch nicht die Funktion eines »Maßstabs«, sondern einer argumentativen Instanz, auf die zu rekurrieren jedermann das Recht haben *soll*. Um es mit Kambartels Beispiel zu erläutern[34]: Tatsächlich beurteilen wir die Regelmäßigkeit eines Schachzuges nicht, indem wir ihn einer Regel subsumieren, die wiederum den Test bestanden hat, den Maßstab der »Schachspielartigkeit« zu erfüllen. Gleichwohl betrachten wir es beispielsweise nicht als beliebig, was jemanden gelehrt wird, der darum bittet, in die Regeln des Schachspiels eingeführt zu werden (es gibt nicht »unser« Schach gegenüber »eurem« Schach). Wer in einer gemeinsamen Praxis Regeln folgt, präsupponiert (wenigstens bei einem nicht unwichtigen Typ von Fällen), daß dies die Regeln sind, denen jedermann folgen *sollte*. Universalität ist hier also terminus ad quem einer situationstranszendierenden Antizipation. Jedoch ist diese nicht funktionell als Kriterium zu betrachten.[35]

Zusammenfassend ist daher festzuhalten: Universelle Geltungsansprüche haben einen Sitz im moralischen Leben, das heißt, ihre Funktionalität wurzelt in situativen Problemen zwischenmenschlicher Verständigung. Somit ist das Bedürfnis nach Vernunft, verstanden als das Vermögen Verallgemeinerbarkeit garantierender Prinzipien, selbst ein lebensweltliches Faktum.

34 F. Kambartel, »Begründungen und Lebensformen«, S. 37.

35 Es ist allerdings zu fragen, ob die konstruktivistischen Prinzipien (Vernunft-, Moral-, Transsubjektivitätsprinzip) wirklich, wie Kambartel unterstellt, im Sinne von Kriterien entwickelt worden sind; vgl. zur Gegenkritik J. Mittelstraß, »Von der Vernunft«.

3. Unabdingbarkeit vs. Unbedingtheit

Ist aber Universalität eine lebensweltlich funktionelle Diskursform zur Rechtfertigung praktischer Geltungsansprüche, dann ist zu fragen, von welcher Art der Verpflichtungscharakter ist, der sich für die potentiell Betroffenen in den Fällen ergibt, in denen eine Aufforderung universell gerechtfertigt wurde. Offenkundig ist in diesen Fällen gegenüber der Finalisierung und der Generalisierung eine andere Lage gegeben. Während in den Diskursformen außerhalb der Universalisierung sich jeder seiner Rolle als Adressat einer Verpflichtung entziehen kann, indem er z. B. geltend macht, er habe sich dem Zweck der Handlung nicht unterworfen (Finalisierung) bzw. er nehme am Situationstyp, für den die Aufforderung gerechtfertigt sei, gar nicht teil (Generalisierung), ist im Falle der Universalisierung jeder, der sich auf das Auffordern versteht, d. h. als möglicher Anspruchsberechtigter in welchem Kontext auch immer grundsätzlich anerkannt sein will, Adressat der Verpflichtung. Wer in diesem Sinne als praktisches Subjekt (Person) anerkannt sein will, daß auch er berechtigt ist, gegenüber anderen Ansprüchen geltend zu machen, ist seinerseits auch verpflichtet, zu tun, was für jedes praktische Subjekt eine Verpflichtung ist. Gilt eine Aufforderung universell, dann sind die entsprechenden Rechte und Pflichten durch keinerlei diskursive Verständigung mehr abzudingen. Dies gilt sowohl (hinsichtlich der Rechte) für Einigungen darüber, einen anderen gar nicht als praktisches Subjekt zuzulassen, als auch (hinsichtlich der Pflichten) dafür, sich von Verpflichtungen als gar nicht betroffen zu dispensieren.

Parallel zur Unterscheidung zwischen theoretischen und praktischen universellen Geltungsansprüchen ist dieser Verpflichtungscharakter der (praktischen) *Unabdingbarkeit* streng von der für das wissenschaftliche Wissen geltenden (theoretischen) *Unbedingtheit* zu trennen. Während ein konstativer Geltungsanspruch dann unbedingt gilt, wenn er nicht von der Wahrheit/Falschheit eines Antezedens abhängt, gilt ein regulativer Geltungsanspruch dann unabdingbar, wenn sich niemand seiner Verpflichtung entziehen können *soll*. Schwemmers Kritik an der Unbedingtheitsvorstellung des Universalismus ist in dem Sinne berechtigt, als in der Konstruktiven Ethik, die sich zugleich als Wissenschaftstheorie (der Kulturwissenschaften) verstand, nicht konsequent zwischen Unabdingbarkeit und Unbedingtheit unterschieden worden ist.[36]

Der Verpflichtungscharakter dieser Geltungsansprüche liegt in ihrer (praktischen) Unabdingbarkeit; diese ist jedoch mit einer (theoretischen) Bedingtheit ohne weiteres verträglich. Für die Annahme einer praktischen Vernunft als lebensweltliches Faktum ist es nicht korrumpierend, wenn dieses Faktum von Kulturbedingungen abhängt. Auch wenn jedoch Vernunft ein kulturelles Faktum ist (eine »Lebensform«), kann nämlich niemandes Berufung auf sie abgedungen werden. Positiv: jedermann, der überhaupt Ansprüche geltend machen kann, *soll* von jedermann als anspruchsberechtigt anerkannt werden (praktische Subjektivität; Personalität). In diesem Recht bzw. der Pflicht von jedermann gegenüber jedermann besteht die *praktische* Universalität.

Um die lebensweltlichen Bedingungen der präskriptiven Kraft universeller regulativer Geltungsansprüche aufzuweisen, ist zu fragen, welche Bedingungen erfüllt sein müssen, damit das Streitschlichten mit Aussicht auf Gelingen vollzogen werden kann. Einfache, aber folgenreiche Beispiele für solche faktischen Bedingungen sind folgende:

(I) Die Kontrahenten leben in einer Welt, in der es Streit gibt. Ein praktisch perfektes Wesen in einer perfekten Welt hat keine Probleme mit unverträglichen Handlungszwecken, muß also keine Streitkultur entwickeln. Ein ens perfectissimum, zu dessen Perfektion es auch gehört, nichts Überflüssiges an sich zu haben, verfügt somit über keine Ethik, weil es keine Moral hat.

(II) In einer Welt, die ceteris paribus unsere ist, in der aber kein Schlichtungsbedürfnis besteht, entwickelt sich faktisch keine Streitschlichtungskultur. Beispielsweise könnte in einer entsprechenden Sozietät die Überzeugung tief verwurzelt sein, was den Menschen widerfahre, widerfahre ihnen zu Recht. In einer solchen Welt hat ein ethischer Satz der Art: »Wir haben für Chancengleichheit zu sorgen, weil die, die das Nachsehen haben, auch Personen sind« keinen lebensweltlichen Witz.

(III) In einer Welt, die ceteris paribus unsere ist, in der aufgrund

36 Schon Kant hat für eine gewisse Konfusion gesorgt, indem er den praktisch-kategorischen Charakter der universellen Verpflichtung mit der (theoretischen) Apodiktizität in Verbindung gebracht hat (*Grundlegung*, S. 414 f.).

eines tief verwurzelten Fatalismus aber keine Gelingenszuversicht hinsichtlich des Streitschlichtens besteht, hat das Erheben universeller Geltungsansprüche keinen pragmatischen Sinn.
Diese Hinweise zeigen, daß der präskriptive Anspruch universeller Geltungsansprüche von lebensweltlichen Erfahrungen (zum Beispiel der Erfahrung der Unvollkommenheit der Verhältnisse, der Gleichberechtigung von jedermann gegenüber jedermann und der Gelingenszuversicht hinsichtlich von Streitschlichtungsversuchen) abhängt, insofern diese Geltungsansprüche präsupponieren, daß auf bestimmte Weise Tatsachen vorhanden sein müssen, damit sie überhaupt sinnvoll vollzogen werden können. Damit das Streitschlichten überhaupt mit Aussicht auf Erfolg versuchsweise realisiert werden kann, muß eine bestimmte Interaktionskultur bereits gelebte Realität sein. Dies ist die präzisierte Bedeutung der Wendung vom »Faktum der (praktischen) Vernunft«. Diese Vernunft ist in ihrem Anspruch bedingt; sind die Bedingungen erfüllt, gilt sie unabdingbar.

Abschließend ist diese Konzeption einer lebensweltlichen Fundierung präskriptiver universeller Geltungsansprüche gegen zwei Einwände zu verteidigen, die nahezuliegen scheinen:
(I) Mit Blick auf die Bedingtheit dieser Geltungsansprüche könnte von einem *Lebenswelt-Relativismus* gesprochen werden. Der Relativismus-Einwand beruht jedoch auf einer Verwechslung von Unbedingtheit mit Unabdingbarkeit. Wer hier ein Relativismus-Problem sieht, unterstellt nämlich, daß Nicht-Relativität bedeutet: geltend in allen (Lebens-) Welten. Dieser Begriff von Notwendigkeit ist schon für konstative Geltungsansprüche problematisch. Für regulative Geltungsansprüche ist er jedoch irrelevant. Für die Klärung der Frage, ob zum Beispiel die Menschenrechte gelten, ist es nicht ausschlaggebend, daß sie nur unter bestimmten Bedingungen einer Interaktionskultur sinnvoll sind.[37]
(II) Mit Blick auf die vorgeschlagene Lösung des Sein-Sollen-Problems könnte der Verdacht eines naturalistischen Fehlschlus-

37 Zum Beispiel ist es nicht ausschlaggebend, daß diese Bedingungen mit einer bestimmten kulturgeschichtlichen Konstellation, etwa von antikem Humanismus und christlichem Menschenbild, verbunden sind; vgl. dazu C. F. Gethmann, »Genesis und Geltung von Normen« in Auseinandersetzung mit W. Oelmüller, »Zur Rekonstruktion unserer historisch vorgegebenen Rahmenbedingungen«.

ses aufkommen, hier in der Variante eines *kulturalistischen Fehlschlusses.* Wird nicht aus der Tatsache, daß eine Interaktionskultur besteht, geschlossen, daß sie auch bestehen *soll*? In der Tat wird für die lebensweltliche Fundierung der Ethik auf ein Faktum rekurriert, nämlich das Faktum eines Sollens. Es wird jedoch nicht dieses faktische Sollen als solches in Kraft gesetzt, sondern nur als methodischer Anfang verwendet, um Redemittel einzuführen, mit deren Hilfe universelle Geltungsansprüche formuliert werden können. Sowenig wie in der Proto-Physik aus dem lebensweltlichen Faktum der Existenz von Hobeln die geometrischen Sätze der Ebene abgeleitet werden, sowenig wird in der Proto-Ethik aus der Existenz von Schlichtungen auf ein Postulat der Gerechtigkeit geschlossen. Ähnlich wie jedoch die Sätze der Ebene ideale Antizipationen sind, die erst den gelingenden Gebrauch von Hobeln sinnvoll erscheinen lassen, können sich Gerechtigkeitspostulate durch präsuppositionelle Rekonstruktion als ideale Antizipationen von Streitschlichtungshandlungen ausweisen lassen. Es gilt nicht die Normativität des Faktischen, wohl aber die Normativität des im faktisch Normativen Präsupponierten.

Literatur

Blau, Ulrich, (1978), *Die dreiwertige Logik der Sprache. Ihre Syntax, Semantik und Anwendung in der Sprachanalyse*, Berlin.

Egli, Urs (1971), »Zweiwertigkeit und Präsupposition«, in: *Linguistische Berichte* 13, S. 74-78.

Gethmann, Carl Friedrich (1979), »Genesis und Geltung von Normen«, in: W. Oelmüller (Hg.), *Normen und Geschichte*, Paderborn, S. 17-23.

– (1982), »Proto-Ethik. Zur formalen Pragmatik von Rechtfertigungsdiskursen«, in: Th. Ellwein/H. Stachowiak (Hg.), *Bedürfnisse, Werte und Normen im Wandel.* Bd. 1: *Grundlagen, Modelle und Perspektiven*, München, S. 113-143 (englisch: »Protoethics. Towards a formal Pragmatics of Justificatory Discourse«, in: R. E. Butts/J. R. Brown (Hg.), *Constructivism and Science. Essays in Recent German Philosophy*, Dordrecht 1989, S. 191-220).

– (1987), »Letztbegründung vs. lebensweltliche Fundierung des Wissens und Handelns«, in: Forum für Philosophie Bad Homburg (Hg.), *Philosophie und Begründung*, Frankfurt am Main, S. 268-302.

– (1991), »Phänomenologie, Lebensphilosophie und Konstruktive Wissenschaftstheorie. Eine historische Skizze zur Vorgeschichte der Erlanger Schule«, in: ders. (Hg.), *Lebenswelt und Wissenschaft. Studien zum Verhältnis von Phänomenologie und Wissenschaftstheorie*, Bonn, S. 13-77.

– (1991), »Lebensweltliche Präsuppositionen praktischer Subjektivität. Zu einem Grundproblem der ›angewandten Ethik‹«, in: W. Jacobs (Hg.), *Akten des 1. Internationalen Schelling-Kongresses*, Stuttgart (im Druck).

Grewendorf, Günther (1977), »Präsuppositionen bei disjunktiven Fragen«, in: *Linguistische Berichte* 52, S. 13-31.

Habermas, Jürgen (1981), *Theorie des kommunikativen Handelns.* Bd. 1: *Handlungsrationalität und gesellschaftliche Rationalisierung*, Frankfurt am Main.

Heidegger, Martin (1927), *Sein und Zeit,* Halle; Tübingen [10]1963.

Kambartel, Friedrich (1974), »Wie ist praktische Philosophie konstruktiv möglich?«, in: ders. (Hg.), *Praktische Philosophie und Konstruktive Wissenschaftstheorie*, Frankfurt am Main, S. 9-33.

– (1974), »Moralisches Argumentieren. Methodische Analysen zur Ethik«, in: ders. (Hg.), *Praktische Philosophie und Konstruktive Wissenschaftstheorie,* Frankfurt am Main, S. 54-72.

– (1978), »Universalität als Lebensform. Zu den (unlösbaren) Schwierigkeiten, das gute und vernünftige Leben über formale Kriterien zu bestimmen«, in: Oelmüller (Hg.), *Normenbegründung – Normendurchsetzung,* Paderborn, S. 11-21 (Wiederabdruck in: ders., *Philosophie der humanen Welt. Abhandlungen,* Frankfurt am Main, S. 15-26.)

– (1989), »Statt eines Vorworts« in: ders., *Philosophie der humanen Welt. Abhandlungen.* Frankfurt am Main, S. 9-11.

– (1989), »Vernunft: Kriterium oder Kultur? Zur Definierbarkeit des Vernünftigen«, in: ders., *Philosophie der humanen Welt. Abhandlungen,* Frankfurt am Main, S. 27-43.

– (1989), »Begründungen und Lebensformen. Zur Kritik des ethischen Pluralismus«, in: ders., *Philosophie der humanen Welt. Abhandlungen,* Frankfurt am Main, S. 44-58.

Kamlah, Wilhelm (1969), *Utopie, Eschatologie, Geschichtsteleologie. Kritische Untersuchungen zum Ursprung und zum futurischen Denken der Neuzeit*, Mannheim.

– (1972), *Philosophische Anthropologie. Sprachkritische Grundlegung und Ethik,* Mannheim.

– /Lorenzen, Paul (1967), *Logische Propädeutik. Vorschule des vernünftigen Redens,* Mannheim; [2]1973 und öfter.

Kant, Immanuel (1785), *Grundlegung zur Metaphysik der Sitten*, in: *Werke* (Akademie-Ausgabe), Berlin, Bd. 4, S. 385-464.

Lorenzen, Paul (1987), *Lehrbuch der Konstruktiven Wissenschaftstheorie*, Mannheim.

– /Schwemmer Oswald (1973), *Konstruktive Logik, Ethik und Wissenschaftstheorie*, Mannheim; ²1975.

Mittelstraß, Jürgen (1989), »Von der Vernunft. Erwiderungen auf Friedrich Kambartel«, in: ders., *Der Flug der Eule. Von der Vernunft der Wissenschaft und der Aufgabe der Philosophie*, Frankfurt am Main, S. 120-141.

Oelmüller, Willi (1978), »Zur Rekonstruktion unserer historisch vorgegebenen Handlungsbedingungen«, in: ders. (Hg.), *Transzendentalphilosophische Normenbegründungen*, Paderborn, S. 50-89.

Schwemmer, Oswald (1971), *Philosophie der Praxis. Versuch zur Grundlegung einer Lehre vom moralischen Argumentieren in Verbindung mit einer Interpretation der praktischen Philosophie Kants*, Frankfurt am Main; ²1980 (mit einem »Nachwort« zur Neuausgabe: S. 246-276).

– (1974), »Grundlagen einer normativen Ethik«, in: F. Kambartel (Hg.), *Praktische Philosophie und Konstruktive Wissenschaftstheorie*, Frankfurt am Main, S. 73-95.

– (1976), *Theorie der rationalen Erklärung. Zu den methodischen Grundlagen der Kulturwissenschaften*, München.

– (1978), »Praktische Vernunft und Normbegründung«, in: D. Mieth/F. Compagnoni (Hg.), *Ethik im Kontext des Glaubens. Probleme – Grundsätze – Methoden*, Freiburg i. Br., S. 138-156 (Wiederabdruck in: O. Schwemmer, *Ethische Untersuchungen. Rückfragen zu einigen Grundbegriffen*, Frankfurt am Main 1986, S. 13-32).

– (1986), »Moralisches Argumentieren und ethischer Pluralismus. Moralische Erfahrungen und praktische Vernunft«, in: ders., *Ethische Untersuchungen. Rückfragen zu einigen Grundbegriffen*, Frankfurt am Main, S. 57-76.

– (1986), »Moralisches Argumentieren im Wandel der Werte und Normen. Der Universalitätsanspruch der Vernunft und der Wandel moralischer Erfahrungen«, in: ders., *Ethische Untersuchungen. Rückfragen zu einigen Grundbegriffen*, Frankfurt am Main, S. 77-99.

– (1986), »Aspekte der Handlungsrationalität. Überlegungen zur historischen und dialogischen Struktur unseres Handelns«, in: ders., *Ethische Untersuchungen. Rückfragen zu einigen Grundbegriffen*, Frankfurt am Main, S. 103-125.

– (1986), »Die Verständlichkeit unseres Handelns. Überlegungen zur sprachlichen Repräsentation unserer Handlungswirklichkeit«, in: ders., *Ethische Untersuchungen. Rückfragen zu einigen Grundbegriffen*, Frankfurt am Main, S. 126-149.

– (1990), *Die Philosophie und die Wissenschaften. Zur Kritik einer Abgrenzung*, Frankfurt a. M.

Searle, John R. (1969), *Speech Acts*, Cambridge; deutsch: *Sprechakte. Ein sprachphilosophischer Essay*, Frankfurt am Main 1971.

Strawson, Peter F. (1950), »On Referring«, in: *Mind* 59, S. 320-344.

– (1952), *Introduction to Logical Theory*, London.
Wieland, Wolfgang (1974), »Praxis und Urteilskraft«, in: *Zeitschrift für philosophische Forschung* 28, S. 17-42.
Wunderlich, Dieter (1973), »Präsuppositionen in der Linguistik«, in: J. Petöfi/D. Franck (Hg.), *Präsuppositionen in Philosophie und Linguistik*, Frankfurt am Main, S. 467-484.

Oswald Schwemmer
Moralität und Identität

1. Das Phänomen der Moral und seine ethische Rekonstruktion

Wir haben uns daran gewöhnt, die Moral mit den Augen der Ethik[1] zu sehen. Schon der selbstverständliche Singular, in dem wir über »die« Moral reden, deckt die Frage nach dem historischen Phänomen der Moral zu und präsentiert uns von vorneherein eine theoretische Konstruktion, die nur in der Einzahl existieren kann. So wie es nur eine Vernunft geben kann, so darf es, wenn denn die Moral überhaupt einen Anspruch auf Verbindlichkeit erheben will, auch nur eine Moral geben – dies scheint eine geradezu triviale Prämisse aller ethischen Reflexionen zu sein.

Tatsächlich werden mit dieser Prämisse aber einige Auffassungen sowohl von einer Moral als auch von einer Vernunft – wie im übrigen auch anderer Berufungsinstanzen für unser Handeln und Leben insgesamt – verfestigt, die hier gerade in Frage gestellt werden sollen. Der schlichte Beginn mit der Unbedingtheit oder auch der Allgemeingültigkeit moralischer Verpflichtungen erzwingt zwar die Festlegung auf nur eine Moral als die richtige, überspringt zugleich aber auch die historische Realität, in der bestimmte Lebenshaltungen und Überzeugungen, Verhaltensformen und Empfindungsweisen sich zur Moral einer Gruppe, einer Gesellschaft oder einer Kultur zusammengeschlossen haben. Vor jeder Frage nach dem moralisch Richtigen hat die Frage zu stehen, was denn überhaupt das Moralische ist: was die besondere moralische Qualität eines Urteils oder einer Handlung ausmacht, was eine moralische Verpflichtung vor anderen Verbindlichkeiten auszeichnet, was eine moralische Verfehlung von anderen Fehlern unterscheidet.

Diese Fragen entspringen nicht einer verselbständigten Definitionswut, sondern durchaus alltäglichen Erfahrungen. So entzündet sich moralischer Eifer leicht an Erscheinungen, die in einer

1 Ich folge hier der üblichen Unterscheidung zwischen Moral im Sinne bestimmter eingelebter Verhaltensmuster und Ethik im Sinne der theoretischen Erwägungen über die Moral.

anderen Sichtweise überhaupt nichts mit Moral zu tun haben: zum Beispiel an (manchmal nur geringfügigen) Abweichungen von den Selbstverständlichkeiten des gewohnten Lebens, die nichts für sich haben als eben die sie stützenden Gewohnheiten. Gerade unter dem Anspruch der Unbedingtheit oder Allgemeingültigkeit moralischer Verpflichtungen werden dann Urteile gefällt und Menschen geächtet, nur weil sie mit bestimmten Gewohnheiten brechen wollen. Oder es wird ein Anspruch auf unbedingte und allgemeine Verbindlichkeit erhoben, weil eine bestimmte Überzeugung für moralisch ausgegeben wird – wie etwa in vielen Fällen der sogenannten Sexualmoral. Umgekehrt werden immer wieder bestimmte Entscheidungen, die für eine ganze Gesellschaft grundlegend werden können, als Entscheidungen vorgestellt, die mit Moral nichts zu tun haben – eben weil sie doch, wie etwa die meisten großtechnischen Projekte, über den Bereich der persönlichen Lebensführung hinausgingen und damit doch außerhalb der moralischen Urteilskompetenz lägen.
Solche Positionen zeigen, daß grundlegende und oftmals auch lebenswichtige Entscheidungen nicht aus dem Streit über moralische Prinzipien oder Regeln entstehen, sondern sich einem Vorverständnis davon verdanken, was denn Moral ist. Beginnen wir daher auch hier mit einer Vergewisserung des Phänomens der Moral. Es versteht sich, daß diese Vergewisserung nur vorläufig sein kann und sich auf das moralische Bewußtsein beschränkt, das sich uns heute bietet, also auf eine bestimmte historische Entwicklungsstufe der Moral, die auch die Traditionen ethischer Reflexion in sich aufgenommen hat. Gleichwohl bietet uns die Frage nach dem Phänomen der Moral eine erste Distanzierung von einer allzu unbedacht übernommenen ethischen Moraldefinition: Was gehört überhaupt zur Moral, und was gibt bestimmten Handlungen, Entscheidungen oder auch Situationen eine besondere, nämlich moralische Qualität?
Eines scheint von Anfang an klar zu sein: Nicht alle Lebensbereiche und Handlungsaspekte gehören zur Moral. Wir kennen viele Urteile, die keine moralischen Bezüge beanspruchen, sondern alleine einen wissenschaftlichen oder ästhetischen, technischen oder lebenspraktischen Zusammenhang explizieren. Auf der anderen Seite können wir mit der Äußerung solcher Urteile – wie mit einem entsprechenden Verhalten – rasch in moralische Bereiche hineingeraten, das heißt in solche Lebensbereiche und Hand-

lungssituationen, für die sich eine besondere moralische Qualität bzw. Relevanz ausweisen läßt. Die Bestimmung dieser moralischen Qualität – das heißt die Antwort auf die Frage, was denn überhaupt moralisch im Sinne von moralisch bedeutsam im Unterschied zu moralisch gleichgültig sei – ist eine der Hauptaufgaben der Ethik. Versucht man – in einer ethisch vermittelten Annäherung an das Phänomen der Moral – eine Konvergenz der verschiedenen Bestimmungen zu finden, die in unserer ethischen Tradition für diese moralische Relevanz gegeben worden sind, so wird man einige Charakteristika nennen können:

- Im Unterschied zu anderen praktischen Fragen geht es in der Moral um solche Entscheidungen, die es mit der Rechenschaft für unser Leben im ganzen zu tun haben – wobei die weiteren Antworten auf die Frage nach der eine solche Rechenschaft einfordernden Instanz (zum Beispiel Gott, Gewissen, Gesellschaft, Natur, künftige Generationen) durchaus kontrovers ausfallen würden.
- In der Moral geht es um solche Werte, über die man nicht mehr mit sich handeln läßt, die insofern »unbedingt« gelten wie zum Beispiel das Verbot, jemanden »aus böser Absicht« oder »aus niedrigen Motiven« umzubringen, zu bestehlen, zu betrügen.
- In der Moral geht es um Handlungen oder Verhaltensweisen, die nicht bloß Mittel zu anderen Zwecken sind, sondern die selbst Zwecke oder sogar die obersten Zwecke sind.
- In der Moral geht es nur um solche Verhaltensweisen, für oder gegen die wir uns entscheiden können, die uns in irgendeiner Weise »verfügbar« sind und für die wir daher auch verantwortlich gemacht werden können. In der philosophischen Tradition hat dies zu der Verknüpfung des Moralitätsproblems mit der Frage nach (dem Wesen) der menschlichen Freiheit geführt.

Diese verschiedenen Charakteristika sind nicht identisch. Aber sie konvergieren in einem Komplex, der den Kernbereich oder das Fundament unseres Lebens und unserer Entscheidungen bildet. In einer eher theoretischen Sicht ließe sich auch sagen, daß diese verschiedenen Charakteristika die Moralität als Ausdruck der Identität – sei es der individuellen Identität einer Persönlichkeit, sei es der sozialen Identität einer Gruppe oder Gesellschaft – verstehen lassen.

Nun gibt es noch ein weiteres Charakteristikum, das sich erst durch die ethische Reflexion auf die moralischen Traditionen entwickelt hat und in einer gewissen Weise alle anderen Charakteristika überlagert oder durchdringt: die Rationalität moralischer Urteile. So sind in der neuzeitlichen Ethik im Spannungsbogen zwischen utilitaristischen und pflichtethischen Konzeptionen immer wieder Prinzipien und Regeln entwickelt worden, mit denen ein moralisches Urteil als rationale Wahl von Handlungsmöglichkeiten bzw. Entscheidungen begründet werden sollte. Die Rationalität der Wahl wurde dabei mit dem Blick auf die wissenschaftliche Erkenntnis verstanden, und zwar soweit diese Erkenntnis sich – als systematisierbare Methodologie – durch ihre begrifflichen, logischen und mathematischen Ordnungsstrukturen (von der Philosophie) charakterisieren ließ. Und in dieser Orientierung an einer durch die Philosophie auf den Begriff gebrachten wissenschaftlichen Erkenntnismethodologie hat die Bemühung um die Rationalität moralischer Urteile – in die man auch die moralischen Entscheidungen zu übersetzen hat – weitgehend die ethischen Diskussionen bestimmt, obgleich sie nicht in allen ethischen Konzeptionen ausdrücklich thematisiert worden ist.

Das mit dieser Bemühung aufgeworfene Problem besteht zunächst einmal darin, daß die moralisch relevanten Handlungen oder Verhaltensweisen einer rationalen Beurteilung überhaupt zugänglich gemacht werden müssen. Denn nicht alle kontingenten, oft nur flüchtigen Konfigurationen einer Handlungssituation und Aspekte einer Handlung sind für rationale Erwägungen, die sich in einem geordneten Begriffssystem bewegen wollen, greifbar. So sind in den ethischen Abhandlungen meist nur typische Verhaltensweisen, die wir immer wieder erkennen können, betrachtet worden, nicht aber die konkreten Situationen und Handlungen in ihrer historisch-biographischen Einmaligkeit. Insbesondere Kant hat diesen Aspekt der Rationalität betont und auch thematisiert, wenn er seinen Kategorischen Imperativ unmittelbar nur auf Maximen, also auf Handlungsregeln (in denen sich die Gesinnung einer Person ausdrückt), nicht aber auf das konkrete Handeln bezieht.

Es versteht sich, daß es vom jeweiligen Rationalitäts- und damit auch Ethik-Konzept abhängt, was an den Handlungen bzw. Verhaltensweisen ausgeblendet und hervorgehoben werden muß, um sie – im Rahmen des jeweils entwickelten Konzeptes – rational beurteilbar zu machen. Jedenfalls ist zu sehen, daß überhaupt eine »Rationalisierung« der konkreten Lebens- und Handlungswirk-

lichkeit angestrengt wird, um einen ethischen Zugriff auf unser Leben und Handeln zu ermöglichen.
Die beiden Hauptrichtungen einer solchen »Rationalisierung« lassen sich als Methoden der Verallgemeinerung und der Folgenabschätzung ausmachen. Auf beiden Wegen wird der Blick von der konkreten Handlungswirklichkeit weggewendet und statt dessen eine »rationale Konstruktion« betrachtet, die an diese Handlungswirklichkeit angeschlossen bzw. auf ihr aufgebaut wird. Man kann die unterschiedlichen Ethik-Konzeptionen durch diese ihre Rationalisierung geradezu definieren. Für die Verallgemeinerungsethik ergibt sich diese Rationalisierung in zwei großen Schritten: Zuerst werden die einzelnen Handlungen zu Handlungsregeln oder -formen, die in bestimmten (typischen) Situationen für eine Person immer wieder erkennbar werden, generalisiert, dann werden diese Handlungsregeln bzw. -formen daraufhin beurteilt, ob (und wie) sie sich universalisieren, das heißt für jedermann auf einsichtige Weise verbindlich machen lassen. Die Moralität erfüllt sich in der höchstmöglichen Allgemeinheit: in der uneingeschränkten Universalität von Handlungsregeln. Demgegenüber wendet sich der Blick des Folgenethikers von den einzelnen Handlungen zu deren Folgen bzw. Wirkungen. Und auch hier gibt es eine Steigerung durch einen zweiten Schritt. Moralisch das beste Handeln ist das, was die positiven Wirkungen, das heißt den Nutzen, einer Handlung maximiert, zum Beispiel das größte Glück für die größte Zahl der Menschen mit sich bringt. Dabei ist die Maximierung – wie auch schon die Universalisierung – durchaus unterschiedlich interpretiert worden. Wo manchen Ethikern die Maximierung des allgemeinen Nutzens für eine bestimmte Handlung das entscheidende Kriterium moralischer Güte bedeutet, wollen andere dieses Kriterium in der Maximierung dieses Nutzens nur für Handlungsregeln sehen. Eine besondere Variante formuliert John Rawls mit seinem Minimax-Prinzip, nach dem der größte Vorteil für den am wenigsten Begünstigten eine gerechte Begründung für Unterschiede im Besitz von oder Zugang zu Gütern liefere.
Schematisch kann man die ethische Argumentationssituation so darstellen:

	Pflichtethik	*Folgenethik*
Höchste Moralität = *Höchste Rationalität*	*Universalisierung* (z.B. Kategorischer Imperativ, Prinzip der Universalisierbarkeit)	*Maximierung* (etwa Prinzipien des Handlungs- und Regelutilitarismus
Identität durch Rationalisierung	*Generalisierung* (Übergang zu den Handlungsregeln)	*»Kausalisierung«* (Übergang zu den Handlungsfolgen)
Realität	*Verhalten in konkreten Situationen* (einzelne Handlungen)	

In diesem Schema soll die Verzweigung deutlich werden, die einerseits durch die pflichtethische und andererseits durch die folgenethische Rationalisierung für die Konstruktion einer Handlungsdarstellung erzeugt wird.

In beiden Konzeptionen läßt sich eine »halbierte« Rationalität erkennen. Dies wird deutlich, wenn man die beiden Rationalisierungsschritte in ihrer Wirkung für die Realitätseinschätzung betrachtet. Sowohl die Generalisierung als auch die »Kausalisierung« ziehen unseren Blick von den Handlungen weg alleine auf eine Konstruktion, die ihren Zusammenhang mit der Handlungswirklichkeit nicht mehr nachweisen muß. Alle Handlungen lassen sich unter Regeln bringen bzw. durch solche Regeln deuten und mit Wirkungen verknüpfen. Welche Regel aber die zutreffende ist und wie weit die Generalisierung getrieben werden soll, welche Wirkung mit einer Handlung verknüpft werden muß und wie weit man den Wirkungskreis überhaupt spannen soll, dies zu entscheiden bleibt eine theoretische Aufgabe. Ihre Lösung beruft sich auf theoretische Prämissen wie Interpretationsprinzipien oder Relevanzkriterien, die vom Theoretiker an die Handlungen herangetragen werden. Sie ergibt sich nicht aus der historischen Entwicklung unserer Handlungswirklichkeit. Damit zeigt sich aber nicht nur eine gewisse theoretische Willkür bei der Konstruktion von Regeln und Wirkungen für unser Handeln, sondern es wird auch die Problematik moralischer Entscheidungen verschoben, wenn nicht gar aufgelöst.

2. Unsere eigene »Rationalisierung« des Handelns

Fragen wir uns nämlich einmal, wie unser Handeln denn für uns selbst als Handelnde zu einem verständlichen Gegenstand und zum Thema moralischer Fragen wird, wie also – um die eingeführte Redeweise auch hier zu übernehmen – wir selbst unser Handeln »rationalisieren«.
Sicher werden auch wir selbst, wenn wir uns verständlich machen wollen und damit, wie man sagen kann, praktische Rationalisierungen vornehmen, mit Generalisierungen und Kausalisierungen umgehen. Aber dies ist nur ein Aspekt, und es ist nicht einmal der wesentliche. Entscheidend für uns ist, daß wir (a) unser Handeln als das unsere wahrnehmen und anerkennen können und (b) dieses Handeln im Rahmen der tatsächlich möglichen Auswirkungen sehen, die es in der Welt haben kann, zu der auch wir selbst gehören.

2.1 Die Identität mit unserem Handeln als Individuationsleistung

Daß eine Handlung uns zugehört heißt, daß wir sie als Teil unserer Geschichte, in der wir die werden, die wir sind, anerkennen und verstehen können. Es gibt Handlungen, die wir ausführen wie eine bloße Reaktion, die uns zur Gewohnheit geworden ist, oder gar wie einen Reflex, der abläuft, ohne daß wir überhaupt in irgendeiner Weise selbst tätig geworden sind. Manches, was wir tun, »passiert uns« eher, als daß wir es eigens tun. Wir werden angesprochen und antworten. Wir werden gelobt und gehen verlegen zu einem anderen Thema über. Wir werden gereizt und versteigen uns zu ärgerlichen Pauschalurteilen. In solchen Reaktionen folgen wir meist recht allgemein verbreiteten und in diesem Sinne unpersönlichen Gewohnheiten, mit denen man im übrigen auch rechnet. Wir »funktionieren« mit diesen Reaktionen zwar im Rahmen der Erwartungen unserer Umgebung. Aber wir zeigen damit nicht, wer wir selbst sind.
Das tun wir nur mit solchen Handlungen, in die ein Stück unseres eigenen Lebens, unserer selbst erworbenen Erwartungen und Erinnerungen, Überzeugungen und Taten, Wünsche und Gefühle –

also unserer Lebensgeschichte – eingeht. Wir selbst sind in den Handlungen gegenwärtig, in denen wir uns entwickeln, andere werden, und sei es – etwa gegen den Sog von Erwartungen oder den Druck von Sanktionen – in der Behauptung unserer selbst. Auch wenn wir uns behaupten, sind wir nicht dieselben vor oder nach einem solchen Handeln: die eigens behauptete Selbigkeit ist eben nicht die bloß weiterwirkende Macht einer einmal getroffenen Entscheidung, einer eingeschliffenen Gewohnheit. Sie ist errungen und bleibt gleichzeitig zur Disposition gestellt, wenn sie auch künftig errungen sein soll.

Unbeschadet der Tatsache, daß es hier durchaus ein Mehr und Weniger der Gegenwart unserer selbst in unserem Handeln gibt, können wir doch von einer Identität unserer selbst mit einem solchen Handeln reden. Und diese Identität, diese Zugehörigkeit unseres Handelns zu uns, ist es, die diesem unserem Handeln seine moralische Bedeutung gibt. Das Handeln[2], das an uns sozusagen nur abläuft, das uns eher passiert als daß es unsere eigene Tat ist, kann zwar durchaus als richtig oder falsch beurteilt werden. Aber dieses Urteil trifft nur die jeweilige Handlung – oder Reaktion – und nicht auch uns selbst bzw. uns selbst nur insofern, als wir es nicht verstanden haben, dieses Handeln zu unserem eigenen, in dem wir selbst gegenwärtig sind, zu machen. Würde jemand tatsächlich nur reagieren, ohne selbständig zu handeln, dann würde er die Sphäre des Moralischen noch gar nicht erreichen. Auch wenn man sein Verhalten richtig oder falsch nennen mag, kann man doch nicht sagen, daß er im moralischen Sinne gut oder schlecht gehandelt habe, nämlich gewesen sei. Die grundlegende »Rationalisierung«, die uns die Sphäre des Moralischen überhaupt erst erschließt, ist damit eine grundlegende praktische Leistung: die Ausbildung nämlich einer persönlichen Identität in unserem Handeln bzw., anders gewendet, die Einbindung unseres Handelns in die Entwicklung unser selbst zu einer Person mit

2 Im Interesse einer terminologischen Differenzierung könnte man die Zugehörigkeit eines Verhaltens zu einer Person zum Definiens des Handelns machen, um dieses damit von einem bloßen Verhalten oder Reagieren zu unterscheiden. Da dieses Interesse für die gegenwärtige Argumentation untergeordnet ist, soll diese Unterscheidung hier nicht getroffen, sondern der alltäglich übliche und sehr weite Sprachgebrauch übernommen werden.

einer aus unseren vergangenen Erfahrungen und Zukunftserwartungen ständig neu gewonnenen Gegenwart unseres Welt- und Selbstverständnisses.
Diese praktische Leistung entsteht aber erst mit der *Individuation* einer Handlung: in der Gestaltung eines vielfältigen Geschehens zur Einheit einer Geschichte, die wir als durch unser Tätigsein geformte Episode unserem eigenen Leben zurechnen. Diese Individuation führt zwar durchaus über Generalisierungen. Denn eine verständliche Individuation – und nur um eine solche kann es hier gehen – bedarf der Darstellung, der auch symbolisch vermittelten Repräsentation, die für andere wie für mich selbst Identisches bzw. (immer wieder) Identifizierbares überhaupt erst erkennen läßt. Aber diese Generalisierungen sind lediglich Elemente für die Einheit der sich schließenden Form, durch die ein Geschehen zu meiner Handlung wird. Sieht man aber diese Individuation als die entscheidende Leistung und also »Rationalisierung« an, durch die unser Handeln in die Sphäre des Moralischen eintritt und damit zum Gegenstand eines moralischen Urteils und der moralischen Verantwortung wird, dann scheint die Generalisierung nicht nur eine unzureichende, sondern auch höchst irreführende Rationalisierung zu sein, deren Steigerung nicht dazu geeignet ist, die Moralität unseres Handelns zu definieren.

2.2 Die Verantwortung für die Totalität der Wirkungsdimensionen

Ähnliches ist auch für die Folgen unseres Handelns – also die zweite Rationalisierungsrichtung – zu sagen. Auch die tatsächlich möglichen Auswirkungen unseres Handelns lassen sich nicht im Schema der theoretischen Rationalisierung erfassen, auf dem die ethischen Prinzipien aufbauen. Dies zu sehen erfordert ein gewisses Umdenken.
Die Beachtung der tatsächlichen Auswirkungen unseres Handelns widerspricht der natürlichen Richtung unserer Aufmerksamkeit. Diese nimmt sich aus der Umgebung unseres Lebens nur jeweils ein begrenztes Gebiet heraus, stellt es sich als ihr Ziel gegenüber und macht dieses damit zu ihrem Gegenstand.
Die Dinge und Geschehnisse, denen wir unsere Aufmerksamkeit zuwenden, werden so durch ihren Gegensatz zu einer uns ledig-

lich umgebenden und nicht thematisierten Umwelt definiert. Die Umwelt ihrerseits ist das, was uns zwar gegenwärtig ist, aber gerade nicht unsere gezielte Aufmerksamkeit findet. Wenn wir in unserem alltäglichen Leben von den Wirkungen unseres Handelns sprechen, dann meinen wir daher gewöhnlich auch nur die Folgen, die sich unserer Aufmerksamkeit darbieten oder auch aufdrängen. Wir haben es hier mit einer an den ausdrücklichen Zwecken und unmittelbaren Erfolgen orientierten Denkweise zu tun, die unsere Kultur seit dem Entstehen der Wissenschaften durchdringt und die insbesondere in den experimentellen Wissenschaften der Neuzeit ihre Krönung gefunden hat. (Schließlich bestehen Experimente ja eben darin, einen im wörtlichen Sinne abgedichteten Experimentierraum zu schaffen, in dem dann nur die Abläufe vorkommen sollen, die dem Beschreibungsinteresse des Experimentators und seiner Begrifflichkeit entsprechen. Die experimentellen Wissenschaften finden in gut isolierten Kunsträumen statt, in denen allein auch die Wirkungen experimentellen Handelns auftreten.)

Behält man die Form dieses zweck- und erfolgsorientierten Denkens im Auge, so sieht man auch, daß die Rede von den Wirkungen – und insbesondere von deren Maximierung – einen völlig anderen Sinn gewinnt, je nachdem, ob man nur an die durch unsere Absicht und Aufmerksamkeit herausgehobenen Wirkungen denkt oder auch an die Folgen, die sich erst in der Umwelt unseres Handelns – und teilweise weit von den ursprünglichen Absichten und unserer »natürlichen« Aufmerksamkeit und sogar weit über den Umkreis unseres eigenen Lebens hinaus – entwickeln.

Welches Ausmaß die Folgen in der unbeachteten Umwelt unseres Handelns annehmen können, hat uns die moderne Technik-Entwicklung, vor allem in deren großindustrieller Nutzung, eindrücklich gezeigt. Wo der Einsatz relativ einfacher Techniken in dem vergleichsweise bescheidenen Rahmen früherer Zeiten die Rückwirkungen auf die Umwelt meist – wenn auch durchaus nicht immer[3] – lokal beschränkt hielt, ist unser Handeln heute durch den großindustriellen Einsatz moderner Technologien so

3 Daß auch der Einsatz primitiver Techniken zu irreparablen und weit über die Situation der Handelnden hinausreichenden Folgen in der Umwelt des Handelns führen können, belegen die Waldrodungen seit der Antike.

wirkungsvoll geworden, daß die Umwelt nicht nur unseres Lebens, sondern auch des Lebens künftiger Generationen auf eine irreversible Weise verändert, wenn nicht zerstört wird. Die allmähliche Erkenntnis, daß wir dabei sind, in einem nicht wiedergutzumachenden Ausmaß Leben zu vernichten und Natur insgesamt zu zerstören, hat uns inzwischen den Blick für die Folgen, die unser Handeln auch in seiner Umwelt hat, geschärft. Gleichwohl werden selbst in den Diskussionen über diese Umwelt-Folgen noch eben die Kategorien verwendet, die zunächst zur Ausblendung der Umwelt aus der Betrachtung des Handelns und seiner – beabsichtigten oder unbeabsichtigten – Wirkungen geführt haben.

Besonders deutlich sieht man dies an der Kategorie der Nebenwirkung. Auch Nebenwirkungen bleiben ja durch ihren Bezug auf Zwecke definiert: als zwar unbeabsichtigte Wirkungen, die aber überhaupt erst durch ihren (negativen oder positiven) Bezug auf andere Zwecke, die wir selbst oder andere verfolgen, als Wirkungen wahrgenommen oder erwähnt zu werden verdienen. Die Rede von den Nebenwirkungen überwindet damit nicht die strukturelle Ausblendung von Umwelt aus dem Horizont unserer Aufmerksamkeit, wenn man auch zugeben muß, daß sie diese Umwelt in bestimmten Richtungen, wie sie durch die faktisch verfolgten oder artikulierten Zwecke festgelegt werden, zu erhellen sucht. Eine Berücksichtigung der Umweltfolgen nicht nur über eine zweckorientierte Selektion, sondern in deren immanenter Verknüpfung würde von uns aber die Abkehr von der Denk- und Wahrnehmungsweise verlangen, durch die wir ein klar abgegrenztes Handeln mit seinen Wirkungen aus seinen vielfältigen Umgebungen herausisolieren und unseren Blick dann nurmehr auf diese isolierten Handlungen und Wirkungen fokussieren.

Diese Abkehr bedeutet zugleich eine Rückkehr: nämlich zu Denk- und Wahrnehmungsweisen, die uns in unserer alltäglichen Lebensumgebung durchaus vertraut sind. Zwar sind die isolierenden und fokussierenden Denk- und Wahrnehmungsweisen auch dort gegenwärtig. Aber ihre Gegenwart stützt sich auf grundlegendere Weisen der Welt- und Selbstwahrnehmung, die sie zugleich überlagern und benötigen. So erfassen wir unser Handeln wie unser Leben insgesamt nicht als eine Reihe isolierter Geschehnisse, denen jeweils ebenso isolierte Gegenstände – sei es des Wollens, Empfindens oder Wahrnehmens – gegenüberstehen. Vielmehr erfassen wir uns als Teil einer umfassenden Wirklichkeit, von der wir uns zwar immer wieder ein Bild machen können, das sie uns gegenüberstellt, in die wir aber immer eingefügt bleiben – wenn auch auf eine besondere, nämlich durch unser Denken und Handeln, Wollen, Empfinden und Wahrnehmen eigentätige Weise. Und auch in unserem Handeln stellen wir uns nur hin und wieder fest umrissene Zwecke vor, als deren Verfolgung wir dann unser Tun definieren. Tatsächlich würde eine solche Zweckbindung unser Handeln zum bloßen Vollzug einer außer ihm liegenden Absicht versteinern, es als ein eigenes waches Geschehen, als eine Geschichte, die sich im Wechselverhältnis mit ihren jeweiligen Umgebungen entwickelt, ersticken. Gerade dort aber, wo wir eine gewisse Identität mit unserem Handeln und also auch die Sphäre des Moralischen erreichen, hat dieses Handeln auch eine Eigenwirklichkeit gewonnen, die ihm aus dem Austausch mit den vielfältigen und wechselnden Umgebungen entstanden ist. Unser Handeln läßt sich in dieser Sicht als die episodische Verdichtung der Wirkungslinien auffassen, in denen wir uns in einer Situation bewegen, in denen unsere Umwelt sich uns einprägt und wir wiederum unsere Umwelt prägen.

Dies bedeutet aber, daß wir unser Handeln nicht durch eine einfache Kausalisierung – indem wir es als Mittel zu einem Zweck ansehen – zu einem moralisch relevanten Gegenstand machen, sondern dadurch, daß wir es im Wechselspiel mit den vielfältigen Faktoren unserer Umgebung formen und verstehen: als ein Tun, das in die Totalität seiner Wirkungslinien eingespannt bleibt, sowohl der zu ihm hin- als auch der von ihm wegführenden.

Natürlich können wir diese Totalität nicht in allen ihren einzelnen Ausprägungen erfassen. Was wir aber erfassen können, ist die Totalität der Wirkungsdimensionen, das heißt der Bereiche unserer Umwelt, in die unser Handeln hineinwirkt, obwohl sie nur als Bedingungen oder Umgebungen dieses Handelns auftreten. Man kann dies durch einen Imperativ zur Erfassung dieser Totalität verdeutlichen: Suche nach den Wirkungen deines Handelns auch auf die Zusammenhänge, die als umgreifendes System von Bedingungen dein Handeln als Element enthalten.

Diese Formulierung nimmt eine theoretische Stilisierung an unseren alltäglichen und eher intuitiven Wahrnehmungen des Handelns und seiner Wirkungslinien vor. Was mit ihr gemeint ist, läßt sich an einfachen Beispielen zeigen. So benötigen wir bestimmte atmosphärische Bedingungen, um atmen und leben zu können. Unser Handeln ist in diesem Sinne ein Element in unserem atmosphärischen System. Aber es ist zugleich auch noch Element anderer – zum Beispiel organischer, psychischer, sozialer oder auch symbolischer – Systeme, die Bedingungen für sein Auftreten bzw. seinen Ablauf bereitstellen. Diese Systeme lösen sich für unsere zweckgeleitete Aufmerksamkeit gewöhnlich in die weitgehend gestaltlose Umwelt unseres Handelns auf. Daß wir sie aus dieser ausgeblendeten Umwelt herauslösen können, verdanken wir der (wissenschaftlichen) Vergegenwärtigung von Wirkungslinien und von deren Zusammenhang in einem geordneten System. Folgen wir diesen »Systematisierungen« in der wissenschaftlichen Erkenntnis, dann brauchen wir uns nicht auf das unmögliche Unternehmen einer totalen Umwelterfassung einzulassen, sondern wir können die Wirkungen unseres Handelns in seiner Umwelt in durchaus »systematischen« Schritten verfolgen. Entscheidend ist, daß wir mit diesen Schritten die Umweltausblendung einer isolierenden und fokussierenden Kausalierung rückgängig machen und – wenn eben auch nur schrittweise und in systematisch aufgeteilten Dimensionen – die Totalität der Handlungswirklichkeit zurückgewinnen können.

Wir können so auch hier festhalten: Es sind nicht nur die in der theoretischen Rationalisierung erscheinenden Wirkungen unseres Handelns zu berücksichtigen, sondern es ist die *Totalität* der Wirkungsdimensionen zu sehen, wenn wir nach der (moralischen) Verantwortbarkeit dieses Handelns fragen.

Nicht die Generalisierung unseres Handelns, sondern dessen – verständliche – Individuation, nicht die – theoretisch vermittelte – Kausalisierung unseres Handelns, sondern die Frage nach der Totalität der Wirkungsdimensionen machen unser Handeln für uns selbst (in unseren »praktischen Rationalisierungen«) zu einem Gegenstand moralischer Fragen und Entscheidungen. Verändert man auf diese Weise die Grundlagen der Rationalisierungen, die in den pflicht- und folgenethischen Konzeptionen der Neuzeit zu einer Definition der Moralität führen sollten, dann wird auch der darauf aufbauende zweite Rationalisierungsschritt höchst problematisch.

3. Moralität als Steigerung von Rationalität

Der zweite Rationalisierungsschritt bedeutet in beiden Konzeptionen eine Steigerung. Die Generalisierung wird mit der Universalisierung gesteigert, die Kausalisierung wird in der Maximierung der Wirkungen (wozu auch Minimax-Regeln beitragen können) gesteigert. Solche Steigerungen setzen ein Mehr oder Weniger voraus, letztlich lineare Vergleichsstrukturen, die unserem Urteil eine eindeutige Orientierung verschaffen. Eben diese linearen Steigerungen (die übrigens auf mehrere Zweige und Äste eines »Entscheidungsbaumes« verteilt sein können) verlieren für eine in ihrer historischen Individuation und systemumfaßten Totalität betrachteten Handlung ihren Sinn.

Denn wie soll man die Individualität einer Handlung, ihre geschlossene Form als verständliche, biographisch verwurzelte und zugleich konstitutive Gestalt, steigern? Was kann hier Universalisierung überhaupt heißen? Und auch die Totalität unserer Handlungsfolgen ist weder als Ergebnis noch als Ausgangspunkt einer Steigerung denkbar. Denn die Totalität der Folgen entsteht ja gerade nicht aus einer linearen Steigerung von Wirkungen, sondern aus deren Gefüge, in dem sich Wirkungen vernichten, umkehren, aufschaukeln, überhaupt erst ermöglichen, ausbalancieren, fortführen können und vieles andere mehr. Das Wirkungsgefüge unserer Umwelt verändert sich zudem mit den Wirkungen unseres Handelns, die in ihm auftreten. Maximierungsversuche nur einer Art von Wirkungen können dieses Gefüge zerstören, die bisher unbeachteten Faktoren für das Auftreten der überhaupt nur bemerkten Wirkungen vernichten oder auch verstärken, so daß die angestrebten Wirkungen entweder gar nicht mehr auftreten oder aber in einer gleichsam epidemischen Eskalation alles gewollte Maß übersteigen und dann in ihrem Gesamteffekt womöglich umkippen.

Man kann sich dies an recht einfachen und leider durchaus alltäglichen Beispielen vergegenwärtigen, die für die Maximierung gewollter und allgemein gut geheißener Wirkungen stehen. So sind der Einsatz von Düngemitteln und die Industrialisierung der Landwirtschaft Ergebnisse solcher Maximierungsversuche. Die großindustrielle Nutzung von Agrartechniken sollte hier eine

Steigerung des Ernteertrages bringen: damit sollte der Hunger in der Welt besiegt und die Ernährungssituation der Menschheit insgesamt verbessert werden. Heute sehen wir die teilweise verheerenden Auswirkungen dieser Verbesserungen für unsere Nahrungsmittelproduktion. Wir sehen, daß gerade die Maximierungsversuche moralisch guter Wirkungen das Gesamtgefüge dieser Wirkungen zerrissen hat. Dabei haben sich nicht unsere moralischen Überzeugungen oder Argumentationen geändert. Die Änderungen sind sozusagen außerhalb der moralischen Sichtweite eingetreten. Gerade der um die Maximierung des Guten bemühte Verbesserungseifer – also gerade etwas, das von unseren moralischen Überzeugungen getragen wird – hat die Umkehrung der Wirkungsrichtung mit hervorgebracht: wie die Abtragung und Auslaugung unseres Ackerbodens und die Belastung der Gewässer.

Maximierung von Totalität wird damit zu einem Unbegriff, der nur Unsinn in sich schließen kann. Wenn man aber auf diese Weise die Steigerungsmöglichkeiten für den Aufbau einer rationalen Argumentation in der Ethik ausschließt, läßt sich dann überhaupt noch von rationalen Methoden der moralischen Urteilsbildung reden? Müssen wir also auf die Begriffsarbeit der pflicht- und folgenethischen Konzeptionen insgesamt verzichten und statt dessen einen völligen Neuanfang versuchen? Oder können wir – sozusagen entlang den ursprünglichen Intentionen für die Universalisierung und Maximierung – diesen beiden ethischen Konzepten einen neuen, an die Berücksichtigung der Individuation unseres Handelns und der Totalität von dessen Folgen anknüpfenden Sinn geben?

4. Die Re-Interpretation des Moralitätskonzepts der Rationalitäts-Ethiken

Die beiden Versuche, Moralität als eine Steigerung von Rationalität zu verstehen, wollen den moralischen Impuls, wie er sich in unserem Handeln und Bewußtsein zeigt, im Rahmen einer an den neuzeitlichen, das heißt mathematisch-experimentellen Wissenschaften orientierten Rationalitätsvorstellung begrifflich erfassen. Durch diese Wissenschaftsorientierung der – wie man sie nennen kann – Rationalitäts-Ethiken ist der moralische Impuls in eben die

Form eines theoretischen Konstrukts gebracht worden, die hier kritisch diskutiert worden ist. Man kann nun den Versuch unternehmen, gleichsam durch diese Form hindurch die Bemühung um eine verständliche Darstellung des moralischen Impulses wiederzuentdecken, denen sich die Moralitätsdefinitionen der Rationalitäts-Ethiken verdanken. Um zum Verständnis dieser Bemühungen vorzudringen, sind die wissenschaftsförmigen Rationalitätsvorstellungen von der Gesamtinterpretation der Moralität sozusagen abzuziehen. Diese Rationalitätsvorstellungen werden in der Generalisierung und der Kausalisierung festgehalten. Fragen wir daher unmittelbar nach dem moralinterpretierenden Sinn der Universalisierung und Maximierung, ohne sie an die Vorstufen der Generalisierung und Kausalisierung zu binden.

Der moralische Impuls ist kontrafaktisch. Er hält dem Bestehenden eine Alternative entgegen. Was ist das Bestehende und was die moralische Alternative, die mit den Forderungen zur Universalisierung und Maximierung eröffnet werden soll?

Das Bestehende bedarf keiner langen Suche. Es findet sich jederzeit und überall. Sogar unsere Sprache bietet es an, verleitet zu Wortspielen: Ist es doch unser Bestehen auf dem unsrigen, auf unseren Wünschen und Vorstellungen, Urteilen und Empfindungen, Wahrnehmungen und Entscheidungen, die eben das Bestehende in der Sphäre des Moralischen ausmachen: das Bestehen auf unserer Subjektivität.

Mit der Universalisierung von Handlungsregeln (oder auch -zwecken) ist demgegenüber zunächst einmal die Ent-Subjektivierung, die Überschreitung der nur auf sich selbst sehenden Subjektivität unseres Wünschens und Strebens gemeint. Es ist dies die Überschreitung unserer Subjektivität auf andere hin, und zwar nicht nur auf die anderen hin, die wir uns aussuchen, die wir mögen, unterstützen und schützen wollen, sondern auf alle anderen hin.

Dieser Impuls der »*Transsubjektivität*«[4] bleibt auch in der Indivi-

4 Immer noch erscheint mir dieser Terminus, den Paul Lorenzen – als Abkürzung für »Transzendenz der Subjektivität« – in das Zentrum seiner ethischen Überlegungen gerückt hat, die Eigenart des moralischen Impulses am besten zu treffen. Vgl. dazu Paul Lorenzen, *Konstruktive Wissenschaftstheorie*, Frankfurt am Main 1974, S. 35 ff. Der entsprechende Aufsatz »Grundlagen der praktischen Philosophie« ist 1970 geschrieben worden.

duation unseres Handelns erhalten. Aber er bindet sich nicht an die Universalisierung der Rationalitäts-Ethik. Denn diese Universalisierung unterstellt die Identität aller Subjekte – in ihrer Fähigkeit zu einer generalisierenden Vernunft –, ihre Subsumierbarkeit unter ein höheres Allgemeines, das durch Vernunft, durch die theoretische Konstruktion in einem womöglich apriori verfügten Begriffsnetz, erkannt und auferlegt wird. Mit der Transsubjektivität hingegen ist keine Gleichsetzung von Individuen unterstellt, sondern ihr Ausgleich: die Bemühung um ein gemeinsames Leben- und Handelnkönnen, das durchaus verschiedene Lebensformen und Handlungsweisen in sich vereinigen kann. Und entscheidend ist, daß diese Bemühung nicht eingeschränkt wird auf den eigenen Umkreis der Vertrauten, sondern auch das Fremde umfaßt. An die Stelle der rationalitätssteigernden Universalität tritt damit eine Transsubjektivität, die sich durch die Anerkennung auch des Fremden, ihren Verzicht auf die gleichsetzende Norm und damit auf die Universalisierung des Eigenen definiert.
Dabei ergibt sich auch eine logische Verschiebung, die beachtenswert erscheint. Die Universalisierung gilt, in der klassischen Formulierung Kants, für ein »bloß mögliches Reich der Zwecke«. Sie ist eine Operation im Reich des (bloß) Möglichen. Dies wird durch die Transsubjektivität umgekehrt. Die Überschreitung der eigenen Subjektivität ist keine Konstruktions-, sondern eine Anerkennungsleistung. Sie erzeugt sich nicht selbst die anderen, auf die ein Wille zu übertragen ist, sondern nimmt sie hin, wie sie auftreten, auch und gerade in ihrer Fremdheit. Transsubjektivität bezieht sich daher immer auf das Wirkliche, ist eine Operation gegenüber und in der jeweils neuen Wirklichkeit anderer.
Dies macht Transsubjektivität endlich. Es sind ja immer bestimmte andere, die auftreten und mir gegenüberstehen, auch wenn sie in ihrer Eigenheit nicht voraussehbar sind. Die Konstruktion des bloß Möglichen ist hingegen eine unendliche Aufgabe, da sie alle umfaßt, die ich mir denken kann. Mein Denken ist aber nicht an die Bestimmtheit der konkreten Situationen gebunden, kann diese überfliegen und sich immer wieder neue Welten schaffen. Es bleibt daher auch im ewig Vorläufigen gefangen, bleibt gerade durch seine Möglichkeit des Andersdenkens ein ständiger Revisor seiner eigenen Entscheidungen.
Auch mit der Maximierungsforderung wird eine Überwindung des Bestehenden versucht. Welche der verschiedenen Interpreta-

tionen wir auch wählen, immer geht es doch um die Berücksichtigung des Glücks oder der Glücksvorstellungen auch der anderen, seien sie nun die größte Zahl, die am wenigsten Begünstigten oder einfach Leidende, deren (vermeidbares) Unglück zu lindern ist. Auch hier läßt sich daher eine Überwindung der Subjektivität ausmachen, jetzt allerdings in bezug auf das Glück oder Leid auch anderer.

So scheint denn die Transsubjektivität, der Schritt von der Welt der eigenen Wünsche und Vorstellungen zur Welt auch der anderen, den moralischen Impuls sowohl der Universalisierungs- als auch der Maximierungsforderung einzufangen. Dieser Schritt der Transsubjektivität ist lediglich negativ, eben als Überwindung des Bestehens auf der eigenen Subjektivität, bestimmt. Unsere Kritik richtete sich auf die positive Interpretation der Universalisierung und Maximierung über die Generalisierung und Kausalierung. Diese positive Interpretation ist durch den Bezug auf die Individuation unseres Handelns und die Totalität seiner Wirkungsdimensionen auf eine neue Weise zu leisten.

Zuvor mag noch eine Bemerkung zu der logischen Verschiebung eingefügt sein, die für die Berücksichtigung der Folgen eintritt, wenn wir an Stelle der einfachen Zwecke und Erfolge unseres Handelns die Totalität seiner Wirkungsdimensionen erfassen wollen. Diese Verschiebung vollzieht sich in der umgekehrten Richtung wie im Falle der Universalisierung. Wer nämlich die Totalität der Wirkungsdimensionen berücksichtigen will, kann sich nicht auf das bloß Wirkliche – im Sinne des Wirklichgewordenen – beschränken, sondern muß auch das bedenken, was mit seinem Handeln möglich wird. Die einfache Kausalzuordnung von (bezweckten oder eingetretenen) Wirkungen zu unseren Handlungen sieht diese Wirkungen als eine – wenn auch manchmal gestörte, so doch im ganzen geradlinige – Verwirklichung der Absichten an, die die Handelnden verfolgten. Man muß daher zwar mit möglichen Störfaktoren rechnen, kann sich aber auf einen im ganzen überschauten und damit als beherrscht unterstellten Verwirklichungsprozeß verlassen. Die Wirklichkeit insgesamt wird als ein solcher von unseren Absichten, unserem Wissen und Können ausgerichteter Prozeß gesehen, in dem es zwar immer Unwägbarkeiten geben wird, die aber nur in bestimmten Lücken bei der Beherrschung dieses Prozesses auftreten und nicht den Prozeß insgesamt beeinträchtigen.

Dies verändert sich, wenn wir tatsächlich die Totalität der Wirkungsdimensionen bedenken wollen. Die Bedeutung des Möglichen wird eine andere. Das Mögliche dominiert nun über das Wirkliche in dem Sinne, daß wir unser Handeln nicht mehr nur in einem insgesamt geradlinigen Verwirklichungsprozeß eingebettet sehen, sondern in verschiedene solcher Prozesse, die durch ihre Interferenz miteinander ein geradliniges Fortschreiten aufheben. Hinzu kommt, daß manche dieser Prozesse in der Umwelt unseres Handelns erst allmählich bemerkt und noch längst nicht beherrscht werden. Wenn wir uns auf die tatsächliche Komplexität unserer Umwelt einlassen und den vielen einzelnen Wirkungslinien, die wir überhaupt erkennen und sich ineinander verschlingen sehen, in ihren verschiedenen Richtungen zu folgen versuchen, dann scheint die Entstehung von Neuem – also das Auftauchen von etwas, das bis dahin (wenn überhaupt) für bloß möglich gehalten wurde – an die Stelle der erwarteten Ergebnisse von Verwirklichungsprozessen zu treten. Das Wirkliche im Sinne solcher Prozesse und ihrer Ergebnisse beschreibt immer nur einen kurzen Abschnitt, und diesen wiederum nur für eine der vielen Linien im gesamten Wirkungsgefüge unserer Umwelt.
Diese logische Verschiebung hat im übrigen durchaus praktische Folgen. Das, was uns an künftigen Segnungen oder Gefahren ausgemalt und ausgerechnet wird, folgt meistens nur wenigen Wirkungslinien unseres Handelns (und der von ihm genutzten Technologien) und spannt diese zudem in den Rahmen eines eindeutig fortschreitenden Verwirklichungsprozesses ein, der die möglichen Störfälle bereits jetzt berücksichtigt hat und zu beherrschen erlaubt. Wie wenig solchen Voraussagen und Berechnungen zu trauen ist, zeigen die »unmöglichen« technischen und politischen Entwicklungen in drastischer Deutlichkeit. Die bleibende Skepsis, der selbst beredte Experten mit diesen ihren Voraussagen und Berechnungen in der Öffentlichkeit immer wieder begegnen, zeigt aber auch deutlich, wie sehr wir selbst in unseren »praktischen Rationalisierungen« durchaus die Totalität der Wirkungsdimensionen und damit auch das Mögliche zum Maßstab unseres Urteilens nehmen und nicht nur das, was tatsächlich eintritt oder höchstwahrscheinlich erwartet werden kann.
Dies bedeutet aber auch, daß unsere Folgenabschätzung sich nicht auf den engen Kreis begrenzen darf, der durch unseren Erfahrungsbereich, unser Leben, unsere Generation oder selbst die

Menschheit gezogen ist. Wenn diese Erweiterungen unserer Verantwortung auch über den Rahmen der hier vorgetragenen Überlegungen hinausgehen, mag ihre Erwähnung noch andeuten, daß mit dem Ernstnehmen der Totalität der Wirkungsdimensionen unseres Handelns in unserer (sich durch dieses unser Handeln verändernden und damit doppelt gefährdeten) Welt weitere Denkmuster fraglich werden, die zum selbstverständlichen Bestand unserer ethischen Traditionen zählen.

Für unsere Überlegungen zur Struktur ethischer Argumentationen ist jedenfalls festzuhalten, daß nicht eine Maximierung (guter) Wirkungen die moralisch erstrebte Verbesserung bietet, sondern daß wir über eine *Extrapolation der potentiellen Totalität* der Wirkungsdimensionen unseres Handelns unser Urteil zu bilden haben.

Mit dieser Formel wird der Imperativ erweitert, den wir zur Interpretation der Forderung, die Totalität der Wirkungsdimensionen unseres Handelns zu berücksichtigen, aufgestellt haben. Es geht jetzt nicht mehr nur um die Wirkungen, sondern um die potentiellen Wirkungen, um die Entwicklungslinien der Handlungswirkungen, die aufgrund der jetzt ersichtlichen Tendenzen weitergeschrieben werden können. Der Imperativ zur Interpretation dieser Formel kann jetzt lauten: Extrapoliere die Wirkungslinien deines Handelns, die aufgrund der jetzt bestehenden Tendenzen erkennbar sind, auch auf die Zusammenhänge, die als umgreifendes System von Bedingungen dein Handeln als Element enthalten.

Sicher ist dies eine Aufgabe, die immer nur in Annäherung bewältigt werden kann. Und sicher benötigt man dazu ein Wissen, das über unsere Alltagserfahrungen, auf die wir sonst unsere moralischen Überzeugungen gründen, hinausgeht und sogar die Disziplingrenzen der Wissenschaften übersteigt. Aber dies zeigt nur, daß auch die Ethik nicht länger in der Partialität persönlicher Erfahrungen und Überzeugungen – und damit sozusagen in ihre Disziplingrenzen – eingespannt bleiben darf, sondern sich zum integrativen Bestandteil einer – auch wissenschaftlichen, technologischen und politischen – Gesamtbemühung entwickeln muß, die auf das Verstehen und Leben in einer gemeinsamen Welt abzielt.

5. Identität als Wurzel von Moralität

Kritik und Rekonstruktion der Rationalitäts-Ethiken haben uns in gewisser Weise an den Anfang unserer Überlegungen zurückgebracht. Die Hervorhebung der Individuation statt der Generalisierung, die Ersetzung der einfachen – zweck- und erfolgsorientierten – Kausalisierung durch die Berücksichtigung der Totalität der Wirkungsdimensionen unseres Handelns und schließlich auch die Rekonstruktion des transsubjektiven Momentes in der Universalisierungs- und Maximierungsforderung – alle diese Schritte gewinnen ihre Einsichtigkeit nur durch die Berufung auf eben die Charakteristika des moralischen Lebens, die wir bereits zu Anfang im Phänomen der Moral und also in den Traditionen des moralischen Lebens selbst finden zu können glaubten. Moral als Ausdruck der eigenen (kollektiven oder individuellen) Identität – dies war die Formel, in der das Ergebnis einer solchen Sichtung zusammengefaßt werden konnte.

Das Verständnis der moralischen Lebensführung als Auslegung (und Sicherung) unserer Identität widerspricht dem in unseren ethischen Diskussionen weitgehend selbstverständlich gewordenen Verständnis, das in der Moral ein Regelsystem sieht und die Ethik mit der Aufgabe betraut, diese Regeln zu explizieren und durch ein Prinzip zu begründen. Wie zumindest an der Interpretation der Moralität als höchste Stufe der Rationalität gezeigt werden sollte, verdankt sich diese Konzeption einer Rationalitäts-Ethik – man kann sie auch verdeutlichend *Regel- und Prinzipien-Ethik* nennen – der Ausrichtung der ethischen Reflexion an einem bestimmten Muster wissenschaftlichen oder, allgemeiner gesagt, rationalen Argumentierens, das – wie vor allem das logische Schließen – seine Richtigkeit durch die strenge Befolgung bestimmter (für den Aufbau des Symbolsystems konstitutiver) Regeln nachweist. Dies soll hier nicht weiter kritisch diskutiert werden. Es ist nur zu sehen, daß ein Verständnis von Moralität aus der geistigen Identität von Personen – eine *Identitäts-Ethik* – auch als eine Gegenposition zur eher üblichen Prinzipien- und Regelethik zu definieren ist.

Ein Verständnis der Identitäts-Ethik läßt sich auch über die historische Vergewisserung der Genese eines moralischen Bewußtseins gewinnen. In der frühen Geschichte unserer Kultur – wie in den Epen Homers – finden wir erste Zeugnisse von Verhaltenskodizes, die allerdings eingebettet bleiben in die niedergeschriebenen Mythen, die Erzählungen vor allem der Kämpfe um Troja und Irrfahrten des Odysseus. In diesen Erzählungen finden sich immer wieder Einschübe, in denen über das gesprochen wird, was sich – in bestimmten Lebenslagen und Situationen – geziemt. Diese besonderen »Erzähl-Stücke« sind auch in einer besonderen Sprache präsentiert, in einer Sprache, die rhythmisch, semantisch und thematisch durchorganisiert ist, die jeweils, wie Eric A. Havelock formuliert, »Enklaven einer eigens geschaffenen Sprache«[5] bilden. Die geziemenden Üblichkeiten werden so über die immer wieder vorgetragenen (und bei Homer bereits aufgeschriebenen) Mythen tradiert und in Geltung gehalten.

Ihre Einbettung in die Tradition der Mythen, aber auch ihre besonders gestaltete Form machen die Darstellung der geziemenden Üblichkeiten zu einem Orientierungszentrum für die Mitglieder der Gesellschaft oder Kultur, zu der sie gehört. Das durchgestaltete konkrete Symbol, die kunstsprachlich gebundene Formel zieht die emotionalen Energien auf sich und sammelt sie zur Gewißheit einer gemeinsamen Identität. So gewinnt das Symbol, gewinnt die Formel auch eine sich (durch seine konkrete Gestalt) gleichsam selbst tragende Existenz, kann immer wieder vergegenwärtigt werden und bietet damit einen Identitätsgrund für jedermann in dieser Gesellschaft oder Kultur.

Die Durchformung solcher Identitätssymbole wurzelt in der existentiellen Bedeutsamkeit der Situationen, die mit diesen Symbolen bewältigt werden sollen. Die Bedrohung durch die Willkür der Naturabläufe und Geschicke – bzw. der Götter, die diese Abläufe und Geschicke steuern – oder durch die Habgier, möglicherweise auch durch die Not Fremder machen das Opfer für die Götter und das Willkommensritual für die Fremden – in der die Fragen nach Herkunft, Zweck der Reise, Zahl der Begleiter usw. eine mögliche Bedrohung erkunden – zu Notwendigkeiten der Existenzrettung. Das Bewußtsein einer gemeinsamen Identität bildet sich in den Anstrengungen zur Rettung der gemeinsamen Existenz.

Die emotionale Energie und die existentielle Relevanz, die mit den

5 Havelock spricht von der »Enclave of Contrived Speech« (vgl. Eric A. Havelock, *The Greek Concept of Justice. From Its Shadow in Homer to Its Substance in Plato*, Cambridge, Mass./London 1978, S. 30f.

mythisch tradierten Üblichkeiten verbunden sind, erklären deutlicher als der Rekurs auf Regeln dies könnte, die besondere Verbindlichkeit moralischer Pflichten vor anderen Orientierungen des alltäglichen Lebens. Die entscheidende Verknüpfung der existentiellen Zwänge mit den emotionalen Kräften, die dieser Verbindlichkeit deren besondere, nämlich moralische, Qualität verleiht, wird mit der Symbolisierung der geziemenden Üblichkeiten als Teil der Weltordnung geleistet.

Emotionale Bedeutung kann sich nur an Kontraste heften. Wo sich keine Unterschiede auftun, können wir nicht nur nichts empfinden, sondern auch sonst kein wahrnehmendes oder strebendes Leben entwickeln. Und wo die Unterschiede nur gering sind, bleiben auch unsere Empfindungen, wenn sie überhaupt entstehen können, und mit ihnen unsere Wahrnehmungen und Strebungen gering. Mit der Differenzierung unserer Wahrnehmungen und deren Repräsentation läßt sich eine zunehmende Kontrastierung im Sinne einer wachsenden Komplexität von ebenfalls wachsenden Kontrasten (oder Relevanzgefällen) feststellen.

Die höchste Kontrastierung wird mit der Entstehung von und Verfügung über Symbolwelten erreicht. Denn mit den Symbolen wird auf der einen Seite ein Höchstmaß an Vereinfachung – in gewissem Sinne eine extreme Schwarz-Weiß-Malerei und also elementare Kontrastierung – herbeigeführt, da sie ja nur sehr primitive Formeigenschaften besitzen dürfen, um als Symbole benutzt werden zu können. Da diese ihre Primitivität ihnen die – für Symbole konstitutive – Eignung verschafft, im Prinzip jederzeit und überall reproduziert zu werden, sind sie auf der anderen Seite zugleich auch die Bausteine einer neuen, nun symbolisch und außerordentlich kontrastreich vermittelten Komplexität. Diese neue Komplexität zieht unsere Emotionen in weitaus stärkerer Weise auf sich als die symbolisch unvermittelte Umwelt.[6]

Mit der Schaffung von Moralformeln, die die geziemenden Üblichkeiten in festgefügten Wendungen artikulieren, werden solche einfachen Symbole verfügbar, die zugleich emotional und existentiell wirksam sind. Die emotionale Wirksamkeit gewinnen sie aus

6 Whitehead erklärt in seinem Buch *Symbolism. Its Meaning and Effect*, New York 1985, S. 63: »Das Ziel des Symbolismus ist die Steigerung der Bedeutsamkeit dessen, was symbolisiert wird« (»The object of symbolism is the enhancement of the importance of what is symbolized«).

ihrem Charakter als formelhaft verdichtete Symbole. Ihre existentielle Wirksamkeit erwerben sie sich immer wieder durch ihre Bewährung in den alltäglichen Zwängen der Lebensfristung und -führung. Würde die existentielle Fundierung der Moral-Formeln fehlen, so hätten wir es nur mit freischwebenden Vorschriften zu tun, die den Schwankungen der Mode und Willkür ausgeliefert wären. Sie könnten keine Identität aufbauen, sondern nur Emotionen aufrühren. Fehlte den existentiell bedeutsamen Handlungsformen eine symbolische Fixierung, würden sie zur Auflösung durch Aufmerksamkeitsmangel und Nachlässigkeit tendieren. Gerade die Verknüpfung von symbolischer Verdichtung und existentieller Fundierung gibt den Moral-Formeln ihre besondere Bedeutung für den Aufbau und die Sicherung der – zunächst kollektiven – Identität.

Man kann den Weg der Entwicklung eines gemeinsamen Welt- und Selbstbewußtseins – das heißt einer (kollektiven) Identität, die sich in einer gemeinsamen symbolischen Repräsentation der Welt und der eigenen Existenz in dieser Welt gründet – noch weiterverfolgen und dabei die schwierigen Prozesse und Anstrengungen nachzeichnen, die zur Ausbildung gemeinsamer Wahrnehmungs- und Vorstellungs-, Empfindungs- und Verhaltensmuster geführt haben. Dabei würde sichtbar werden, wie die Moral in unseren grundlegenden Orientierungen – und zwar sowohl für unser Handeln als auch für unser Erkennen – wurzelt. Vor allem würde aber auch deutlich werden, daß diese Verwurzelung der Moral in unserer Identität nicht nur die emotionale Stärke und teilweise auch Heftigkeit moralischer Stellungnahmen erklärt, sondern auch die Tendenz zum Moralismus.

Damit ist gemeint die Tendenz zur Erweiterung moralischer Stellungnahmen auf alle möglichen Lebensbereiche. Im Prinzip kann dann jede Abweichung von einer Formel zur moralischen und also unnachsichtig strengen Ahndung – die immer die ganze Person und nicht nur eine bestimmte Handlung betrifft – führen, auch wo keinerlei Zusammenhang mit irgendwelchen existentiellen Zwängen besteht. Diese Totalisierung der moralischen Be- und meist Verurteilung gründet wie die Moralität selbst in der Identität, allerdings nicht als dem Fundament von Gemeinsamkeit, sondern als dem Ausweis der Andersheit gegenüber Fremden.

Denn Identitäten sind historisch und daher kontingent, lokal begrenzt und daher konfliktträchtig. Was das eigene Welt- und Selbstbewußtsein aufbaut, grenzt zugleich von anderen Bewußtseinsformen ab. Wie die Abweichung in der eigenen Gesellschaft oder Kritik geahndet wird, kann auch die andere Identität der anderen Gesellschaft oder Kultur einen Konflikt erzeugen. Heißt Moral – im Sinne einer Identitätsethik – damit also auch Bekämpfung fremder Identität?

6. Moralität zwischen den Identitäten

In der Tat läßt sich eine solche »Kampf-Moral« beobachten. Nicht erst die Feldzüge islamischer Mullahs gegen Andersdenkende und -schreibende liefern hier erschreckende Beispiele. Nicht weniger erschreckend und bedrückend wartet auch die Geschichte christlicher Feld- und Kreuzzüge mit einer reichen Beispielmenge auf. Die Sicherung der Identität tritt hier und vielerorts sonst als aktive und zum Teil sogar mörderische Intoleranz auf. Das Motiv der Identitätssicherung alleine scheint daher nicht hinreichend, die Entwicklung der Moral – die wir uns ja rückblickend vergegenwärtigen – zu verstehen. Dazu bedarf es vielmehr der Hervorhebung eines weiteren Elementes, das die moralische Identität von Beginn an mitaufbaut. Es ist dies das *Überschreiten der Verstehensgrenzen*, das konstitutiv für alle Formen von Moral zu sein scheint.

Identität heißt immer auch Abgrenzung. Die Orientierungen, aus denen sie sich bildet, sind Anhaltspunkte in einem Gebiet, in dem wir zwar leben, das wir aber nicht überblicken. Die Bedrohung, die mit dem Aufbau einer Identität gebändigt werden soll, ist die Unberechenbarkeit des stets möglichen Umschlags ins Gegenteil: des Bergenden ins Ausgesetztwerden, des Anziehenden ins Erschreckende, des Schützenden ins Vernichtende. Identität schafft hier eine Sicherheit, wo Unvertrautes uns umgibt (und auch in uns selbst existiert). Die moralische Sicherung der Identität durch das »rechte« Verhalten ist eine Weise des Lebenkönnens im Fremden oder, wie man durchaus auch sagen kann, im eigentlich Unverständlichen.

Diese Unverständlichkeit wächst mit dem Auftreten und Aufeinandertreffen verschiedener Identitäten, verschiedener Bewußtseins- und Handlungswelten. Eine Moral, die ihrem ursprünglichen Impuls weiterfolgt, muß auch hier ein Lebenkönnen in und mit dem Fremden vorzeichnen und damit wiederum die Grenzen des Verstehens, der eigenen Sichtweite und Sichtweise, überschreiten. Aber die Wege dieses Überschreitens müssen von grundsätzlich anderer Art sein als die in der mythischen Tradition. Denn gerade die identitätsstiftenden Geschichten sind es ja, die im Aufbau der verschiedenen Identitäten, die sich begegnen, jetzt das Trennende erzeugt haben und nicht mehr für eine neue, übergreifende Identität den Grund legen können. Der Schritt auf einen neuen Weg, der in dieser Situation zu tun ist und getan wurde, ist – mit dem berühmten Titel Wilhelm Nestles formuliert – der »vom Mythos zum Logos«, von der Tradition der Erzählungen über die eigenen Bewußtseins- und Verhaltenswelten zur Antizipation eines »rechten Verhältnisses« (eben des »logos«) zwischen verschiedenen, eigenen und fremden, Welten und Identitäten.

Das Problem, das sich so einer (in diesem Sinne) »logischen« Moral stellt, ist die Entwicklung von Lebensformen in einer Pluralität von Identitäten oder auch, anders gesagt, einer Identität in Koexistenz und Kooperation mit anderen Identitäten. Dies bedeutet aber auch, daß das Ziel keine »Super-Moral« sein kann, die von einem übergeordneten Standpunkt her eine bestimmte Lebensform als verbindlich für alle erklären würde. Vielmehr ist eine Moral der Beziehungen zwischen den verschiedenen Lebensformen und Identitäten, sozusagen eine »Inter-Moral«, zu entwikkeln, die die verschiedenen Identitäten nicht nivelliert – nicht die Individuation der Universalisierung opfert –, sondern den Austausch und Ausgleich zwischen den Lebensformen und Identitäten ermöglicht und schützt.

Man kann dieses Problem auch dadurch erfassen, daß man – in durchaus pointierender Steigerung begrifflicher Tendenzen – *Verstehen* und *Anerkennen* als zwei verschiedene Leistungen im Verhältnis von Personen (und Personengruppen) einander gegenüberstellt. Der Weg des Verstehens führt zur Konstruktion einer übergreifenden Identität, in die sich die verschiedenen historisch gewachsenen Identitäten integrieren und transformieren müssen, um ihre Koexistenz und Kooperation zu organisieren. Das Verstehen ist eine theoretische Leistung. Es besteht in der theoretischen Ausweitung einer Identität zum universellen Wesen – zum Beispiel unter dem Titel einer Idee der Menschheit wie bei Kant –, das dann in Normen für alle übersetzt wird.

Der Weg des Anerkennens verzichtet demgegenüber auf eine solche vereinheitlichende Konstruktion und will Formen des Miteinanderhandelns und -lebens auch und gerade dort entwickeln, wo die fremde Identität unverständlich bleibt. Die praktische Leistung einer solchen tätigen Anerkennung fremder Identität begründet eine neue Form der Moral. Es ist dies eine Moral, die sich im Unverständnis für das Fremde beweist, die auch dort schützt und hilft, wo sie nicht versteht.

Im übrigen ändert sich in einer solchen Situation der Pluralität von Identitäten auch der Sinn von Identität selbst. Geht es doch hier nicht mehr um den Gewinn und die Sicherung einer grundlegenden Weltorientierung, sondern um die Öffnung für verschiedene Orientierungen. Nicht die traditional gesicherte Beständigkeit gleicher Orientierungen definiert dann länger alleine die Identität von Personen oder auch Gesellschaften und Kulturen, sondern auch die immer wieder neu zu bestätigende Fähigkeit, sich kooperierend auf andere Orientierungen einzulassen.

Anstelle einer auf Anerkennung gründenden »Inter-Moral« ist in unserer ethischen Tradition, wie die vorgetragene Kritik zeigen sollte, immer wieder der Versuch unternommen worden, eine theoretisch auf dem Verstehen gegründete »Super-Moral« zu etablieren. Hat man aber die Aufgaben, die sich einer »Inter-Moral« stellen, erkannt, so kann man diese Bemühungen um eine »Super-Moral« zugleich relativieren und aufnehmen. Denn diese Bemühungen lassen sich verstehen als Versuche zur Regelung des Miteinanderlebens und -handelns ohne einen Rückgriff auf eingelebte Einverständnisse. Der Fehler dieser Versuche liegt – nach dem hier entwickelten Moralverständnis – darin, daß die dabei aufgestellten Prinzipien und Regeln unbedingt und ausschließlich unser moralisches Verhalten bestimmen sollten. Versteht und benutzt man sie aber lediglich als *Elemente des »logischen« Austauschs und Ausgleichs* zwischen verschiedenen Weltorientierungen und Lebensformen, dann gewinnen sie eine neue Plausibilität. Denn dann liefern diese Prinzipien und Regeln standardisierte Argumente für Einigungsverfahren, wie sie in einer pluralistischen Situation notwendig sind. Entscheidend bleibt dabei allerdings, daß diese Argumente nicht »absolut« genommen werden, das heißt nicht ohne den bereits erwähnten relativierenden Bezug auf die persönliche und kulturelle Identität der jeweils Betroffenen, auf deren Individuations- und Interaktionsmöglichkeiten, und auf die Totalität der Folgen in einer sich wandelnden Welt.

7. Resümee und Ausblick

Versucht man, so etwas wie ein Resümee zu ziehen und zugleich damit einige weitere Konsequenzen anzudeuten, so bieten sich die folgenden drei Punkte an:

– Die Gründung der Moral in der (persönlichen und kulturellen) Identität führt zu einer stärkeren Anerkennung der faktischen *Autonomie* der Betroffenen als in den traditionellen Ethiken. Die Rede von der faktischen Autonomie soll dabei den Unterschied zu einer theoretisch konstruierten oder normierten Autonomievorstellung, etwa im Sinne der Kantischen Philosophie, hervorheben. Im Sinne der faktischen Autonomie zählt letztlich das, was der Betroffene äußert, nicht das, was er sagen sollte. Daß auch hier Probleme der Zurechnungsfähigkeit – und manchmal auch des Wissens – bleiben, kann nicht geleugnet werden. Es geht hier auch eher um eine Grenzverschiebung der Probleme gegenüber den klassischen, eher paternalistischen Positionen, nicht schon um deren Aufhebung.

– Die Gründung der Moral in der Identität kann diese Identität nicht als einen statischen Faktor auffassen. Vielmehr geht es um eine Kultivierung dieser Identität (die nicht mit deren Normierung zusammenfällt!) im Sinne einer um die Schaffung und Erhaltung von Individuations- und Interaktionsmöglichkeiten und um die Verantwortung für die Totalität der möglichen Folgen bemühten Gesellschaft: um eine *Identitätskultur*. Dabei wird man nicht nur die sozusagen »rationalisierbaren« Aspekte unseres Lebens als Aufgaben unserer Lebenshaltung sehen dürfen, sondern auch die Aspekte, die uns in unserer Anfälligkeit und Gebrechlichkeit zeigen, also auch Krankheit und Tod. Ein reines Minimierungsideal gegenüber diesen Aspekten würde jede Gesellschaft bald an die Grenzen ihrer Möglichkeiten führen. Es ist allerdings auch zu sehen, daß uns außer den pathetischen Appellen der Existenzphilosophen hier noch wenig Denk- und Lebensmöglichkeiten eröffnet worden sind. Eine Identitätskultur darf sich aber nicht nur auf die individuellen Belange eines Lebens beschränken. Auch die Umwelt unseres Lebens gehört – und zwar in einem immer stärkeren Maß – zu unserer Existenz, als deren Bedingung, Mitwelt und Folgenraum. Die Entgegensetzungen von Selbst und Welt, Geist und Natur, Bewußtsein und Sein haben uns in selbstverständlich gewordene Denk-, Wahrnehmungs- und Empfindungszwänge eingespannt, die wir nur durch eine kritische Rekapitulation unserer geistigen Geschichte von Grund auf auflösen können. Dies ist eine Aufgabe, die nicht mehr nur der Ethik gestellt ist, sondern den menschlichen Verstehens- und Orientierungsbemühungen insgesamt.

– Die Gründung der Moral in der Identität macht die faktische Genese und Struktur von Identitäten nicht zu einer unangreifbaren Basis für alle weiteren Argumentationen. Die Bildung einer persönlichen oder kulturellen Identität bleibt eingebunden in Aufgaben und Zwänge, die keine reine Beliebigkeit zulassen. Die Rettung mühsam errungener Existenzmöglichkeiten, der Schutz des Miteinanderleben- und -handelnkönnens und damit auch der Schutz der Lebens- und Handlungsmöglichkeiten anderer – Anderslebender und -denkender –, dies gehört zu diesen Aufgaben und Zwängen, in deren Rahmen alleine eine moralische Identität sich bilden kann. Dies ist in den vorgetragenen Überlegungen eher angedeutet als ausgeführt, gibt ihnen aber gleichwohl erst ihren verständlichen Sinn. Eine Ausformulierung dieses Wechselverhältnisses von »objektiven« Aufgaben und Zwängen auf der einen und »subjektiver« Identitätsbildung auf der anderen Seite führt zu einer Theorie der *Menschenrechte*, in der eine Identitätsethik ihren Rahmen findet.

Diese Theorie der Menschenrechte markiert den Übergang von der Ethik im engeren Sinne einer Reflexion auf Formen der Lebensführung – im Sinne einer Idee vom guten Leben – zur Theorie der Gerechtigkeit und des Rechts. Die Anerkennung fremder Subjektivität alleine reicht nicht aus, um die Möglichkeiten des Miteinanderlebens zu sichern. Auf der anderen Seite rechnet der direkte Rückgriff auf sanktionsbewehrte Rechtsnormen zu früh mit dem Einsatz von Macht und damit auch mit der möglichen Anwendung von Gewalt. Zwischen dem sanktionierten Recht und der gelebten Moral gilt es, eine gemeinsame Verankerung für beide zu finden, die dem Recht ein tragfähiges Fundament und der Moral einen bindenden Rahmen bietet.

Diese Verankerung zeigt sich an der Grenze der Moralität zwischen den Identitäten, dort nämlich, wo die Anerkennung fremder Identität nicht mehr nur die eigene Identität aufbaut, sondern verbindlich für alle wird. Der Umschlag in eine allgemeine Verbindlichkeit ergibt sich mit dem Wandel der zu leistenden Anerkennung. Im Rahmen der Identitäts-Moral, auch als einer Moral zwischen den Identitäten, bezieht sich diese Anerkennung jeweils auf konkrete Personen. Aus dieser Konkretheit gewinnt sie auch ihre emotionale Basis, die sie nicht bloß verordnet sein läßt, sondern zu einem integrativen Gefühl für die ganze Persönlichkeit macht. Tatsächlich sind dieser konkreten Anerkennung aber Grenzen gezogen: Wenn etwa die Vernichtung oder auch Gefährdung von Lebensbedingungen, seien es nun die eigenen oder die anderer, sei es gewollt oder in Kauf genommen, zu einer Lebensform gehört, dann wird auch diese konkrete Anerkennung als Teil des vernichteten oder gefährdeten Lebens vernichtet oder gefährdet. In ihrem eigenen Namen wandelt sich dann eben diese konkret ge- und erlebte Anerkennung zum tätigen Schutz für die Rettung von Lebensbedingungen.

Es geht dabei nicht um eine Abstraktionsleistung im Sinne der kritisierten Universalisierungsforderung. Die konkrete Anerkennung bleibt das Maß und das Ziel ihrer eigenen Veränderung. Es bleiben die konkreten Menschen, um deren Lebensbedingungen es geht, und es bleiben die konkreten Situationen der Vernichtung oder Gefährdung dieser Lebensbedingungen, die uns zum Handeln herausfordern. So bleibt denn auch der verallgemeinernde Versuch zur Festschreibung von unangreifbaren Lebensbedingungen immer zurückgebunden an die besonderen Erfahrungen ihrer Vernichtung und Gefährdung. Nicht ein abstraktes, begrifflich konstruiertes Reich von Zwecken, zu dem wir uns die Gesetze ausdenken, ist die Modellvorstellung für eine solche Festschreibung, sondern die durchaus konkreten, historisch sich wandelnden Formen der Koexistenz und Kooperation von Menschen. Die Verbindlichkeit für diese Festschreibung von unangreifbaren Lebensbedingungen oder Menschenrechten gründet daher auch nicht in der begrifflichen Verallgemeinerung der existierenden Personen zu Menschen, sondern in der immer wieder zu erwerbenden Erfahrung konkreter Anerkennung.

Dies ist eine grundlegende Unterscheidung nicht nur für den akademischen Disput, sondern für die Art und Weise, wie wir selbst leben und wie wir die Überzeugungen und Erfahrungen aus diesem Leben anderen weitergeben können. Nicht eine begriffliche oder überhaupt logische Analyse, so notwendig und hilfreich sie auch in der ethischen Reflexion ist, bietet uns den Grund für die Verwurzelung und Entwicklung des moralischen Impulses, dem wir hier nachgegangen sind. Solche Analysen bleiben – wie alle

Reflexionen über unsere Praxis – Brücken, die zwar Schluchten überwinden, aber nur wenn wir nicht auf ihnen verharren, sondern uns ans andere Ufer des Lebens, das wir zu bestehen haben, begeben. Dort allerdings führt uns die Reflexion auf die Bedingungen dieses wie anderen Lebens dann an eine neue Grenze – nämlich an die Grenze der moralischen Identität zur rechtlichen Verbindlichkeit. Wir haben diese Grenze mit dem Hinweis auf die Menschenrechte zu benennen versucht. Sie zeigt jedenfalls, daß eine Ethik als Reflexion unserer moralischen Identität nicht abgeschlossen werden kann, wenn sie den Wandlungen des moralischen Impulses wirklich folgen will. Sie ist weiterzuführen in einer Theorie der Menschenrechte, die sich ihrerseits dann nicht nur den Fragen der Gerechtigkeit und des Rechts, sondern auch der Macht zu stellen haben wird. An dieser Stelle ist dies nur ein Ausblick mit undeutlichen Konturen. Er schien aber auch hier schon notwendig, um die Relativität und Unabgeschlossenheit der vorgetragenen Ethik-Konzeption sichtbar zu machen.

Paul Lorenzen
Diesseits von Idealismus und Realismus

Der Titel dieses Beitrages ist eine Kapitelüberschrift eines Aufsatzes »Philosophische Fundierungsprobleme einer Wirtschafts- und Unternehmensethik« aus der von H. Steinmann und A. Löhr herausgegebenen *Unternehmensethik* (Stuttgart 1989).

Dieser Aufsatz verweist kurz auf die Konfusionen, die dadurch entstehen, daß oft das Wortpaar »ideal/real« durch »möglich/wirklich« ersetzt wird, läßt aber die Verwendung der Wörter »Möglichkeit« und »Wirklichkeit« ungeklärt. Hier soll eine kritische Klärung nachgeholt werden.

Konstruktive Sprachkritik, die mit der *Logischen Propädeutik* vorübergehend Mode wurde, hat seit der konservativen Wende der späten siebziger Jahre den Zeitgeist (das heißt eine andere Mode) gegen sich. Da ich jetzt zehn Jahre emeritiert bin, betrachte ich den Wechsel solcher Moden mit nachdenklicher Gelassenheit. Die konstruktive Sprachkritik ist zwar in ihrer Anerkennung durch den Wissenschaftsbetrieb von Moden betroffen – aber in ihrem Programm nicht.

Ob der Wissenschaftsbetrieb noch weitere zehn oder zwanzig Jahre den faktischen Pluralismus des Redens so »interessant« findet wie gegenwärtig, kann niemand im voraus wissen. Aber seit der osteuropäischen Revolution des Jahres 89 (1989, nicht 1789) ist am Beispiel des Wortes »Sozialismus« plötzlich akut geworden, welche politischen Wirkungen es hat, daß auch die Wissenschaft keine geklärte Verwendungsweise für solche Wörter (Begriffe? Ideen?) hat. Im Feuilleton der *Frankfurter Rundschau* (vom 13. 1. 1990) konnte man zum Beispiel über die Intellektuellen folgendes lesen: ».. . (sie) haben eine Sache, den Sozialismus, mit ihrem Begriff, nämlich dessen Realität, konfrontiert – ohne die Idee von der Sache preiszugeben.«

Muß das sein, daß so willkürlich mit den Wörtern unserer philosophischen Traditionen umgegangen wird? Überall findet man zur Zeit ein ähnliches Durcheinander. Einerseits soll »der Sozialismus« tot sein, andererseits soll »die Marktwirtschaft« sozial sein. Wo steht denn, daß Sozialismus mehr sein muß als Marktwirtschaft im staatlichen Rahmen von Sozialgesetzen? Es kommt nur darauf an, welche Forderungen an die Sozialgesetzgebung im Detail von »Sozialisten« gestellt werden. Daß die Gesetzgebung »demokratisch« sein soll, ist keine Garantie sozialer Gerechtigkeit. Aber wie ist »Gerechtigkeit« zu definieren?

Für jeden, der mitzudenken versucht, sind hier ersichtlich die Verwendungsweisen vieler Wörter zu klären. Wann der Wissenschaftsbetrieb sich dazu die Zeit nehmen wird, weiß ich nicht. Ich mute Ihnen aber zu, sich (für die Dauer dieses Beitrages) die Zeit zu nehmen, um sprachliche Mittel zu suchen, mit denen wir gegenwärtig über gerechte Sozialgesetzgebung argumentieren können – ohne uns bei auftretenden Differenzen gleich als Idealisten oder Realisten zu denunzieren.

Der bekannte Spruch »Kinder brauchen Märchen, Erwachsene brauchen Ideale« verweist auf einen Bildungsprozeß, der vom kindlichen Reden und Denken zu dem des Erwachsenen führen soll. Dabei ist unterstellt, daß der Erwachsene (im Gegensatz zum Kind) eine Lösung für praktische Probleme finden muß. Um technische Probleme zu lösen und um politische Probleme zu lösen, zum Beispiel durch Gesetzgebung den sozialen Frieden stabiler zu machen – dazu muß man lernen, über das Märchenerzählen hinauszukommen. Faktisch kann man mit einem Denken, das sich noch auf der kindlichen Stufe befindet, durch Visionen (hier ist Paulus das klassische Beispiel) oder durch Träume (zum Beispiel das bekannte »I have a dream« von Martin Luther King) große politische Wirkungen erreichen. Das spricht aber nicht dafür, die Politik – oder gar die Technik – Phantasten zu überlassen. Das Faktum der Wirkung von Märchenerzählern spricht nur gegen die viel zu vielen Menschen, die ihnen unkritisch glauben.

Mit kommt es darauf an, die hier immer wieder auftretende Polemik zwischen Idealisten und Realisten überflüssig zu machen. Dazu muß dieser Streit zunächst entpsychologisiert werden. Daß Menschen psychologisch verschieden sind: die einen eher optimistisch, die anderen eher pessimistisch, mal mehr hoffnungsvoll, mal mehr resigniert (bis verzweifelt), mutig oder ängstlich, die einen beim Gewohnten verharrend, die anderen zu Änderungen neigend – alle diese psychologischen Differenzen (und wohl noch viele mehr) sind für kontroverse Diskussionen um Lösungen praktischer Probleme zu beachten. Aber es liegt nicht an diesen psychologischen Differenzen, wenn statt eines gemeinsamen Dialogs (das heißt eines gemeinsamen Durchdenkens) immer wieder die Wörter unserer philosophisch-wissenschaftlichen Tradition (wie Begriff, Ideal und Idee) polemisch mißbraucht werden.

Ich brauche hier aus meinem Aufsatz zur Unternehmensethik nur kurz zu wiederholen, wie sich die Verwendung von »Idee« (als Substantiv) und von »ideal« (als Adjektiv) aus der antiken Geometrie rekonstruieren läßt. Die Geometrie (im Platonischen Verständnis der *Elemente* von Euklid) beweist Sätze, nicht über die sichtbaren Figuren, die von uns (in Raum und Zeit, wie wir sagen) hergestellt werden, sondern über die Konstruktionsvorschriften solcher Figuren. Eine ebene Konstruktionsvorschrift schreibt vor, wie – von zwei Basispunkten A, B ausgehend – gewisse Grundkonstruktionen (Verbindungsgerade, Orthogonale, Winkelhalbierende) nacheinander ausgeführt werden sollen. Da die Winkelhalbierung per definitionem auf Orthogonalitäten zurückgeführt werden kann, bleiben Gerade und rechter Winkel als »Grundformen« für alle Konstruktionen von ebenen Figuren. Das sind »ideale« Grundformen, wie die Ebene selbst: sie sind durch vollkommene Symmetrien definiert.

Genau hier hat das Gegensatzpaar »ideal/real« seinen ursprünglichen Sitz: in der geometrischen Theorie und Praxis. Die Ideale der Theorie sind in der Praxis nicht erreichbar, sie sind nur mehr oder weniger unvollkommen *realisierbar*. Das gilt auch für die aus den Grundformen konstruierbaren Figuren, zum Beispiel für jedes Pentagon, das wir herstellen. Diese Figuren sind aufgrund ihrer Konstruktionsvorschrift aber zugleich Abbilder (wie Platon metaphorisch sagte) einer utopischen Figur, der Idee des Pentagons. Diese Komplikation der Geometrie, daß zwischen Ideen und Idealen unterschieden werden muß, entfällt in der Chronometrie. Dort genügt eine Grundform, das Ideal der Uhr als eines frei schubsynchronen Taktgebers.

Die Gegenstände der theoretischen Geometrie sind dagegen erst nach Vorschriften aus idealen Grundformen zu konstruieren. Dadurch kommt in der Geometrie die Schwierigkeit hinzu, die nach meiner Vermutung zum Schulstreit zwischen Aristoteles und Platon geführt hat – zusätzlich zu dem großen Altersunterschied und der medizinisch-empiristischen Herkunft des Aristoteles.

Wenn Aristoteles nämlich zu Recht seinen großen Lehrer darin

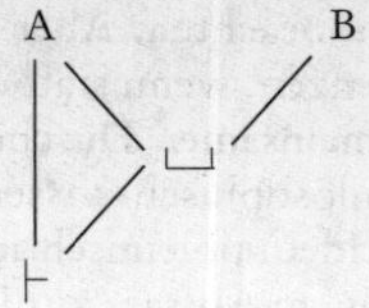

kritisiert, daß er nicht nachvollziehbar sagt, wie er das Wort »Idee« verwendet – ja, dann liegt das daran, daß man nicht einfach die Konstruktionsvorschriften »Ideen« nennen kann. Konstruktionsvorschriften sind nämlich an eine Sprache gebunden. Das war für Platon und Aristoteles selbstverständlich Griechisch – aber für die theoretische Geometrie wären zum Beispiel auch symbolische Konstruktionsdiagramme geeignet, etwa als Konstruktionsvorschrift für die Verbindungsgerade A ⎵ B mit einer Orthogonalen (⊢) dazu durch A, also für

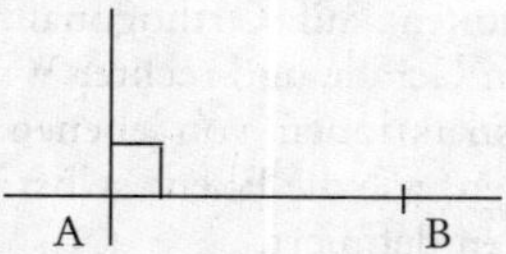

Wir haben hier eine Äquivalenz zwischen Vorschriften verschiedener Sprachen. Von äquivalenten Konstruktionsvorschriften läßt sich dann sagen, daß sie dieselbe *Idee* darstellen. Diese Einführung eines neuen Wortes (hier: Idee) statt der Konstruktionsvorschriften geht auf die Aristotelische Abstraktionslehre zurück. Weil vorher explizit eine Äquivalenzrelation definiert ist, so daß über Ideen nur das ausgesagt werden darf, was invariant bezüglich der Äquivalenz ist – deshalb ist die Abstraktion eine sprachliche Operation und unabhängig von aller Psychologie (die bei Aristoteles miteinbezogen war).

Ohne Psychologie rekonstruiert, lehrte Aristoteles die Abstraktion von Wörtern (Termini) unseres wissenschaftlichen Redens zu *Begriffen*. Termini verschiedener Sprachen mit gleicher Verwendungsweise heißen »synonym«. Dies ist eine Äquivalenzrelation. Beschränkt man die Aussagen über Termini auf das, was invariant bezüglich der Synonymität ist, dann reden wir über Begriffe. Synonyme Termini stellen denselben Begriff dar. Der Übergang von Termini zu Begriffen und der Übergang von Konstruktionsvorschriften zu Ideen, beides sind Spezialfälle der Abstraktionsmethode. Aber Ideen sind keine Begriffe.

Es ist schon tragikomisch, daß für die Rede von Ideen sowohl der Platonische Konstruktivismus als auch die Aristotelische Abstraktionsmethode erforderlich ist. Platon und Aristoteles ist nicht übelzunehmen, daß ihnen keine gemeinsame Klärung gelang, weil jeder Mühe genug hatte, seinen Beitrag zum Aufbau wissenschaftlicher Sprachen verständlich zu machen. Ein Skandal unserer Wissenschaftsgeschichte ist es dagegen, daß sich etwa dreihundert Jahre nach Aristoteles die antiplatonische Wissenschaftslehre seiner *Analytiken* dogmatisch durchsetzte. Bis heute werden daher Euklids *Elemente* als Lehrbuch einer axiomatischen Geometrie interpretiert. Noch Hilbert wollte nicht mehr, als die logische Dedukton einer Axiomatik perfektionieren.

Nun ja, das darf ich wohl einen »Skandal« nennen, aber für die Geometrie als theoretische Stützung unserer technischen Praxis spielt dieser philosophische Streit um den Status der theoretischen Geometrie keine Rolle. Jeder Schüler lernt die euklidischen Grundformen, er lernt sogar die euklidischen Parallelensätze. Dann lernt er analytische Geometrie – und kann danach als Techniker oder Ingenieurwissenschaftler völlig vergessen, ob Konstruktionen oder Axiome das Fundament seiner Berechnungen sind. Daß der Ingenieur Richtplatten braucht, also Realisierungen idealer Ebenen (für Präzisionsgeräte mit sehr geringen Toleranzen), das bleibt für unsere Technik völlig unbestritten.

Kinder brauchen Märchen, Techniker brauchen Ideale – das ist bei ruhiger Betrachtung eine Selbstverständlichkeit. Der Techniker, der Ingenieurwissenschaftler (und also auch der Physiker, der sich als Grundlagenwissenschaftler der Technik versteht), alle diese bleiben, wiederum selbstverständlich, diesseits von Idealismus und Realismus. Sie haben für ihr theoretisches Wissen ja auch ein praktisches Ziel, nämlich effizientere Mittel für schon gewählte Zwecke zu finden.

Ganz anders sind die Verhältnisse, wenn wir von der Technik zur Politik übergehen. Kinder brauchen Märchen, Politiker brauchen Ideale? Wie läßt sich das interpretieren, wenn man auch hier diesseits von Idealismus und Realismus bleiben will? Keine Sprachdisziplin kann das erreichen, wenn Politik als *Machtpolitik* definiert wird. Dann gibt es nur technisch-strategisches Denken zur Durchsetzung partikularer Interessen. Interessen sind keine

Ideale, sondern Wünsche – allerdings wird mit dem Wort »interessant« gern so gespielt, daß jedes Gespräch abgebrochen werden kann durch die Mitteilung, man fände das Thema »uninteressant« (zu Deutsch: langweilig). In der Tat sind die Interessen anderer sehr langweilig, wenn es kein gemeinsames Ziel der politischen Diskussion gibt.

Ich brauche aus meinem Aufsatz zur Unternehmensethik auch hier nur kurz zu wiederholen, wie politische Diskussionen ein gemeinsames Ziel dadurch bekommen, daß das praktische Problem einer Gesetzgebung, insbesondere der Sozialgesetzgebung, an der Aufgabe orientiert wird, den Frieden (also Gewaltlosigkeit) stabiler zu machen.

Diese Orientierung der Politik, die ich dann ethische Politik – im Gegensatz zur Machtpolitik – nenne, setzt allerdings voraus, daß von unserer Gegenwart gewußt wird, was für unser Überleben relevant ist. Nämlich, daß wir in Staaten organisiert sind, die traditional Militärstaaten sind, daß wir jetzt aber einen Pluralismus traditionaler Lebensformen haben – und »postmodern« sogar einen Individualismus mit zwangsläufigem Lebensformeklektizismus. Um des Überlebens willen müssen die Staaten zu einer Gesetzgebung finden, die den Pluralismus überwindet. Obwohl gerade Wissenschaftler den Pluralismus »interessant« finden, ist ethische Politik Friedenspolitik durch eine Gesetzgebung, die am allgemeinen, freien Konsens der Bürgerinnen und Bürger orientiert ist.

Ja, was denn nun? Das soll diesseits von Idealismus und Realismus sein? Diese Träumerei von einem allgemeinen, freien Konsens! Im Falle der Technik mag es noch plausibel geklungen haben, daß für Physiker die Rede von Idealen und unvollkommenen Realisierungen akzeptabel gemacht werden kann – da habe ich aber stillschweigend alle Physiker unterschlagen, die an ihrer Wissenschaft gerade das »interessant« finden, was nicht der Technik dient.

Und jetzt die Geisteswissenschaftler! Wo bleibt denn da die von der Verfassung garantierte Freiheit der Wissenschaft?

Im Wissenschaftsbetrieb ist – wie bei den Künstlern – immer nur das Neueste auch das Interessanteste. Und den Geisteswissenschaftlern steht zur Abwehr einer Selbstverpflichtung auf ethische Politik die ganze Kulturgeschichte der Menschen von den Raubaffen über alle bisherigen Lebensformen in Kunst, Religion, Wirtschaft, Rechtsordnung und den Wissenschaften selbst zur Verfügung. Es ist nicht schwierig, in die gesamte Kulturgeschichte eine Konkurrenz unverträglicher Lebensformen, also einen Kampf ums Dasein, hineinzulesen. In der Konkurrenz gibt es nur Gewinner oder Verlierer. Die konsensorientierte Solidarität (wie wir 1989 statt der Brüderlichkeit von 1789 sagen) *aller* Menschen eines Staates oder gar der Welt ist für uns nur ein Traum.

Ob dies auch für *Wissenschaftler* ein Traum ist oder aber ein Ideal, zu dessen mehr oder weniger unvollkommener Realisierung sie ihren Beitrag durch Ausbildung und Beratung der praktischen Politiker, Verwaltungs- und Justizbeamten leisten – nur das ist die Frage, für deren Diskussion (einschließlich der Diskussion über ihre sprachlichen Mittel) ich hier Ihre Zeit in Anspruch nehme.

Im Wissenschaftsbetrieb gilt diese Frage zur Zeit als uninteressant. Jeder Historiker, Sozialwissenschaftler oder Jurist studiert menschliche Lebensformen ja gerade aus dem Interesse an ihrer Vielfalt. Mit einem Wissenschaftsbeamten, der sich nach der Verfassung das Recht nimmt, sein Interesse selbst zu definieren, will ich nicht argumentieren. Nur wenn er aufgrund seines Spezialwissens behauptet, er kenne die Menschen besser: Konkurrenz sei notwendig, konsensorientierte Solidarität von Wissenschaftlern sei nicht möglich – ja, dann begibt er sich auf das Glatteis der Modallogik. Vorausgesetzt, er sei wenigstens an seinen eigenen Behauptungen interessiert, darf dann zunächst über Modalitäten gesprochen werden.

Als ein Teil unserer Wissenschaftssprache geht die Modallogik auf die Aristotelische Syllogistik zurück. Ihre sprachliche Rekonstruktion ist ganz unabhängig von Ideen, Utopien oder Idealen. Bei ihr geht es nur darum, wie Sätze als wahr behauptet werden – und die Sätze, um die es geht, sind beschreibende Sätze über Geschehnisse und Dinge in der Welt, allerdings einschließlich genereller Sätze. Sind gewisse solcher Sätze als wahr akzeptiert, wie Axiome einer axiomatischen Theorie, dann heißen alle logischen Folgerungen »notwendig«, genauer: »notwendigerweise wahr«. Notwendig ist ein Prädikat von Sätzen, und wer etwas als notwendig behauptet, sollte lieber gleich die Sätze nennen, die er axiomatisch (ich könnte auch sagen: dogmatisch) behauptet. Möglich, genauer: möglicherweise wahr, wird mit doppelter Negation durch »nicht notwendig nicht« definiert. Diese theoretischen Modalitäten sind zu unterscheiden von den praktischen Modalitäten,

mit denen darüber gesprochen wird, was bestimmte Menschen (oder auch Tiere) *können*. Wegen der Lernprozesse bei Tier und Mensch sind praktische Modalaussagen immer mit einer Zeitangabe zu versehen zum Beispiel »Was können wir *jetzt* tun?« Die Terminologie für praktische Modalitäten ist in unserer Tradition schwankend, weil fast nur die theoretische Modallogik in den Lehrbüchern behandelt wird. Ich schlage »erreichbar« als praktische Grundmodalität vor, weil darüber gesprochen wird, ob wir durch unser Handeln (als Mittel) einen Zweck erreichen können. durch doppelte Negation wird »unvermeidbar« definiert. Das entspricht formal dem theoretischen »notwendig«. Es gelten dann logische Implikationen, zum Beispiel: »Was erreichbar ist, ist möglich« (und damit auch: »Unmögliches ist unerreichbar«) – diese Implikationen sind aber nicht umkehrbar: Was möglich ist, ist noch lange nicht für jeden erreichbar.
Hier macht sich bemerkbar, daß die Möglichkeiten von axiomatisch gesetzten Notwendigkeiten abhängig sind. Man kann zum Beispiel unser bisheriges mangelhaftes ethisch-politisches Können dadurch festschreiben, daß man es für »den Menschen« und sogar für »den Wissenschaftler« axiomatisch als notwendig festsetzt.
Ob unsere Geisteswissenschaften ihre wissenschaftliche Arbeit dem praktischen Ziel eines stabileren Friedens (durch konsensorientierte Mitarbeit an der Gesetzgebung und an zwischenstaatlichen Verträgen) unterordnen können (»könnten«, sagt man da gerne), das ist keine Frage, die durch bisherige Erfahrungen aus der Wissenschaft in Geschichte und Gegenwart entschieden werden kann.
Die Bedrohungen durch sich selbst überlassene Naturwissenschaften und Technik und durch die wirtschaftlich und militärisch gestützte Interessenpolitik sind erstmalig in unserer Geschichte. Wenn überhaupt, dann sind die drohenden Katastrophen nur durch eine schnelle Reform der Geisteswissenschaften vermeidbar.
Keine Wissenschaftstheorie kann Interessenkonflikte aus der Welt schaffen, aber für konsensorientierte Geisteswissenschaften um des Friedens willen kann konstruktive Sprachkritik wenigstens den Streit um Worte (in dem rhetorisch die partikularen Interessen versteckt werden) zu einem Ende bringen. Genauer gesagt: die Sprachkritik macht den Versuch, Konsens leichter erreichbar zu

machen, indem wenigstens die Verwendung der Wörter im Konsens erklärt wird. Der Versuch, Streit um Worte zu vermeiden, hat die Zielsetzung, die Wissenschaft dahin zu bringen, von praktischen Problemen (Krieg, Armut) auszugehen, sich also in den Dienst ethischer Politik zu stellen.

Diese »praktizistische« Wende gehört zur konstruktiven Sprachkritik dazu, weil ohne Praxis keine »empraktischen« Anfänge für einen Aufbau von Wissenschaftssprachen vorhanden sind. Das läßt sich auch aus Wittgensteins Sprachphilosophie entnehmen, wenn man ihm nicht in den resignierten Pluralismus seiner »Sprachspiele« folgt, sondern von einer Praxis mit gemeinsamem Ziel ausgeht.

Die Modallogik ist ein Musterbeispiel dafür, wie man ohne Praxisorientierung in metaphysische Spekulationen gerät, nur weil die metamathematische Untersuchung von Modalkalkülen für Formalisten »interessanter« ist als effiziente Technik und ethische Politik. Für die kritische Verwendung praktischer Modalitäten kommt hinzu, daß geklärt werden muß, wie wir darüber reden, daß *durch* unser Handeln ein Sachverhalt »erreicht« wird, als Zweck oder als (unbezweckte) Nebenwirkung. Daß wir die Täter unserer Taten sind, also die Ursache von Wirkungen – dieses ganze sprachliche Feld der Kausalität, Schuld und Verantwortung muß kritisch rekonstruiert werden.

Ich erlaube mir, dazu auf mein Lehrbuch zu verweisen, und beschränke mich hier auf den Terminus »wirklich« bzw. »Wirklichkeit«.

Obwohl die Wörter Werk, Wirkung, Wirksamkeit zum Problemfeld der Kausalität gehören, haben die sprachverwandten Wörter wirklich und Wirklichkeit eine Herkunft aus ganz anderen wissenschaftlichen Problemen, nämlich aus der Aristotelischen Biologie. Aristoteles hat für sein wissenschaftliches Reden über das Werden von Lebewesen, über ihre »Entwicklung« (wie wir seit den Präformationstheoretikern sagen), metaphorisch das Wort »Werk« (griechisch *ergon*) aus dem Bereich unseres Handelns, unseres Wirkens genommen. Das erfordert von uns sprachliche Subtilität, obwohl die Sache, über die da geredet wird, zur elementarsten Lebenserfahrung gehört. Ein Kirschkern ist kein Kirschbaum, ein menschlicher Embryo ist keine Person. Aber ein Kirschkern ist *potentiell* ein Kirschbaum, das heißt, es wird ein Kirschbaum aus ihm (in geeignetem Boden usw.) – oder er stirbt vorher. Erst wenn der Kirschbaum »entwickelt« ist, haben wir *aktuell* einen Kirschbaum. Die Wörter potentiell/aktuell sind die eingedeutschten lateinischen Wörter *potentialiter/actualiter*, mit denen die Metaphorik der Aristotelischen Biologie übersetzt wurde. Meister Eckehart verdanken wir dann die deutsche Übersetzung von *actualiter* in »wirklich«. Und aus *actualitas* wurde »Wirklichkeit«.

Nach strengem Sprachgebrauch ist auch eine ausgewachsene Pflanze keine Täterin von Taten (Werken) – ihr Wachsen, Blühen und Welken sind Prozesse, zu Deutsch: Vorgänge. Beim Tier ist dagegen das aristotelische Wort *energeia* treffend gewählt. Ein Katzenembryo ist keine Katze, aber er ist potentiell eine Katze: er wird eine Katze, wenn er nicht vorher stirbt. Die erwachsene Katze ist wirklich eine Katze – und das heißt hier: sie wirkt, sie verhält sich als Katze, indem sie zum Beispiel Mäuse fängt.

Folglich kann man auch sagen, daß aus einem Katzenembryo möglicherweise eine Katze wird (dagegen unmöglich ein Hund) – aber die Entwicklung der Lebewesen wird durch das Wort potentiell/aktuell zur Sprache gebracht, nicht durch Modalitäten.

Beim Menschen hat die aristotelische Terminologie eine andere Schwierigkeit als bei Pflanzen. Gewiß kann man sagen, daß der menschliche Embryo potentiell ein Mensch ist: er wird ein Mensch, wenn er nicht vorher stirbt. Das ist, biologisch betrachtet, genauso wie bei den Katzen. Biologisch betrachtet ist ein erwachsener Mensch ja auch nur ein Mensch, der nicht mehr wächst.

Aber seitdem unsere Vorfahren, gewisse Raubaffen, begonnen haben, sich eine Sprache zu erarbeiten, ist der Mensch nicht nur Lebewesen, sondern auch Kulturwesen. Es ist nicht biologisch festgelegt, wer Bauer, Händler oder Lehrer wird. Eine Tochter aus einer Künstlerfamilie ist keine potentielle Künstlerin. Sie wird möglicherweise, sogar mit gewisser Wahrscheinlichkeit, eine Künstlerin – aber das Wortpaar potentiell/aktuell stiftet außerhalb der Biologie nur Verwirrung.

Nach strengem Sprachgebrauch ist ein Soldat kein »potentieller« Mörder, obwohl er als Staatsbürger (nach Platon ist das die höchste Form des Kulturmenschen) zum Töten ausgebildet wird, also unter der Bedingung zukünftiger Atomkriege: zum Morden. Die Entwicklungsprozesse aller Lebewesen, die Lernprozesse der höheren Tiere und die Bildungsprozesse der Menschen – das sind drei verschiedene Dinge, Verzeihung, drei verschiedene Vorgänge.

Die Bildung zum Staatsbürger, der am friedlichen Zusammenleben von Menschen verschiedener Lebensformen (oder individueller Lebensstile) mitwirkt, erfordert staatliche Bildungsinstitutionen. Der Lehrstoff muß von den Wissenschaften erarbeitet werden – und genau dazu ist auch ein lehrbarer Aufbau von Wissenschaftssprachen nötig.

So darf ich zum Schluß noch einmal sagen, daß gelernt werden muß, konsensorientiert zu argumentieren. Das nennt man vernünftiges (lateinisch: rationales) Argumentieren. Daß man dieses als Ideal explizit formuliert, ist kein »Idealismus«. Aber wer sich nicht um vernünftiges Argumentieren bemüht, der ist »Realist« im schlechten Sinne. Wer sich bemüht, dieses Ideal zu realisieren, ohne zu vergessen, daß alle Realisierungen unvollkommen sind, der hat es nicht nötig, sich »Realist« zu nennen. Er arbeitet für eine effiziente Technik und eine friedliche Politik – und bleibt durch seine Sprachdisziplin diesseits von Idealismus und Realismus.

Ulrich Weiß

Die andere Seite der Medaille

Das »Irrationale« im Verhältnis zu Hugo Dinglers Methodik

1. Einige Vorbemerkungen theoretischer und metatheoretischer Art

Seit es Philosophie gibt, ist die Vernunft als Grundinstanz des Denkens – ein Doppelsinn, der im lateinischen *ratio* (als Grund wie Vernunft gleichermaßen) noch gut aufbewahrt ist – sich selber immer wieder fraglich geworden. Zu diesem selbstbezüglichen Bedenken gehört auch die Frage nach dem *Anderen der Vernunft*. In der heutigen Situation, wo Rationalitätsansprüche miteinander konkurrieren und das Verständnis von Rationalität insgesamt zur Disposition gestellt wird, kommt dieser Frage ungebrochene Aktualität zu.

Wir finden einen unmittelbaren philosophiegeschichtlichen Vorgänger der heutigen Situation in einer Konstellation, wie sie die erste Hälfte unseres Jahrhunderts bestimmte. Es ist der Gegensatz zwischen einer Rationalität einerseits, die sich vor allem wissenschaftsphilosophisch in mannigfachen transzendentallogischen, phänomenologischen, positivistischen, analytischen und pragmatischen Programmen zur Geltung bringt, und dem Gegenstrom eines Irrationalismus andererseits, der sich aus mystischen, romantischen und lebensphilosophischen Traditionen speist und von heute fast völlig vergessenen Autoren wie Edgar Dacqué, Richard Müller-Freienfels, Leopold Ziegler oder (wohl der einzige noch breiter bekannte) Oswald Spengler repräsentiert wird.

Hugo Dinglers Entwicklung seiner von ihm so genannten »methodischen Philosophie« bzw. des »eindeutig-methodischen Systems« fällt in diese Zeit. Ich werde mich hüten, retrospektiv von irgend jemandem eine Pauschalantwort in einer Problematik zu erwarten, die schon damals sich als hochkomplex zeigte. Wohl aber scheint es mir praktikabel und durchführbar, das Problem des Verhältnisses von Rationalität und Irrationalem auf einem begrenzten Feld zur Diskussion zu stellen. Hugo Dinglers methodische Philosophie scheint mir dafür insofern einen geeigneten Gegenstand abzugeben, als sie – über die faktische Beziehungslosigkeit zweier Denkströmungen hinweg – gerade zu deren Verhältnis (zumindest auf einem begrenzten Gebiet, nämlich der Wissenschaftsphilosophie) einen bedenkenswerten Beitrag leistet.

Ich werde im folgenden versuchen, den Dinglerschen Problembeitrag in seinen Grundlinien zu rekonstruieren. Seinem Ansatz entsprechend, soll nicht nur eine mögliche Antwort rekonstruiert werden, sondern es sollen auch die Bedingungen der Fragestellung selber deutlich werden.

Dabei tauchen beträchtliche hermeneutische Schwierigkeiten auf. Im Gegensatz zu anderen Klassikern der Wissenschaftsphilosophie und Methodologie war dem Werk Dinglers nur eine höchst selektive und einseitige Wirkungsgeschichte beschieden. Ich unterscheide vier Schichten im Aufbau des Dinglerschen Systems[1]: (1) eine allgemeine Methodenlehre, die sogenannte Methodik, die im Kern eine Pragmatik ist; (2) deren Anwendung auf die Grundlagenprobleme der Einzelwissenschaften, insbesondere auf Mathematik und klassische Physik; (3) eine methodisch-systematische Rekonstruktion der Einzelwissenschaften, von Dingler vor allem für Arithmetik, Geometrie und physikalische Mechanik durchgeführt. Was diese drei Schichten betrifft, die den Komplex einer methodisch-wissenschaftlichen Rationalität bilden, so ist die Diskussion zwar hochkontrovers, doch herrscht zumindest Konsens darüber, daß der Gegenstand interessant, sinnvoll und fruchtbar ist.

Ganz anders bezüglich der vierten, der Fundamentalschicht des Systems. Es ist die »Metaphysik«, mit welcher Dingler auf eine traditionskritisch reflektierte Weise die Fundamentaldisziplin einer *prote philosophia* reformulieren möchte.[2] Die Metaphysik,

1 Zur Konkretisierung des hier nur skizzenhaft vorgetragenen Überblicks verweise ich auf mein Buch: Ulrich Weiß, *Hugo Dinglers methodische Philosophie. Eine kritische Rekonstruktion ihres voluntaristisch-pragmatischen Begründungszusammenhangs*, Mannheim–Wien–Zürich 1991. Dort wird eine sowohl systematisch-kritische als auch philosophisch interpretierende Gesamtdeutung des Dinglerschen Werks von seiner Grundstruktur her unternommen.

2 Der Begriff der Metaphysik ist bei Dingler mit Vorsicht zu rezipieren: impliziert er doch sowohl eine fundamentale Kritik des traditionellen,

konkret: ein Voluntarismus, ist bei Dingler der theoretische Ort des Irrationalen. Kartographiert hat man diesen Ort bislang nur wenig, schien er doch manchem für das Verständnis des Systemganzen mehr oder weniger überflüssig. Die Urteile schwanken zwischen dem Verdikt der Sinnlosigkeit und der Einschätzung, es handle sich um amateurhafte, um nicht zu sagen dilettantische Ausflüge ins Metaphysische, die ein methodischer Profi sich da geleistet habe.[3]

ontologisch intendierten Metaphysikverständnisses ebenso wie die Einsicht, daß man die Antwort auf die Frage der – wie Dingler sagte – vollen und letzten Begründung unseres Wissens jenseits aller methodisch-wissenschaftlichen Rationalität zu suchen habe. Ich ziehe es in diesem Zusammenhang vor, unter Rekurs auf den weitgehend unbelasteten und in seinem methodischen Sinn unmittelbar einsehbaren ersten Begriff von Metaphysik – nämlich die aristotelische *prote philosophia* – von einer »Protophilosophie« bei Dingler zu sprechen. (Vgl. dazu Dinglers explizit positiven Bezug auf die *prote philosophia*: Hugo Dingler, *Metaphysik als Wissenschaft vom Letzten*, München 1929, S. 290; ders., *Grundriß der methodischen Philosophie. Die Lösungen der philosophischen Hauptprobleme*, Füssen 1949, S. 129; ders., *Die Ergreifung des Wirklichen*, München 1955, S. 188.)

3 Als repräsentativ für eine solche Negativeinschätzung kann die Einleitung genommen werden, die Kuno Lorenz und Jürgen Mittelstraß einer – übrigens um das Kap. V, »Metaphysik«, gekürzten (!) – Neuausgabe von Dinglers *Die Ergreifung des Wirklichen* voranstellten: Kuno Lorenz/Jürgen Mittelstraß, »Die methodische Philosophie Hugo Dinglers«, in: Hugo Dingler, *Die Ergreifung des Wirklichen*. Kap. I-IV, Frankfurt am Main 1969, S. 7-55. Vgl. dort besonders S. 39, wo bei Dingler »ein spekulatives Weitertragen methodisch überflüssiger Bemühungen« vermerkt wird, deren Anstrengung letztlich »entbehrlich« sei. Als kritisches Fazit kann man die Behauptung nehmen, »daß Dingler mit seinen praktischen Vorschlägen zum Aufbau der exakten Wissenschaften seinem eigenen theoretischen Reden über die Bedingungen eines solchen Aufbaus entscheidend überlegen ist« (ebd., S. 32).
Dieses Urteil hält sich in der gesamten Rezeption Dinglers durch die sogenannten deutschen Konstruktivisten durch (neben Kuno Lorenz und Jürgen Mittelstraß nahm insbesondere Peter Janich einschlägig Stellung zu Dingler; vgl. besonders Peter Janich, »Voluntarismus, Operationalismus, Konstruktivismus. Zur pragmatischen Begründung der Naturwissenschaften«, in: *Handbuch Pragmatik*, hg. von Herbert Stachowiak, Bd. 2: *Der Aufstieg pragmatischen Denkens im 19. und 20. Jahrhundert*, Hamburg 1987, S. 233-256). Diese Rezeption läuft – je

Es ist gute juristische Praxis, daß man ein Urteil erst fällt, wenn der Sachverhalt durch Recherche sowie bestmögliche Verteidigung des Angeklagten konkretisiert wurde. Es ist gute hermeneutische Praxis, daß man einen Text, einen Autor oder ein ganzes Werk möglichst umfassend zur Kenntnis nimmt, ehe man systematisch dagegen argumentiert und urteilt. Eben damit scheint es mir bei der Rezeption der Dinglerschen Metaphysik im Argen zu liegen. Der Großteil der Kritiker hat die textmateriale Grundlage des Urteils nur bedenklich partiell zur Kenntnis genommen.[4] Begriffliche Ungenauigkeiten und sprachliche Unzulänglichkeiten, von denen man Dingler alles andere als freisprechen kann, können dafür nur eine begrenzte Rechtfertigung bereitstellen.

Meine Strategie ist demgegenüber die folgende: (1) Ohne der Thematik des Irrationalen in voller Breite Rechnung tragen zu können[5], sollen die Grundzüge sowie eine theoretische Kohärenz rekonstruiert werden, welche das Gebiet des Irrationalen wie auch dessen Verbindung mit der methodisch-rationalen Systemkonstruktion berücksichtigt. (2) Es ist sicherlich unbenommen, der metaphysischen Dimension im Rahmen eines rekonstruktiven Bemühens, das sich an anderen Systemkontexten orientiert, keine Aufmerksamkeit zu schenken. Ich möchte demgegenüber eher hermeneutisch verfahren, indem ich die Thematik probeweise

nach Betrachtungswinkel – auf eine Doppel- bzw. Halbierungsstrategie hinaus: kritische Aufnahme wie Weiterführung des Methodologen Dingler bei Streichung des Metaphysikers Dingler. Daß dies seinerseits mit Gründen geschieht, versteht sich von selbst. Eine klärende Auseinandersetzung wäre meines Erachtens wünschenswert und vielversprechend, sprengt jedoch den Rahmen des vorliegenden Aufsatzes.

In die skizzierte Doppelbewertung fügt sich auch das Urteil von Kurt Hübner, der in seiner kritischen Besprechung von Dinglers *Ergreifung des Wirklichen* metaphysisch einen »Dilettanten« am Werk sieht, während methodologisch durchaus Diskutables vorliege: Kurt Hübner, »Beiträge zur Philosophie der Physik«, in: *Philosophische Rundschau*, Beiheft 4: *Philosophie der Physik*, Tübingen 1963, S. 27-48, hier besonders S. 48.

4 Um nur den wichtigsten Beleg für diese These zu nennen: Dinglers *Metaphysik* von 1929, mit die wichtigste Quelle für den Dinglerschen Voluntarismus, wird von den genannten Kritikern praktisch übergangen.

5 Aus darstellungsökonomischen Gründen klammere ich den ganzen religionsphilosophischen Kontext von Dinglers Metaphysik aus.

ernst nehme und in ihrer internen Stimmigkeit zu entfalten suche. Es wird sich dann – wie in jeder Erfahrung – zeigen, wieviel der Gegenstand hergibt. (3) Eines sollte klar sein: Wo immer die Metaphysik bei Dingler hinwegrekonstruiert wird, kann sich ein solches Verfahren nicht auf werkgeschichtliche oder werksystematische Evidenzen stützen. Die Dimension des Irrationalen ist bei Dingler von Anfang an[6] und zudem nie auf periphere, sondern immer auf zentrale Weise präsent.

Ich werde in drei Schritten vorgehen: Im folgenden zweiten Teil versuche ich den methodischen Weg zum Irrationalen zu beleuchten. Der dritte Teil wendet sich Dinglers Verständnis dessen zu, was er für das originär selbstgegebene Irrationale hält. Abschließend versuche ich in einem vierten Schritt eine Zusammenschau der beiden so konträren Ebenen. Meinem primären Erkenntnisinteresse entsprechend, werde ich meine Untersuchung nicht auf die Begriffsebene beschränken, sondern auch der vorbegrifflichen Repräsentanz der Thematik, wie sie vor allem in prägnanten Metaphern gegeben ist, meine Aufmerksamkeit zuwenden.

2. Der methodische Weg zum Irrationalen

Beginnen wir mit dem Leit- und Grundbegriff der »methodischen Philosophie«. *Methodik* als Lehre von der Methode, von deren Ordnung, Regeln und Prinzipien, steht im Zentrum dieser Philosophie. Um sie herum gruppiert sich auf der Anwendungsseite die Grundlegung der einzelnen Wissenschaften. Auf der Seite der Konstitution der Methodik selber wird die Metaphysik entfaltet. Die Methodik definiert den Charakter des »Rationalen«. Dingler versteht unter dem Rationalen das Korpus der Wissenschaften, genaugenommen das Gebäude der methodisch rekonstruierten, in ihrer Realgeltung begründeten und gesicherten Wissenschaften, aber auch die Methodik selber, aus welcher heraus die Grundle-

6 Das heißt bereits in den Zehnerjahren dieses Jahrhunderts; vgl. insbesondere Hugo Dingler, *Die Grundlagen der Naturphilosophie*, Leipzig 1913, und ders., *Die Kultur der Juden. Eine Versöhnung zwischen Religion und Wissenschaft*, Leipzig 1919.

gung und Rekonstruktion erst gelingen kann. Der damit umrissene Rationalitätstypus ist ein spezifisch *methodischer*. Man erfaßt die Grundstruktur des Rationalen, wenn man die Methodik beschreibt.

Deren Ideal ist das *System* als schrittweiser, lückenloser und zirkelfreier Aufbau. Zwei der vielen Metaphern dafür sind das Gebäude und das »Gerüst«.[7] Wie man in diesen das zweite Stockwerk nicht aufbauen kann, wenn man nicht das erste vorher fertiggestellt hat, so analog in der Methodik. Es geht dabei nicht nur um einen Aufbau von Sätzen, sondern primär um einen Aufbau von Handlungen. *Methodik* erweist sich im Kern als eine *Pragmatik*. Das sogenannte *»Prinzip der pragmatischen Ordnung«* bestimmt die gesamte Struktur der methodischen Philosophie. Es besagt, daß Handlungsschritte in einer linearen Reihe so geordnet werden müssen, daß sie auch ausgeführt werden können.[8]

Bei alldem ist das Irrationale auf indirekte Weise präsent. Ist das Rationale das System des methodisch gesicherten Wissens, so ist das Irrationale der Bereich des nicht ins System Integrierten. Es ist, metaphorisch ausgedrückt, der »Raum«, in welchem das Gerüst sich befindet und in welchen hinein es ausgebaut wird und

7 Zur Gebäudemetapher siehe: Hugo Dingler, *Der Zusammenbruch der Wissenschaft und der Primat der Philosophie*, München ²1931, S. 1 f.; ferner die für den frühen Dingler zentralen Begriffe des »logischen Gebäudes« und des »Urbaus«. Zur Gerüstmetapher: Hugo Dingler, *Die Ergreifung des Wirklichen*, a.a.O., S. 170.

8 »Zwei Handlungen A und B können in ihrer Reihenfolge dann nicht vertauscht werden, wenn die eine zu ihrer Ausführbarkeit die Ausführung der anderen ›voraussetzt‹. Dieses ›Voraussetzen‹ ist hier kein logisches, sondern ein *›pragmatisches‹*. Jede Handlung ist eine (geistige oder manuelle) ›Realisierung‹. Und eine Handlung A ist mit einer Handlung B nicht vertauschbar in der Reihenfolge, wenn B zu seiner Realisierung die Realisierung von A schon benützen muß. ... Die Forderung, bei einer Kette von Handlungen auf ihre Nichtvertauschbarkeit oder Vertauschbarkeit zu achten und sie bei Nichtvertauschbarkeit nach der Reihe ihrer notwendigen Aufeinanderfolge zu ordnen, nennen wir das *›Prinzip der pragmatischen Ordnung‹* (Hugo Dingler, *Philosophie der Logik und Arithmetik*, München 1931, S. 108; Absätze des Originals von mir weggelassen; U.W.).

expandiert.[9] Dingler spricht von den »Systematisanda«[10]: dem in seiner Weite und Tiefe nicht ausmeßbaren Bereich desjenigen Seienden, das erst noch zu methodisch handhabbaren, in den Begriff gefaßten Entitäten transformiert werden muß. Die damit angezeigte Konstellation ermöglicht die Formulierung einer *ersten These*: Das Verhältnis zwischen dem Rationalen und dem Irrationalen wird eröffnet im Kontext einer *kritischen Binnenrationalität*. Dies ist – bewußt pleonastisch ausgedrückt – der *methodische Weg vom Rationalen zum Irrationalen*.

Die These bedarf der Erläuterung. Mit Binnenrationalität ist gemeint eine Ordnung des Denkens, die sich aus sich selber heraus entfaltet und ihrer eigenen Gesetzlichkeit gehorcht, also eine »autologische« Struktur darstellt. Solche Binnenstrukturen haben häufig die Tendenz zur Hermetik. Die eine hermetische Möglichkeit ist das Fachidiotentum, das wir bei Dingler ganz gewiß nicht finden. Die andere Möglichkeit ist die Versuchung zur Absolutsetzung im Sinne der Beanspruchung einer Totalität, welche aus der internen Systemlogik selber nicht zu rechtfertigen ist und dem System unter der Hand implantiert wird. Dieser Tendenz auf illegitime Grenzüberschreitung ist Dingler zumindest zeitweise erlegen, wenn er sein methodisches System als eine wissenschaftliche »Religion der Zukunft« ausdeuten möchte.[11]

Zum weitaus überwiegenden Teile aber ist die Binnenrationalität der Dinglerschen Systematik eine *kritische*, das heißt aus sich selbst heraus auf ihre eigenen Grenzen reflektierende und sich

9 »Raum« hier natürlich als intuitiver und nicht als methodisch-wissenschaftlicher (beispielsweise physikalischer) Begriff genommen. Zum Ausbau des systematisch-rationalen Gerüsts im Fluß des irrationalen Wirklichen vgl. Hugo Dingler, *Die Ergreifung des Wirklichen*, a.a.O., S. 169 f.

10 Siehe Hugo Dingler, *Das System. Das philosophisch-rationale Grundproblem und die exakte Methode der Philosophie*, München 1930, S. 61, 70, 73.

11 Siehe dazu insbesondere: Hugo Dingler, *Von der Tierseele zur Menschenseele. Die Geschichte der geistigen Menschwerdung*, Leipzig [3]1943, Kap. 27. Zu diesem – methodisch sicherlich illegitimen – Fehlschritt, aus der methodischen Philosophie eine Ersatzreligion machen zu wollen, sowie zum mutmaßlichen Umfeld des Topos einer »Religion der Zukunft« in der zeitgenössischen irrationalistischen Philosophie siehe mein Buch: Ulrich Weiß, *Hugo Dinglers methodische Philosophie*, a.a.O., S. 426 ff.

gegenüber wohlfeilen wissenschaftlichen Weltbildern wie metaphysischen Spekulationen gleichermaßen absetzende. Die selbstkritische Reflexion korrigiert dann den eigenen Exzeß. Als rational kann gesichert gelten nur das, was dem System angeschlossen, das heißt methodisch schrittweise, lückenlos und zirkelfrei entwickelt ist, und das ist jeweils ein bloß endlicher Bestand an Wissen.

Aufgrund dieser Rationalität und ihrer Binnenstruktur können wir uns, Dinglers Begründungsweg folgend, nur zu einem Irrationalen hinbewegen, das wesentlich negativen Charakter hat. Das Irrationale ist – wie ja auch der Begriff besagt – das nicht Rationale, sei es als noch nicht oder nicht mehr Rationales. Dieser Begriff des Irrationalen ist parasitär; er nährt sich als Negation nur von dem begrifflich genau bestimmten Rationalen, ist zwar das Andere von diesem, doch keineswegs ein ganz Anderes, sondern ein relativ Anderes.

Dem entspricht eine Grenzbestimmung, welche die Grenze des Rationalen als einen je variablen, beweglichen Limes betrachtet. Die traditionelle Philosophie, etwa Kant oder Hegel, kennt hierfür – im Unterschied zur eigentlichen *Grenze* – den Begriff der *Schranke* (entsprechend dem griechischen *limes* und dem lateinischen *terminus*).[12] Schranke ist das, woran ich jeweils stoße, wenn ich einen neuen methodischen Schritt tue und das Gerüst des Rationalen um ein weiteres Bauteil (einen Begriff, eine Hypothese, eine Theorie) vermehre. Es ist jene Wand, an die wir stoßen, wenn wir den Bereich des bereits rational Vermessenen ausschreiten.

Um das bislang höchst einseitige Verhältnis zwischen Rationalem und Irrationalem zu verdeutlichen, lohnt ein Blick auf die *Metaphorik*, mit welcher Dingler das vor dem Hintergrund der methodischen Binnenrationalität gewonnene Irrationale zu sprachlicher Präsenz bringt. Ist das Gerüst der rationalen Systemkonstruktion der Bereich gesicherten, weil begründeten und methodisch hergeleiteten Wissens, dem der Begriff des Rationalen als der Ord-

12 Vgl. dazu den Artikel »Grenze, Schranke« von F. Fulda, in: *Historisches Wörterbuch der Philosophie*, hg. von Joachim Ritter, Bd. 3, Basel 1974, Sp. 875 ff.

nungsbegriff entspricht, der er traditionell immer schon war[13], so wird die irrationale »Umwelt« dieser methodisch konstruierten Welt mit dem Stigma des Unsicheren und Chaotischen versehen. Das Irrationale stellt für die methodische Rationalität nicht nur eine ständige Herausforderung, sondern auch eine Bedrohung dar. Gegenüber der methodischen Ordnung bleibt es das bedrohlich *Chaotische*.[14]

3. Entfaltung des Irrationalen: Erleben und Wollen

Dingler unterscheidet im Grenzbezirk seines Systems terminologisch scharf zwischen »Systematisanda« und »Insystematisabilia«.[15] Wie die lateinische Begriffsneubildung pointiert, handelt es sich bei den Systematisanda um diejenigen Bereiche der Wirklichkeit, die zwar noch nicht in den Systembau integriert sind, doch prinzipiell einer solchen Möglichkeit offenstehen. Es ist das Irrationale, das noch nicht rationalisiert wurde, doch als rationalisierbar in Frage kommt.[16] Die Insystematisabilia sind demgegenüber

13 Neben der Bedeutung von *ratio* als Vernunft wie auch Grund ist hier vor allem auf die Konnotation von *ratio* als Verhältnis, Rechnung und Maß hinzuweisen.

14 Schon in seinem frühen Buch *Grenzen und Ziele der Wissenschaft* (Leipzig 1910) spricht Dingler vom »Urzustand« des »Chaos«, dem das »Gebäude unserer Wissenschaft« als ein »Kosmos« entgegentritt (a.a.O., S. 66 f.). Vgl. auch Hugo Dingler, *Der Zusammenbruch der Wissenschaft*, a.a.O., S. 397: »dann wird ... das Chaos des Seins zu einem eindeutig rational erfaßbaren Kosmos«. Abwehr des Chaos (der Wahrnehmungen, Wünsche, Vorstellungen, des Erlebens schlechthin) durch Aufbau rational konstruierter methodischer Ordnungen ist die zentrale Intention des gesamten Dinglerschen Denkens.

15 Hugo Dingler, *Das System*, a.a.O., S. 70, 73.

16 In der Begrifflichkeit des Irrationalen spricht Dingler mit Bezug auf diesen Bereich der potentiellen Gegenstände des methodischen Systems von einem »endlich Irrationalen«, eine Begriffsbildung, welche die Rede von den »Systematisanda« weiter differenziert. Ein »endlich Irrationales« ist ein solches, das zwar prinzipiell einer immer weitergehenden Rationalisierung offensteht, wegen der großen Komplexität des Gegenstandes dann aber doch nicht restlos in eine systemrationale Beschreibung und Erklärung auflösbar ist. Beispiele liegen nahe im

prinzipiell nicht rationalisierbar, es sei denn um den Preis ihrer Zerstörung.

Daß es Insystematisabilia gebe, daß sie sogar das Ontologicum schlechthin darstellen – »Alles Reale ist unendlich irrational«[17] –, das sieht auf den ersten Blick nach einer Wesensbehauptung im traditionellen metaphysischen Gestus aus. Sieht man genauer zu, so zeigt sich freilich ein entscheidender Differenzpunkt. Die behauptete Irrationalität kommt nicht einem Sein zu, über welches man Aussagen treffen könnte wie über irgendwelche konkreten Gegenstände. Vielmehr geht es – und dies ist der immer wieder aufgenommene rote Faden in Dinglers ontologischen Überlegungen – um eine im je konkreten Erleben zur Präsenz kommende Wirklichkeit.

Mit der Fokussierung auf das so verstandene Ontologische ergibt sich ein Perspektivenwechsel, der sich mit der methodischen Erschließung des Irrationalen allein nicht mehr ausschöpfen läßt. Um Insystematisabilia als solche positiv behaupten zu können, wird es nicht mehr zureichen, das Irrationale lediglich *via negationis* als die Schranke methodischer Binnenrationalität anzuvisieren. Vielmehr bedarf es einer Grenzreflexion, welche *beide* Seiten der Grenze in Augenschein nimmt, das Methodisch-Rationale also echt transzendiert. In der traditionellen philosophischen Terminologie entspricht dem der Begriff der *Grenze*, in Abhebung von einer bloß binnenrational bestimmten *Schranke*.

Im *Erleben* liegt der Schlüssel des Zugangs zum echt Irrationalen – ein Schlüssel, der an ähnliche Konzepte bei Dilthey, Bergson und anderen Autoren lebensphilosophischer Provenienz erinnert. Die Metaphysik des Erlebens eröffnet einen unmittelbaren, durch Präsenz und aktualen Vollzug gekennzeichneten Weltzugang. Es ist die »frische, natürliche, wirkliche Welt, in der wir alle jeden Tag

Bereich hochkomplexer sozialer, psychischer oder neurophysiologischer Systembildungen. Von dieser eher praktisch-technischen denn prinzipiell-sachgemäßen Nichtrationalisierbarkeit wird das sogenannte »unendlich Irrationale« abgehoben. Es ist der Bereich der »Insystematisabilia«, die als solche prinzipiell nicht rationalisierbar sind, es sei denn um den Preis ihrer Zerstörung.

17 Hugo Dingler, *Grundriß der methodischen Philosophie*, a.a.O., S. 87 (im Original gesperrt).

leben«.[18] Es ist die unmittelbare Empfindung, der im Vollzug befindliche Akt von Wahrnehmen, Denken, Wollen etc., der allen umgangssprachlichen Differenzierungen, allen wissenschaftlichen Theorien von physiologischen oder psychischen Funktionen, aller erkenntnistheoretischen Rationalisierung mit ihrer Grunddichotomie von Subjekt und Objekt immer schon vorweg ist.[19]
Zur methodischen Rationalität und ihrer durch ihre spezifische Zugriffsweise bedingten Konstitution von Wirklichkeit ergibt sich damit ein echt Anderes. Wo die Welt der Wissenschaft ein methodisch vermitteltes Konstrukt ist, dort ist die Welt des Erlebens unmittelbar gegeben. Es ist – mit Dinglers 1942 eingeführtem Begriff – »das Unberührte«, von den geistigen und manuellen Veränderungshandlungen der Methode noch Unbetroffene wie Unbetreffbare.[20] Wo die wissenschaftlich konstruierte Welt der Repräsentanz in Reflexion, Sprache, Methode bedarf, dort ist das Unberührte unmittelbar präsent. Wo jeder wissenschaftliche Begriff, selbst wenn er das Phänomen der Bewegung zu fassen sucht, eine feste Form darstellt, dort ist das Erleben wesentlich Bewegung, Strömen, Fließen.[21] Und wo der Begriff seinen Gegenstand

18 Hugo Dingler, »Das Unberührte. Die Definition des unmittelbar Gegebenen« (1942), jetzt in: Hugo Dingler, *Aufsätze zur Methodik*, hg. von Ulrich Weiß, Hamburg 1987, S. 61-83, hier S. 62.

19 Das gilt auch noch für die Dimension von Sprachlichkeit. Strenggenommen ist das übers Erleben Ausgesagte allem Aussagen immer schon vorweg, denn die herkömmliche Differenzierung psychischer Funktionen, die Rede von »Wahrnehmung« und »Gegenstand« usw. sind bereits reflexive Charakterisierungen, Formen der Vermittlung und Repräsentanz, welche der Präsenz des Gemeinten nicht mehr völlig adäquat sind. Adäquater wäre schlicht und einfach die sprachliche Kundgabe der unterschiedlichen Ebenen des jeweiligen Erlebens: für das Wollen etwa die Willensäußerung, der Imperativ; für das Gefühlserleben die Äußerungsformen für Schmerz, Lust usw.

20 Zum »Unberührten« siehe den gleichnamigen Aufsatz, a.a.O. Das Unberührte wird dort definiert als »meine alltägliche Welt, die wir nur *ohne* alle bewußten Veränderungen belassen. Diese Veränderungen können manueller oder geistiger Art sein.« (Hugo Dingler, »Das Unberührte«, a.a.O., S. 67).

21 Wissenschaft wird von Dingler dann mit ihren begrifflichen Formungen als »Fußfassen im Fließenden« verstanden (so eine programmatische Kapitelüberschrift in: Hugo Dingler, *Die Methode der Physik*, München 1938, S. 53). Was mit Blick auf das heraklitische Fließen von

auf eine definierbare, partikulare Entität zurechtformt, Elemente aus der Fülle des Seins »herausschneidet«[22], hat Erleben zu tun mit der Fülle und dem unauslotbaren Reichtum der Realität. Metaphorisch entsprechen dieser neuen, das Irrationale nicht mehr bloß als bedrohliches Chaos, sondern als tragenden Boden unserer ganzen Existenz beleuchtenden Perspektive Bilder von ursprünglich quellender Fülle – allen voran das Bild vom »Urstrom«.[23]
Von ausgezeichneter Bedeutung in der Dimension des echt Irrationalen ist für Dingler das *volitive* Erleben. Dingler spricht vom *»aktiven Willen«*.[24] Es ist das Wollen hier und jetzt, als aktualer Vollzug. Voluntaristische Metaphysik ist in diesem Sinne nicht eine Theorie über die willensmäßige Verfaßtheit und Eigenart der Wirklichkeit, über einen in allen Wirklichkeitsschichten sich manifestierenden Urwillen à la Schopenhauer oder Schelling, sondern sie ist ein *volitiver Aktualismus*. Dieser will und soll nicht sein ein Theoretisieren über den Willen, von dessen Tücken die Philosophiegeschichte ein beredtes Zeugnis ausstellt. Ein zum Gegenstand gemachter, durch distanzierende Reflexion objektivierter Wille ist für Dingler nur mehr ein passiver, ein »toter« Wille. Demgegenüber ist der aktive, der »lebendige« Wille das kantische Vermögen, eine Handlung ohne weitere Verursachung von sich aus anzufangen.[25] Dieses Vermögen und seine Wirksam-

allem über das Seiende gesagt wird (vgl. Hugo Dingler, *Die Methode der Physik*, a.a.O., S. 55; ferner ders., *Das Experiment. Sein Wesen und seine Geschichte*, München 1928, S. 115), das gilt dann insbesondere für die Präsenz von Welt im vorwissenschaftlichen Erleben.

22 Zur Begriffsmetapher des »Herausschneidens« partikularer begrifflicher Formen aus der Fülle des Seins vgl. beispielsweise Hugo Dingler, *Das Experiment*, a.a.O., S. 115 (»Aus diesem Flusse gilt es ... Elemente, Bausteine ... herauszuschneiden«); oder ders., *Grundriß der methodischen Philosophie*, a.a.O., S. 71 f., wo Dingler die Metapher vom Kuchen ins Spiel bringt: Wie wir aus einem Kuchen einzelne Stücke herausschneiden, so schneiden wir mit unseren Theorien je partikulare Strukturen aus dem Gesamt der Wirklichkeit heraus.

23 Der »Urstrom« ist ein beherrschender Begriff in Dinglers unveröffentlichtem Werk »Das Ich und die Welt«.

24 Siehe dazu das Kapitel »Der aktive Wille« in meinem Buch: Ulrich Weiß, *Hugo Dinglers methodische Philosophie*, a.a.O., S. 225 ff.

25 Ich beziehe mich auf die Kantische Definition des Willens als das »Vermögen ..., eine Reihe von sukzessiven Dingen oder Zuständen *von*

keit ist bekanntlich immer wieder, angefangen von deterministischen Negierungen der Willensfreiheit in der traditionellen Metaphysik bis hin zu linguistisch-analytischen Untersuchungen, prinzipiell bestritten worden. Es gibt in der Philosophiegeschichte wohl kaum einen anderen Gegenstand, dessen Existenz einerseits für so selbstverständlich gehalten und andererseits so sehr negiert wurde. Freilich würde alles Argumentieren keinen schlagenden Einwand gegen den aktiven Willen liefern können, da sich all diese – affirmativen wie negierenden – Theoretisierungen immer mit dem passiven, objektivierten Willen befassen. Der aktive Wille ist demgegenüber theoretisch »unhintergehbar« (ein Begriff, den Dingler generell von Dilthey und mit Bezug aufs volitive Erleben von Hugo Münsterberg übernommen hat[26]). Selbst seine theoretische Hintergehung und mögliche Negierung würde bereits aktives Wollen voraussetzen – ein klassisches transzendentales Suppositionsargument. Was das aktive Wollen selber betrifft, so wird es entweder aktual erlebt und vollzogen, oder es ist nichts mit ihm.[27]

Ziehen wir ein Zwischenfazit. Wir haben gefunden: Der aktive Wille, der im Zentrum von Dinglers voluntaristischer Metaphysik

selbst anzufangen« (Kant, *Kritik der reinen Vernunft*, A 448, B 476). Bei Dingler entspricht dem die Rede vom »Akt ohne Vorgänger«, der als »Anfang einer Kausalreihe« bestimmt wird (Hugo Dingler, *Grundlinien einer Kritik und exakten Theorie der Wissenschaften insbesondere der mathematischen*, München 1907, S. 63).

26 Dingler verweist explizit auf Dilthey und Münsterberg (Hugo Dingler, *Die Ergreifung des Wirklichen*, a.a.O., S. 18, 38, 207). Hugo Münsterberg ist wohl der erste, der ausführlich auf die beiden nicht ineinander auflösbaren Dimensionen des Willens – Wille als unmittelbares Erleben und als Gegenstand der Reflexion – hingewiesen hat und methodische Konsequenzen hinsichtlich der Möglichkeit unterschiedlicher Psychologien gezogen hat. (Ich verweise insbesondere auf Hugo Münsterberg, *Grundzüge der Psychologie*. Bd.1: *Allgemeiner Teil. Die Prinzipien der Psychologie*, Leipzig 1900).

27 Eine prinzipielle Alternative, die von Dingler rigoros ausgeblendet wird. Hier denkt Heidegger gründlicher, indem er die quasi automatische Selbstbesetzung, welche den Willen im voluntaristischen Verständnis charakterisiert, auf die fundamentalere Frage nach dem Wollen des Nichtwollens, also nach der Selbstsuspendierung des Willens, hin zurückverfolgt. Vgl. dazu etwa Hannah Arendt, *Vom Leben des Geistes*, Bd.2: *Das Wollen*, München 1979, S. 164-185.

steht, verweist auf den weiteren Bereich des Erlebens und seines unmittelbaren, aktual vollzogenen Weltzugangs. Die Welt des Erlebens wird dabei scharf getrennt von der methodisch konstruierten Welt der Wissenschaft. Die Trennung impliziert *eine ontologisch eigenständige Affirmierung des Irrationalen*. Man kann es auch so sagen: Das Leben ist aller Theorie voraus. Wie differenziert das Netz der Theorie auch sein mag, mit welchem die Wissenschaft ihre Exhaustionen im unendlich Irrationalen der Wirklichkeit vornimmt: Dieses bleibt doch unausschöpfbar, und alle Löffel der Theorie sind je nur Konstrukte, künstliche Formen, um die unendliche Plastizität des Seins wenigstens ein klein wenig faßbar zu machen, sie »in geringer Tiefenschicht« zu instrumentieren.[28]

Entlang der dichotomischen Problemmatrix von Unmittelbarkeit versus Vermittlung, Präsenz versus Repräsentanz, Gegebenheit versus Konstruktion, Ganzheitlichkeit versus Partikularität ergibt sich somit ein *Verhältnis polarer Gegensätzlichkeit*, in welches rationale Systemkonstruktion und irrationale Erlebenswirklichkeit auseinanderrücken. Ich möchte in einem abschließenden Teil zeigen, wie die beiden irreduziblen Bereiche miteinander zusammenhängen. Im Gegensatz zur jeweiligen Analyse des Rationalen wie des Irrationalen hat Dingler deren wechselseitige Bezüglichkeit, soweit ich sehe, nicht auf einen Begriff gebracht. Gleichwohl läßt sie sich aus dem Kontext seines Denkens sachlich rekonstruieren.

4. Das Verhältnis von Rationalem und Irrationalem: Versuch einer Zusammenschau

Meine erste These lautet: Das Rationale genügt nicht sich selbst; es ist irrational unterlegt.[29] Der fragliche Zusammenhang läßt sich mit Bezug auf die schrittweise, lückenlos und zirkelfrei aufbauende methodische Leiter verdeutlichen. Deren prekärster Punkt

28 Hugo Dingler, *Die Ergreifung des Wirklichen*, a.a.O., S. 175.

29 Ich sage hier vorsichtig: »unterlegt«, denn es handelt sich nicht um eine methodische Begründung. Wohl aber geht es um eine weitere, besser: tiefere Reflexion auf einen Grund hin, der dann von Dingler begrifflich vom »Grund« der Methodik abgehoben wird, indem er vom »Boden«

ist die erste Sprosse, genauer: der Grund, auf welchem die ganze Leiter aufruht. In nichtmetaphorischer Terminologie stößt man hier auf das einschlägige Problem des *Anfangs*. Soll eine zirkuläre Begründungsstruktur vermieden werden, so kann dieses Problem nicht durch Rekurs auf die Methode allein gelöst werden. Zudem muß – Dinglers extremem Anspruch auf absolute und letzte Begründung entsprechend – der Anfang von nicht hintergehbarer Art sein. Er muß, klassisch-cartesisch gesprochen, einen archimedischen Punkt der Erkenntnistheorie liefern.

Einen ebensolchen Anfang glaubt Dingler im aktiven Willen gefunden zu haben. Daß es sich um eine echte Grenze der Methodik handelt, unterstreicht Dingler mit einer terminologischen Differenzierung. Der Wille hat als Begründungsinstanz eine ambivalente Funktion: Einerseits soll er innerhalb des methodischen Aufbaus und dessen Rationalität den ersten Schritt bilden; insofern spricht Dingler von einem »Dezernismus«. Andererseits steht der Wille für jenes echt irrationale, in der Unmittelbarkeit und Selbstgegebenheit seines Vollzugs unhintergehbare Erleben, das jegliche methodisch konstruktive Binnenrationalität übersteigt; insofern spricht Dingler von einem »Voluntarismus«.[30]

Dinglers Antwort auf die Frage nach der Erstheit des ersten Schritts läßt sich genauer in zwei zusammengehörigen Aspekten rekonstruieren. Am Anfang steht zum einen der *Entschluß*, überhaupt einen Anfang zu setzen. Auf den ersten Blick hat diese Lösung große Ähnlichkeit mit dem Konventionalismus von Poincaré.[31] Dem konventionalistischen Folgeproblem der puren Beliebigkeit sucht Dingler zu entgehen, indem er als zweiten Aspekt das pragmatische Prinzip der *Realisierung* einführt: Gegenüber der Beliebigkeit von Konstruktionen liefert es den Selektionsmechanismus für »adäquate«, methodisch sinnvolle Ordnungen. Selektiert werden nur diejenigen Methodenschritte, deren faktische

spricht. Besonders deutlich wird diese Differenzierung in Dinglers Aufsatz: »Über die letzte Wurzel der exakten Naturwissenschaften« (1942), jetzt in: Hugo Dingler, *Aufsätze zur Methodik*, a.a.O., S. 85-115, wo vom »Prinzip der Vollbegründung« ein »Prinzip des Bodens« abgehoben wird (ebd., S. 92f.).

30 Zur Unterscheidung von Dezernismus und Voluntarismus siehe insbesondere: Hugo Dingler, *Der Zusammenbruch der Wissenschaft*, a.a.O., S. 380.

31 Wie Dingler selbst durchaus gesehen hat.

Durchführung in konstruktiven Operationen zumindest real möglich ist. In der Sprache der traditionellen Philosophie ausgedrückt, schafft Dingler damit ein Differenzkriterium zwischen schierer »Willkür« und echtem »Willen«.[32] Dabei lehnt er sich an das ebenso traditionelle Verständnis an, wonach Wille ein konstitutives Moment von Handeln ist, wie umgekehrt zum Wollen auch das Handeln gehört.

Während nun aber der Rekurs auf Handlungen und deren pragmatische Ordnung in der Dingler-Rezeption als wegweisendes Forschungsprogramm aufgenommen wurde, fand der Rekurs auf ein irrationales Wollen um so weniger Gegenliebe.[33] Ich kann an dieser Stelle die komplexe Problematik nicht detailliert entfalten. Der zentrale Punkt scheint mir jedoch zu sein, daß Wollen und Handeln nicht vollständig ineinander integrierbar sind, daß es sich um zwei aufeinander verwiesene und miteinander zusammenhängende, jedoch für sich irreduzible Momente einer jeglichen Pragmatik handelt. Wenn dem so ist, dann würde sich eine Begründungsstrategie verbieten, die zwar die pragmatische Ordnung aufgreift, den voluntaristischen Hintergrund jedoch eliminiert. Ich weise auf drei Argumente hin, die mir in diesem Zusammenhang von Bedeutung scheinen und die eine Irreduzibilität des Wollens gegenüber dem Handeln belegen:

(a) Die Initiierung von Handeln. Handeln ist nicht ein automati-

32 Um das Problem dieser traditionellen Differenz kreist bereits das frühe Werk Dinglers. Vgl. etwa Hugo Dingler, *Die Grundlagen der Naturphilosophie*, a.a.O., S. 236, 238. Während zunächst der Rekurs auf die Regeln einer formalen Systematik im Vordergrund steht, gewinnt später das Prinzip der Realisierung, das heißt der Rekurs auf die operativen Regeln effektiver Handlungen, den Primat in der Festlegung des Wollens.

33 Dies trifft insbesondere zu auf die oben bereits erwähnte konstruktivistische Rezeption des Dinglerschen Werkes. Während der Methodologie differenzierte Aufmerksamkeit zuteil wurde, wurde der Voluntarismus Dinglers als sachlich entbehrlicher Aspekt behandelt, der im konstruktivistischen Handlungsbegriff samt dessen Einbettung in lebensweltliche Vorstrukturen verschwand. Meine im folgenden aufgeführten drei Punkte suchen demgegenüber die Unentbehrlichkeit des Willens für das Handlungskonzept mindestens anzudeuten. Wie mir ein ausführlicher Diskussionsbeitrag von C. F. Gethmann zeigt, handelt es sich hier um ein Problem, das weiterer Diskussion und Klärung bedarf; sie zu leisten, ist im vorliegenden Rahmen nicht möglich.

scher Prozeß, der wie die Äpfel und Birnen auf den Bäumen wächst. Es bedarf vielmehr eines einen Anfang setzenden Moments der Entscheidung, des Entschlusses, des Ingangsetzens. Dazu gehört insbesondere auch, daß man sich für *ebendiese* pragmatische Ordnung des Aufbaus entscheidet, und nicht für *andere* mögliche Ordnungen (wie beispielsweise die Ordnungen des Tagtraums, der Phantasie, des Spiels, der Kunst usw.). Hier liegt ein *dezisiver Rest*, der von keiner methodischen Konstruktion, auch nicht von einer pragmatisch geordneten, aufgelöst und ersetzt werden kann.

(b) Die Einstellung von Handeln. Gemeint ist die Art und Weise, wie handelnd an ein Problem herangegangen wird. Dingler hat mit seinem Willensbegriff auch diese dem Handeln zugrundeliegende Perspektivik und Optik gemeint. Er spricht von »Einstellung«, »Haltung« und »Gefühl«.[34] Bekanntermaßen kann die Perspektivik, wie an die Wirklichkeit herangegangen wird, sehr unterschiedlich sein. Will man die Perspektivik der Wissenschaft näher beleuchten, so taucht als dritter Aspekt auf

(c) die Wertigkeit und Zielsetzung des Handelns. Der Begriff des Willens steht auch für die Wahl bestimmter Motive und für die Selektion leitender Ziele des spezifisch wissenschaftlichen Handelns. Unter diesem Aspekt betrachtet, steht das ganze Unternehmen der immer weiter ins Irrationale hinein expandierenden methodischen Rationalität auf dem irrationalen Grund eines auf *Herrschaft* ausgehenden Wollens. Der aktive Wille wird interpretiert als Wille zur Beherrschung der Wirklichkeit in intellektueller wie manueller Hinsicht. »Ergreifung des Wirklichen« wird zum programmatischen Motto, das sich auch in einer vielfältigen Herrschaftsmetaphorik niederschlägt. Besonders hervorzuheben ist das militärische Sprachfeld, das sich in Ausdrücken wie »Frontphysik« und dergleichen dokumentiert.[35]

34 Vgl. etwa Hugo Dingler, *Das System*, a.a.O., S. 119 ff. (Kapitel »Die Wendung von der passiven zur aktiven Einstellung«).

35 Zur »Frontphysik« siehe etwa: Hugo Dingler, *Die Methode der Physik*, a.a.O., S. 419. Die militärische Metaphorik ist nur ein besonders signifikantes Teilfeld in einer Teleologie der Herrschaft, an die sich Dinglers System ohne Abstriche und ohne Selbstkritik bindet. (Siehe dazu mein Buch: Ulrich Weiß, *Hugo Dinglers methodische Philosophie*, a.a.O., S. 273-281). Mit dieser Teleologie greift Dingler im voluntaristischen Kontext ein Thema auf, das schon am Beginn der neuzeit-

Ich fasse zusammen: Die Wirklichkeit gerade so und nicht anders anzugehen, das Erkenntnisproblem so und nicht anders zu lösen – diese fundamentale Option, welche aus aller noch so raffiniert elaborierten methodischen Rationalität heraus nicht zureichend zu begründen ist, ist gemeint mit dem Begriff des Willens. Die damit angezeigte Dimension fehlt in der bloßen Operation und ihrer Logik eines internen Ablaufs.

Damit komme ich zu meiner *zweiten These. Sie lautet: Das Irrationale enthält in sich auch rationale Strukturen.* Diese These richtet sich mit Dingler gegen den von Dingler selbst erzeugten Anschein, daß Rationales und Irrationales einander ausschließen würden. Einen sehr wichtigen Hinweis liefert die methodisch-pragmatische Geometriebegründung. In dieser spielt bekanntlich das sogenannte Dreiplattenverfahren eine zentrale Rolle. Um die Elementarform der euklidischen Ebene operativ zu erzeugen, werden drei vorgeebnete Platten solange wechselseitig aneinander abgeschliffen, bis sie der idealen Vorgabe – der Ununterscheidbarkeit von Flächen – möglichst nahegekommen sind. Das Verfahren, das als normative Genese eines Herstellungsganges in die methodische Rationalität der Geometrie- wie Mechanikbegründung eingeht, ist keineswegs im luftleeren Raum spontaner Einfälle entstanden. Es nimmt vielmehr ein vorwissenschaftliches, in Handwerk und Industrie ausgebildetes Erfahrungswissen und technisches Können auf, um es konstruktiv zu interpretieren und in die methodische Begründung einzubeziehen. In der Dinglerschen Terminologie gehört die technische Lebenswelt zum »Irrationalen«. Sie ist ein konkreter Beleg dafür, daß dieses Irrationale nicht notwendigerweise das polare Gegenbild zu jeglicher rationalen Ordnung zu sein braucht. Vielmehr legt das Beispiel der Geometrie die Vermutung nahe, daß die methodische Rationalität nur deshalb so gut gelingen kann, weil wir in unserer Lebenswelt immer schon Techniken entwickelt haben, die einer solchen Rationalität – auch ohne daß diese theoretisch reflektiert werden müßte – folgen. Solche vorwissenschaftlichen Rationalitätsstruk-

lichen Entwürfe wissenschaftlicher Rationalität bestimmend war: den Zusammenhang von Wissenschaft und Macht (*scientia propter potentiam*).

turen haben ihre eigene Evolution.[36] Der Anschluß bzw. die Ausweitung der pragmatischen Methodik auf Wissenschaftsgeschichte und auf eine umfassende Kulturgeschichte der Technik liegt hier nahe.
Eine ähnliche Überlegung ließe sich – wiederum mit Materialien, die Dingler selber liefert – auch bezüglich des systemkonstitutiven Willens anstellen. Der aktive Wille zur »Ergreifung des Wirklichen« in Wissenschaft und Technik genügt zwar als je individuelles Wollen eines wissenschaftlich Handelnden sich selber und ist in sich selber eine volle Wirklichkeit des Erlebens. Gleichwohl bedarf diese Wirklichkeit, um sich selber realisieren zu können, eines »Raumes«, in welchem die volitive Setzung ihre Möglichkeit, Plausibilität wie Akzeptanz gewinnt.[37] Was auf den ersten

36 Ich verweise hier auf die umfassende Untersuchung von Stephen Toulmin, *Kritik der kollektiven Vernunft*, Frankfurt am Main 1983, wo Rationalität nicht primär in einem autonom formalen Sinne, sondern evolutionär im Rückgriff auf kollektive, situationsbezogene Denkmethoden interpretiert wird. Dingler wird in diesem Kontext sehr zu Recht genannt (ebd., S. 501-506), und zwar bezüglich des Zusammenhangs von operativer Geometriebegründung (Dreiplattenverfahren) und vorwissenschaftlichen geometrischen Praktiken.

37 Innerhalb der voluntaristischen Begrifflichkeit läßt sich mit Dingler folgendes überlegen: Natürlich bedarf auch die eindeutig wertbehaftete – nämlich dem Wert Beherrschung die Priorität über andere Werte einräumende und ihn in diesem Sinne als Grundwert setzende – Wendung des Willens auf den Herrschaftswillen der volitiven Absicherung. Dingler greift hier auf eine Art von transzendentalphilosophischer Figur zurück: Der Wille bestimmt sich selber dazu, ein Wille auf Herrschaft hin zu sein und ist in diesem selbstbezüglichen, selbstspezifizierenden Sinne ein Wille zum Willen, wie er ja in der transzendentalphilosophischen Tradition nicht unbekannt ist. Ich habe in meinem Dingler-Buch zu zeigen versucht, wie sich diese transzendentale selbstbezügliche Figur mit Dingler selber in einem ganzen Spektrum theoretischer Frameworks interpretieren läßt: als psychologische Einstellung, verstanden als Selbsteinstellung des Willens auf eine ganz bestimmte Zielstrukturierung; als ethischer Wahlakt im Sinne einer Selbstmotivation des Wollens auf einen ganz bestimmten Grundwert hin; oder auch, was ich bevorzugen würde, in einer metaphysisch-voluntaristischen Ausweitung des methodischen Selbstverständnisses, als eine Art von ursprünglicher Exhaustion, welche noch vor allen methodischen Exhaustionen der Wirklichkeit durch systematische Hypothesen und Theorien anzusetzen ist: Der Wille schöpft sich

Blick wie ein isoliertes, selbstgenügsames Spiel einer Entität namens Wille erscheinen mag, hat einen höchst konkreten Bezug zur Lebenswelt und ihrer Geschichte. Bei Dingler selber finden wir den Begriff des *»Lebens«*[38], der dann schnell in den Begriff des Erlebens zurückgenommen wird. Man kann hier einen Fingerzeig sehen. Der Wille zur Herrschaft, oder mit Nietzsche: der Wille zur Macht, scheint ein sich durchhaltender Grundzug in der Evolution des Lebens zu sein. Ohne daraus eine Metaphysik der Macht wie des Lebens machen zu müssen, kann man verweisen auf lebensweltliche Praktiken, die ausgehen auf die Beherrschung von Handlungen durch deren Festlegung auf geregelte Ordnungen und Abfolgen. Die Entscheidung für eine pragmatische Ordnung ist überall dort schon gefallen, wo wir erst den Schlüssel aus der Tasche ziehen, dann die Tür aufsperren und dann sie öffnen und hindurchgehen; wo wir erst den Hasen ausnehmen, ihn dann erst spicken, ihn dann braten und dann essen. Umgekehrt würde keine effektive Handlung daraus, was direkt mit Macht und Lebensbewältigung zu tun hat. Nicht von ungefähr sind es dann solche zwar vormethodischen und vorwissenschaftlichen, doch gleichwohl rationalen Aspekte im Irrationalen, die Dingler als exemplarische Beispiele für sein zentrales Prinzip der pragmatischen Ordnung heranzieht.[39]

An dieser Stelle macht sich besonders das Fehlen geisteswissenschaftlicher Perspektiven bei Dingler bemerkbar. Gerade der lebensweltlich-psychologische Bezug methodischer Konstruktionen auf das Machtprinzip ist ein Motiv, welches die frühneuzeitlichen Pioniere methodischer Rationalität (Bacon, Descartes, vor allem Hobbes) schon mit aller Deutlichkeit entwickelten. Hier waltet ein epochaler wirkungsgeschichtlicher Zusammenhang, der Dingler nicht bewußt war. Wichtiger als das philosophiehistorische Faktum scheint mir aber der systematische Zusammenhang: So etwas wie eine Hermeneutik der methodischen Rationalität könnte einen Zusammenhang zutagefördern, welcher die syste-

selbst auf eine ganz bestimmte Möglichkeit des Wollens hin aus und kommt somit zur Aktualität angestrebter Wirklichkeitsbeherrschung.

38 Und zwar bereits in *Die Kultur der Juden* von 1919.

39 Siehe etwa: Hugo Dingler, *Der Glaube an die Weltmaschine und seine Überwindung*, Stuttgart 1932, S. 17, 25; ders., *Die Methode der Physik*, a.a.O., S. 116.

matisch-analytische Terrainaufteilung in Rationales und Irrationales zwar nicht zurücknimmt, sie wohl aber in ihrer fruchtbaren Zusammengehörigkeit sieht.

Daß bei Dingler trotz des Defizits an Hermeneutik – das übrigens auch bezüglich seiner Metaphysik des Erlebens zu konstatieren ist[40] – methodische Rationalität und volitive Erlebensirrationalität in einem wechselseitigen Kontext stehen: Dies ist das Fazit meiner Rekonstruktion. Eine Einbeziehung weiterer Facetten des Dinglerschen Werkes, insbesondere der religionsphilosophischen[41], wäre möglich und nötig, kann hier jedoch aus umfangsökonomischen Gründen nicht durchgeführt werden. Auch ohne Berücksichtigung dieser Desiderate sollte meine im Titel gebrauchte Me-

40 Ich meine damit, daß das Feld des Irrationalen *begründungstheoretisch* nicht mit solch letzter Konsequenz durchdrungen wird, wie dies vergleichsweise beim methodisch-rationalen System der Fall ist. Dingler hat für den irrationalen Bereich von Erleben und Wollen keinen so explizit methodischen Zugang ausgewiesen, wie er etwa vergleichsweise in der Methodik vorliegt. Fragen einer hierhergehörigen und zuständigen phänomenologischen sowie hermeneutischen Methodologie werden von Dingler nicht systematisch genug entfaltet. Das liegt wohl daran, daß der ganze Komplex geisteswissenschaftlicher Methodologie in Dinglers Werk fast ganz ausgeklammert bleibt. Um den allgemeinen Hinweis zu konkretisieren: Dingler nimmt für das irrationale Erleben Unmittelbarkeit in Anspruch – zu Recht, wie ich meine –, vergißt jedoch, daß er dabei immer noch reflexiv *über* Unmittelbarkeit spricht. Und natürlich fällt auf, daß die Auffassung der Erlebenswelt als ganzheitlicher, für sich unbezweifelbarer, einfach gegebener eine Stilisierung darstellt. Erfahrungsmodi des Zweifels, des Wirklichkeitsverlusts, der Entfremdung etc. haben darin keinen Platz. Der Mangel an methodischer Begründung, der durch sich anbietende hermeneutische und/oder phänomenologische Verfahren zu beheben wäre, sollte jedoch nicht übersehen lassen, daß Dinglers Überlegungen und Betrachtungen zum Irrationalen des Erlebens sachlich substanziell ausfallen und in sich konsequent entwickelt werden.

41 Die religionsphilosophische Dimension ist bereits in der Frühphase des Dinglerschen Werks voll präsent – belegbar vor allem in der *Kultur der Juden* von 1919 – und hält sich bis zu den späten Systemdarstellungen durch. Die Dinglersche Religionsphilosophie, die eine charakteristische Verbindung mit der volitiven Metaphysik eingeht, ist sachlich durchaus anspruchsvoll und substantiell. Um ihr gerecht zu werden, wäre eine separate Untersuchung vonnöten. Ich verweise auf den letzten Teil meines Dingler-Buchs.

tapher von der Medaille und ihren zwei unterschiedlichen Seiten, die gleichwohl zueinandergehören, an Plausibilität gewonnen haben. Wenn dem so ist, sollte man die Aktualität, die man Dinglers Methodik einräumt, seiner Metaphysik nicht rundweg absprechen. Die analytische Trennbarkeit beider Bereiche wird dadurch nicht angetastet. Es wird auch nicht einer dialektischen Synthese à la Hegel das Wort geredet.[42] Wohl aber wird eine wechselseitige Bezüglichkeit behauptet, deren Fruchtbarkeit in zwei Hinsichten zu sehen ist. Zum einen philosophisch: Wenn es auch nicht ein geschlossenes, in sich rundes Ganzes ist, das mit der Verschränktheit von Systemmethode und Lebenswelt in den Blick kommt, so wird doch aufs Ganze hingedacht. Und das ist seit jeher eine der vornehmsten Aufgaben des Philosophierens. Der andere Aspekt ist ein methodischer: Aus der Perspektive des gezogenen Fazits gewinnt selbst der Begriff der »Methode«, der Leit- und Grundbegriff der »methodischen Philosophie« und ihrer Rationalität, eine bedenkenswerte Ambiguität. Diese erschließt sich bereits einem genaueren Blick auf die verdeckte Metaphorik dieses Begriffs. Es ist das anschauliche Bild vom Weg, den man – mit Dingler – aktiv zu gehen hat, anstatt nur über ihn zu reden. Das Gehen des Weges – das ist der Zusammenhang zwischen einer methodisch elaborierten systematischen Rationalität einerseits und der Erfahrung gelebten – und das heißt: gehandelten – Lebens andererseits.

42 Das wäre gegenüber der kritischen Grundhaltung von Dinglers methodischer Philosophie – ihrem »Geist« sozusagen – auch fehl am Platze.

Jörg Willer

Relativitätstheorie und methodische Philosophie

1. In welchem Sinne gilt die Relativitätstheorie?

Unter Physikern ist die Wissenschaftstheorie *Hugo Dinglers* verpönt; denn sie führt zu der Folgerung, daß die Relativitätstheorie methodisch nicht hinreichend fundiert sei. *Dingler* vertrat diese Meinung öffentlich seit 1920. Daß er sie nach 1933 zusätzlich mit antisemitischen Parolen bekräftigte, hat ihm weitere Ablehnung eingetragen. Doch der Argumentationszusammenhang seiner Wissenschaftstheorie ist durchaus unabhängig von solchen Parolen, und nur mit diesem Argumentationszusammenhang, nicht also mit seinem Antisemitismus, befaßt sich die folgende Untersuchung.

Die konstruktive Wissenschaftstheorie, zuweilen auch »methodische Philosophie« genannt, hat *Dinglers* Begründungsentwurf weitgehend übernommen. Sie folgt ihm auch, wenn sie weiterhin Einwände vorbringt gegen den in der Relativitätstheorie erhobenen »Anspruch der empirischen Physik, über die ›Struktur‹ von Raum und Zeit entscheiden zu können«.[1]

Ein klassisches Zitat sagt: »Man spricht vergebens viel, um zu versagen; der andre hört von allem nur das Nein.« Dies gilt auch im Hinblick auf die Einwände, die *Dingler* und die konstruktive Wissenschaftstheorie gegen die Relativitätstheorie erheben. Deshalb sei zunächst betont, daß *Dingler* die mathematische Durchführung der Relativitätstheorie stets als in sich widerspruchslos anerkannt hat; er hat ferner darauf verwiesen, daß es Sache der experimentellen Physik sei, zu entscheiden, ob die Relativitätstheorie in allen ihren Folgerungen mit der Erfahrung übereinstimme; er gestand auch zu, daß sie sich in vieler Hinsicht erfolgreich bewährt habe; doch wollte er nachweisen, daß sich die Relativitätstheorie wegen der Preisgabe einfacher Grundsätze nicht zur endgültigen Darstellung der Naturvorgänge eigne. Dabei berief er sich auf *Wilhelm Wien*, der festgestellt hatte:

1 So *Paul Lorenzen* in: *Lehrbuch der konstruktiven Wissenschaftstheorie*, Mannheim 1987, S. 200.

»Wirkliche Einwände gegen die Relativitätstheorie können ... nur von dreierlei Art sein. Entweder man muß innerhalb des mathematischen Systems der Theorie Widersprüche aufdecken. Oder man muß zeigen, daß sie zu Folgerungen führt, die mit der Erfahrung nicht übereinstimmen, oder schließlich muß man den Nachweis führen, daß sie sich wegen der Preisgabe einfacher Grundsätze zur endgültigen Darstellung der Naturvorgänge nicht eignet«.[2]

Gestützt wird *Wiens* Meinung dadurch, daß *Einstein* selbst in der Einfachheit der von ihm geschaffenen Theorie ein entscheidendes Kriterium sah. In seinem Briefwechsel mit *Moritz Schlick*, über den *Klaus Hentschel* berichtet hat[3], kommt dies besonders treffend zum Ausdruck. In späteren Jahren stützte sich *Dingler* allerdings nicht mehr auf das logische Kriterium der Einfachstheit; vielmehr verwies er nun darauf, daß die Wirklichkeitsgeltung physikalischer Aussagen nur dann gewährleistet sei, wenn diese die pragmatische Abfolge der im Prozeß des Experimentierens stattfindenden Handlungen berücksichtigten. Da die theoretische Physik, so *Dingler*, die pragmatische Folge des experimentellen Handelns außer acht lasse, könne sie über Reales nichts aussagen.[4] Dies gelte auch für die Relativitätstheorie, der somit keine Wirklichkeitsgeltung zukomme. Mit dem Problem der Wirklichkeitsgeltung griff *Dingler* abermals, wie bereits mit dem Problem der Einfachstheit, ein Thema auf, das zu seiner Zeit breit erörtert wurde. Auch in der Korrespondenz zwischen *Einstein* und *Schlick* spielte es eine bedeutende Rolle.
Dingler hat somit, wie noch einmal hervorgehoben sei, die heuristische Bedeutung der Relativitätstheorie für die experimentelle Physik nicht bestritten, sondern durchaus zugestanden. Dennoch bezeichnete er sie als logisch falsch oder auch kurzerhand als falsch, da sie versäume, die pragmatische Folge experimentellen Handelns in die Erörterung einzubeziehen, und dennoch bean-

2 *Hugo Dingler*, *Relativitätstheorie und Ökonomieprinzip*, Leipzig 1922, S. 3; vgl. *Jörg Willer*, *Relativität und Eindeutigkeit. Hugo Dinglers Beitrag zur Begründungsproblematik*, Meisenheim am Glan 1973, S. 116f.

3 *Klaus Hentschel*, »Die Korrespondenz Einstein-Schlick: Zum Verhältnis der Physik zur Philosophie«, in: *Annals of Science*, 43 (1986), S. 475-488.

4 Vgl. *Dingler, Das Experiment, sein Wesen und seine Geschichte*, München 1928, S. 37.

spruche, allgemeine Grundgesetze der Physik zu liefern, denen Wirklichkeitsgeltung zukommen soll. Gleiches behauptet *Dingler* übrigens für jede physikalische Theorie, die einen solchen Anspruch erhebt. Keine physikalische Theorie, insbesondere nicht die Relativitätstheorie, könne etwas über die Wirklichkeit aussagen, da sie nur Versuchsergebnisse, nicht aber den Vorgang des Experimentierens in ihre Betrachtung einbeziehe.

Dinglers Forderung, den Vorgang experimentellen Handelns in die theoretische Erörterung der Grundlagen der Physik einzubeziehen, erscheint nach wie vor bedenkenswert. Dies gilt, obwohl *Dinglers* abwertende Ausssagen über physikalische Theorien im allgemeinen und über die Relativitätstheorie im besonderen den Boden für jene Verunglimpfungen bereiteten, mit denen *Philipp Lenard* die theoretische Physik bedachte.[5]

Die konstruktive Wissenschaftheorie ist frei von derart einseitigen Stellungnahmen gegen die theoretische Physik. Sie ist – nebenbei bemerkt – auch frei von jeder antisemitischen Färbung. Daß sich die Relativitätstheorie empirisch bestens bewährt habe, wird von ihr ebenso wie von *Dingler* anerkannt. Ihre Einwände richten sich allein gegen die methodische, vornehmlich die Meßverfahren betreffende Fundierung der Relativitätstheorie. So verweist *Lorenzen* in seinem Lehrbuch der konstruktiven Wissenschaftstheorie darauf, »daß die empirische Physik als Vorbedingung ihrer Theorien über die Wirkung von Kräften auf die Bewegung von Körpern auf reproduzierbare Raum- und Zeitmessungen angewiesen ist.«[6] Doch ausdrücklich merkt er an, daß die sich aus diesem Einwand ergebenden, kontroversen Interpretationsfragen an der technischen Brauchbarkeit der relativistischen Formeln nichts ändern.

Zusammenfassend läßt sich sagen, daß weder *Dingler* noch die konstruktive Wissenschaftstheorie der Relativitätstheorie in toto widersprechen. Sie erheben jedoch Einwände gegen deren methodische Fundierung. Dadurch sind sie unter Physikern zu einem Ärgernis geworden.

Man kann nun versuchen, die erhobenen Einwände durch Gegenargumente zu entkräften. Man kann aber auch fragen, inwieweit

5 Vgl. *Philipp Lenard, Deutsche Physik in vier Bänden*, Vorworte zur ersten und dritten Auflage, München 1935 und 1942.

6 *Lorenzen,* a.a.O., S. 200; zum folgenden vgl., S. 191 und 201.

die Einwände *Dinglers* und des Konstruktivismus ihrerseits methodisch fundiert sind. Auf diese Frage sucht die folgende Untersuchung eine Antwort zu geben.

2. Physik und Elementarvorgang bei Dingler

Dingler definiert das Wesen der Physik als ein System, das sich aus eindeutigen, geistig definierten und dann in der Wirklichkeit zu realisierenden Formen aufbaut.[7] Was besagt diese Definition im einzelnen? Zum ersten beschreibt *Dingler* nicht die Physik, wie er sie als Wissenschaft vorfindet; vielmehr legt er fest, welche Stellung und Aufgabe der Wissenschaft Physik im Rahmen *seiner* Wissenschaftstheorie zukommt; wie sie also, falls man diesen Rahmen anerkennt, sein soll. Dies meint seine philosophische Rede vom Wesen der Physik. Zum zweiten wird darin deutlich, daß zu realisierende Formen in der derart definierten Physik eine bedeutende Rolle spielen. Experimentieren heißt für *Dingler,* eindeutig definierte Formen zu realisieren und diese realisierten Formen in Meßprozessen zu verwenden. In einem derart definierten Verfahren aber muß insbesondere jenen Formen, welche methodisch am Anfang der Physik stehen, eine grundlegende Bedeutung zukommen. *Dingler* hat diese grundlegenden Formen leider nicht durchgängig mit demselben Namen bezeichnet, wie er auch sonst in seiner methodischen Wissenschaftstheorie entgegen seiner strengen Forderung nach Eindeutigkeit wissenschaftlicher Aussagen keine eindeutige Terminologie geschaffen und durchgehalten hat. In seinem Werk *Die Methode der Physik* (1938) nennt er sie Elementarformen, Grundgestalten, Fundamentalformen, Grundformen oder Elementarbausteine; in dem Werk *Das Experiment, sein Wesen und seine Geschichte* (1928) spricht er von »elementaren Form- und Wirkungsgestalten«; in seinen frühesten Veröffentlichungen nennt *Dingler* diese grundlegenden Formen zusammenfassend und vereinfachend »Elementarvorgänge«. Wie immer aber man die Bezeichnung auch wählen mag: dieser Begriff ist ein, wenn nicht *der* Grundbegriff in *Dinglers* gesamter Philosophie; nicht allein für seine Definition der Physik, sondern für seine gesamte Wissenschaftslehre ist er bedeutsam. Bereits in einer sei-

7 Vgl. *Dingler, Die Methode der Physik*, München 1938, S. 190.

ner frühesten Schriften, der 1910 erschienenen Abhandlung über *Grenzen und Ziele der Wissenschaft*, erläuterte er seine Wissenschaftslehre als »Methode der Elementarvorgänge«; und noch in dem nachgelassenen Lehrbuch-Manuskript, das 1964 postum von *Paul Lorenzen* unter dem Titel *Aufbau der exakten Fundamentalwissenschaft* herausgegeben wurde, verweist *Dingler* auf die »Elementarbausteine aller Vorgänge der Natur«, welche den methodischen Aufbau der Wissenschaft ermöglichen.[8]

Das Bild des Bausteins, von *Dingler* immer wieder gebraucht, verbildlicht sehr gut, was er mit dem Begriff des Elementarvorgangs meint. Zum ersten ist der Baustein ein Erzeugnis menschlicher Herstellung. Dies gilt auch für den Elementarvorgang. Allerdings ist der Begriff »Vorgang« mißverständlich; denn *Dingler* meint damit sowohl den manuellen oder technischen Herstellungs*vorgang* als auch das *Produkt* der manuellen oder technischen Herstellung. Zum zweiten sind Bausteine, wenn man etwas aufbauen will, in einer bestimmten Ordnung zu setzen; dies gilt auch für den Aufbau der Wissenschaften aus Elementarvorgängen. Sie bauen in eindeutiger Folge aufeinander auf.

Der erste Elementarvorgang beim Aufbau sicherer Erkenntnis, der erste Baustein also, ist es, etwas Konstantes zu unterscheiden und herzustellen. Hieraus lassen sich – was hier nicht näher ausgeführt sei – die Zahlzeichen, die Idee der Zählzahlen sowie die Wissenschaft der Arithmetik entwickeln. Da die Zahlen in der Wirklichkeit hergestellte Artefakte sind, gilt die Arithmetik in der Wirklichkeit und ist keine bloße Theorie. Da sie nach eindeutigen, entsprechend dem Zweck des Aufbaus endgültigen Planideen hergestellt sind, gilt die Arithmetik endgültig. Da das hieraus hergeleitete Zahlenkontinuum bei jeder Messung verwendet wird, sind sowohl die Zahlen als auch die Regeln, nach denen man sie bildet und mit ihnen rechnet, Elementarvorgänge *jedweder* messenden Wissenschaft. Sie bilden die erste Schicht, das erste Stockwerk des Aufbaus sicherer Erkenntnis. Für die technische Konstruktion von Meßgeräten sind sie unabdingbar und in diesem Sinn elementar.

Insbesondere gilt dies für die Konstruktion von Geräten zur Messung räumlicher Gebilde. Der Elementarvorgang, der bei solchen

8 Vgl. *Dingler, Aufbau der exakten Fundamentalwissenschaft*, München 1964, S. 242; ferner *Willer, Relativität und Eindeutigkeit*, S. 50 ff.

Messungen zu den durch die Arithmetik bereits geschaffenen neu hinzukommt – im Bilde gesprochen: der Baustein, der nun nach dem eindeutigen Plan des Aufbaus zu setzen wäre –, ist der Vorgang der Herstellung euklidischer Ebenen durch Abschleifen von drei starren Körpern nach dem Dreiplattenverfahren. Hieraus lassen sich – was hier ebenfalls nicht näher ausgeführt sei – die Ideen der Ebene, der Geraden und des deformationsfreien Körpers sowie die Wissenschaft der euklidischen Geometrie entwickeln. Da die nach diesen Ideen hergestellten Geräte zur Raummessung in die Wirklichkeit eingebrachte technische Artefakte sind, gilt die euklidische Geometrie in der Wirklichkeit und ist keine bloße Theorie. Da diese technischen Artefakte nach eindeutigen Planideen hergestellt sind, gilt die euklidische Geometrie im Sinne des Aufbaus endgültig. Da die Geräte zur Raummessung bei der Konstruktion aller weiteren physikalischen Meßgeräte benötigt werden, sind sowohl die Elementarformen der euklidischen Geometrie, allen voran die Ebene, die Gerade und der deformationsfreie Körper, als auch die Konstruktionsregeln der euklidischen Geometrie Elementarvorgänge jeder messenden Wissenschaft. Sie bilden die zweite Schicht, das zweite Stockwerk des Aufbaus sicherer Erkenntnis.

Obwohl wir uns noch in den untersten Schichten des Aufbaus befinden, wird bereits folgendes deutlich:

- Der Aufbau geschieht in Schichten; jede Schicht ist durch eine besondere Art von Elementarvorgängen gekennzeichnet.
- Die Elementarvorgänge müssen nach eindeutigen Planideen manuell-technisch herstellbar und reproduzierbar sein.

Ziel der Physik ist es nun nach *Dingler*, mit Hilfe von Geräten, deren Herstellung ausschließlich aus solchen Elementarvorgängen hervorgeht, die natürlichen Vorgänge endgültig zu beherrschen.

Ist dies wirklich das Ziel der Physik, wie wir sie kennen und betreiben? Seit *Kirchhoff*, gegen dessen »Beschreibungsstandpunkt« *Dingler* von seinen frühesten bis zu seinen letzten, nachgelassenen Veröffentlichungen immer wieder Einspruch erhob[9], gilt es als Ziel der Physik, die natürlichen Vorgänge eindeutig und

9 Vgl. etwa: *Das Experiment*, a.a.O., S. 75; *Die Methode der Physik*, a.a.O., S. 126; *Aufbau der exakten Fundamentalwissenschaft*, a.a.O., S. 141.

auf einfachste Weise zu beschreiben. Solange man noch das Ziel verfolgte, alle physikalischen Vorgänge letztlich mechanisch zu erklären, hielt man es auch für möglich, zu einer endgültigen Beschreibung zu kommen. In *Wiens* zitierter These von der endgültigen Darstellung der Naturvorgänge, fast ein halbes Jahrhundert nach *Kirchhoffs* richtungsweisender Vorrede zu seinen Vorlesungen über mathematische Physik (1876) verfaßt, klingt dies noch nach. *Newtons* Mechanik sah man als das Fundament einer solchen endgültigen Beschreibung an. Dieses Fundament galt als sicher, als endgültig. Doch nachdem *Einstein* die Grundbegriffe der Mechanik *Newtons* einer Revision unterworfen hatte, sah man dieses Fundament erschüttert. Deshalb hat man das Ziel der Physik neu bestimmt. Von nun an galt als Ziel der Physik nur noch eine möglichst einfache Beschreibung aller natürlichen Vorgänge, die auch in ihren Fundamenten für künftige Revisionen offenbleibt und daher stets vorläufig, nie aber endgültig ist. Die Mechanik sah man nicht mehr als grundlegend für eine solche Beschreibung an.

Dingler deutete diese neue Zielsetzung als Ausdruck einer tiefen Resignation, die sich einstellte, nachdem man die Fundamente der Physik zusammenbrechen sah. Er widersprach ihr und behauptete: Wenn man sich durch methodische Analyse der in physikalischen Experimenten verwendeten Meßgeräte dessen vergewissert, welche Konstruktionsprinzipien darin zur Anwendung kommen, gewinnt man ein Kriterium dafür, welche Aussagen der Physik endgültig sind; denn solange man mit diesen Geräten Messungen durchführt, kann man nicht zu Erkenntnissen kommen, welche ihren Konstruktionsprinzipien widersprechen. Ziel der Physik muß es deshalb sein, sich dieser Konstruktionsprinzipien zu versichern. Insofern ist die Physik eine konstruktive Wissenschaft.[10] Die Konstruktionsprinzipien der physikalischen Experimentiergeräte aber sind die Elementarvorgänge der Physik. Sich ihrer zu bedienen heißt, die natürlichen Vorgänge nicht allein zu beschreiben, sondern sie zu beherrschen. Da aber diese Konstruktionsprinzipien bausteinartig aufeinander aufbauen, besitzt die Physik einen stockwerkartig geschichteten Aufbau. Von ihm abzusehen hieße, sich in theoretischen Spekulationen zu verlieren.

10 *Dingler, Das Experiment*, a.a.O., S. 75.

Dinglers Zielbestimmung der Physik stimmt offensichtlich nicht mit dem Ziel der Physik, wie wir sie kennen und betreiben, überein; doch stimmt sie auch nicht mit dem Ziel der klassischen Physik überein, obgleich sie ihm mit den Behauptungen, daß die Physik endgültig fundierbar sei und daß euklidische Geometrie und newtonsche Mechanik zu den fundierenden Schichten der Physik gehören, näher kommt. Neu gegenüber der klassischen Physik und für viele auch stets von neuem faszinierend ist *Dinglers* Forderung, sich der Sicherheit physikalischer, ja überhaupt der Sicherheit wissenschaftlicher Aussagen durch eine Analyse der technischen Mittel zu vergewissern, mit deren Hilfe man überhaupt erst zu solchen Aussagen gelangt. Damit wurde erstmals der Blick auf die Bedeutung des technischen Handelns für die wissenschaftliche Erkenntnisgewinnung gelenkt. Dies ist, wie *Holm Tetens* in seiner wissenschaftstheoretischen Studie *Experimentelle Erfahrung* mit Recht hervorhebt, *Dinglers* Pioniertat.[11] Doch *Dinglers* Forderung, sich der technisch-manuellen Elementarvorgänge allen Experimentierens zu versichern, ist ein anspruchsvolles, weitreichendes Programm. *Dingler* war des Glaubens, dieses Programm zumindest in seinen Grundlagen bereits erfüllt zu haben. Nicht nur seine Gegner, sondern auch diejenigen, die von seiner Pioniertat fasziniert sind und glauben, sein Programm erfüllen zu können und zu sollen, bezweifeln dies. Deshalb ist zu prüfen, inwieweit *Dinglers* Programm bereits erfüllt ist und inwieweit es überhaupt als erfüllbar erscheint.

3. Der gescheiterte Aufbau

So faszinierend der Grundgedanke von *Dinglers* Wissenschaftstheorie ist, so enttäuschend ist deren Durchführung. *Dinglers* Zielvorstellung war es ursprünglich, die Gesamtheit der Wissenschaft als ein Gebäude zu verstehen, das auf absolut sicherem Fundament ruht und sich von Stockwerk zu Stockwerk aufbaut; jedes Stockwerk hat die vorigen zur pragmatischen und damit zur methodischen Voraussetzung; jedes Stockwerk ist durch eine besondere Art von Elementarvorgängen gekennzeichnet, die für eine besondere Wissenschaft charakteristisch ist.
Eine solche Wissenschaft ist beispielsweise die Chemie. Sie stellt

11 *Holm Tetens, Experimentelle Erfahrung*, Hamburg 1987, S. 2.

schon ein relativ hohes Stockwerk im Aufbau der Wissenschaften dar. Welches sind die für die Chemie kennzeichnenden Elementarvorgänge? Der Chemiker, so sagt *Dingler*, stellt sich »die Elementarvorgänge seines Gebietes selbst her (oder bezieht sie aus der Fabrik): die chemischen Elemente«.[12] Noch einmal wird durch dieses Zitat deutlich, daß »Elementarvorgang« wesentlich manuelle oder technische Herstellung meint. Die Chemie als Wissenschaft im Sinne *Dinglers* methodisch zu begründen, würde nun erfordern:

- beginnend vom ersten Elementarvorgang, der Herstellung der Zahlzeichen,
- über den folgenden, die Herstellung der Elementarvorgänge zur Raummessung,
- alle folgenden Elementarvorgänge in ihrer Herstellung zu verfolgen, bis man zur Herstellung der chemischen Elemente gelangen würde.

Sinngemäß dasselbe würde die methodische Begründung anderer Wissenschaften erfordern. Erleichtert würde eine solche methodische Begründung nach *Dingler* dadurch, daß die Elementarvorgänge in einer durch die Abfolge der Herstellungsverfahren vorgegebenen – also nicht willkürlichen – und einlinigen pragmatischen Ordnung stehen, so daß die Abfolge der Elementarvorgänge insgesamt nur einmal verfolgt werden müßte. So plausibel dieses Prinzip der pragmatischen Ordnung aber auch erscheinen mag, muß man doch feststellen, daß *Dingler* nie einen Beweis dafür führte, daß es in dieser scharfen Form, welche nicht nur Zirkelgänge, sondern auch Verzweigungen ausschließt, überhaupt gilt. Die weitgespannte Zielvorstellung einer derartigen methodischen Begründung *aller* Wissenschaften konnte *Dingler* deshalb höchstens als Hoffnung aufrechterhalten.[13] Später beschränkte er sich auf das, was er den Aufbau der exakten Fundamentalwissenschaft oder auch der Idealwissenschaften nannte:

- die Zahlenlehre als erstes,
- die Geometrie als zweites,

12 *Dingler, Das Prinzip der logischen Unabhängigkeit in der Mathematik zugleich als Einführung in die Axiomatik*, München 1915, S. 6.

13 Vgl. *Dingler, Die Ergreifung des Wirklichen*, München 1955 (letztes Buchmanuskript Dinglers, postum herausgegeben von Wilhelm Krampf; zweite, gekürzte Auflage 1969 von Kuno Lorenz und Jürgen Mittelstraß), S. 102.

– die Lehre von der Zeitmessung als drittes,
– die Dynamik als viertes Stockwerk.

Die methodische Begründung dieser vier Idealwissenschaften glaubte *Dingler* geleistet zu haben. Um so mehr muß es verwundern, wenn *Peter Janich* behauptet: »*Dingler* hat m.E. überhaupt keine operative Begründung der Zeitmessung geleistet.«[14] Dieser Behauptung *Janichs* ist ausdrücklich zuzustimmen. *Dinglers* Versuche einer methodischen Begründung der Zeitmessung sind mißglückt. Im Bilde gesprochen: Schon das dritte Stockwerk in *Dinglers* projektiertem Aufbau der Wissenschaften ist nicht tragfähig. Hieraus aber ergibt sich zwingend, daß *Dinglers* Aufbau der Dynamik als viertes Stockwerk mit dem Newtonschen Gravitationsgesetz als Elementarvorgang ebenfalls der methodischen Begründung entbehrt. Dies gilt allein schon aufgrund des von *Dingler* aufgestellten Prinzips der pragmatischen Ordnung; es gilt auch aus anderen Gründen.[15] Daraus aber folgt, daß wir bei unserer Prüfung nur noch das erste und das zweite Stockwerk des Aufbaus betrachten müssen; denn nur deren Begründung scheint gesichert.

Im folgenden sei unterstellt, daß das erste Stockwerk, also die Zahlenlehre, in *Dinglers* Aufbau der Wissenschaften in der Tat methodisch begründet sei. Für den Physiker von Interesse ist eigentlich erst das zweite Stockwerk, die Geometrie oder – besser gesagt – die methodische Begründung der Raummessung. Der Elementarvorgang dieser Disziplin, die Herstellung der Ebene nach dem Dreiplattenverfahren, ist für die Physik – und, wie es scheint, für *Dinglers* gesamte Wissenschaftslehre, auch in ihrer Genese[16] – der Elementarvorgang schlechthin. Er zeigt zum einen, daß es der Mensch ist, der die Zielvorstellung, die Planidee, kurz: die Idee faßt, sich Ebenen zu schaffen; denn makellose Ebenen findet man in der Natur nicht vor. Er zeigt zum zweiten, daß der Ebene erst dadurch und nur dadurch der Rang eines Elementarvorgangs zukommt, daß sie, nach dem Dreiplattenverfahren hergestellt, als Richtplatte das Grundelement jeglicher Meßgeräte-

14 *Peter Janich, Die Protophysik der Zeit. Konstruktive Begründung und Geschichte der Zeitmessung*, Frankfurt am Main 1980, S. 8.

15 Vgl. *Jörg Willer*, »Unstimmigkeiten im Begründungsentwurf Hugo Dinglers«, in: *Philosophische Probleme von Arbeit und Technik*, hg. von *Albert Menne*, Darmstadt 1987, S. 227-238.

16 Vgl. *Dingler, Das Experiment*, a.a.O., S. 77 ff. nebst Fußnote 37.

herstellung bildet. So hat es *Dingler* als junger Mann in Aschaffenburg erlebt, so können wir es heute noch dort sehen. Solche Ebenen aber sind euklidisch, und alle Messungen, die sich der hieraus hergestellten Geräte bedienen, legen automatisch die euklidische Geometrie zugrunde. Dies ist *Dinglers* Grundgedanke. Die konstruktive Wissenschaftstheorie hat ihn in ihrer Lehre von den physikalischen Meßverfahren, der Protophysik, wieder aufgegriffen und weiterentwickelt. Doch die entscheidende Frage nach dem Geltungsbereich der in diesen Grundgedanken ausgesprochenen Aussage wird von *Dingler* nicht methodisch verfolgt. Wann immer er sie berührt, zieht er sich auf vage Beteuerungen zurück. Man könnte eine Vielzahl von Belegstellen anführen, wo er sich auf nichts als die Hoffnung beruft, daß seine Aussage unbeschränkt gelte. Auch das Prinzip der Exhaustion – der »Ausschöpfung« der Wirklichkeit durch die Herstellung immer neuer Elementarvorgänge, welche die in Messungen stets auftretenden Störungen nach und nach ausschließen soll – ist, solange es nur genannt und nicht tatsächlich durchgeführt wird, nicht mehr als ein Ausdruck solcher Hoffnung. *Dingler* aber hat es nur beschrieben; er ist selbst nie danach vorgegangen. Deshalb muß man feststellen, daß sein Aufbau an dieser Stelle abbricht oder, wenn man seine eigenen Ansprüche an sich selbst und andere zum Maßstab nimmt, daß er scheitert. Auch *Dinglers* Einspruch gegen die Relativitätstheorie ist demnach unbegründet. Es bleibt die Frage, inwieweit es der konstruktiven Wissenschaftstheorie gelungen ist, *Dinglers* Aufbau weiterzutreiben und damit auch den von ihr wieder aufgenommenen Einspruch gegen die Relativitätstheorie besser zu fundieren.

4. Die verführerische Metapher des Aufbaus

Auch der konstruktiven Wissenschaftstheorie geht es um einen Aufbau: um den methodischen Aufbau einer konstruktiven Logik und Theorie der Wissenschaften, die jedermann als Rekonstruktion seines Handelns zu verstehen in der Lage sein soll.[17] Wie

17 So *Lorenzen* in der Einleitung (S. 19) seines bereits zitierten *Lehrbuchs der konstruktiven Wissenschaftstheorie*.

Dingler beginnt auch sie, nachdem die Grundlagen von Arithmetik und Analysis geklärt sind, mit den Definitionen und idealen Normen, die physikalische Messungen ermöglichen. Für diesen Teil der konstruktiven Wissenschaftstheorie hat man die Bezeichnung Protophysik geprägt. Im Aufbau der konstruktiven Wissenschaftstheorie bildet die Protophysik das Stockwerk, das auf dem der Arithmetik und Analysis ruht und seinerseits die Grundlage für die messende Physik bildet. Im Gegensatz zu Arithmethik und Analysis ist die Protophysik keine formale Wissenschaft; denn sie handelt von der metrischen Beschreibung wirklicher Körper. Doch wie die Arithmethik und die Analysis ist sie apriorisch; denn sie geht jeder messenden Physik voraus. Deshalb sind die idealen Normen der Protophysik auch keine Meßergebnisse der Physik; umgekehrt dürfen Meßergebnisse der Physik nicht zu Normen der Protophysik umgedeutet werden. Das Axiom, das einer solchen Vorstellung vom Aufbau der Physik zugrunde liegt, lautet: »Ehe man Meßergebnisse erhält, muß man Meßverfahren lernen.«[18]

Ohne Bedeutung und Berechtigung, dieses Axiom näher zu untersuchen, sei hier sogleich die Frage nach der methodischen Struktur der Protophysik gestellt. Sowohl *Lorenzen* als auch *Janich* folgten in ihren früheren Arbeiten der von *Dingler* gelehrten Meinung, die methodisch erste Messung sei die der Länge, alle weiteren, etwa der Zeit oder der Masse, bedürften ihrer bereits.[19] Demnach würde die Geometrie als Lehre von den Meßverfahren des Raumes den methodisch ersten Teil, die unterste Schicht der Protophysik bilden; die Chronometrie als Lehre von den Meßverfahren der Zeit wäre ihr methodisch nachgeordnet. Während *Janich* diese Meinung, wenn auch mit zurückhaltend geäußerten Vorbehalten, weiterhin vertritt, scheint *Lorenzen* in seinen späteren Werken von ihr abzurücken. Zwar behauptet er nach wie vor, daß alle physikalischen Messungen auf die fundamentalen Meßverfahren der Länge und der Dauer zurückzuführen seien; er hält somit nach wie vor am Prinzip der pragmatischen Ordnung fest. Doch innerhalb der Protophysik scheint er dieses Prinzip nicht

18 *Lorenzen, Lehrbuch,* a.a.O., S. 191; vgl. S. 210 und 213.

19 *Janich, Die Protophysik der Zeit*, Mannheim 1969 (erste Fassung des 1980 in teils erweiterter, teils geänderter Form wieder aufgelegten Werkes), S. 33; vgl. S. 50, 58, 60 ff.; vgl. dagegen in der Fassung 1980 S. 75 mit Anm. 133 sowie S. 185 ff.

mehr durchgängig anzuerkennen; denn nun beruft er sich, wenn er seine Darlegungen zur Protophysik mit der Geometrie beginnt, nicht mehr auf die pragmatische Ordnung der Meßverfahren, sondern nur noch auf die faktische Genese des Messens.[20] Offensichtlich meint *Lorenzen* nicht mehr, daß das Prinzip der pragmatischen Ordnung eine einlinige Folge der Meßverfahren nach sich ziehe. Dieser Rückzug geschieht allerdings lautlos und ohne besonderen Hinweis. Offenkundig wird er erst, wenn *Lorenzen* nun in seinem Lehrbuch, anders als *Dingler* und *Janich*, die Messung von Zeitdauern nicht mehr methodisch auf die Messung von Längen aufbaut. Zwar verweist er noch darauf, daß *Janich* 1969 eine Definition für zeitliche Gleichförmigkeit gefunden habe, die nicht schon Uhren als Meßgeräte für Dauern voraussetzt; doch unterläßt er es, darauf hinzuweisen, daß *Janichs* Definition den Elementarvorgang der Längenmessung zur Voraussetzung hat. Vielmehr beschreibt er, ohne auf *Janichs* Definition zurückzugreifen, seinerseits ein Verfahren, nach dem sich ein Taktgeber als Uhr definieren und prüfen läßt. Es besteht darin, daß man den synchronen Gang zweier Uhren nach einer Phasenverschiebung ihres Taktes erneut vergleicht. Dieses Verfahren, das man unter Verwendung eines von *Lorenzen* eingeführten Terminus das Schubsynchronismus-Verfahren nennen könnte, stellt den Elementarvorgang der Zeitmessung dar. Es nimmt, wie *Lorenzens* Vergleich des Schubsynchronismus mit der Klappsymmetrie in der Geometrie zeigt, in der Lehre von der Zeitmessung dieselbe grundlegende Stellung ein wie in der Lehre von der Raummessung das Dreiplattenverfahren.[21] Aber das Schubsynchronismus-Verfahren als Elementarvorgang der Zeitmessung ist unabhängig vom Dreiplattenverfahren, dem Elementarvorgang der Raummessung. Anders gesagt: Das Bild vom stockwerkartigen Aufbau erweist sich zumindest hier als ungeeignet. *Lorenzen* scheint vielmehr, um im Bilde zu bleiben, auf dem Fundament von Arithmetik und Analysis zwei getrennte Pfeiler errichten zu wollen: die Protophysik des Raumes und die Protophysik der Zeit.

Um immer noch bei den Bildern zu bleiben, aber nun auf das von *Dingler* oft gebrauchte Bild des Bausteins zu wechseln: *Dingler*

20 *Lorenzen, Lehrbuch*, S. 192.

21 Vgl. *Lorenzen, Lehrbuch der konstruktiven Wissenschaftstheorie*, S. 203 ff., insbesondere S. 205.

suggerierte, daß der Maurer Stein auf Stein setzt. Doch dieses Bild ist trügerisch. *Dingler* ist der Gefahr, sich von diesem Bilde trügen zu lassen, erlegen. Natürlich setzt der Maurer Stein um Stein, aber eben nicht Stein *auf* Stein. Ein solches Mauerwerk würde bald zusammenstürzen. Erst wenn man im Verband mauert, gewinnt das Mauerwerk Haltbarkeit. Man mauert also Schicht auf Schicht. Kein Prinzip der pragmatischen Ordnung aber gibt Auskunft darüber, welchen Stein man in ein und derselben Schicht zuerst, welchen man als zweiten und als dritten setzt. Dies gilt auch für die Steine, die unmittelbar auf dem Fundament aufliegen. Um das Bild zu deuten: dies gilt auch von den Elementarvorgängen der Raum- und der Zeitmessung.
Wie läßt sich denn beweisen, daß die Folge der Elementarvorgänge einlinig ist? Wo beweist dies *Dingler*? Faßt er das Prinzip der pragmatischen Ordnung nicht zu eng? Genügt es, sich hier auf das Zirkelverbot der methodischen Philosophie zu berufen? Kann man nicht einen pfeilerartigen Aufbau entwerfen, der das Zirkelverbot nicht verletzt? Falls der Elementarvorgang der Zeitmessung aber in diesem Sinne methodisch unabhängig von dem der Raummessung ist – was spricht dagegen, den Aufbau der Physik mit ihm zu beginnen?
Das erörterte Beispiel der Zeitmessung zeigt, daß das Bild des Aufbaus im Rahmen der methodischen Philosophie alles andere als eindeutig ist. Ungeachtet dessen besitzt es eine suggestive Kraft für jeden, der den inneren Zusammenhang physikalischer Theorien klären will. So stellt es keinen Zufall dar, daß *Carl Friedrich von Weizsäcker* seinen Forschungsbericht über die Fundierung physikalischer Theorien und deren Zusammenhang unter dem Titel *Aufbau der Physik* veröffentlicht hat. Dieser Forschungsbericht gilt der Frage: »Warum können überhaupt umfassende Theorien gelten?«[22] – jener Frage also, die *Dinglers* Lebenswerk geprägt hat. Auch *Dinglers* Lehre, das Verfahren der Raummessung mit der Herstellung euklidischer Ebenen im Dreiplattenverfahren zu begründen, findet sich hier kurz erörtert. Für das hier von uns aufgeworfene Problem der Struktur des Aufbaus ist aber ein anderer Sachverhalt bedeutsam. *Von Weizsäcker* beginnt seinen *Aufbau der Physik* von einem radikal anderen Aus-

22 *Carl Friedrich von Weizsäcker, Aufbau der Physik*, München 1985, S. 23; zum folgenden vgl. S. 261 und S. 241.

gangspunkt aus. Er beginnt nicht wie *Dingler* und die konstruktive Wissenschaftstheorie beim Verfahren der Raummessung; vielmehr stellt er den Begriff der Zeit an die Spitze, nimmt diese aber zunächst überhaupt nicht als eine reelle Variable t, sondern definiert sie durch die Struktur von Gegenwart, Vergangenheit und Zukunft, oder von Faktizität und Möglichkeit.

Von Weizsäckers Forschungsbericht zeigt, daß man den Aufbau der Physik auch auf eine andere Grundlage stellen kann, als dies *Dingler* und die konstruktive Wissenschaftstheorie versucht haben. Zugleich kann man darin ein Indiz für *Lorenzens* Meinung sehen, daß die Protophysik der Zeit methodisch unabhängig von der Protophysik des Raumes ist. Doch selbst wer dies nicht zugestehen will, kommt nicht daran vorbei, daß es der konstruktiven Wissenschaftstheorie bisher nicht gelungen ist, einen einvernehmlichen Entwurf vom Aufbau der Protophysik zu liefern. Dieser Sachverhalt wird durch die Metapher vom methodischen Aufbau der konstruktiven Wissenschaftstheorie eher verschleiert, als daß er damit der Entscheidung nähergebracht würde.

5. Lücken in Lorenzens Protophysik des Raumes

Ungeachtet dessen, ob man mit *Dingler* und *Janich* in der Protophysik des Raumes das umfassende Fundament der Physik oder mit *Lorenzen* nur einen tragenden Pfeiler in der aus mehreren Pfeilern bestehenden Fundamentierung der Physik sieht, kommt der Frage nach der Tragfähigkeit dieses Pfeilers für die Beurteilung der gesamten Protophysik entscheidende Bedeutung zu. Nur wenn die Protophysik des Raumes eine tragfähige Fundierung für die empirische Physik bietet, ist der Einspruch der konstruktiven Wissenschaftstheorie gegen die Relativitätstheorie weiterhin erwägenswert. Die konstruktive Wissenschaftstheorie gibt selbst die Kriterien der Lückenlosigkeit und der Zirkelfreiheit in der Folge der grundlegenden Meßverfahren für die Prüfung jeglicher methodischer Fundierung der Physik vor. Genügt die Protophysik des Raumes ihrerseits diesen von ihr selbst vorgegebenen Kriterien? Bringt sie die Verfahren der Raummessung in eine Ordnung, die man als lückenlos anerkennen kann? Verfolgen wir die schrittweise Argumentation, wie sie *Lorenzen* in seinem Lehrbuch der konstruktiven Wissenschaftstheorie vorzeichnet!

Sind gemäß dem Elementarvorgang der Raummessung Richtplat-

ten als Ebenen hergestellt, so kann man mit deren Hilfe auch Lineale als Meßstäbe herstellen. Nach der Festlegung einer Längeneinheit lassen sich damit durch Abtragen Längen messen. Diesem Verfahren sind aber sowohl beim Übergang zu kleinen wie beim Übergang zu großen Dimensionen natürliche Grenzen gesetzt. Wir wollen uns auf den Übergang zu großen Dimensionen beschränken. Hier sind indirekte Messungen mittels Lichtstrahlen das übliche Verfahren. *Lorenzen* behauptet nun, es seien, ohne in methodische Zirkel zu geraten, indirekte Verfahren anwendbar, die sich auf empirische Sätze der Physik stützen. Die benutzten Sätze, so *Lorenzen* weiter, müssen dazu selbst aber auf direkte Messungen zurückführbar sein. In der klassischen Mechanik erreichte man den Bezug auf solche direkten Messungen durch die Konstruktion von Würfelgittern, welche von den euklidischen Parallelensätzen Gebrauch macht. Vorausgesetzt war dabei, daß die verwendeten Meßstäbe starr und die Lichtstrahlen stets geradlinig seien. In der konstruktiven Wissenschaftstheorie wird nun die Konstruktion des Würfelgitters »als eine methodische Maßnahme begründet ..., die den Übergang von direkten Messungen zu indirekten Messungen erst ermöglicht.«[23]
Genügt das, um die Einwände der konstruktiven Wissenschaftstheorie gegen die Relativitätstheorie zu rechtfertigen? Die Frage stellen heißt sie verneinen! Um vielmehr Einwände gegen die Relativitätstheorie methodisch hinreichend zu begründen, müßte zuvor geklärt sein, mittels welcher Verfahren Würfelgitter für astronomische Messungen konstruiert werden sollen. *Dingler* hat in Auseinandersetzung mit der Relativitätstheorie die methodische Einführung eines Fundamental-Koordinatensystems beschrieben; es basiert auf der Messung des sphärischen Abstands von Sternen mit dem Mikrometer.[24] *Dingler* nennt hier immerhin noch ein Meßverfahren, das sich eines technisch auf der Grundlage des Elementarvorgangs der Raummessung hergestellten Meßgeräts bedient. Doch seine Beschreibung ist lückenhaft; denn sie läßt außer acht, daß eine solche Messung gar nicht möglich wäre, wenn nicht das Licht des Sterns zu dem das Meßgerät handhabenden Menschen strahlen würde. *Lorenzen* nennt im Gegensatz zu *Dingler* überhaupt kein Verfahren der Würfelgitterkon-

23 *Lorenzen*: Lehrbuch a.a.O., S. 202.
24 *Dingler, Die Methode der Physik*, a.a.O., S. 164ff.

struktion für astronomische Messungen. Er verstößt damit ebenfalls gegen das methodische Gebot der Lückenlosigkeit im Aufbau. Obwohl es ihm um eine Theorie des technischen Wissens geht, gewinnt man den Eindruck, daß er nur an eine rein geometrische und insofern rein ideenhafte, also auch für astronomische Größenordnungen geltende Würfelgitterkonstruktion denkt, ohne dessen Realisierung im astrophysikalischen Meßprozeß in Betracht zu ziehen.

Falls dies zutrifft, ist kaum ein Unterschied zur klassischen Mechanik zu sehen. Falls dies aber nicht zutrifft, muß die konstruktive Wissenschaftstheorie sämtliche technischen Elementarvorgänge benennen und beschreiben, die zur Durchführung astrophysikalischer Raummessungen heranzuziehen sind. Solange dies nicht geschieht, ist auch der Einwand der konstruktiven Wissenschaftstheorie gegen die Relativitätstheorie methodisch lückenhaft und damit nicht hinreichend begründet.

Man kann sogar noch weiter gehen und fordern:

– solange die konstruktive Wissenschaftstheorie im Anschluß an *Dingler* davon ausgeht, daß die Physik die Konstitution ihrer Gegenstände manuell oder technisch herstellenden Handlungen verdankt,
– solange sie ferner die technische Brauchbarkeit der relativistischen Formeln nicht bezweifelt und damit zugibt, daß sich diese Formeln im technischen Handlungszusammenhang bewähren,
– so lange muß sie davon ausgehen, daß die Relativitätstheorie, auch wenn sie nicht im Sinne der konstruktiven Wissenschaftstheorie begründet sein mag, dennoch in deren Sinne methodisch begründbar ist.

Die Leistung einer solchen methodischen Begründung nach Maßgabe der methodischen Philosophie aber hätte die methodische Philosophie selbst zu erbringen, nicht die Physik. Man sollte deshalb den Einspruch der methodischen Philosophie gegen die Relativitätstheorie aufgeben, solange er nicht methodisch lückenlos begründet ist. Damit wäre nicht nur ein Ärgernis aus der Welt geschafft; damit ließe sich vielmehr auch erreichen, daß der Grundgedanke der *Dinglerschen* wie der konstruktiven Wissenschaftstheorie vorurteilsfreier als bisher diskutiert werden könnte: der Gedanke nämlich, daß die Physik die Konstitution ihrer Gegenstände herstellenden Handlungen verdankt.

Gereon Wolters

Opportunismus als Naturanlage: Hugo Dingler und das ›Dritte Reich‹

1. Vorbemerkungen

Die folgende Untersuchung wirft ein wenig schmeichelhaftes Licht auf den Begründer der methodischen Philosophie. Deshalb erscheinen einige Bemerkungen über Motive und Darstellungsmethode dieses Beitrags angebracht.

Die Beschäftigung mit der deutschen Philosophie zur Zeit des Nationalsozialismus[1] hat in den letzten Jahren einen deutlichen Aufschwung erfahren. Dies ist zu begrüßen, weil *erstens* die schlichte historische Frage danach, wie es gewesen ist, bisher nur in Teilen eine Antwort gefunden hat, und weil *zweitens* die Frage nach der konkreten Abhängigkeit philosophischen Denkens von totalitärer Ideologie und staatlichen Zumutungen von hohem methodologischem, wissenschaftssoziologischem und ethischem Interesse ist. *Drittens* kommt hinzu, daß die deutsche Philosophie der Gegenwart in – teilweise noch direkter – personaler Kontinuität zu derjenigen des ›Dritten Reiches‹ steht und vielleicht bis heute nicht gänzlich die geistigen und moralischen Verheerungen jener Jahre überwunden hat.

Die vorliegende Untersuchung beschränkt sich auf die *historische* Darstellung von Hugo Dinglers Wirken im ›Dritten Reich‹. Dies ist in Dinglers Fall – ähnlich wie bei Heidegger – deswegen besonders interessant, weil die Philosophie Dinglers, genauer: ihr

1 Zur Charakterisierung der tausend Jahre zwischen 1933 und 1945 verwende ich durchgehend die Bezeichnungen ›Nationalsozialismus‹ bzw. ›Drittes Reich‹, letzteres allerdings – weil selbst der ›lingua tertii imperii‹ angehörend – nur in Anführungszeichen. Zur ›lingua tertii imperii‹ vgl. *LTI* von Victor Klemperer (Klemperer (1985). Für den Hinweis auf Klemperer danke ich Horst Wessel (Berlin)). – Die auch im Westen übliche Bezeichnung ›Faschismus‹ halte ich für eher untauglich, weil diese in vieler Hinsicht sicher richtige Subsumierung des Nationalsozialismus unter die faschistischen Bewegungen der Zwischenkriegszeit den Blick auf seinen Kern verdeckt: Antisemitismus bis zur letzten Konsequenz der Ermordung des von der deutschen Vernichtungsmaschinerie erreichbaren europäischen Judentums.

wissenschaftsphilosophischer Teil, eine das Jahr 1945 überdauernde Wirkung entfaltet hat: Dinglers wissenschaftsphilosophische Ideen wurden nämlich in der ›Konstruktiven Wissenschaftstheorie‹ fortgeführt.[2] Man könnte nun versuchen, ähnlich wie im ›Fall Heidegger‹, über rein Historisches hinaus auch in der Dinglerschen Wissenschaftslehre nach mehr oder weniger verborgenen inneren Affinitäten dieser Lehre zum Nationalsozialismus zu fahnden.[3]

Freilich erscheint ein solcher Versuch nicht besonders vielversprechend. Dingler hat nämlich seine Wissenschaftskonzeption in ihren Grundzügen bereits vor dem Ersten Weltkrieg entworfen. Sie ist unpolitisch und auch kaum politisierbar, anders als Heideggersche Konzepte, die wenigstens zeitweise den Nationalsozialismus als ihre geschichtliche Erfüllung betrachten konnten. Zwar versuchte auch Dingler, gleich nach der ›Machtergreifung‹ seine Philosophie als ›nationalsozialistisch‹ zu deklarieren. Dies aber war ein hoffnungsloses Unternehmen und ganz zu Recht zum Scheitern verurteilt. Der Versuch, sich philosophisch unlegitimiert als Naziphilosoph zu präsentieren, brachte Dingler vielmehr in Rivalitätskonflikte mit wirklichen Naziphilosophen wie Baeumler, Jaensch und Krieck, ein Konflikt, aus dem Dingler schon in der Nazizeit selbst nur als Verlierer hervorgehen konnte. Dinglers philosophischer Anbiederungsversuch an den Nationalsozialismus verdankt sich – in seinem wissenschaftsphilosophischen Teil – denn auch nicht irgendeiner inhaltlichen Affinität, sondern dem schlichten Ringen um den Erhalt der beruflichen Existenz. Dinglers Wissenschaftslehre blieb so trotz aller Bemühungen um parteioffizielle Anerkennung dem Nationalsozialismus stets äußerlich. Allerdings traf sie sich in einem ihrer Resultate mit der verbreiteten, aber anders als bei Dingler rassistisch motivierten Ablehnung der Relativitätstheorie in der nazistischen »Deutschen Physik«.

Das treibende Motiv von Dinglers Wissenschaftsphilosophie, die

2 Zur ›Konstruktiven Wissenschaftstheorie‹ sind – in einigen Fällen nur zeitweise – Philosophen wie Carl Friedrich Gethmann, Rüdiger Inhetveen, Peter Janich, Wilhelm Kamlah, Kuno Lorenz, Paul Lorenzen, Jürgen Mittelstraß, Oswald Schwemmer, Christian Thiel und Holm Tetens zu rechnen.

3 Zu Heidegger vgl. z. B. diverse Beiträge in Altwegg (Hg.) (1988) und Gethmann-Siefert/Pöggeler (Hg.) (1988).

radikale Suche nach methodischer Sicherheit des Wissens, sein ›Certismus‹, kann ebenfalls keine philosophische Affinität zum Nationalsozialismus begründen. Es mag allerdings so sein, daß Certismus und Nationalsozialismus bei Dingler aus gleicher psychischer Quelle gespeist wurden: *seine ans Pathologische grenzende persönliche Unsicherheit.* Sie trieb ihn einerseits dazu, wenigstens im Bereich der Wissenschaft das zu erreichen, was ihm das Leben versagte: Sicherheit im Urteilen und Handeln. Andererseits bot sich 1933 endlich wieder die Möglichkeit zu vorbehaltloser, Sicherheit stiftender, nationaler Identifikation. Diese Identifikation mit dem neuen, großen Deutschland bedeutete Balsam für psychisch labile Naturen, deren Identifikationsverlangen bis dahin durch das Objekt ihrer Begierde eher frustriert wurde: Deutschland hatte den Weltkrieg verloren, und die ungeliebte Weimarer Republik hatte das Land angeblich der Willkür der Sieger ausgeliefert und ins allgemeine Chaos geführt.[4] Daß Certismus und Nationalsozialismus bei Dingler die gleiche psychische Wurzel haben könnten, begründet freilich nicht auch schon eine innere Verwandtschaft zwischen diesen recht unterschiedlichen Erfüllungen ein und desselben psychischen Bedürfnisses.[5]
Wenn so zwischen Dinglers Wissenschaftsphilosophie und seinem Engagement für den Nationalsozialismus wohl kaum ein innerer Zusammenhang besteht, so möchten für seine biologistische Ethik die Dinge anders liegen, speziell in ihrer Version von 1935 (Dingler 1935).[6] Dinglers biologistische Ethik aber hat das Jahr

4 Ein ähnliches national-identifikatorisches Durchatmen nach jahrzehntelangem Darben ist gegenwärtig gelegentlich wieder zu beobachten. Allein schon die Nennung des Wortes ›Deutschland‹ scheint hier und dort eine euphorische Alterierung des physiologischen Zustandes zu bewirken.

5 Interessanterweise bringt Dingler selbst (Dingler 1941, S. 392 f.) Nationalsozialismus und Certismus in Zusammenhang. Dieser Versuch ist freilich so wenig einsichtig, daß noch Dinglers treuester Anhänger, Bruno Thüring, sich gezwungen sah, von ›Opportunismus‹ zu reden. »Selbst bei alten und überzeugten, ideal gesinnten Nationalsozialisten lösten in der Tat diese Stellen des Buches ungläubiges Kopfschütteln und Schmunzeln über derartige Übertreibungen bis zu offenem Hohn aus. Ich [Thüring] habe eigentlich in der Folgezeit niemanden getroffen, der diese Stellen ernst genommen hat« (Thüring 1981, S. 44).

6 Ich werde darauf unten noch zurückkommen.

1945 nicht überlebt und steht ihrerseits in keinem systematischen Zusammenhang mit seiner Wissenschaftsphilosophie.
Der inneren Beziehungslosigkeit von Dinglerscher Wissenschaftslehre und Nationalsozialismus ungeachtet, sah sich die Konstruktive Wissenschaftstheorie gelegentlich mit vieldeutigen Hinweisen auf eine angebliche Nazi-Vergangenheit Dinglers konfrontiert bzw. mit dem Vorwurf, diese zu vertuschen.[7] Solche Vorwürfe mußten als um so peinlicher empfunden werden, weil sich von Dingler her im Konstruktivismus eine *methodisch* begründete Gegnerschaft oder doch zumindest ein Verhältnis *methodischer* Kritik an der Relativitätstheorie erhalten hatte. Die (allerdings *rassistisch* motivierte) Ablehnung der Relativitätstheorie gilt aber weithin und zu Recht als Hauptkennzeichen der nationalsozialistischen »Deutschen Physik«, die ihrerseits allerdings nur den kleineren Teil der deutschen Physiker infizierte.[8]
Zwar war seit den Ausführungen von Lorenz/Mittelstraß (1969) eine gewisse Affinität Dinglers zum Nationalsozialismus allgemein bekannt, doch kam diese in den vom Konstruktivismus vornehmlich rezipierten methodologischen Schriften Dinglers gar nicht oder nur so sehr am Rande zum Ausdruck, daß sie von den ausschließlich systematisch interessierten Konstruktivisten nicht weiter beachtet wurde.
Die vorliegende Darstellung mag hier eine Lücke füllen. Sie bean-

7 Letzteres in durchaus infamer Weise in einer Bücherbesprechung in der *Zeit* (Fölsing 1981), die zudem eine Reihe falscher Angaben aus einem der besprochenen Bücher breittritt, zum Beispiel, daß Dingler der Philosoph der ›Deutschen Physik‹ gewesen sei oder daß er so erfolgreich gewesen sei, 1940 in München ein philosophisches Ordinariat zu ergattern.

8 Als Grundwerk der »Deutschen Physik« gilt das gleichnamige, vierbändige Werk des Nobelpreisträgers Philipp Lenard (Lenard 1936f.), in welchem ein naiver realistischer Empirismus vertreten wird, soweit methodologische Fragen überhaupt eine Rolle spielen. Daneben findet man im Vorwort des ersten Bandes rassistische Ausfälle gegen Einstein, die sich so ähnlich auch bei Dingler und anderen Gegnern der Relativitätstheorie nachweisen lassen. Es ist aber so, daß Dingler die *rassistischen* ›Argumente‹ erst ab 1933 aus einer bereits seit mehr als zehn Jahren von anderen geführten Kampagne entlehnte und – ohne inneren Zusammenhang – neben von ihm selbst seit 1919 vertretene, *methodologische* Argumente gegen die Relativitätstheorie stellte.

spruchte allerdings nicht, Dinglers weitgehend unerforschtes[9] Verhältnis zum ›Dritten Reich‹ in allen seinen Aspekten darzustellen. Vor allem seine Auseinandersetzung mit der theoretischen Physik seiner Zeit, die (wohl von beiden Seiten) nicht mit Glacéhandschuhen geführt wurde, muß hier außer Betracht bleiben.

Obwohl historisch unerforscht, hat sich bald nach dem Krieg über das Verhältnis Dinglers zum ›Dritten Reich‹ ein *received view* herausgebildet, der zu den historischen Tatsachen in einem nur sehr losen Verhältnis steht. Im folgenden ergibt sich insbesondere auf der Basis von Archivmaterial und Tagebuchaufzeichnungen ein anderes Bild von Dinglers Verstrickung in den Nationalsozialismus.[10] Der *received view* erweist sich dabei als von Hugo

9 Über Dinglers Verhältnis zum Nationalsozialismus ist bislang allenfalls in zwei oder drei Sätzen berichtet worden: in beschönigender und verfälschender Weise in dem von Wilhelm Krampf herausgegebenen »Gedenkbuch« (Krampf (Hg.), 1956). Lorenz/Mittelstraß geben in der Einleitung zu ihrer Edition von Dinglers *Ergreifung des Wirklichen* (Lorenz/Mittelstraß 1969, S. 7f.) einen kurzen und korrekten Hinweis auf Dinglers ›politische Zugeständnisse‹ an die Nazis unter Bezug auf die einschlägigen Schriften Dinglers. Wolters (1985, 1987 und 1988) gibt kurze, auf Akten und unveröffentlichtes Material gestützte biographische Hinweise. In einem Vortrag (November 1988), dessen entsprechender Abschnitt mir im Manuskript freundlicherweise zugänglich gemacht wurde, führt Jörg Willer einige weitere Zeugnisse aus Dinglers Schriften an und verweist ferner auf die wichtige Rolle Bruno Thürings (1905-1989). Thüring war Astronom und als Mitarbeiter der Münchener Sternwarte in den philosophischen Bannkreis Dinglers geraten. In München denunzierte er im übrigen den Direktor der Sternwarte, Alexander Wilkens, was zu dessen Entlassung führte (BHA MK 44529). Thüring wurde später (Januar 1941) Direktor der Wiener Sternwarte und nach dem Krieg entlassen. Seine »Persönlichen Erinnerungen an Hugo Dingler« (Thüring 1981) enthalten viel interessantes historisches Material. – Neuerdings berichtet ausführlicher Schorcht (1990) in einer wertvollen, materialreichen Arbeit über Philosophie an den bayerischen Universitäten während des Nationalsozialismus.

10 Das Archivmaterial entstammt dem Universitätsarchiv München (UAM), dem Bayerischen Hauptstaatsarchiv (BHA) sowie dem Philosophischen Archiv der Universität Konstanz (PAUK), welches den größeren Teil des Dinglerschen Nachlasses in Aschaffenburg (DA) in Kopie enthält. Die Akten der TH Darmstadt sind im Krieg verbrannt. Unterlagen über Dingler im Berliner »Document Center« konnten, bis auf eine Ausnahme (SD-Gutachten über Dingler) noch nicht eingese-

und seiner zweiten Ehefrau Martha Dingler lancierte und mit allerlei Geschichten angereicherte Desinformation, hierin den Versuchen Heideggers zur Vertuschung seiner Vergangenheit (vgl. z. B. Heidegger 1983) nicht unähnlich.[11] Solche Verfälschungen durchschnittlicher Nazivergangenheit sind menschlich verständ-

hen werden; ebensowenig allfällige Unterlagen in den Archiven von Potsdam und Merseburg. Wesentlich neue Aufschlüsse dürften von dort allerdings nicht zu erwarten sein.

11 So schreibt etwa Dingler selbst am 15.9.1948 an das Hessische Kultusministerium: »[...] Ich wurde zum 1.7.1934 nach § 6 des Gesetzes zu Vereinfachung [sic!] des Berufsbeamtentums von dem damaligen nationalsozialistischen Hessischen Staatsministerium (Min.Rat Ringshausen) aus *politischen Gründen* [Hervorhebung G.W.] in den Ruhestand versetzt. [...]« ([DA], Biographieordner 1948 und [PAUK]). – Damit sollte natürlich suggeriert werden, daß die ›politischen Gründe‹ mit einer Gegnerschaft Dinglers zum Nationalsozialismus zu tun hätten. Das aber ist keineswegs der Fall. Genaueres weiter unten mitsamt einer möglichen Erklärung für die unrichtige Bezeichnung des Gesetzes, auf Grund dessen Dingler in den Ruhestand versetzt wurde. – Ferruccio Rossi-Landi weiß in seinem Dingler-Artikel in der *Encyclopedia of Philosophy* sogar eine der in Deutschland nach dem Krieg so populären Verfolgungsanekdoten zu berichten: »In 1934 he was dismissed on charges of philosemitism. He later resumed teaching but soon rebelled again against the political situation, and eventually he was put under the continuous watch of a Gestapo agent ›who unfortunately‹ – as Dingler told the present writer – ›was not gifted for philosophy and did not profit from my compulsory daily lessons‹« (Rossi-Landi 1967, S. 407). – Ähnlich wie Dingler selbst scheint Martha Dingler bei der Aufarbeitung von dessen Nazi-Vergangenheit vorgegangen zu sein. In einem Artikel zum 100. Geburtstag Dinglers schreibt sie in einer in Aschaffenburg verbreiteten Tageszeitung [der Name der Zeitung ist aus dem mir vorliegenden Ausschnitt nicht ersichtlich] am 30.6.1981: »[...] 1934 *betrieben* [Hervorhebung G.W.] die Führer des NS-Studentenbundes in Darmstadt seine Absetzung mit dem Argument, er sei ein Judenknecht.« Ähnlich heißt es in der von Martha Dingler mindestens inspirierten und gebilligten, wenn nicht gar selbst verfaßten Einleitung zu dem Artikel: »1934 verlor er den Lehrstuhl [in Darmstadt], *nachdem* [Hervorhebung G.W.] er in einem Buch die jüdische Erkenntnis vom ›Einen Gott‹ eine ›unvergleichliche geistige Leistung‹ genannt und sich für eine Jüdin eingesetzt hatte.« – Es ist klar, daß hier suggeriert werden soll, daß Dingler *aufgrund* der Aktivitäten der Nazi-Studenten und *wegen* seines ›Judenbuches‹ entlassen wurde. Dies trifft jedoch nicht zu. Die Desinforma-

lich und waren in den ersten Jahrzehnten nach dem Krieg allgemein üblich und verbreitet, zum Teil bis heute. Sie sind das gewissermaßen natürliche Komplement des anpaßlerischen Opportunismus, der die Haltung von Millionen Deutschen zwischen 1933 und 1945 geprägt hat.

Opportunismus zum Zweck der Sicherung seiner bedrohten und dann dennoch verlorenen beruflichen Existenz, das ist der Grundzug von Dinglers Verhältnis zum Nationalsozialismus. Hierin scheint er sich von Heidegger deutlich zu unterscheiden, dessen Professur nie gefährdet war und der vom Nationalsozialismus zeitweise auch eine Realisierung eigener philosophischer Konzepte erwartete. Auch hat Dingler – wiederum im Unterschied zu Heidegger (vgl. Ott 1988, S. 183 ff., 201 ff.) –, soweit erkennbar, niemanden direkt bei den Behörden denunziert. Er hatte, selbst Opfer von Denunziationen, allerdings wohl auch kaum eine Möglichkeit dazu.

Wenn hier im Blick auf Dinglers Verhältnis zum Nationalsozialismus teilweise Desinformation durch Wahrheit ersetzt wird, dann nicht im Gestus inquisitorischer Denunziation der Väter- und Großvätergeneration. Gewiß haben diese Generationen angesichts ungeheurer Herausforderungen kläglich versagt. Es ist allerdings die Frage, ob wir Heutigen zu Besserem imstande wären, stünden wir ähnlichen Herausforderungen gegenüber. Die Erfahrungen, die man in den letzten zwanzig Jahren in der Bundesrepublik im Zusammenhang mit dem sogenannten Radikalenerlaß machen konnte, stimmen hier ebensowenig optimistisch wie das Verhalten der DDR-Wissenschaft im stalinistischen und poststalinistischen Totalitarismus. In beiden Fällen bestimmten opportunistische Strategien über weite Strecken das Verhalten. Ganz ohne opportunistische Kompromisse wird wohl kaum ein Mensch leben können, jedenfalls wenn man unter Opportunismus ein Handeln versteht, das eigene Orientierungen zurückstellt, um institutionelle Vorteile zu erlangen oder Nachteile zu vermeiden. Obwohl Opportunismus so eine wohl universal präsente, indivi-

tion freilich scheint im gewünschten Sinn gewirkt zu haben. So schreibt etwa Wolfgang Schirmacher im Feuilleton der *Rheinischen Post* (Düsseldorf) am 6. Juli 1981 in einem Artikel zu Dinglers Hundertstem kurz und bündig: »Schon 1934 jedoch verlor Dingler wegen eines bereits 1919 publizierten Werkes *Die Kultur der Juden* seinen Lehrstuhl.«

duelle Handlungsstrategie gegenüber Institutionen – beginnend bei der Familie, endend beim Staat – darstellt, scheint er als Gegenstand von Psychologie, Soziologie oder Ethik nicht zu existieren, von einer Theorie des Opportunismus ganz zu schweigen.[12]

Die Beschäftigung mit Dinglers Nazivergangenheit dient, wie schon angedeutet, vor allem zwei Zwecken: *erstens* geht es um historische Wahrheit, und *zweitens* gilt es, aus dieser Wahrheit zu lernen, und zwar so, daß die – in ihren Grundzügen ziemlich zeitlosen – Bedingungen aufgezeigt werden, die Dingler auf seinen ›politischen Irrweg‹[13] geführt haben. Ein solches Unternehmen mag speziell in diesen Tagen nicht unpassend sein.

Im einzelnen untersucht die vorliegende Arbeit in mehreren Abschnitten zwei miteinander zusammenhängende Aspekte von Dinglers Verhältnis zum Nationalsozialismus: (1) die Umstände sowie die Vor- und Nachgeschichte seiner Frühpensionierung an der Technischen Hochschule Darmstadt und (2) seinen ›wissenschaftlichen Antisemitismus‹. Um den Lesern ein objektives Urteil zu ermöglichen, soll Dingler möglichst ausführlich selbst zu Wort kommen. Längere Zitate lassen sich deshalb nicht vermeiden.

Für eine umfassende Darstellung wären gewiß noch manche andere als die hier vorgestellten Gesichtspunkte zu erörtern. Die beiden genannten scheinen jedoch die wichtigsten zu sein. Sie

12 Jedenfalls erbrachte die bibliographische Recherche in den entsprechenden Datenbanken für die letzten 15 Jahre ein Nullresultat, wofür ich Dr. Karsten Wilkens von der Universitätsbibliothek Konstanz und Dr. Maria Schorpp danke. Lediglich aus dem marxistischen Bereich (insbesondere der DDR) findet man Arbeiten zu dem oder genauer: gegen den ›kleinbürgerlichen, antimarxistischen‹ (Klaus/Buhr 1972, S. 809) Opportunismus innerhalb der Arbeiterbewegung, der die revolutionären Ziele des authentischen Marxismus zugunsten von Kompromissen mit dem Kapital aufgebe. Das ist allerdings nicht die Art von Opportunismus, der die DDR über Jahrzehnte geprägt hat und über den nachzudenken derzeit wertvoll sein könnte. Freilich scheint die gegenwärtige Auseinandersetzung mit dem Opportunismus, soweit überhaupt vorhanden, eher selbst wieder opportunistische Züge zu tragen, ähnlich wie nach 1945 im Westen Deutschlands.

13 So Willer in seinem in Anm. 9 erwähnten Vortrag. Willer bemerkt zutreffend, daß der hier noch genauer darzustellende *received view* »nicht die ganze Wahrheit« sein könne.

reichen darüber hinaus meines Erachtens auch aus, Dinglers Haltung zum »Dritten Reich« in ihren Grundzügen verständlich, wenn auch nicht entschuldbar zu machen: gewöhnlicher Opportunismus in Verbindung mit einem ungewöhnlichen und realitätsfremden, philosophischen Sendungsbewußtsein haben diesen Mann wissenschaftlich, politisch und moralisch in die Irre geführt.[14]

2. Der Weg zur ordentlichen Professur

Am 1. April 1932 schrieb der fast 51jährige Dingler folgenden Brief an den Rektor der Universität München:

»Ew. Magnifizenz
gestatte ich mir vorschriftsgemäß die ergebene Mitteilung zu machen, daß ich von der Hessischen Staatsregierung einen Ruf als Ordinarius der Philosophie an der Technischen Hochschule Darmstadt erhalten habe.«

Mit diesem Brief schien Dingler nach langem, selbst für seine mühselige Zeit ungewöhnlich dornenreichem Weg im akademischen Elysium einer besoldeten Professur angelangt zu sein. Dinglers Darmstädter Professur und ihr Ende sind der eine Dreh- und Angelpunkt für die Erklärung und das Verständnis seines Verhältnisses zum Nationalsozialismus. Der andere ist sein Antisemitismus. Im folgenden soll (1) sein Weg zu diesem Höhepunkt seiner Karriere skizziert werden und (2) der in ihm bereits angelegte Niedergang.
Dinglers Vater Albert Hermann Dingler war Botanikprofessor an der später nach Aschaffenburg verlegten Münchener Forstwissenschaftlichen Hochschule. Der 1881 geborene Hugo Dingler wollte schon als Schüler nichts anderes als ein deutscher Professor werden. Der Weg dorthin verlief nicht so glatt, wie es sich der jugendliche Gelehrte wohl gewünscht hat. Schon Promotion und Habilitation bereiteten ziemliche Schwierigkeiten. Insbesondere

14 Naturgemäß orientiert sich der Beleg dieser These weniger am Philosophen als vielmehr am Menschen Hugo Dingler. Hauptquelle sind seine Tagebücher. Immer auch im Blick auf die Nachwelt geschrieben und von ihm selbst bzw. seiner Witwe unter Mühen für die Forschung aufbewahrt, liefern sie die Grundzüge eines Charakterbilds des Philosophen, das sich von dessen eigenem wohl unterscheiden mag.

die Habilitation erwies sich als ein eigentlicher Hindernislauf. Ein erster Habilitationsversuch mit den *Grundlagen der angewandten Geometrie* (Dingler 1911) als Habilitationsschrift war im Juni 1910 an der Technischen Hochschule München aus – wie Dingler es sah – nur vorgeschobenen, ›formalen‹ Gründen gescheitert.[15] Doch hatte er sich rasch wieder gefaßt, denn schon am 30. Juni 1910 heißt es im Tagebuch:

»Unterdessen erwachsen neue Pläne. Hiesige Universität. Mengenlehre jetzt, ohne Rücksicht (jetzt muß gepfiffen werden). Darnach Erkenntnistheorie & als neue Hab[ilitations]arbeit Grundlagen d. Arithmetik & des Formalen in der Mathem.« –

So umstandslos, wie sich Dingler dies einen Moment lang gedacht haben mag, verlief die Habilitation an der Universität München dann doch nicht. Am Beispiel der Habilitation läßt sich besonders deutlich ein Verlaufsmuster feststellen, das sich so ähnlich in fast allen Situationen findet, in denen Dingler der für ihn mit besonderen nervlichen Belastungen verbundenen Bewertung seiner Umgebung ausgesetzt ist: Nie sind es Mängel seiner – von ihm vielmehr als genial empfundenen[16] – wissenschaftlichen Arbeit

15 Dinglers Tagebuch meldet unter dem 13. 6. 1910: »Heute meine Arbeit zurückerhalten, mit der Begründung, daß [man] ›bei der Prüfung der formellen Voraussetzungen zu dem Schlusse gelangt ist, daß zu einer Habilitation für Geschichte und Didaktik der Mathem. u. der exakten Wissenschaften die Unterlagen vollständig fehlen‹. Eigentlich war ich noch nie so fröhlich die ganze Zeit, wie jetzt, wo endlich wieder einmal [alles] klar ist. Nun heißts auf zum fröhlichen Krieg! [...] Ich bin schon öfters abgewiesen worden in meinem Leben, und schließlich ist doch alles noch zum Guten geworden.«

16 Äußerungen über die eigene Genialität und welthistorische Bedeutung finden sich verstreut in allen Tagebüchern Dinglers. Am klarsten vielleicht im Zusammenhang mit der Publikation von Dingler (1919a). Dingler – damals in der Augsburger Etappe – sollte einen Militärtransport an die Westfront begleiten (und dann gleich wieder zurückkehren). Die Aussicht darauf vesetzte ihn in Todesangst. Denn er war – was gewiß nicht gegen ihn spricht – bereits 1914 nach weniger als einer Woche an der Westfront physisch und psychisch zusammengebrochen. Das bedeutete in einer durch und durch militaristischen Gesellschaft eine tiefe Demütigung. Noch das *Gedenkbuch* versucht zu vertuschen: »Während des ersten Weltkriegs war Hugo Dingler als Offizier an der Front« (Krampf (Hg.), 1956, Biographie). – Unter dem 3. 6. 1918 notiert er, wie stets ohne jedes Anzeichen von Selbstironie: »Es wird

nachgerade unökonomisch von Deutschland, mich hier langsam aufbrauchen zu lassen in meinen besten Jahren für einen Dienst, den sicher viele andere besser machen als ich, wo ich doch so wundervolle Sachen noch zu machen habe, die so eminent wichtig sind für die deutsche Wissenschaft. Aber wie soll ich das jemand sagen. [...] 25.6. 18. [...] jetzt habe ich Auftrag Transport an die Westfront. Das hat wieder das alte Problem von der Sicherung des mir anvertrauten Schatzes gebracht. Wer ist jetzt so weit wie ich? Und bis dann ein Neuer kommt, ists viel später und dann vielleicht kein Deutscher mehr. Und ich habe noch so viel Großes im Kopf, das ich noch nicht formulieren konnte, und das keiner jetzt formulieren kann. [...] Das [d.h. eine Grundlegung der Metaphysik], und die ungeheuer wichtige Grundlegung der Physik (Synthese), das beides nur ich machen kann, wohl auf längere Zeit hinaus, läßt mich nicht von dem Glauben los, daß ich die *Pflicht* habe, mich zu erhalten. Es ist bei mir gewiß keine hohle Furcht, die habe ich nicht, wenn ich mich bewußt einsetze, aber es ist das Bewußtsein der Verantwortung, die ich mit meinen Sachen vor meinem Volk und der ganzen Menschheit habe. Daß man das niemand sagen kann! [...] Der Transport, der bevorsteht, hat mich dazu gebracht, mit aller Kraft noch so viel auf alle Fälle unter Dach zu bringen, als geht. Es wird mein wichtigstes wissenschaftliches Werk. Der Herr hat mich begnadet, alle Geheimnisse zu ergründen, die sich mir noch entgegengestellt hatten, die Geheimnisse über das Sein und das Weltall liegen jetzt gelöst und ausgebreitet zu meinen Füßen. Mir ist es nicht, als ob ich ein wissenschaftliches Werk schriebe, sondern als ob ich ein Epos schriebe, einen Lobgesang Gottes, einen Hymnus.« – Freilich nagten gelegentlich auch kleine Zweifel an der welthistorischen Sendung: »7. 8.18. Etwas seit fast 10 Jahren ganz und gar Ungewohntes. Ich habe gestern meine ›Grundlagen der Physik‹ bis zum Problem der Gleichheit der schweren u. trägen Masse gebracht. Und stehe nun vor diesem Problem ohne momentan eine volle Lösung zu sehen. Ich glaubte, sie zu haben, bin aber gestern völlig unsicher geworden. Das brachte mich auf den Gedanken: ›wenn es nicht ginge?‹ Das würde mein ganzes System über den Haufen werfen. Und ich genoß das tiefe Gefühl der Sicherheit in mir, daß das nicht möglich ist.« – Für den Fall, daß aber doch, erwägt Dingler nicht, daß *er* sich wider Erwarten geirrt haben könnte. Vielmehr ist die Wissenschaft als solche in diesem Fall an ihr Ende gekommen: »Dann würde ich sofort katholisch werden. Denn dann gibt es Mystik.« – Die kleine Unsicherheit von August war im Oktober 1918 längst überwunden: »Am 24.10.18. großer Tag in meinem Leben. Ich habe das Manuskript meiner ›Grundlagen der Physik‹ an den Verleger Dr. Thesing abgeschickt, [...] – ich möchte mich nicht vermessen, aber ich glaube, daß dies *auch* [Hervorhebung G.W.] ein historisches Datum ist. Es ist eine ganz neue Weltansicht, die ich da oder seines Verhaltens oder objektiv-ungünstige Umstände, die ihn in Schwierigkeiten bringen. Stets ist es das neidische und nicht verstehende Übelwollen der anderen, das ihn verfolgt. Dieses überbordende, gelegentlich an Größenwahn grenzende Selbst- und Sendungsbewußtsein durchzieht Dinglers Tagebücher, insbesondere bis etwa zum 40. Lebensjahr. Es soll wohl eine sich auch

mittels der Synthese und der Exhaustion begründe. [...] Es ist etwas Wunderbares um solch eine Arbeit. Sie trägt überschwenglichen Dank in sich selbst. Und ich kann nie anders als mit tiefer Demut gegen das Geschick und gegen Gott daran denken, daß ich dazu begnadet bin, das Werkzeug zu sein, das es für die Menschheit machen durfte.« – Allerdings blieb Dingler unverstanden. Am 14. März 1920 mußte er notieren: »Ich kann jetzt schon ein wenig über die Wirkung meines Buches sagen. Das Tolle ist, daß ich keinen Menschen auf der Welt kenne, der meine Hauptsache, die ich seit zehn Jahren schon predige, überhaupt nur einmal wirklich *verstanden* hätte. [...] Manchmal ists ein bißchen schauerlich und wehmütig, so allein zu sein. Schauerlich-schön. Wenn es etwas Dummes wäre, dann hätten sie's gleich verstanden (siehe Einstein). So habe ich manchmal in schwachen Stunden einmal den Gedanken, es könnte das ›Abendland untergehen‹ (nach Spengler) ohne daß sie es verstanden haben. Dann würde es wieder ein paar 1000 Jahre dauern. Aber ich glaube nicht an diesen ›Untergang‹, und ich glaube, daß ich's schaffen werde.« – Mit zunehmendem Alter verlieren Dinglers Bekundungen der eigenen Genialität ihre epische Breite, der Kern seiner Selbsteinschätzung bleibt jedoch – auch über das Ende des ›Dritten Reiches‹ hinweg – unverändert erhalten. Am 30. 6. 1946 fand er Zeit, seine gesamten Tagebücher wieder durchzulesen. Befriedigt notierte er: »Eine erstaunliche Einlinigkeit u. Zielstrebigkeit im Wissenschaftlichen geht durch, daneben im Menschlichen eine starke Labilität, die alles in möglichst starke Worte kleidet. Aber das ist ja die Basis meines Erfolges; hätte ich nicht diese Anlage gehabt, so hätte ich nicht auch die feinsten wissensch. Gedankenfäden so deutlich fassen können, denn auch da ging das nur, indem ich auch das Diffizilste in möglichst starke Worte faßte. Das Ganze ist fast allein von dem immer gleichen Willen [...] getragen, meine Erkenntnis, die unverbrüchliche Wahrheit, so zu verankern, daß sie nicht wieder verloren gehen kann.« – Wenige Wochen später konnte der 65jährige zufrieden notieren: 5. 8. 46: »Ich habe mir heute überlegt, daß ich niemals einem Menschen begegnet bin, der im Prinzipiellen u. Philosophischen ebenso denkkräftig gewesen wäre wie ich selbst.«

in erheblichen klinischen Symptomen[17] äußernde, fundamentale persönliche und wissenschaftliche Unsicherheit überdecken und kompensieren, von der Dingler ebenfalls ausführlich spricht, ohne freilich auch nur im Ansatz die Spannung zwischen seinen unterschiedlichen Selbstdarstellungen zu thematisieren.[18] Er hat sie wohl nicht einmal bemerkt.

17 Es handelt sich vor allem um schwere nervöse Herzbeschwerden. Hierunter litt im übrigen auch der junge Heidegger und brach deswegen seine theologische Ausbildung ab (vgl. Farias 1987, S. 59 f.).

18 Ein Beispiel für viele andere: »27. Januar 17. Kaisers Geburtstag. [...] Vor ein paar Tagen besuchte mich Kofahl, eigentlich meine Frau, geschickt von der Odenwaldschule wegen [Dinglers Stiefsohn] Harras. Bei dieser Gelegenheit habe ich so recht einmal wieder gemerkt, wie ich beschaffen bin. Während wir zusammensaßen und plauderten, bekam ich so furchtbares Herzklopfen, daß mir beinahe die Zähne klapperten und ich kaum recht sprechen konnte. Bloß weil der zu Besuch war. Nach und nach legte es sich dann. Aber ich konnte ihm nicht Herr werden. Ich hätte es bei jedem Besucher wohl bekommen, aber außerdem hängt es mit meiner Jugend irgendwie zusammen, d. h. mit meiner falschen Einstellung den Dingen und Menschen von damals gegenüber. Irgendwie entspringt es aus einer wahnsinnigen inneren Anspannung heraus, den Dingen Herr zu werden, die ihr Versagen voraus weiß [...] und sich deshalb nach innen wirft, und nur die Symptome gewaltigster körperlicher Anstrengung auslöst. [...] 6. 11. 17. [...] Ich war [...] in gewissem Sinne ein Kind, bis ich Privatdozent war und der Haß der Meute mir über den Kopf wuchs. Da erst erfuhr ich, daß es im Leben Kämpfen heiße. Und mit unsäglichen Schmerzen lernte ich im späten Alter [Dingler ist noch nicht ganz 36jährig!] noch das, was andere nach und nach von Jugend auf lernen, wovor ich aber durch Charakter und äußere Umstände ausgeschlossen geblieben war. Es war die Seele meiner lieben Mutter in mir, das gesetzmäßige, fromme Sich-Bescheiden und Das-Seine-Tun, was mich so einkapselte und mich das Leben nicht kennenlernen ließ. Aber dazwischen waren immer wieder schreckliche Zeiten gekommen, wo es mich packte, wild zu sein, wie mein Vater ist, und ich mit unsäglichen Schmerzen empfand, daß ich darin irgendwie nicht frei war, auch mich nicht in der Hand behielt. [...] Da warf mich meine Habilitation ins wirkliche Leben, in einen Hexenkessel von Intrigen, Stänkereien und Kämpfen. Und ich war des Schwertes gänzlich ungewohnt. Zuerst ließ ich mirs gefallen, glaubte mit Freundlichkeit und Schmeichelei nach allen vorhandenen Seiten die Sache einhalten zu können. [...] Man begann, mich zu verachten – wenigstens markierten das die Schlechten nach

Zurück zur Habilitation. Mit der Hochschule wechselte Dingler auch das Thema seiner Habilitationsschrift: eine Arbeit über Mengenlehre sollte nun eingereicht werden. Damit aber kam der Münchener Mathematikprofessor Alfred Pringsheim (1850-1941) ins Spiel. Pringsheim war Jude, und er sollte einer der wichtigsten Auslöser für Dinglers späteren offenen Antisemitismus werden.[19]

außen und *irgendwie zu fürchten*. Ich suchte und suchte die Lösung dieses Rätsels und konnte sie nicht finden. Ich glaubte an die Wirkung der Verleumdung und übler Nachrede und wurde überängstlich diese herauszufordern, so daß ich kaum mehr mit jemand zu verkehren wagte.« – Diese Bekenntnisse und Analysen haben Dingler bei späterem Wiederlesen nicht befriedigt: »19. November 1917 [...] Ich habe gerade dieses ganze Heft durchgelesen. Da merke ich erst, daß ich irgendwie – vielleicht krank gewesen war, wenn man so sagen will! Das ist ja alles so weinerlich geschrieben.« – Gewiß, der larmoyante Stil paßt nicht ganz zu dem Genie, das sich sonst in den Tagebüchern zu präsentieren pflegt. Aber gerade die Ambivalenz der Selbstpräsentation spricht eine Wahrheit über Dinglers Persönlichkeit aus. – Seine desolate psychische Situation brachte ihn übrigens *an den Rand des Freitods*: Nach der Kapitulation Deutschlands ohne realistische Aussicht auf eine besoldete Universitätsstelle notierte Dingler unter dem 10. 11. 1918 voller Bitterkeit: »Die Verhältnisse wie sie sich für mich in München gestaltet hatten vor dem Kriege, waren sehr unerfreulich. Die Tatsache, daß man meinen wirtschaftlichen Verhältnissen keinerlei Rechnung trug, hatte mich sehr erbittert. Ich hatte nach meiner Auffassung doch gewiß wissenschaftlich während der zwei Jahre, die ich [nach der Habilitation] dozierte, trotz schwerster wirtschaftl. Bedrängnis einiges geleistet. Meine Bemühung, mir eine kleine Existenzunterlage zu verschaffen, hatte nicht nur keinen Erfolg, sondern wurde mir als Streberei oder Ähnliches ausgelegt. Ich wurde zuletzt von allen Seiten angefeindet. Dabei kam ich seelisch und nervlich ganz herunter. Ich war zuletzt ganz verzweifelt. Ich wollte heiraten, gleich wer es sei, und sah niemals eine Möglichkeit [einer Frau] näher zu kommen.« (Die nächste Zeile ist durchgestrichen und nicht mehr entzifferbar. Der wieder entzifferbare Rest, der die seiner [ersten] Frau angelastete Zerrüttung der noch ziemlich jungen Ehe zum Ausdruck bringt, ist ebenfalls durchgestrichen, später aber mit der Marginalie versehen worden: »schien mir damals so«).

19 Pringsheim ist im übrigen der Schwiegervater von Thomas Mann. In Dinglers Tagebuch heißt es: »14. XI. [1911] Vor acht Tagen (Dienstag) bei Pringsheim. Zum Thé bei ihr und ihm. Sagte nur, wegen Mengenlehre, das sei bös für [sic, recte: ›viel‹?] Arbeit, er werde sie wohl bekommen, und dann einem Fachmann schicken, da es peinlich wäre, wenn man darnach darüber herfiele. Hessenberg habe in Karlsruhe

Dingler war überzeugt, daß Pringsheim seine Habilitation nach Kräften behindere. Er hatte am 12. Dezember 1911 seine Habilitationsschrift (Dingler 1912) beim Dekanat eingereicht. Bereits am 15. Januar 1912 zeigt er – ungeachtet der dazwischenliegenden Feiertage – erste Zeichen von Ungeduld. Er vermutet sofort, daß Pringsheim absichtlich die Begutachtung verzögere: »Der Dr. Rosenthal[20] will nämlich im Sommersemester kommen, und arbeitet *auch über Mengenlehre*. Da bin ich mit meiner Mengenlehrearbeit dem Vertreter unbequem.«[21] Die nervliche Anspannung wuchs und hinderte Dingler – wie oft in entsprechenden Situationen – an der Arbeit:

gesagt, in meiner Brochüre wären logische Fehler (caluminare audacter) [kräftig verleumden]. Sonst einverstanden. [...] Die Pringsheimsche Bem[erkung] hat mir heiß gemacht, wieder manches umgearbeitet, und ein bischen übernommen von der Sache, da sehr anstrengend, und lange ohne Erfolg. Endlich jetzt scheint auch die Form glatt. Muß sehr vorsichtig sein.« – Wenig später (Eintrag 4. 12. 1911) mußte Dingler schon notieren, daß Hessenbergs Bemerkung über einen Fehler in seiner Arbeit eben doch keine Verleumdung war. Freilich konnte er sich trösten: »Freue mich kolossal auf meine große Erkenntnistheorie«. – Das Wort ›groß‹ tritt fortan im Tagebuch häufiger auf, wenn Dingler seine Werke und Projekte charakterisiert: z. B. 8. 4. 1917: »Ich mache Vorarbeiten zu meinem großen Werk über die Prinzipien der Naturlehre, und bin wieder in der alten Erfinderkraft meines Geistes, und fühle das Glück des souveränen Bahnbrechers in ganz unbeschrittenen Gebieten«. Oder: »14. April 1917. Diese Zeit seit meinem 6-tägigen Krankheitsurlaub, der mich wieder zu mir selbst brachte, ist recht fruchtbar. Ich habe die Idee zu einer großen Dichtung gefaßt, die mir ganz besonders wohltut, weil so vieles, das in mir sehr stark ist, auf andere Weise nicht zum Ausdruck gebracht werden kann. [...] Ich habe oft versucht, diesen Dingen in der exakten Form meiner Wissenschaft zum Ausdruck zu verhelfen, [...] mußte es aber aufgeben, da mich das Hervorkommen nicht befriedigte [...]. Jetzt hat sichs geschieden. Der Plan zu meinem großen Werk über die Prinzipien der Naturlehre steht klar vor meiner Seele, und daneben hat sich jetzt auch das allgemeine Empfinden seinen Ausweg gesucht in dem Plane zu diesem Gesang.«

20 Arthur Rosenthal (1887-1959) emigrierte später in die USA.

21 Rosenthal würde durch eine zeitlich vor derjenigen Dinglers liegende Habilitation Dingler an akademischer Anciennität und damit möglicherweise hinsichtlich der Aussichten auf eine besoldete Stelle übertreffen.

»Daß ich zunächst nicht an meiner Erkenntnistheorie arbeiten kann, tut mir sehr weh. Ich gehe umher wie eine Kuh, der die Milch das Euter sprengen möchte, und niemand kommt sie zu melken«,

so beschreibt er, wie stets ohne das geringste Anzeichen von Selbstironie, seine Empfindungen. Inzwischen wurde Dingler von dem ihm persönlich wohlgesonnenen und wegen seiner starken Stellung in der Fakultät auch für seine Habilitation wichtigen Astronomen Hugo v. Seeliger bei einem Mittagessen (4. 2. 1912) auf vemeintlich tiefere Zusammenhänge hingewiesen. Seeliger informierte Dingler, daß auch (der jüdische) Kurt Grelling sich für eine Habilitation in München interessiere, und meinte:

»›Ich bin dafür, daß sich viele Privatdozenten habilitieren, wir brauchen Leute, natürlich tüchtige. (Ein bißchen explodierend): es müssen aber nicht lauter Juden sein. In der Physik ist ja das inzwischen die reine Calamität, unter 10 Privatdozenten 9 Juden. Das ist Unfug. Sie haben doch nicht so die höheren Gedanken.‹« –

Dinglers Reaktion auf Seeligers Lagebeurteilung ist interessant. Sie zeigt nämlich, daß Dingler jedenfalls Anfang Februar 1912 nicht als offener Antisemit gelten konnte, mochte seine Ambivalenz gegenüber dem Judentum und ein latenter Antisemitismus auch längst bestanden haben. Offenen Antisemitismus findet man bei Dingler einige Wochen später.[22] Denn statt, was doch in dieser

22 Diese Beobachtung steht übrigens im Gegensatz zu Dinglers eigenen Behauptungen in einem in der Nazizeit entstandenen autobiographischen Manuskript (»Entdeckungsfahrt im Geistigen. Die Geschichte meines Lebens«, 67 [PAUK]), wonach er bereits seit 1906 nach Lektüre von H. St. Chamberlains *Grundlagen des 19. Jahrhunderts* ›innerlich bewußter Antisemit‹ gewesen sei. Es ist schwer, genau zu sagen, was ›innerlich bewußter Antisemit‹ heißen soll. Was auch immer, ich habe bislang keinen Beleg für diese Behauptung Dinglers gefunden und bin geneigt, sie für eine Schutzbehauptung zu halten, mit der er sich in der Nazizeit als Uralt-Antisemit profilieren wollte. Er wird wohl die in der abendländischen Kultur ›ganz normale‹ Abneigung gegen Juden empfunden haben, die Broder (1986, S. 30) mit einem Kalauer aus den USA so charakterisiert: »Antisemitismus ist, wenn man die Juden noch weniger leiden kann, als es an sich natürlich ist.« Diese antisemitische Disposition scheint *grundsätzlich ambivalent*: Sie läßt sich je nach Lage der Dinge in entgegengesetzte Richtungen aktivieren. Ressentiments gegen Juden finden wir bei Dingler schon vor 1906: Auf dem 3. Internationalen Mathematikerkongreß in Heidelberg im August 1904 fällt ihm auf: »Es hat stark gemenschelt. Fürchterlich

Situation für einen offenen Antisemiten nahegelegen hätte, nämlich mit Seeliger das landesübliche antisemitische Einverständnis herzustellen, machte Dingler vielmehr Einwände gegen Seeligers antisemitische Dummheiten.[23]

viele Juden. [...] Habe Hilberts Vortrag über die Grundlagen der Arithmetik gehört. Kleiner, kleiner Anfang; von rührender Naivetät. Will die Logik als Unterabteilung der Arithmetik ableiten [sic!]. Aber ich hoffe, wenn der einmal die Logik hereinzieht, dann wird die Heerde auch bald folgen. Er hat viel Widerspruch erfahren. Gordan und Noether haben laut gelacht. Natürlich, nur ein Nichtjude, besonders ein Deutscher läßt sich für seine Ideen auslachen, der Jude balanciert immer unanfechtbar auf den alten Kuhpfaden. Deshalb finde ich es schade, daß so viele dabei sind.« – Im Hintergrund steht hier auch ein gewisser Neid auf die gute Ausbildung und Begabung einiger ehemaliger Göttinger jüdischer Kommilitonen, die Dingler in einem in Göttingen verbrachten Semester kennengelernt hatte. In diesem Sinne ist auch seine Bemerkung vom 16. 7. 1905 zu verstehen: »In den letzten Tagen ist mirs wieder einmal recht klar geworden, welche Dummheiten [von seinem Vater, G.W.] mit mir gemacht worden sind. Lindemann sagte auch, daß es ein Unsinn sei, das Studium in 3 Jahren zu machen. Was mir immer nachgeht, mich am Arbeiten hindert und mir die Zeit stiehlt, daß ich die elementaren Vorlesungen nicht gehört habe. Und Pringsheim, der Jude, bei dem nach Schule gewogen wird, machte ein Gesicht wie: ›Ja, da ist nichts zu machen‹, als er erfuhr, wie wenig Vorlesungen ich gehört habe. Und was habe ich jetzt davon [d.h. von der Sparsamkeit des Vaters, G.W.]? Daß für mein ganzes Leben eine Menge verpazzt [!] ist. [...] Und wenn ich daran denke, krampft sich mir das Herz zusammen.« – Und schließlich am 14. 6. 1906, als Münchener Doktorand während eines weiteren Semesters in Göttingen, nachdem er einen Vortrag in der mathematischen Gesellschaft in letzter Sekunde absagen mußte, weil er sein Thema einfach nicht geschafft hatte: »H[ilbert] hat einen ganzen Hof von Juden um sich herum. [...] Die Juden wanzen sich an, und bilden eine Mauer um ihn. Mir machts auch den Eindruck, wie wenn er andere nicht gern aufkommen ließe in Dingen, die ihm nicht glücken, kann mich aber auch täuschen. Mir machts daher Sorge, wo ich meine Sachen unterbringe.« – Diesem Ressentiment gegen Juden korrespondiert bei anderer Gelegenheit ein geradezu schleimiger Philosemitismus (für ein Beispiel aus dem Jahre 1912 s.u.).

23 »Ich sagte, daß da doch recht Tüchtiges geleistet werde«. Seeliger aber ›schwurbelt‹ (E. Henscheid) unbeirrt fort: »›Ach nein, es fehlt ihnen allen [den Juden] das Höhere. Sehen Sie, Männer wie Gauß, usw. Auch mit Jakobi war es nicht so arg weit her.‹ – Ich sprach von Herz [!]. ›Ja,

Zwei Monate nach Einreichen hatte Pringsheim Dinglers Habilitationsschrift gelesen. Am 21. 2. 1912 fand eine Besprechung statt, in der Pringsheim einige Fehler moniert und Dingler bewog, den ersten Teil der Arbeit herauszunehmen. Dingler gab sich trotz der von ihm als Erniedrigung empfundenen Beurteilung der Arbeit ganz zufrieden:

»Unter der Türe [sagte Pringsheim noch]: ›Sie sollen aber kein sacrificium intellectus bringen!‹ Ich: ›Nein, im Gegenteil, ich bin Ihnen sehr dankbar.‹ Tatsächlich. Das ist das Angenehme bei den Juden. Das, was der Engländer plain dealing nennt. Man weiß, wie man dran ist, und sie stoßen sich nicht an kleinlichen Gefühlsmomenten.«

Wenige Tage später jedoch glaubte Dingler nach einem Besuch bei Seeliger wieder an finstere Machenschaften Pringsheims. Am 18. 3. 1912 hatte er aus Anlaß der für sein Selbstbewußtsein wiederum sehr schmerzlichen Schlußbesprechung seiner Habilitationsschrift bei Pringsheim sogar das Gefühl, daß dieser seinen Hund gegen ihn aufgehetzt hatte.[24]

Dingler machte sich an die Korrektur der Arbeit. Bei dieser gewiß unangenehmen Tätigkeit sah er sich zum ersten Mal – soweit sich dies feststellen läßt – in seiner wissenschaftlichen Laufbahn von Juden verfolgt:

»13. IV. 12 [...] Arbeite an Correctur der Hab[ilitations]arbeit. Ist gräßliche Arbeit und ich habe den größten Widerwillen dagegen. Man kann nicht gerade vorwärts arbeiten, muß immer denken, ob es so den Juden recht ist; und Cantor nicht nahegetreten, dem unfehlbaren mathematisch-jüdischen Pabst [!]. Ich werde ihn loben, daß ihnen die Augen übergehn. Aber wir werdens machen. War immer nicht recht beieinander die letzten Wochen. Macht nichts, wir machens.«

Im Juni geriet Dingler in eine neue Krise, als Pringsheim ihm sagte, die

»Sätze [d. h. Theoreme der Habilitationsschrift] seien alle bei Hessenberg.

ich habe ihn nie gesehen, aber der war kein Jude. Sehen Sie, mein bester Schüler (Schwarzschild), der hat Tüchtiges geleistet. Ich bin kein Antisemit. Aber solche Leute waren nie darunter, wie die Christen, der Gauß usw.‹«.

24 »Hund empfing mich mit wütendem Gekläff (und Pringsheim verschwand aus der Diele in sein Arbeitszimmer, als ich in die Diele gelassen wurde) (ich kann mir nicht helfen, aber ich habe den Verdacht, daß er den Hund – hübscher, mittelgroßer Pinscher, mit dem ich das letztemal Freundschaft geschlossen hatte, – gerade noch etwas anstachelte).«

Er nehme keine mala fides an, da ich Hessenberg zitiert habe! Diese Unverschämtheit.[25] Er müsse das ins Gutachten hineinschreiben. [...] Ob ich nichts anderes hätte. Nein, nichts Parates. Er wisse, daß in meinem Buch [Dingler 1911] manches Gute sein *solle*, und daß mich Mach [im Vorwort zur 7. Auflage seiner *Mechanik*] so sehr gelobt habe (es sei manchmal nicht gut, wenn man so gelobt werde). Er wolle Gutachten so gut als möglich machen. [...] Wir würden gerne Ihre *Grundlagen* als Hab[ilitations]-schr[ift] nehmen. Aber sie sind schon gedruckt. Es sei schade, daß an so kleinen Formalitäten etwas hänge (!). Ich war etwas steif, und er wand sich voll Bedauern und Sprüchen. Unsagbar. Aber es ist besser so ihn zu behandeln. Die Sache steht nicht gut.«

Dingler ging an die Korrektur und brachte Pringsheim am Abend des 14. Juni 1912 die korrigierte Fassung der Arbeit. Als der Universitätsdiener Schieneis am 22. Juni noch nicht den Eingang von Arbeit und Gutachten beim Dekan melden konnte, brach es aus Dingler heraus:

»Dieser Mensch [d. h. Pringsheim] handelt aus der reinen Lust, seine Mitmenschen zu quälen. Es ist bereits zweifelhaft, ob es dieses Semester noch geht. Aber mich quält er nicht soviel als er meint. Was ist doch das ein kleines, verächtliches kleines Menschentum. Wie eine hysterische Frau ihre Launen, sinnlos und bestimmt von kleinsten dreckigsten Eitelkeiten, austobend. Der Herr verzeihe ihm, mir kann er nichts anhaben. Ich fühle es härter aus einem anderen Grunde [?], nicht für mich, aber vielleicht wird seine Bosheit auch an dem zuschanden werden.«

Wenige Tage später war das Gutachten dann doch beim Dekan, und Dingler habilitierte sich noch im Sommersemester 1912, obwohl wegen der zuvor erforderlichen Drucklegung der Arbeit und Terminproblemen der Fakultät erhebliche objektive Schwierigkeiten bestanden:

»16. VII. 12. [...] jetzt geht es aufeinmal. Und zwar deshalb, weil ich ›wegen höheren Alters‹ vor Rosenthal, der erst vor ein paar Wochen eingegeben, drankommen soll. So hat man mir schließlich doch geholfen.«

Diese Einsicht reichte freilich nicht über den Satz hinaus, in dem sie geschrieben stand. Denn Dingler fährt fort:

»Dann sofort 5^h mit Arbeit zu Pringsheim. Traf ihn um 6 Uhr. Sagte ihm, er habe mir gesagt, daß er noch einiges auszusetzen habe. Er: ›Na, lassen Sie halt drucken.‹ In allen Abhandlungen seien Fehler, wenn man sie genau liest (auf einmal!). Er machte dann die Comödie, ging in das Nebenzim-

25 Dingler dürfte hier wie auch sonst bei ähnlichen Anlässen der Überzeugung gewesen sein, daß Hessenberg *ihn* plagiiert habe.

mer, raschelt dort 5 Min. mit Blättern, und kam dann heraus, es wäre nichts weiter, als die Sätze Nr. 6 und 7 in ? [?] seien unverständlich (das sagte er völlig aufs Geradewohl). ›Aber lassen Sie's! Werden Sie's denn noch fertig kriegen?‹ (Es war also seine ganze Rederei neulich nichts als Mache, um mich womöglich noch weiter aufhalten zu können). Jetzt, wo es sich um Rosenthal handelt, pressierts. Aber es ist hübsch, wie man ihn dazu zwingt, nun selber zur Beeilung beizutragen. ›Was wollen Sie denn im Colloquium gefragt sein? Es ist doch nur eine Formsache, man wird doch jetzt nicht mehr einen in die Enge treiben oder aufsitzen lassen. Sagen Sie's nur.‹ Ich sagte ihm: ›Irrationalzahlen‹. Er: ›Ja und dann das Eine oder Andere aus der Mengenlehre.‹«

Die eigentliche Habilitation ging dann auch ohne weitere Schwierigkeiten durch die Fakultät. Damit schlug auch gleich die Einschätzung der Juden von Ressentiment in herablassende Schleimerei um: In langen Ausführungen zur ›Judenfrage‹ schreibt Dingler (23. 10. 1912) unter anderem:

»Die Judenfrage [...] Ein paar 1000 Jahre früher hätte man alle totgeschlagen. So kann man heute Rassenfragen nicht mehr lösen. Es muß sich ein anderer modus vivendi herausstellen. Diese Menschen sind der Sauerteig der Welt und bewahren sie vor dem Einschlafen. Wenn man sie nicht hätte, müßte man sie erfinden.[26] Damit ist der allgemeine Antisemitismus ein Unsinn.«

Der unbefangene Leser von Dinglers Tagebüchern sucht bei dem ganzen geschilderten Vorgang der Habilitation – dort wesentlich detaillierter als hier mitgeteilt – vergebens nach objektiven Anzeichen von Behinderung. Dingler interpretierte jedes objektive Problem als Intrige und zeigte auch hier schon jene fatale Neigung, Vorgänge und Äußerungen auf sich zu beziehen, die nichts mit seiner Person zu tun hatten.[27]

In der ersten *Zeit nach der Habilitation* versuchte Dingler ohne nennenswerten Erfolg, in München irgendeine kleine universitäre

26 Eine merkwürdige Parallele zu Hermann Bahrs und Sartres Kennzeichnung des *Anti*semitismus: »Wenn es keine Juden gäbe, müßten Antisemiten sie erfinden, sie wären sonst um den Genuß der kräftigen Erregungen gebracht« (Bahr, zitiert nach Broder 1986, S. 29).

27 Insbesondere deutete er bald immer wieder ganz belanglose Äußerungen und Vorkommnisse als Ankündigung einer Berufung auf eine Professur, was ihn jedesmal in höchste Erregungszustände versetzte, denen dann zwangsläufig tiefe Verbitterung folgte. In einem lichten Augenblick sprach er am 6. 9. 1919 selbst einmal von den »dummen Phantomen«, die ihn hier plagten.

Stellung zu bekommen. Dabei ging es allerdings nicht nur um bloßes akademisches Auskommen. Vielmehr war nach dem damaligen gesellschaftlichen Kodex, oder wenigstens nach demjenigen Dinglers, ein festes Einkommen die Vorbedingung einer Heirat. Mit dem einen scheiterte auch das andere, und der damals 33jährige Dingler schloß sein Tagebuch unter dem 14. März 1914 mit einem Ausbruch voller Bitterkeit:

»Mein Buch [Dingler 1915] ist fertig. Verhandl[ungen] mit Vieweg. Jetzt ist alles fertig. Ich habe jetzt die 4 (oder 14) Jahre mit meinem Gehirn gearbeitet, und was habe ich jetzt davon? Mich eckelt dieses Zeugs. Bin ich dazu da, um mich für die Menschheit in einer blödsinnigen Weise zu opfern? Bin ich eine arme Hypertrophie, eine Gehirnhypertrophie[28], die die andern in Baumwolle einwickeln wie ein Kalb mit zwei Köpfen? Ich werde versuchen ein Mensch zu sein, und diese Pest von Gehirnsekretion aufzustecken. Es ist ein toller Betrug, den man in Deutschland auf die jungen Leute ausübt, indem man ihnen das als das Höchste hinstellt, ähnlich wie die Päbste die Chorknaben haben verschneiden lassen, um gute Sänger zu haben. Es hängt das mit der inneren Unkultur des durchaus unkultivierten und rohen deutschen Volkes zusammen. Ich fühle mich wie von einer schweren Krankheit langsam langsam genesen und habe das lebhafte Bedürfnis, diesen Dreck, mit dem ich mich so völlig beschäftigt habe, einen Tritt vor den Arsch zu versetzen mit aller Kraft. Mit meines Gottes Hilfe werde ich wieder Mensch werden. Das ist das Höchste. In was für einer schrecklichen, furchtbaren Verwirrung habe ich gelebt. Möge sich alles zum Guten wenden. Es war eine schreckliche Zeit, dieses Semester und Gottes Hand lag schwer auf mir, aber es war mir zum Heile, wie ich hoffe und weiß. Er ist gerecht und ist kein Unrecht an ihm. Ich will schweigen und meinen Mund nicht auftun, denn du hasts getan. Nicht wie ich will, sondern wie Du willst. Du starker und gerechter Gott, Du führst mich auf dem rechten Wege und wirst es alles zum Guten machen. Amen. – Damit schließe ich diese etwas kindische und von Eitelkeit angekränkelte Tagebuchschreiberei. Der Herr möge mir meine Sünden vergeben, daß ich meines wahren Wesens nicht erkannt habe und möge mich leiten auf seinem Wege in Ewigkeit. Amen.«

28 Unter einer Art Denkzwang zu stehen ist eine der Konstanten in Dinglers Selbstanalysen. Noch in einem unabgeschlossenen autobiographischen Roman [DA, PAUK], den Dingler 1945 – von schwerer Erkrankung genesend – in Angriff nahm, ist die Hauptperson ein Münchner Philosophieprofessor namens Hans Spiritus: der Mann muß unaufhörlich denken – wie bei seinem Namen ja nicht anders zu erwarten.

Wie schon aus Anmerkung 16 ersichtlich, hat sich Dingler von dieser Krise nach einiger Zeit erholt. Am 18.7.1916 begann er wieder ein Tagebuch, das er dann bis an sein Lebensende führen sollte. Er hatte inzwischen (1915) geheiratet, und zwar Marie Stach von Goltzheim, die in erster Ehe mit Theodor Lessing (1872-1933)[29] verheiratet war. Er war – Hauptmann im Augsburger Etappendienst – so ziemlich wieder der Alte, auch wenn er selbst das Gegenteil meinte:

»1. VII. 16 [...] Ich bin krank. Am Freitag brach es aus. Völlige Beschissenheit des Gesamtzustandes. [...] Ich bin doch stark geliefert und komme mir vor, wie eine Frau, nachdem sie ihre Kinder geboren und halbwegs über die Höhe hat, der sie aber die beste Kraft gekostet hat [recte wohl: haben]. Mit meinem ungebrochenen Wollen rannte ich vor jetzt ca. 3 Jahren an meinen Zusammenbruch an. Ich war zuletzt mit der ganzen Welt in Gegensatz gekommen. Dann hat mich der Herr niedergeworfen, und langsam hat er mich wieder aufgerichtet. Aber mit dem Kraftkern ists vorbei. Dafür bin ich weithin ein anderer geworden. Des Herrn Wille geschehe.«

Und bald ging es wieder gegen den altbösen Feind Pringsheim. Diesmal so:

»3. VIII. 16 [...] Ich bin immer noch krank, und ein wenig müde und voller Bitterkeiten. Haß und Furcht aber erlaube ich mir nicht. Eine unglaublich dumme Besprechung [von Dingler 1915] war in den Jahresber[ichten der deutschen Mathematikervereinigung]. Wie von einem Gymnasiasten. Pringsheim war damals in Jena bei Cantors 70. Geburtstag. Der wird mir das verschafft haben. [...] P. selbst aber hat seine Vorlesungen, die er jetzt veröffentlicht hat, angefangen mit fast wörtlich der gleichen Darlegung über die Zahl, die ich in meiner Schrift habe. Dabei will er schlauerweise Litteraturangaben erst am Schluß bringen, während das Werk in 4 oder 6 selbständigen Lieferungen erscheint. Eine sehr hübsche Methode der wissenschaftlichen Unterschlagung. Er rechnet: Das letzte Buch kauft vielleicht nur mehr der 4. Teil der Käufer, darunter viele, die nicht das 1. haben – vorausgesetzt, daß der letzte Teil überhaupt erscheint, und daß er mich darin nennt. Lustig wäre es, wenn er behaupten würde, er hätte immer seine Vorlesungen so angefangen, und vielleicht gar hätte ichs von ihm! Wissenschaftliche Freibeuterei!«

1917 schließlich wurde Dinglers Tochter Irmgard geboren. Damit

29 Der auch als Schriftsteller und Journalist tätige Lessing lehrte ab 1922 an der TH Hannover. Kurz nach seiner Flucht in die Tschechoslowakei wurde er dort im August 1933 von einem Nazi-Mordkommando umgebracht.

waren familiäre Verpflichtungen begründet, die Dingler zur Sicherung seiner zivilen Zukunft drängten. Anscheinend ziemlich unbegründete Hoffnungen auf eine Göttinger Professur scheiterten ebenso wie ein Ruf an die Technische Hochschule Berlin. Auf letzteren hatte ein – von einem früheren Lebensgefährten seiner Frau vermittelter – Besuch bei dem von Ernst Mach und dem Positivismus beeinflußten, preußischen Kultus-Unterstaatssekretär Arnold Baege berechtigte Aussicht gemacht. Doch Baeges politische Karriere war unmittelbar nach Dinglers Besuch schon zu Ende. Ende März 1919 wurde Dingler vom Militär entlassen. Ohne jede Aussicht auf eine akademische Anstellung und mit größtem Widerwillen entschloß er sich, wie schon einmal im Herbst 1908[30], in den bayerischen Schuldienst einzutreten. Schließlich in Amberg gelandet, mußte Dingler am 11. 7. 1919 notieren:

»Ich habe hier unbeschreiblich viel gelitten die letzten Wochen. So einsam und verlassen habe ich mich noch kaum gefühlt. Nun bin ich fast 40 Jahre u. muß hier den jüngsten Unterrichtskuli markieren. Die Herren des Kollegiums waren reizend zu mir, aber dennoch ists eine dumme Stellung. Dann diese Stadt! Für mich ist sie wie ein Zuchthaus. Nichts Geistiges, nichts. Die Menschen leben wie die Tiere. Die einzigen Sensationen sind Essen, Essen, Essen und außerdem Kino. Etwas anderes gibt es nicht. [...] Seit 14 Tagen fast jeden Abend im Kino – aus Verzweiflung – und Romane gelesen. Gott helfe uns.«

Im Herbst 1919 wurde Dingler auf eine feste Stelle als Lehrer nach Augsburg versetzt und nahm außerdem seine Vorlesungen als Münchener Privatdozent auf. Die anfängliche Euphorie über die gesichterte Schulmeisterexistenz war rasch verflogen. Schon am 15. Dezember 1919 mußte er – nach einem physischen Zusammenbruch – notieren:

»Das Pennal macht mich kaputt, wenn ich das länger mitmache. Dieser ständige Kampf mit den Lausbuben, an die ich lächerlicherweise mein Bestes wegwerfe. [...] Ich kann und will es nicht. Gehe es wie es will. Ich schlage mich durch und meine Frau wird man schon nicht verhungern lassen.«

Zum Jahresanfang 1920 ließ sich Dingler aus dem Schuldienst beurlauben, in der Hoffnung, einen bescheiden honorierten Lehr-

30 Zum 1. November 1908 erhielt er dann allerdings eine Stellung als Korrekturassistent für Darstellende Geometrie an der Technischen Hochschule München.

auftrag an der Münchener Universität zu erhalten. Erneuerte Hoffnungen auf einen Ruf nach Göttingen oder Berlin versetzten ihn in Hochspannung. Doch nichts geschah. Um in München unbesoldeter außerordentlicher Professor werden zu können, mußte er schließlich endgültig und unter Verzicht auf eine Pension aus dem Schuldienst austreten. Zum 11. November 1920 folgte dann die ersehnte, aber nicht mit Einkommen verbundene Ernennung zum Professor.

Es folgte in Dinglers Karriere eine Zeit wirtschaftlicher Not und Bedrängnis. Von Semester zu Semester mußte er vom Gnadenbrot bezahlter Lehraufträge und sonstiger Spenden leben, die ihm die Münchener Universität gewährte. Hoffnungen auf Professuren zerschlugen sich; und immer wieder mußte er, dem nach eigener Einschätzung ›im Prinzipiellen u. Philosophischen‹ (vgl. Anm. 6) niemand das Wasser reichen konnte, andere, in seinen Augen Ungeeignete, an ihm vorbei auf philosophischen Lehrstühlen Platz nehmen sehen.

Ein schweres Hindernis in Dinglers philosophischer Karriere bildete zweifellos auch seine scharfe Gegnerschaft zur Relativitätstheorie. Denn schon in der Weimarer Zeit mußte eine solche Gegnerschaft – der von Dingler vorgebrachten Argumente ungeachtet – in weiten Kreisen als sektiererisch erscheinen. Grund hierfür war nicht nur die Tatsache, daß die weitaus meisten der auf diesem Gebiet arbeitenden Physiker die Relativitätstheorie für richtig hielten. Wichtig war auch, daß diese Theorie, in der Hauptsache bloß ihres Namens wegen, längst die Feuilletons erobert hatte, weil viele dachten, daß ›Relativität‹ nun auch in der Physik die zerfallenden politischen und gesellschaftlichen Ordnungen und die weithin empfundene Orientierungslosigkeit der Zeit sich als ein geradezu metaphysisch universales Phänomen erweise. Und noch etwas war von Bedeutung: Gegnerschaft gegen die Relativitätstheorie mußte spätestens seit dem Sommer 1920[31] mit Antisemitismus assoziiert werden. Der Kampf von an sich guten Physikern wie Gehrcke, Lenard und Stark gegen die Relativitätstheorie war wohl im wesentlichen nicht wissenschaftlich, sondern – unter Bezug auf die jüdische Abstammung Einsteins – antisemitisch motiviert.[32] Dingler hat bei dieser ganzen Kampagne nicht mitge-

31 Vgl. Clark (1978, S. 189 ff.).

32 Inwieweit diese Einschätzung auch auf Gehrcke zutrifft, ist nicht ganz

macht. Philosophisch hatte er für Lenard und Stark sowieso nur Ablehnung, ja Mitleid übrig, da sie – der in Dinglers Augen an sich verdienstvollen Gegnerschaft gegen die Relativitätstheorie ungeachtet – für ihn platte Empiristen waren.[33] Noch 1930 lehnte Dingler die Mitarbeit an dem Sammelband *Hundert Autoren gegen Einstein* (Israel u. a., (Hg.), 1931) ab. Der eine dem Herausgeber mitgeteilte Grund dafür war sein Eindruck, »daß hier durch ein Abstimmungsverfahren nach dem Mehrheitsprinzip etwa entschieden werden soll, was nur auf dem Wege wissenschaftlicher Argumentation entschieden werden kann«. Dadurch würden den Relativisten nur »psychologische Waffen« geliefert, mit denen sie »die unaufhaltsame natürliche Entwicklung [...] im Sinne eines Abbaues der Relativitätstheorie [...] nur aufhalten könnten«.[34] – Gleichwohl hat sich Dingler durch seinen Kampf gegen die Relativitätstheorie zusätzlich zu seinen früheren, eher eingebildeten, nun tatsächliche Gegner geschaffen. Zu diesen gehörte wohl in vorderster Linie der Münchener Physiker Arnold Sommerfeld (1868-1951), der schwerlich einem Avancement Dinglers in München zugestimmt hätte und einflußreich genug war, gegebenenfalls auch anderenorts gegen Dingler zu wirken.

klar. Auf jeden Fall aber mußte Gehrcke wissen, daß er einen antisemitischen Karren mitzog.

33 Über einen Besuch bei Lenard berichtete Dingler unter dem 2. 11. 1933: »[...] Er sagte tatsächlich: wer so denkt wie Einstein und Planck, den müßte man verbrennen. Dabei ist es ein reines [d. h. nicht argumentativ gestütztes, G.W.] Gefühl bei ihm (wenn auch ein richtiges); er ist erk.theoretisch völlig naiv. ›Nur aus der Erfahrung‹, ob widerspricht oder nicht. Ebene aus Abstraktion. Ich widersprach dem alten Mann prinzipiell nicht. Er würde es nicht verstehen, aber er hilft dem Guten.«

34 Brief an R. Weinmann aus dem Jahre 1930. – Freilich wird Dingler wohl auch taktische Gründe gehabt haben, sich nicht in die Anti-Einstein-Front einzureihen. Denn im Zusammenhang mit seiner Berufung nach Darmstadt hat er zwei antirelativistische Schriften zurückgehalten, »damit sie nicht erneut die Berufung stören« (Tagebuch 8. 3. 32). – In Darmstadt wurde ihm bei seinen Verhandlungen vom Prorektor, einem Chemiker, ganz in diesem Sinne gesagt: »›Sie haben ja früher gegen Einstein geschrieben, haben aber dann durch Ihren Artikel zu seinem 50. Geburtstag [Dingler 1929] das wieder gutgemacht‹! sic!!« (Tagebucheintrag 27. 3. 1932).

3. Professur in Darmstadt und Pensionierung

In dieser Situation schien der Berufung des formal gesehen noch immer stellungslosen, knapp 51jährigen Dingler an die Technische Hochschule Darmstadt die Erlösung zu sein. Sie wurde in Darmstadt von dem dort bereits lehrenden Neuscholastiker Matthias Meier betrieben. Meier gelang es durchzusetzen, daß nicht der auf der Berufungsliste *aequo loco* mit Dingler plazierte Bernhard Bavink (1879-1947), sondern eben Dingler den Ruf erhielt.[35] Für die Berufung Dinglers ist ein sehr positives Gutachten des damals in Berlin lehrenden Pädagogen Eduard Spranger (1882-1963) wohl entscheidend in die Waage gefallen.[36]

So beglückend für Dingler der Ruf nach Darmstadt auch war, in ihm war schon der Keim des kommenden Niedergangs enthalten. Denn es handelte sich nur bedingt um einen Ruf an die TH. Die Hauptlast von Dinglers Verpflichtungen (6 von 11 Wochenstunden Lehre und viel konzeptionelle und Verwaltungsarbeit) lag vielmehr im »Pädagogischen Institut Mainz« (PI), einer Lehrerbildungsanstalt, die einige Zeit vorher mit der TH Darmstadt administrativ zusammengelegt worden war und nun zu deren Abteilung für Kultur- und Staatswissenschaften gehörte. – Schon am 25. November 1932 notierte Dingler: »Meier seltsam. Ganz in den Händen seines parterren Assistenten Dr. Heidecker. Etwas komische Schwierigkeiten.« Er wurde aber nicht ausführlicher, sondern wandte sich im Fortgang des Eintrags den *politischen Verhältnissen* zu: »Z.Zt. Suche nach neuer Regierung im Reich. Hitler hat wieder abgelehnt. Jetzt Kaas beauftragt.«

35 Dingler war (Tagebuch 22. 2. 32) im übrigen überzeugt, daß ein »reiner Naturwissenschaftler wie Bavink« nur durch einen »Schachzug der Einsteinerei« auf die Liste kommen konnte, um seine eigene Berufung zu hintertreiben. – An zweiter respektive dritter Stelle der Liste standen Friedrich Seifert (1891-1963) (vgl. Schorcht 1990, S. 226ff.) und Johannes Volkelt.

36 Freilich tauchte im Berufungsverfahren – wir befinden uns immer noch in der Weimarer Republik! – auch schon ein Gutachten von Erich Jaensch auf mit Argumenten, die Dingler unter veränderten politischen Verhältnissen noch schwer schaden sollten. Bei einem Antrittsbesuch bei Meier erfuhr er: »Jaensch schrieb, ich käme nicht in Betracht, weil ich die Juden als die höchsten Menschen erklärt hätte« (Tagebucheintrag 27. 3. 1932).

Das Ereignis des Januar 1933, die sog. Machtergreifung vom 30. Januar, wird im Tagebuch nicht erwähnt. Dingler schien zu sehr mit seiner Arbeit und auch mit Zahnproblemen beschäftigt zu sein. Das ›Dritte Reich‹ taucht erstmals am 28. Februar 1933 in Dinglers Tagebuch auf, und es zeigt sich, daß er sich – wie Millionen seiner Landsleute – vier Wochen nach der ›Machtergreifung‹ schon gut in die neuen Verhältnisse eingestimmt hatte:

»Heute abend Bekanntgabe der Notverordnung zum Schutze v. Volk u. Staat gegen Verrat etc. im Radio. Endlich.«[37]

Über die Reichstagswahl vom 5. März, die den Nazis trotz allen Terrors gegen ihre politischen Gegner nicht die absolute Mehrheit brachte, notierte Dingler am 9. März 1933:

»Abds. am Radio bis $^{1}/_{2}$ 1^{h} die herrlichen Resultate zu hören. Die nächsten Tage wie ein Traum, daß dieses Märchen Wirklichkeit werden konnte und daß man das noch erleben durfte.«

Am 24. März 1933 konkretisierte er diesen Traum:

»Es ist ein Traum, niemals hätte ich gedacht, daß die Deutschen [imstande wären], sich von diesem Fremdvolk [d. h. den Juden], das sie beherrschte wie die Engländer Indien, frei zu machen. Das, was ich seit 27 Jahren ersehnte und eigentlich nicht mehr für möglich hielt, bei der seither gezeigten Schwäche des deutschen Volkscharakters, das ist herrliche Wirklichkeit geworden. Juda erklärt Deutschland den Krieg. Und jeder Volksgenosse beginnt zu wissen, was ich stets gewußt habe. Einstein hetzt von außen zum Kriege gegen Deutschland, dem er alles verdankt. Das also ist der Weg, den die Vorsehung gefunden hatte! Ich konnte mir immer nicht vorstellen, auf welche Weise einmal dieser Mensch zusammenbrechen werde bei der Constellation in Deutschland. Jetzt ist er fort und hat auf die deutsche Staatsangehörigkeit verzichtet.«

37 Was Dingler hier mit Erleichterung begrüßt, nämlich die von Hindenburg gemäß Art. 48 der Weimarer Verfassung auf Vorlage des Kabinetts Hitler in Kraft gesetzte »Verordnung zum Schutz von Volk und Staat«, war nichts Geringeres als die Beseitigung des Rechtsstaats: Grundrechte (›persönliche Freiheit‹, Vereins- und Versammlungsrecht, Recht auf freie Meinungsäußerung etc.) und Verfassungsnormen der formell weiter bestehenden Weimarer Republik waren praktisch pauschal aufgehoben. – Die Nazis hatten zur Durchsetzung dieser Verordnung geschickt den Reichstagsbrand vom 27. Februar zum Anlaß genommen, der allgemeine Empörung ausgelöst hatte und den sie den Kommunisten anlasteten.

Diese Tirade steht in deutlichem Gegensatz zu Dinglers nur vier Jahre zuvor veröffentlichtem Geburtstagsartikel zu Einsteins fünfzigstem Geburtstag.[38] Darüber hinaus wird aus dem obigen Zitat mit seiner Verknüpfung der eigenen Arbeit und der politischen Entwicklung ersichtlich, daß für Dingler die eigene Person oder vielleicht auch nur das Werk der Dreh- und Angelpunkt aller Beurteilung ist (vgl. auch Anm. 16). Opportunismus als eine heuchlerische und abzulehnende Verhaltensweise kann es für ihn eigentlich gar nicht geben. Denn immer dienen opportunistische Mittel einem erhabenen Zweck: nämlich der Menschheitsaufgabe der Förderung der Dinglerschen Philosophie. Dieses Muster gilt auch für Dinglers politische Bewertungen. Nicht politische Kriterien entscheiden über den Wert politischer Vorgänge und Ordnungen, sondern ihr Bezug zu Dingler und seinem Werk. So ist für Dingler der Nationalsozialismus vor allem erst einmal die politische Ordnung, die Einstein vertrieben hat und damit das Werk von Einsteins bedeutendstem Gegner, nämlich Dingler, zu fördern verspricht. In diesem Sinne konnte er dann auch über den Verleger Reinhardt (München) schreiben, der seine *Ethik* (Dingler 1935) zunächst nicht publizieren wollte: »Er ist jüdisch-demokratisch gerichtet im Wesentlichen« (Tagebucheintrag 13.4.1933), ohne auch nur zu erwägen, daß für dessen Entscheidung, das Buch nicht zu publizieren, vielleicht eher schlichte geschäftlich-verlegerische Gründe maßgebend gewesen sein könnten.
Auch Dinglers Parteieintritt – oder sagen wir genauer: der Versuch dazu – war in seinen Augen keineswegs der opportunistische Akt, zu dem sich in den Wochen nach der Reichstagswahl vom März 1933 die deutschen Massen drängten, sondern eine philosophische Tat:

»Heute [13.4.1933, Gründonnerstag] im Gauamt der NSDAP, um mich anzumelden. Meldungen erst nach den Ostertagen wieder. Ich habe es [d.h. den Beitritt zur Partei] ethisch ganz durchdacht. Es ist für die Sache [d.h. die Dinglersche Philosophie] u. für Deutschland. Von den Feinden ist doch kein Einsehen zu erwarten u. hier ist meine Möglichkeit zu wirken. Also muß ich. Ich hatte gezögert, weil ich dachte, daß es auf meine Sache ein Licht werfen könnte, daß sie politisch sei. Aber sie ist ja politisch. Die anderen haben sie dazu gemacht. Der sinnlose Machtrausch der Juden ist so groß, daß sie jede Wahrheit zu vergewaltigen unternehmen.

38 Dort (Dingler 1929) ist von Einstein als einem ›genialen Wissenschaftler‹ und einer ›Zierde gerade der deutschen Wissenschaft‹ die Rede.

Da ist meine Stelle an der Seite meines Volkes, des einzigen, das den wahren Sinn des Lebens jetzt erfaßt hat. Nur von ihm u. durch es kann jede ethische Erneuerung auf der Welt ausgehen. Es ist ein unbeschreibliches Erlebnis, wie die wahre Erkenntnis 1000e u. 1000e erfaßt und sie mit Zungen die tiefsten Wahrheiten reden, die noch vor kurzem mit der Gefahr für die Existenz nur ausgesprochen werden konnten.«

Doch so ganz sicher war Dingler sich seiner Sache nicht. Er mußte sich transzendenten Mut zusprechen:

»So gebe Gott, daß ich den rechten Weg gehe. [...] Auf ausländischen Erfolg muß verzichtet werden. Der kommt nach dem Tode von selbst. Jetzt heißt es: zu Deutschland stehen in seinem großen Kampf, sich von den Parasiten [d. h. den Juden] zu befreien.« Und wenige Wochen später (Eintrag 22. 4. 1933): »Ich fürchte, daß dann meine Resultate, die [auf der Basis strenger wissenschaftlicher Argumentation gewissermaßen zufällig] ganz in die Richtung der NSDAP gehen, als parteipolitisch ausgelegt werden.«

Am 28. 5. 1933, die Ostertage waren vorbei, konnte Dingler erleichtert notieren: »Am Mi[ttwoch] Eintrittsgebühr für Partei bezahlt. Damit drin.« – Er sollte sich geirrt haben.
Denn bald setzten akademische Turbulenzen ein, die den vermeintlich frischgebackenen Nazi Dingler zunächst nicht sehr beunruhigten, wohl weil er sich auf der sicheren Seite wähnte. Ohne Anzeichen von Besorgnis oder Empörung notierte er: »Feldmann [der Direktor des Mainzer P.I.] 1.VI. [1933] von Studenten entfernt.« Er selbst setzte die Entlassung eines angeblich unterbeschäftigten »Frl. Dorer«, einer Privatdozentin, durch. Doch schon bald mußte er das Menetekel an der Wand sehen:

»So. 23. VII. 33. Sa. 15^h: Professorium auf d. Ludwigshöhe. Neuer Assistent bei Meier, Herr Würtz, koramierte[39] mich in unerhörter Form über meine *Kultur der Juden*. Er ist 22 Jahre u. Junglehrer, weiß nichts als den Titel der Schrift.«

Dieser Eintrag, der noch genauer erläutert wird, markiert auf merkwürdige Weise den Beginn von Dinglers Niedergang, ohne freilich seine Ursache zu zeigen. Zunächst einmal ging das Leben weiter seinen scheinbar normalen Gang. Dingler verbrachte seine Sommerferien 1933 in den bayerischen Alpen, wo er seinem anscheinend etwas peinlich berührten Mentor Spranger klarmachte,

39 Von lateinisch ›coram‹, gegenwärtig, in eigener Person bedeutet ›koramisieren‹ soviel wie ›zur Rede stellen‹, ›Händel beginnen‹.

daß er »mit dem neuen Deutschland ginge« (Eintrag 3.9.1933). Auch einen neuen Assistenten hatte sich Dingler zugelegt: Wilhelm Krampf wurde durch den als Lenard-Schüler bezeichneten vermutlichen Nationalsozialisten Max Steck ersetzt (vgl. Eintrag 2.11.1933).[40]

Erst im Oktober 1933 manifestierte sich im Tagebuch eine schon länger virulente, für Dinglers berufliche Existenz vernichtende Entwicklung: das PI Mainz soll geschlossen werden. Nazi-Ministerialrat Ringshausen vom Hessischen Kultusministerium, der den früheren hessischen Zentrumsvorsitzenden Hoffmann abgelöst hatte, machte Dingler klar, daß es nach Schließung des PI für Philosophen an der TH allein keinen Bedarf gebe. Das galt natürlich genausogut für den Kollegen Matthias Meier, und Dingler notierte am 5.10.1933: »Meier hat Angst, daß er abgebaut wird u. will versuchen, mich zu verdrängen.«

Dingler hatte sich auch über weitere Ungerechtigkeiten zu beklagen: man hatte ihm und angeblich ihm allein aus von ihm nicht näher bezeichnetem Grund seine Einkünfte kräftig reduziert (Eintrag 2.11.1933); auch die neue, an militärischen Vorbildern orientierte Universitätsverfassung wollte ihm nicht recht passen (Eintrag 24.10.1933). Unter dem 12. November 1933 mußte Dingler schließlich sogar einen Anruf der Kripo registrieren, die ihn vorlud unter der Beschuldigung, er habe zu Unrecht das Parteiabzeichen getragen. Diesen Vorwurf konnte Dingler, aber nur vorübergehend, mit seiner Quittung über die Eintrittsgebühr entkräften.

Diese Darmstädter Querelen ließen Dingler noch einigermaßen unerschüttert. Denn er war inzwischen guten Mutes, der ganzen Darmstädter Misere (»konzentriertes Banausentum«, Eintrag 21.12.1933) durch einen Ruf an die Universität München zu entkommen, wo nach Heideggers Absage die Nachfolge des von den Nazis entlassenen Richard Hönigswald noch immer offen war.[41] Freilich wurden bestimmte Probleme sichtbar: der Münchener Universitätssyndikus Einhauser bat Dingler, sich zur *Kultur der Juden* (Dingler 1919) zu äußern. Und gleichzeitig erfuhr er, daß er

40 Ohne es zu kommentieren, kolportiert Dingler das Gerücht: »man sage, ich hätte ein neues kathol. Opfer: ich hätte Krampf auf die Straße geworfen, der jetzt in München verhungere.«

41 Über das Verfahren berichtet Schorcht (1990, S. 234).

trotz entrichteter Gebühr und entgegen seiner Erwartung doch nicht Mitglied der NSDAP sei (Eintrag 29.9.1933).

Am 21.2.34 notierte Dingler die ihm privat zugegangene Mitteilung, daß er mit Eugen Herrigel (1884-1955)[42] an erster Stelle auf der Münchener Berufungsliste stehe, er selber aber die größeren Chancen habe. Das traf freilich nicht zu. Aus den Fakultätsakten im Universitätsarchiv München (UAM) ist vielmehr zu ersehen, daß das Ministerium erst in Ergänzung einer ihm nicht genehmen Liste der Fakultät weitere sechs Kandidaten, unter ihnen Dingler, zur Prüfung benannt hatte.[43] Die Fakultät zog zudem Herrigel Dingler vor. Auf Drängen des Althistorikers Walter Otto (1878-1941) spielte die *Kultur der Juden* erneut eine nachteilige Rolle für Dingler. Diesmal aber war es nicht die angebliche Judenfreundlichkeit, sondern der – wohl ganz zu Recht – monierte Umstand, daß dieses Schicksalsbuch nicht den üblichen geisteswissenschaftlichen Standards genüge.[44]

Am 10. März erfuhr Dingler in Mainz, was sich schon länger abgezeichnet hatte: Das ungeliebte »P.I. soll nun doch zum 1.IV. [1934] aufgehoben werden. [...] Was wird mit mir werden?« [...] »Mag werden, was will, ich fühle die Sicherheit, daß es hier nicht mehr lange dauern wird, wie eine Erlösung.«

Am 24.III.1934 war es schließlich soweit:

»Kam 12^{h} ins Büro. Fand Brief der Heidelberger Studentenschaft für Vortrag: Sommer. Dann großes Couvert von Ministerium. Enthält meine Pensionierung zum 1.VII. (wegen § 6 Vereinfachung der Verwaltung) unter Anerkennung meiner dem Staate geleisteten Dienste. Der arme Steck muß zum 1.VI. wohl gehen. Meier wie ich.«[45]

42 Zu Herrigel vgl. Schorcht (1990, S. 90-95, S. 328-333).

43 Besonders scharf sprach sich die Fakultät gegen den Nazibarden Wolfgang Schulz aus, der dann schließlich den Ruf erhielt.

44 »Auf die Frage Ottos, weshalb Dinglers *Kultur des Judentums*, 1919, unerwähnt geblieben, antwortet Fischer, daß diese Schrift an sich belanglos ist und zudem keine besondere Kenntnis des Judentums bekundet. Otto legt dies dahin aus, daß die Schrift ein vollkommenes [dieses Wort später gestrichen] Nicht-Verstehen gewisser kulturphilosophischer Probleme aufzeigt [...]« (Protokoll der Fakultätssitzung vom 16.2.1934, UAM).

45 Die Pensionierungsurkunde (PAUK) trägt das Datum vom 19. März 1934. Rechtsgrundlage ist das berüchtigte »Gesetz zur Wiederherstellung des Berufsbeamtentums« vom 7. April 1933, mit dessen Hilfe die Nazis den Beamtenapparat von Juden (§ 3) und politischen Gegnern

Sofort entwickelte Dingler hektische Aktivitäten, um den Vorgang seiner Pensionierung überall als eben das erscheinen zu lassen, was er auch wirklich war: eine *Einsparungsmaßnahme ohne allgemein-politischen Hintergrund*. In diesem Sinne informierte er über Vertraute die Münchener akademische und administrative Szene. Er selbst begab sich unverzüglich zu Lenard nach Heidelberg und, da ihm aus München von der Anwesenheit Starks berichtet wurde, reiste er gleich nach München weiter und richtete es so ein, Stark ›zufällig‹ in der Hotelhalle zu treffen. Vom Hohenpriester des wissenschaftlichen Antisemitismus erhielt Dingler gnädig Absolution von seinen philosemitischen Sünden.[46]

(§ 4) säuberten. (Interessant ist hier im übrigen die Formulierung des § 4, wonach Beamte, »die nach ihrer bisherigen politischen Betätigung nicht die Gewähr dafür bieten, daß sie jederzeit rückhaltlos für den nationalen Staat eintreten«, zu entlassen sind. Wir finden sie fast wörtlich im berüchtigten sogenannten Radikalenerlaß des Jahres 1970 wieder, der – formal auch für die Rechte geltend – die bis heute bestehende, zweifelhafte Rechtsgrundlage für die Verfolgung im wesentlichen der politischen Linken in der Bundesrepublik bietet. – Dingler wurde weder nach § 3 noch nach § 4 des Gesetzes entlassen. Er wurde eben überhaupt nicht ›entlassen‹, sondern mit einem – wenn auch bescheidenen – Ruhegehalt (70% der letzten Bezüge) pensioniert. Rechtsgrundlage für die Pensionierung war der § 6 des Gesetzes, ein Einsparungsparagraph, wonach »zur Vereinfachung der Verwaltung« auch dienstfähige Beamte in den Ruhestand geschickt werden konnten. Ihre Stellen durften nicht neu besetzt werden und fielen weg (Reichsgesetzblatt, Teil 1, Nr. 34, 7. April 1933).

46 Dinglers Aufzeichnung über das Gespräch verdient es, wiedergegeben zu werden: »Ging D[eutscher] Kaiser, nahm Tageszimmer 1. Stock für 2 M. [...] und legte mich aufs Sofa bis 7^{45}. Dann ganz gewaschen u. zum Portier. Herr Präsident [der Deutschen Forschungsgemeinschaft] sei in der Halle. Dort sah ich ihn und tat so, als ob überrascht. Er setzte sich gleich zu mir u. ich erzählte ihm von Pensionierung. Er frug als Richter, ob polit. etwas gegen mich vorliege, ich müsse ganz offen sein. Ich sprach von Judenbuch, er von Geburtstagsaufsatz für Einstein, den ihm [der Hobby-Antirelativist und Weltkrieg 1-General] v. Gleich besonders empfohlen. Ich sagte, daß der [d. h. der Geburtstagsartikel] Einstein alles nehme und nur Rechenkunststücke übrig lasse, aber raffiniert geschrieben sei. Ich sagte: ›Hr. Präsident, Sie sind nicht bis zum 51. Jahr Privatdozent gewesen u. wissen wohl nicht, wie einem da zumute ist.‹ Er sagte: ›Gut, ich will diese Vorfälle als menschliche Entgleisung ansehen, u. sie als nicht geschehen betrachten.‹ Dann

Warum war es für Dingler so wichtig, die Darmstädter Pensionierung ins richtige Licht zu rücken? Mit dieser Frage sind wir bei einer *Parallelaktion*, die Dinglers Darmstädter Pensionierung begleitete. Die Parallelaktion besteht im Kern darin, daß gegen Dingler der Vorwurf des Philosemitismus erhoben wurde. Aber *diese Parallelaktion steht in keinerlei ursächlichem Verhältnis zur Pensionierung Dinglers*. Eben das wurde Dingler im Frühjahr 1934 nicht müde zu betonen. Und eben das bestritt er, als es nach 1945 opportun wurde, in der einen oder anderen Weise als ›Opfer‹ der Nazis dazustehen.[47] Ich habe keinerlei Hinweis darauf finden können, daß irgendwelche Elemente dieser Parallelaktion bei der Pensionierung Dinglers eine Rolle gespielt haben.
Was war in Darmstadt passiert? Im Münchener Universitätsarchiv ist glücklicherweise Dinglers Personalakt sowie ein kleiner Sonderakt enthalten, in denen Dinglers Verteidigung gegen den Vorwurf des Philosemitismus und andere Vorwürfe umfänglich dokumentiert sind.[48]

sprach er von der Münchener Professur, wegen der ihm Reinicke [?] geschrieben hatte u. sagte, er wolle bei seinem Freunde [Staatsrat im Bayerischen Kultusministerium] Boepple dafür eintreten.« – Der aber war gerade in Urlaub gefahren, sonst hätte Dingler, wie ihm der Münchener Vertraute Reinicke mitteilte, »die Berufung schon in der Tasche gehabt«.

47 In Anmerkung 11 wurden schon Belege für diese Behauptung angeführt. Der skurrilste befindet sich in Form eines nicht abgeschlossenen Entwurfs eines Bewerbungsschreibens wohl aus dem Jahre 1947 an »The Board and Trustees of the Harvard University, Boston Mass.« am Ende von Tagebuch Nr. 14 vom 12. 3. 43-3. 5. 49. Dieses Bewerbungsschreiben des 66jährigen Dingler dürfte auf einen Vorschlag des schon leicht verwirrten, fast 80jährigen Ludwig Mach zurückgehen, über den ich in Wolters (1987, S. 395) berichtet habe. Hier heißt es in etwas holprigem Englisch: »March 1934 I was bereft of my position as an university professor by the authorities of the 3rd Empire as a punishment for political unreliability. My [?] was that I had 1919 written an religious pamphlet with the title »The culture of the jews«, that my wife was formerly married to Theodor Lessing, the famous jewish writer, who was killed by the Gestapo in 1934 [!], that I educated his daughter Judith, paid for her study, paid for her marriage etc., that I wrote a friendly newspaper article for Albert Einstein [...].«

48 Diese Verteidigungsschriften sind aber nicht zur Abwendung der Darmstädter Pensionierung entstanden, sondern danach und zwar zu

4. Die Darmstädter ›Parallelaktion‹ zur Pensionierung

Wenden wir uns nun etwas detaillierter der Parallelaktion zu Dinglers Pensionierung, das heißt den sie begleitenden Darmstädter bzw. Mainzer Ereignissen zu. Die mit einer Reihe von Dokumenten belegten Schriftsätze Dinglers scheinen – allen ausführlichen Schmutzige-Wäsche-Waschens ungeachtet – in ihrem sachlichen Gehalt durchaus glaubwürdig. Danach ist er von zwei miteinander kooperierenden Seiten her in die Zange genommen und von einer dritten nicht verteidigt worden: auf der *einen Seite* waren es gestandene ›Alte Kämpfer‹ – wie der Nazijargon sie nannte – wie der Frankfurter Pädagoge Ernst Krieck[49] und der ihm verbundene Marburger Psychologe Erich Jaensch. Beide bemerkten mit äußerstem Mißfallen, daß Dingler, von dem man vor der ›Machtergreifung‹ nichts Politisches gehört hatte, nun auf einmal den angeblich zutiefst nationalsozialistischen Charakter seiner Philosophie erkannte, sich unverzüglich an die philosophische Spitze der Bewegung stellen und die Rolle des authentischen Parteiphilosophen bzw. -pädagogen usurpieren wollte. Diese Rolle hatten sich die genannten Herren aber – bald in Konkurrenz mit Alfred Baeumler (1887-1968) (vgl. Heiber 1966, S. 587 f.) und vorübergehend auch mit Martin Heidegger – gewiß mit größerer Berechtigung als Dingler selber zugedacht. Auf der *anderen Seite* war es eine Begutachtungseigendynamik in Sachen politischer Zuverlässigkeit, die sich in den ersten Monaten des Naziregimes an der Abteilung für Kultur- und Staatswissenschaften der TH Darmstadt entwickelte, die Dingler schadete. Dieses Begutachtungswesen sollte wohl dazu dienen, im nationalsozialistischen Sinne die Böcke von den Schafen zu scheiden und vor allem auch eben erst bekehrte ›Konjunkturpolitiker‹[50], wie Dingler, soweit als möglich von den Krippen fernzuhalten. Von der *Seite von*

dem Zweck, in der einen oder anderen Form wieder in München akademisch Fuß zu fassen.

49 Schon am 8. 2. 1934 verteidigt sich Dingler in einem langen Brief an Krieck, der Rektor in Frankfurt geworden war, gegen den Verdacht, er wolle sich als der maßgebende Pädagoge des Nationalsozialismus profilieren (AUM).

50 Dinglers Tagebuch (2. 12. 1932) erwähnt den gegen ihn erhobenen Vorwurf des ›Konjunkturpolitikertums‹.

Kollegen schließlich, die dem Nationalsozialismus skeptisch oder ablehnend gegenüberstanden, wozu wenigstens anfänglich sowohl der Darmstädter Rektor wie auch der Dekan der Kultur- und Staatswissenschaftlichen Abteilung gehört zu haben scheinen, konnte Dingler ebenfalls keine Unterstützung erwarten, nachdem er sich derartig offensiv für den Nationalsozialismus ausgesprochen hatte.
Die Hauptfigur im Darmstädter Kesseltreiben gegen Dingler war wohl der damals a.o. Professor für Jurisprudenz und Bibliothekar der TH, Dr. Friedrich List (*1887). List hatte sich schon gleich zu Beginn von Dinglers Tätigkeit in Mainz/Darmstadt über diesen sehr geärgert, da Dingler einen von List empfohlenen Bibliothekar wegen Faulheit und Unfähigkeit entlassen hatte. List wurde nach der ›Machtergreifung‹ NS-Dozentenschaftsführer an der TH und ging unverzüglich daran, Begutachtungen der Darmstädter Professoren zu erstellen. Mit Hilfe des Vorsitzenden der NS-Dozenten in Dinglers Abteilung, Dinglers Assistent Dr. Erich Voigt, aber ohne Wissen Dinglers, wurde auch über Dinglers Philosophie-Kollegen Meier begutachtet: der Mann sei etwas rückständig in seinen Vorlesungen, was angesichts seines Arbeitsgebietes, nämlich der scholastischen Philosophie, nicht weiter verwunderlich sei. Meier nahm an, Dingler stecke hinter der ganzen Angelegenheit und versuche, sich auf diese Weise gegenüber Meier zu profilieren, um seine Stelle an der TH zu erhalten. Auch die sofortige Klarstellung Dinglers konnte Meiers Einschätzung nicht ändern. Dinglers Assistent Voigt wurde bald von List als ›Obmann‹ der Nazis in der Kultur- und Staatswissenschaftlichen Abteilung abgesetzt und durch den neuen (seit 1. 7. 1933) Assistenten Meiers, dem Junglehrer und Altnazi Georg Walter Würtz ersetzt.[51] Würtz erhielt von List sofort Aufträge für Gutachten, unter anderem über Dingler. Bereits auf dem Sommerfest (›Professorium‹) der TH am 15. 7. 1933 auf der Darmstädter Ludwigshöhe stießen die beiden zusammen (siehe oben). Dingler hat darüber vier Tage später einen ausführlichen Bericht für das Hessische

51 Nach Dinglers Mitteilung habe Würtz sich Meier gegenüber in besonderem Maße als verpflichtet bezeichnet, weil sich dieser in der ›Systemzeit‹, das heißt der Weimarer Republik, geweigert habe, Würtz' Examensnoten aus politischen Gründen (das heißt weil Würtz Nazi war) herunterzusetzen.

Kultusministerium verfaßt (AUM). Würtz warf in ziemlich starken Worten – er hatte vielleicht schon einiges über den Durst getrunken – Dingler die *Kultur der Juden* vor, mußte allerdings gestehen, daß er das Buch noch nie gesehen hatte. Außerdem müsse das Gegeneinanderarbeiten der beiden philosophischen Lehrstühle unverzüglich aufhören.

Würtz hat im Januar 1934 auch ein Gutachten über Dingler verfertigt.[52] Es ist ein gutes Beispiel für den mit der ›Machtergreifung‹ in der deutschen akademischen Welt – nicht zuletzt auch bei Dingler selbst – instantan einsetzenden Verfall nicht nur intellektueller Urteilsfähigkeit, sondern bereits normaler Anstandsformen. Zum Gutachten kommen noch vier Seiten Anlagen hinzu, die im wesentlichen mit Zitaten aus Dinglers Schriften seine ›Semitophilie‹ belegen sollen. Das Gutachten beginnt mit der frei erfundenen Behauptung, in München sei (1932) über die Entziehung von Dinglers Venia legendi »verhandelt« worden, was dann durch seine Berufung nach Darmstadt »gegenstandslos« geworden sei. Dinglers Vorlesungen seien schlechter besucht gewesen als diejenigen von Meier, und er habe auch weniger Examenskandidaten gehabt. Wörtlich geht es weiter:

»Das vom Juden Cohen her orientierte Mathematisieren seiner [das heißt Dinglers] Philosophie sagte [in den Vorlesungen] nicht zu. Auf Grund seiner jüdischen Denkrichtung (vergl. Anlage 2 [mit Zitaten aus der Kul-

52 Nur die Kopie einer von List (ohne Datumsangabe) auf Aufforderung (merkwürdigerweise eines Staatsarchivrats) des Reichs- und Preußischen Ministeriums für Wissenschaft, Erziehung und Volksbildung vom 5. September 1935 verfertigten Teilabschrift des Würtzschen Gutachtens befindet sich im Nachlaß Bruno Thüring (PAUK). Welche Teile List weggelassen hat, ist schwer zu sagen. Aber auch so erhält man einen guten Einblick in Nazidenkweisen an der TH Darmstadt, möglicherweise auch anderswo. – Die Tatsache, daß das Gutachten von Berlin aus bei der NS-Dozentenschaft Darmstadt, einer Parteiinstitution, und nicht im Mainzer Ministerium angefordert wurde, kann als ein weiteres Indiz dafür gelten, daß die Darmstädter Parallelaktion nichts mit Dinglers Pensionierung zu tun hatte. – Lists Begleitschreiben von 1935 deutet noch einmal das Interesse des ›Alten Kämpfers‹ an: »[...] daß Prof. Dingler jetzt nach der Wende der deutschen Kultur für sich das Recht in Anspruch nahm, Ausleger nationalsozialistischen Ideengutes zu sein. Der Dozentenschaft ist auch in der letzten Zeit gemeldet worden, daß Prof. Dingler dies heute noch im In- und Ausland tue.«

tur der Juden]) und seinem jetzigen Verhalten, sich als Vorkämpfer des Nationalsozialismus auszugeben, erfolgt[en] in letzter Zeit sehr starke Angriffe gegen Dingler. – In erster Linie wurden diese Angriffe geführt von dem bekannten deutschen Marburger Philosophen Pg. Erich Jaensch. Neben ihm ist Pg. Prof. Krieck, Frankfurt a./M. zu nennen, der die Auffassung Jaenschs voll und ganz teilt.
Vor wenigen Wochen erschien außerdem eine von der Marburger Philosophischen Fakultät genehmigte Schrift (Dissertation) eines Schülers von Jaensch (Fritz Scheele: Hugo Dinglers philosophisches System als Beispiel des Weltaspekts der S_2-Struktur)[53].
Hier wird in sehr objektiver und hochwissenschaftlicher Weise der Nachweis geführt, daß Dinglers System besonders sich auf Philo Judaeus, Spinoza und Cohen stützt (sämtlich Juden).
Dingler ist verheiratet mit Marie Stach v. Goltzheim. Diese seine Frau war ehemals vermählt mit dem berüchtigtsten Juden Deutschlands, Theodor Lessing (Professor an der Technischen Hochschule Hannover), dem sie zwei Kinder, Judith und Miriam schenkte. Lessing ist bekannt durch seine Verleumdung gegen das deutsche Soldatentum und wurde während der nationalsozialistischen Revolution wegen seiner antinationalen, gemeinen jüdisch-marxistischen Propaganda von Studenten ermordet.«

›Anlage 3‹ des Pamphlets setzt sich mit Dinglers Verteidigung gegen die gegen ihn erhobenen Vorwürfe auseinander, soweit sie Würtz bis dahin bekannt geworden waren, und erhebt neue Beschuldigungen.

»1. Dingler behauptet, seine nichtjüdische Haltung gehe aus seinem Kampf gegen Einstein hervor. – Dazu ist zu sagen, daß Dingler als Wissenschaftler und Mathematiker lediglich die Relativitätstheorie Einsteins angegriffen hat, nicht aber Einstein als Juden. Selbst auch seine wissenschaftliche Opposition gegen Einstein darf nicht zu ernst genommen werden, da Dingler im Augenblick des Angriffs der Gegenseite im Feuilleton der Münchener Neuesten Nachrichten einen großen Teil seiner Behauptungen zurücknahm, andere abschwächte.«

Dies ist eine den Dinglerschen Opportunismus recht hellsichtig entlarvende Bemerkung.[54] Auch Dinglers Behauptung, die *Kultur der Juden* sei eine Frucht des »Kriegserlebnisses«, findet zu Recht

53 Diese Arbeit von 47 Seiten wurde noch während der Weimarer Zeit geschrieben. Die mündliche Prüfung fand am 15. Februar 1933 statt. Man kann sie als ein Zeichen dafür werten, daß die geistige Zerrüttung, die bald das deutsche Universitätsleben kennzeichnen sollte, von der Marburger Philosophie teilweise schon vorher Besitz ergriffen hatte.

54 Würtz' Auffassung wird durch Dinglers Tagebuch gestützt: »16. V. 34 [...] Meine ganze Wirksamkeit wäre unmöglich gewesen, wenn ich

keinen Glauben. Würtz beklagt sich ferner – unter Zeugennennung – darüber, daß Dingler gegen ihn intrigiert und ihn (das heißt Würtz) als »von Juden gegen ihn aufgehetzt« bezeichnet habe. Es folgt eine Reihe weiterer Beschuldigungen wie Tragen des Parteiabzeichens, ohne Mitglied zu sein, etc.

Dingler vermutete in einem langen Verteidigungsschreiben an Krieck vom 18.9.1935, daß Würtz bei einem Besuch bei Jaensch, der sich ja bereits in seinem Gutachten anläßlich der Berufung Dinglers ein Jahr vor der ›Machtergreifung‹ über dessen angebliche Semitophilie mokiert hatte, gegen Dingler aufgehetzt wurde.[55] Dies ist angesichts der pathologischen Züge von Jaenschs Denken und seiner ›Dinglerophobie‹ durchaus glaubwürdig.[56] Wichtig für die weitere Entwicklung ist an diesem Vorgang, daß durch den Einbezug von Jaensch die Darmstädter Parallelaktion über die lokalen Darmstädter Verhältnisse hinauswuchs und vor allem Jaenschs Mitstreiter Krieck involvierte. Dies hatte zwar auf Dinglers Pensionierung keinen Einfluß, sollte sich aber auf seine späteren Versuche, noch einmal akademisch Fuß zu fassen, sehr ungünstig auswirken.

5. Zweierlei ›Judenbücher‹

Es war schon mehrfach von Dinglers ambivalenter Einstellung zum Judentum bzw. seinem offenen Antisemitismus die Rede. Dieses Thema soll nun – unter Bezug auf zwei ›Judenbücher‹ (Dinglers Kurzformulierung) – genauer untersucht werden.

Zunächst gehe ich auf sein ›Schicksalsbuch‹, die *Kultur der Juden*,

offen politisch aufgetreten wäre. So muß man auch jetzt die Ohren steif halten. Ich hätte meine Bücher nicht drucken lassen können und jetzt würde sie mir keiner drucken.«

55 »Auch der junge Würtz wurde von Meier-Heidecker [ein weiterer Assistent Meiers, von Dingler gewöhnlich als ›Jesuit‹ bezeichnet], die J[aensch]s Stellung gegen mich kannten, zu J. geschickt und kam erfüllt von seiner Mission, mich nun auch noch im Auftrag eines ›großen‹ Wissenschaftlers zu vernichten, zurück.«

56 Jaensch hat auch über Heidegger gegutachtet. Ott (1988, S. 242) bemerkt: Das Gutachten »ist das Produkt unglaublichen Pamphletierens, nicht zu überbieten die Primitivität des Argumentierens, der Herabwürdigung von Persönlichkeit und Philosophie Heideggers.«

ausführlicher ein. Der volle Titel des Werkchens lautet: *Die Kultur der Juden. Eine Versöhnung zwischen Religion und Wissenschaft* (Dingler 1919). Es umfaßt großzügig gesetzte 144 Seiten und erschien im Oktober 1918 (das Titelblatt trägt die Jahreszahl 1919). Schon der erste Satz des Vorworts enthält eine Unaufrichtigkeit.[57] Man mag dies als ein böses Omen für das Schicksal des Buches betrachten. Dingler schreibt:

»Dies Büchlein ist zwar im Kriege, fern dem gewohnten Arbeitsplatz und abgeschnitten von jeder wissenschaftlichen Literatur entstanden« (Dingler 1919a, S. 7).

Mit diesem Satz soll suggeriert werden, daß dieses Buch gewissermaßen im Schützengraben geschrieben wurde. Das trifft nun aber keinesfalls zu. Wie schon erwähnt, war Dingler nicht einmal eine ganze Woche an der Front und hat dort außer seinem Tagebuch wohl kaum etwas anderes geschrieben. Die übrige Zeit war er keineswegs »abgeschnitten von jeder wissenschaftlichen Literatur«; er wohnte vielmehr mit seiner Familie in Augsburg, hatte seine private Bibliothek zur Hand und war nicht selten in München, um sich in dortigen Bibliotheken zu versorgen. Der Militärdienst in der Etappe zermürbte ihn. Deshalb mag ihm wohl die Zeit und die Kraft gefehlt haben, das kleine, populär geschriebene Werkchen mit gelehrten Anmerkungen zu ›unterkellern‹.

Worum geht es in der *Kultur der Juden*? Ist es so, daß hier tatsächlich die Kultur der Juden das Thema ist? Schon die flüchtigste Lektüre des Buches macht klar, daß der Titel mit seinem Inhalt wenig zu tun hat. Er stammt auch nicht von Dingler, sondern vom Verleger:

»27.7.1917 [...] Kurt Thesing hat einen hübschen Titel für mein Buch gefunden: ›Die Kultur der Juden als Weltethik. Versöhnung von Wissenschaft und Religion‹. Er wünscht, daß ich den zweiten Teil etwas umarbeite.«

Üblicherweise spricht Dingler im Tagebuch von seinem »Religionsbuch«, seiner »Ethik«, »ethischen Werkchen« oder ähnlichem. Das trifft durchaus den Inhalt der Schrift.

Ausgangspunkt der Dinglerschen Überlegungen ist ein Problem, das in ähnlicher Form (morale provisoire) schon Descartes bewegt hatte, nämlich die Erkenntnis, daß sich zwar im theoretischen Bereich sicheres Wissen gewinnen läßt, der Bereich des Handelns

57 Dieser ersten sollten noch weitere folgen.

aber (das »Irrationale«, S. 81) wegen der Komplexität der Verhältnisse nur vorläufige Orientierungen zuläßt. Dingler stellt den gleichen Gedanken in Beziehung zu seiner in ihrer Grundkonzeption ja schon vor dem Weltkrieg umrissenen Wissenschaftsphilosophie. Der Bereich des Wissens umfaßt zwei Teile: (1) den durch die operativen Verfahren der theoretischen Wissenschaft oder, wie Dingler vorzieht zu sagen, des »theoretischen Urbaus« (S. 40) letztbegründeten Bereich und (2) den durch revisionsoffene »Erfahrungsgesetze« (S. 43) charakterisierten Rest. Beide Teile stehen in einem dynamischen Verhältnis zueinander. Nach Dingler haben wir uns – ähnlich wie in Poppers realistischer Approximationstheorie – die »Gesamtheit der Wirklichkeit als die Mutterlauge vor[zu]stellen und die theoretische Wissenschaft als den Kristallkern, der immer mehr und mehr von der Lösung sich anzuschließen und seiner Ordnung einzufügen versucht« (S. 40), ohne hier allerdings »in endlicher Zeit« (S. 41) an ein Ende zu kommen. An diesem nur asymptotisch erreichbaren Ende steht aber nicht, wie bei Popper, – realistisch – die annähernd vollständige Erkenntnis der Wirklichkeit, sondern eine operativ beherrschte und damit in ihren letzten Gründen verstandene Realität. In vorwissenschaftlichen Zeiten hatten religiös bestimmte, soziale Beziehungsgeflechte und Lehren den Menschen »das Schwierigste und Verwickeltste des Lebens, die Art seines Denkens und Handelns gegen seine Mitmenschen und gegen sich selbst anzuraten und darzustellen« (S. 12). Das wissenschaftliche Zeitalter bricht diese religiöse Sicherheit des Handelns, ohne von sich aus bereits ein handlungsleitendes Äquivalent zur Verfügung zu haben. Dingler entwirft nun mit seiner, darwinistische mit sogenannten »lamarckistischen« Ideen verknüpfenden Theorie der »Lebensdränge« (S. 65 ff.) in Grundzügen so etwas wie eine ›evolutionäre Ethik‹. Die ethische Grundfrage ›Wie sollen wir handeln?‹ hat für ihn nur dann einen Sinn, »wenn wir unserem Handeln einen mehr oder weniger einheitlichen Zweck, ein Ziel, zuschreiben dürfen, welches wir uns entweder selbst setzen oder das uns gesetzt wird« (S. 62). Selbst- und Arterhaltung erweisen sich für Dingler als letzte, komplementäre Ziele menschlichen Handelns; Ziele, die nicht vom Menschen selbst gesetzt sind, sondern unbewußt »in ihm« (S. 62)[58] liegen als die Basis aller speziellen Handlungsziele.

58 Die Individuen sind »Resultanten der jahrtausendelangen Entwicke-

Selbst- und Arterhaltung äußern sich als genetisch fundierte, unbewußte »Lebensdränge«, die sowohl aus den inneren Entwicklungstendenzen des Organismus wie auch aus seiner Auseinandersetzung mit der biotischen und abiotischen Umwelt resultieren. Ziel des Handelns ist es, »eine Art von mechanischem Gleichgewichtssystem« (S. 66 f.) auf der Ebene des Individuums, der Völker und der gesamten Menschheit herbeizuführen. Lebensdränge werden sowohl durch angestrengte Introspektion[59] als auch durch phylogenetische Betrachtung einzelner Völker wie auch der gesamten Menschheit weniger erkannt als »erlebt« (S. 69). Dabei wird »als wunderbare Tatsache« (S. 70) eine wesentliche Identität der Lebensdränge auf allen drei Stufen (Individuum, Volk, Menschheit) festgestellt. Vermutungsweise äußert Dingler sogar, »ob nicht auch in Teilen des Universums [...] Entwickelungsdränge und Entwickelungslinien vorhanden sind, welche in ähnlicher Weise wie die Entwickelungslinien auf der Erde die Entwickelungsmöglichkeiten des Universums vorzeichnen« (S. 72). In einer an das scholastische ›quod omnes dicunt Deum‹ erinnernden Volte nennt Dingler die diversen Entwicklungsdränge und -tendenzen schlicht und einfach »Gott« (S. 73). Nun endlich nähern wir uns den Juden:

»Es ist der gleiche ›Gott‹, den unsere [!] Vorväter auf intuitivem Wege in ihren Herzen fanden und dem sie in dem Leben der Natur zu erkennen glaubten, allerdings war es nur ein instinktives, ein rein phänomenologisches Erkennen, ohne jede Möglichkeit einer wissenschaftlichen Fundierung, trotz der vielen Versuche, die in dieser Richtung später gemacht wurden« (S. 73).

lung [...], so daß sie sozusagen nichts sind als die Form gewordenen Erinnerungen jener Äonen von Entwickelungszeiten, die ihre Vorfahren seit den Anfängen des Lebens auf der Erde durchlaufen haben« (S. 69).

59 »Je tiefer sie [das heißt die Individuen] in das eigene Innere hineingreifen, desto näher gelangen sie an die letzten und ausschlaggebenden Marschlinien der Entwickelung, an die tiefsten Geheimnisse des Werdens und Wachsens des Lebens, an die letzten Lebensdränge heran. Je weiter sie in einer ruhigen Stunde das wechselvolle Hin und Her des Alltags und des kleinen Daseins des Individuums hinter sich lassen, desto mehr kommen sie den letzten großen Zielen der Art und des Lebens überhaupt näher« (S. 69).

Dieses instinktive, im Lauf der Generationen sedimentierte Erkennen des moralisch Richtigen äußert sich für Dingler exemplarisch »in der alten ethischen Sprache« (S. 80) der Psalmen[60], aber auch bei den »alten griechischen Weisen«. Diese religiöse Fundierung des Handelns leistet von der Sache her genau das, was Wissenschaft mit der letzten Sicherheit des ›Urbaus‹ (noch) nicht leisten kann. Eben darin liegt die im Untertitel beschworene Versöhnung von Wissenschaft und Religion.[61] Der Rest des Buches befaßt sich – in wenig überzeugender Weise – damit, an einigen wenigen Beispielen, zum Beispiel dem Gesetzesbegriff der Psalmen bzw. dem Begriff des Gerechten, die Hauptthese der wesentlichen Gleichheit von biologistischer und psalmistischer Ethik nachzuweisen. – Das Ganze ist im übrigen eingebettet in ziemlich handgestrickte, allgemeine kulturgeschichtliche Überlegungen, die das schon zitierte, abfällige Urteil Walter Ottos in der Münchener Fakultät (vgl. Anm. 44) berechtigt erscheinen lassen.

Über die ›Kultur der Juden‹, was auch immer dies sein mag, wird in der *Kultur der Juden* eigentlich nicht gesprochen. Nur eine bestimmte Seite der Psalmen wird thematisiert und als kompatibel mit Dinglers biologistischer Ethik dargestellt. Es ist nicht ohne Ironie, daß Dinglers ›reife‹ Darstellung der Ethik (Dingler 1935), die, ohne die *Kultur der Juden* auch nur zu erwähnen, nichts anderes unternimmt, als deren biologistischen Ansatz in ausgearbeiteter Weise zu präsentieren, ebenfalls ein ›irrationales‹ Äquivalent zur ›wissenschaftlichen‹ Ethik zu präsentieren weiß. Es sind nicht mehr der religiöse Glaube der *Kultur der Juden* oder die Psalmen[62], sondern es ist die fraglose Orientierung, welche die

60 Deswegen sind auch die Antisemiten im Unrecht, die uns die »Schriften der alten jüdischen Denker [...] auch noch aus dem anderen Grunde, daß sie artfremd seien, und daher in unsere Schulen nicht paßten, verekeln wollen« (S. 13).

61 Dabei kommt die religiöse Fundierung des Handelns zu gleichen Resultaten wie Dinglers zwar wissenschaftliche, aber ebenfalls noch nicht auf den ›Urbau‹, sondern auf noch unsicheren ›Erfahrungsgesetzen‹ aufbauende evolutionäre Ethik.

62 Die hohe ethische Wertung der Psalmen in der *Kultur der Juden* beruhte (ohne daß das Buch erwähnt würde) – wie wir jetzt (1935) erfahren – auf einem Übersetzungsfehler: »Es gibt Äußerungen des A.T., die in der Lutherschen Übersetzung so klingen, als ob sie auf ein höheres Weltgesetz hindeuten. Jedoch zeigt die genaue Übersetzung,

»ethische Gemeinschaft«, konkretisiert in der »Volksgemeinschaft« (Dingler 1935, S. 150), bietet. Freilich nicht nur irgendeiner Volksgemeinschaft:

»Wenn man im Vorstehenden vielfach und immer wieder Anklänge an Auffassungen gefunden hat, welche das neue Deutschland und Adolf Hitler vertreten, so ist das nicht von ungefähr [!]. Dieser große und schlichte Mann hat [wie 1918/19 die Psalmisten, G.W.] mit absoluter Sicherheit des Empfindens diejenigen Linien gezeichnet, auf denen eine Volksgemeinschaft [recte: ›Gemeinschaft‹?] sich bewegen muß, wenn sie eine ethische, eine Volksgemeinschaft sein will. Hier nun fanden wir, daß wir auf die gleichen großen Linien stoßen, wenn wir mit aller möglichen Strenge methodischen Denkens die absolute Ethik aufbauen« (S. 157).

Der »Führer« hat im Denken Dinglers die Stelle des Psalmisten eingenommen.[63]

Es wurde schon erwähnt, daß Dingler sofort nach dem ersten[64] Auftreten von Verdächtigungen des Philosemitismus auf dem Darmstädter Professoren-Sommerfest vom 15. Juli 1933 ein umfangreiches *Verteidigungsdispositiv* zu errichten begann. Seine erste Reaktion gegenüber dem kleinen Großinquisitor Würtz war dabei die ehrlichste. Freilich war sie zur Verteidigung so wenig geeignet, daß sie schon im Bericht ans Ministerium vom 19. Juli bis zur Unkenntlichkeit verschleiert ist. Dieser Bericht dient ganz offenbar dem Zweck, Würtz als einen unerzogenen (Dingler bot »ihm den Stuhl zu meiner Rechten an, den er annahm«), großsprecherischen und unwissenden Flegel hinzustellen. Er beginnt mit Würtz' Vorwurf wegen der *Kultur der Juden*.

»Ich erwiderte ganz ruhig, daß ich diese Schrift welche den Untertitel ›Eine Versöhnung zwischen Religion und Wissenschaft‹ führt, und welche daher einen rein religiös-theologischen Charakter besitzt, daß ich die Schrift 1915 geschrieben hätte, worauf er [d. h. Würtz] in heftiger und wiederum drohender Weise (mit einer Miene, die den Willen ausdrückte,

daß auch da die Priestergesetze gemeint sind« (Dingler 1935, 109 Anm.).

63 Nach dem Krieg hat übrigens Dingler den Gedanken eines material bestimmten Zieles der Ethik aufgegeben, worüber sich Thüring (1981) ziemlich enttäuscht zeigt.

64 Jaenschs entsprechende Vorwürfe gegen Dingler konnten keine Reaktion veranlassen, weil sie noch in die Weimarer Zeit fielen und zudem in einem Gutachten, von welchem Dingler nur durch eine Indiskretion Meiers Kenntnis hatte, standen.

jede Lüge meinerseits sofort zu unterdrücken) sagte: ›Sie *haben* sie 1915 [recte: 1919] geschrieben‹. Ich erwiderte: ›Lieber junger Mann, ich selbst werde wohl am besten wissen, wann ich meine Bücher geschrieben habe‹. Auf dem Titelblatt steht allerdings als Erscheinungsjahr 1919, gedruckt wurde sie Mitte 1918 und erschien im Herbst 1918.«

Man fragt sich unwillkürlich, welchen Zweck dieses im vorliegenden Kontext scheinbar zwecklose Beharren Dinglers auf dem Jahr 1915 als Abfassungsjahr der *Kultur der Juden* haben soll. Selbst wenn Würtz – was nicht der Fall war – das Buch gelesen hätte, hätte er nicht wissen können, daß Dingler es 1915 geschrieben hatte. Die genaue Abfassungszeit wird dort nämlich gar nicht angegeben. Warum Dingler am Abfassungsjahr 1915 so sehr gelegen war, ergibt sich aus dem schon erwähnten Würtzschen ›Gutachten‹ vom Januar 1934. Dort wird in Anlage 3 Dinglers Versuch, die *Kultur* als »Kriegserlebnis« hinzustellen, zurückgewiesen. In allen vorhandenen Dokumenten hat Dingler *diese* Taktik der Verharmlosung der *Kultur der Juden* aber nicht mehr verwendet. Denn bei genauer Betrachtung würde sie implizieren, daß die *Kultur* eben doch eine philosemitische Schrift ist[65] und daß ihr Philosemitismus durch die emotionalen und sonstigen Erschütterungen des »Kriegserlebnisses« zu entschuldigen sei. Wenn nun Dingler in seinem »Bericht« ohne erkennbaren Grund die Datumsangelegenheit so hochspielt, dann vermutlich deswegen, weil sie tatsächlich in dem Gespräch mit Würtz eine wichtige Rolle spielte und deswegen im »Bericht« darüber nicht fortgelassen werden durfte. Nur der eigentliche Kern des Datumsstreits ist im »Bericht« verwischt worden. Was bleibt, ist der an sich unsinnige Vorwurf gegen Würtz, daß er etwas (nämlich die Abfassungszeit der *Kultur)* nicht wußte, was er nach Lage der Dinge auch gar nicht wissen konnte. Im übrigen ist Dinglers Angabe darüber, wann er die *Kultur der Juden* geschrieben hat, unwahr. Zwar läßt sich nicht mehr feststellen, wann Dingler die Abfassung der Schrift begonnen hat, da er zwischen März 1914 und Juli 1916 (von seinem Feldtagebuch im September 1914 abgesehen) offenbar kein Tagebuch geführt hat. Im Herbst 1916, wo erstmals von der *Kultur* die Rede ist, hat er es allerdings noch nicht sehr weit gebracht:

65 Daß sich in der *Kultur* tatsächlich ein philosemitischer Impuls Dinglers äußert, soll im übernächsten Abschnitt erörtert werden.

»27. IX. 16. In meinem neuen Buch über die Grundlagen der Religion schreibe ich gerade über Gott. Und mich erfüllt oft eine ganz unsagbare Dankbarkeit gegen ihn, wie er mich bisher geführt hat.«

Wenn die Disposition des Buches zu jener Zeit mit der Schlußdisposition in etwa übereinstimmt, dann war Dingler im Herbst 1916 noch am Ende des ersten Drittels des Buches. Ende 1916 hat er das Manuskript erstmals an einen Verleger geschickt. Er hätte damit das Buch nicht 1915, sondern im wesentlichen in den letzten drei Monaten des Jahres 1916 geschrieben. Im August 1917 sieht man Dingler übrigens noch beim ›Umarbeiten‹.

Zurück zu Dinglers weiteren Verteidigungsmaßnahmen gegen den ihm 1934 gewiß zu Unrecht unterstellten Philosemitismus.

Ein Besuch in München in den ersten Julitagen 1934 zeigte, daß das Würtz-Gutachten bereits seinen Weg in das Dekanat der Münchener Philosophischen Fakultät gefunden hatte.[66] Gespräche auf dem Kultusministerium (Staatsrat Boepple)[67], der Universität (Syndikus Einhauser) und mit dem frischgebackenen Hönigswald-Nachfolger Schultz brachten stets das ›Judenbuch‹ aufs Tapet.[68] Dingler mußte klar werden, daß er es auf die Dauer nicht bei der gegenüber Einhauser geäußerten Bemerkung, das Buch »sei z.T. bewußte Tarnung gewesen«, belassen konnte.[69]

Noch im Juli 1934 verfaßte Dingler eine größere Verteidigungsschrift, in der die auch später nicht mehr verlassene Verteidigungslinie vorgestellt wird, die er ähnlich schon in seinem »Bericht« an das Hessische Kultusministerium vom 19. Juli 1934 eingeschlagen hatte.[70] Diese besteht aus folgenden Punkten: (1) Allem äußeren Anschein zuwider dient schon die *Kultur der Juden* dem Kampf gegen die Juden. Denn die »wirkliche Bekämpfung des verderblichen jüdischen Einflusses im geistigen Bereich (kann) nur auf-

66 Dingler erfuhr (Eintrag 22.7.1934): »Ich sei ein schlechter Lehrer, die Studenten lehnten mich ab. Auch hätte ich eine merkwürdige Art des Prüfens. Ich versuchte, mich überall als Nat.Soz. anzumachen u. hätte Kants Ethik verdreht.«

67 Dieser bemerkte gnädig, daß er trotz ›Judenbuchs‹ Dinglers »Sache [das heißt einer Beschäftigung an der Münchener Universität] nicht entgegen sein« werde. »Machen Sie eine Eingabe an die Fakultät.«

68 Zu Wolfgang Schultz vgl. Schorcht (1990, S. 196 ff.).

69 »[Einhauser] merkte sehr auf: das haben Sie bisher noch nie gesagt.«

70 Es ist nicht vollständig zu rekonstruieren, an wen Dingler diese Schrift geschickt hat. Ein Exemplar davon befindet sich jedenfalls in AUM.

grund eines ernsten, objektiven und tiefen Studiums des jüdischen Geistes einen bleibenden Erfolg haben«; nur deshalb habe sich Dingler mit ihm auseinandergesetzt. (2) Die in der *Kultur* nachweisbaren, positiven Zuschreibungen zum Judentum beruhen auf Irrtümern der von Dingler benutzten Luther-Übersetzung des Alten Testaments. (3) Schon Dinglers Arbeiten gegen die »jüdischen Resultate« in der Mengenlehre (ab 1911) und in der Relativitätstheorie (ab 1919) richteten sich gegen »die damalige volle jüdische Herrschaft in den exakten Wissenschaften«. (4) Auch andere, zweifelsfrei hervorragende Nationalsozialisten wie Th. Fritsch in seinem klassischen *Handbuch der Judenfrage*, »Ernst Krieck, der führende Pädagoge des Dritten Reiches und einer der führenden Geister des Nationalsozialismus überhaupt« und auch Erich Jaensch haben sich in positiver Weise über das alte Judentum geäußert.

Punkt 2 dieser Verteidigungslinie bildet dann auch den Kern eines Flugblattes, das Dingler noch 1937 drucken ließ und mit einem Begleitbrief an die Bayerische Staatsbibliothek schickte mit der Bitte, es in der *Kultur* »*vorne aufkleben lassen* [Hervorhebung Dinglers] zu wollen«.[71]

Freilich hat Dingler es nicht bei einer zeitgemäßen Interpretation der *Kultur der Juden* bewenden lassen. Er hielt es vielmehr (spätestens Mai 1934) für notwendig, ein *zweites ›Judenbuch‹* zu schreiben. Mit diesem sollte der ungünstige Eindruck, den das erste bei den Nationalsozialisten erweckt hatte, nachhaltig korrigiert werden. Am 2. Februar 1936 ging das Manuskript mit dem Titel: *Die seelische Eigenart der jüdischen Rasse. Eine biologisch-psychologische Untersuchung* zum Abschreiben. Ein für Dingler gütiges Geschick bzw. der für ihn glückliche Umstand, daß mehrere Verleger selbst unter den beträchtlich reduzierten Qualitätsmaßstäben des ›Dritten Reichs‹ dieses Manuskript an Dingler zurückschickten, hat Dingler davor bewahrt, unter veränderten politischen Verhältnissen noch einmal ein ›Judenbuch‹ erläutern zu müssen. Die Schrift hat teilweise *Stürmer*-Niveau. Sie behandelt beispielsweise das Verhältnis der Juden zu den Völkern, unter denen sie leben, durchgängig in Parasitenmetaphern. Die Kernthese ist, daß Juden, allem äußeren Anschein zuwider, gänzlich

71 Den Hinweis darauf sowie die Kopien von Brief und Flugblatt verdanke ich einer freundlichen Mitteilung von Jörg Willer.

andere Verhaltensweisen als vor allem die Arier zeigen. Wenn sie dies äußerlich nicht zu tun scheinen, handelt es sich um Tarnung. Dieses völlig andere Verhalten ist nun nicht eigentlich Bosheit, sondern hat eine hirnorganische Ursache. Diese wiederum ist auf eine Großmutation bei Stammvater Abraham zurückzuführen, die wegen des Verbots der Exogamie im jüdischen Gesetz und wegen der Vielweiberei die Ausbildung einer Rasse ermöglichte.
Obwohl Dingler ein *neurobiologisches* Forschungsprogramm zur Bestimmung der hirnorganischen Unterschiedenheit der angeblichen jüdischen Rasse empfiehlt, verfolgt er selbst eine *psychologische* Forschungslinie. Den Juden[72] fehlt aufgrund der Abraham-Mutation das, was Dingler die seelische ›Zwischenschicht‹ nennt. Sie beruht auf neuronalen Verschaltungen, die beim Arier zwischen Reiz und Reaktion liegen und die Wurzel alles echt arischen Empfindens von Werthaftigkeit, Sinnhaftigkeit, Tiefe, von Phantasie, Träumen und Kreativität bilden. Das alles fehlt den Juden, weil sie eben die ›Zwischenschicht‹ nicht besitzen. Und deshalb geht es bei ihnen ohne alle werthaft inhibierende Umwege der ›Zwischenschicht‹ unverzüglich zum Einen – und das ist das Geld etc. etc.
Ich kann hier ohne Bedenken den Bericht über das zweite ›Judenbuch‹ abbrechen. Es soll allerdings bemerkt werden, daß Dingler nicht müde wird, den streng wissenschaftlichen, wenn auch noch in manchem hypothetischen Charakter des Elaborats zu betonen.
Dinglers Antisemitismus hat, wie zu erwarten, in einer milden Form das ›Dritte Reich‹ überdauert. Nach einer Griechenlandreise im April 1953 zieht er im Tagebuch unter dem 3.5.1953 Resümee:

»Mein Hauptanliegen [auf dieser Reise] waren die Menschen. Sind es noch die alten? Kann man sich denken, daß dieses Volk einst die Grundlagen von Wissenschaft, Kunst, Philosophie etc. gelegt hat. Ich sage aus vollem Herzen »Ja!«. Da ist noch jene Offenheit der Seele, jener völlige Mangel an Pose, welche die Vorbedingungen sind für alles Echte. Die Frauen meist klein, aber wundervoll gewachsen, gertenschlank mit den großen Augen, die auch die antiken Statuen zeigen. Die Kinder entzückend, schöne Knaben u. Jünglinge. Alles fix, gesund und wach. Juden können sich dort nicht halten. Ich habe keinen einzigen gesehen. (Es gibt [in Athen] eine kleine Synagoge, war aber leider nicht dort).«

72 Ich folge hier der Dinglerschen sprachlichen Typisierung.

Daß das Fehlen von Juden in Griechenland mit ihrer Ermordung durch die Deutschen zu tun haben könnte, kommt dem Hellas-Pilger nicht in den Sinn.

6. Kampf um Rehabilitation

Wenden wir uns nun wieder Dinglers Karriere im Dritten Reich zu. Sie war nicht nur durch die *Kultur der Juden* gefährdet. Kleinere Philosemitica in diesem nicht sehr verbreiteten und bekannten Buch konnte Dingler noch ziemlich leicht als auf irrtümlichen Annahmen und fast zwei Jahrzehnte zurückliegende Fehleinschätzungen beruhend abtun; Irrtümer zudem, die nicht sein eigentliches Arbeitsgebiet, die Wissenschaftsphilosophie, betrafen. Mehr Sorge hinsichtlich antisemitischer Glaubwürdigkeit mußte ihm der 1933 erst wenige Jahre zuvor erschienene Artikel zum 50. Geburtstag von Albert Einstein in den vielgelesenen und -beachteten *Münchener Neuesten Nachrichten* (Dingler 1929) bereiten. Aus heutiger Sicht stellt der Artikel eine faire Würdigung der Leistungen und der Bedeutung Einsteins dar, wobei Dingler am Ende durchaus auf in seinen Augen bestehende philosophische Schwächen der Einsteinschen Konzeption hinweist. Zieht man nur die Dinglersche Wissenschaftsphilosophie in Betracht, dann ist dieser Artikel durchaus mit Dinglers Ansichten kompatibel und scheint Ausdruck einer gewissen Noblesse ihres Verfassers zu sein, die auch Vertreter gegenstehender Meinungen in ihrer Bedeutung, ja Größe zu würdigen weiß. Dies scheint er jedenfalls heute eher zu sein als das, was er damals vielleicht hauptsächlich war: ein opportunistischer Versuch, einige Pluspunkte für die eigene Karriere zu sammeln, und zwar bei der Mehrheit führender Physiker und Philosophen, die nichts gegen die Relativitätstheorie einzuwenden hatten und durch die antisemitischen Kampagnen der Lenard, Stark & Co. abgestoßen wurden.
Wie sein Tagebuch zeigt, wurden Dinglers Nerven in den ersten Wochen des Jahres 1929 durch die tatsächliche oder vermeintliche Aussicht auf Rufe nach Erlangen, Dresden, München und Santiago de Chile aufs äußerste strapaziert. Gleichzeitig war seine finanzielle Lage so schlecht, daß er – im übrigen erfolglos – aus einem Fonds der Universität 500 Mark zu erbetteln versuchte. Allein schon das Honorar für den Einstein-Artikel stellte in dieser

Situation eine gewisse Attraktion dar. Und doch hat Dingler gezögert, das Angebot der Zeitung anzunehmen:

»Do. 14.11.28 [recte: 1929]. Heute bei Al. Fischer,[73] frug, ob ich den Einstein-Aufsatz schreiben solle. Er meinte, ja.«

Dinglers Artikel mußte bei der »Anti-Einstein-GmbH« (Einstein) auf Ablehnung stoßen. Rabiate Antisemiten wie Stark und Lenard konnten gewiß kein Verständnis für die noble Form dieses Artikels aufbringen, da sie den Juden Einstein wohl noch schärfer bekämpften als seine Relativitätstheorie. Dingler mußte in ihren Augen als ein Renegat und Opportunist erscheinen, zumal sie als Vulgärempiristen seine philosophischen Argumente gegen die Relativitätstheorie nicht teilten, sie vielleicht nicht einmal kannten oder verstanden.

Wenn Dingler sich nun später im ›Dritten Reich‹ plötzlich als Nationalsozialist, Antisemit und Einsteinhasser präsentierte, so konnte für viele der Widerspruch zum vier Jahre zurückliegenden ›Einstein-Artikel‹ nicht verborgen bleiben. Es war dringend Klärung geboten, insbesondere mit Blick auf Stark, der bald nach der ›Machtergreifung‹ Präsident der »Deutschen Forschungsgemeinschaft« geworden war und Dingler – wie oben erwähnt – bei dem von letzterem arrangierten ›zufälligen‹ Zusammentreffen in der Eingangshalle eines Münchener Hotels im April 1934 unverzüglich auf diesen Artikel ansprach. Dingler war vollends alarmiert, als er am 13. Mai 1934 von einem Münchener Vertrauten informiert wurde, daß »man« den Einstein-Artikel »an alle hohen Stellen geschickt« habe. Schon am nächsten Tag hatte er eine gut dreiseitige Verteidigungsschrift fertig, die auf jeden Fall ihren Weg ins Bayerische Kultusministerium gefunden hat.[74] Deren Tenor ist, daß der Einstein-Artikel eine »Kriegslist« in Dinglers jahrzehntelangem Kampf gegen die angebliche und nach wie vor bestehende jüdische »Verballhornung« von Mathematik und Physik darstelle. Dinglers Philosophie biete im Unterschied zur bloßen

73 Zum Münchener Pädagogikprofessor Aloys Fischer (1880-1937) vgl. Schorcht (1990, S. 131 ff.).

74 Sie wurde der Personalakte Dinglers beigefügt. Mir liegt die Kopie aus dem Bayerischen Hauptstaatsarchiv München (Signatur: MK 43514) vor.

Anti-Einstein-Propaganda von Lenard und Stark die einzige Möglichkeit, der jüdischen Herrschaft in Mathematik und Physik mit absolut sicheren Argumenten und damit ein für allemal beizukommen. Das Deutsche Volk würde sich selbst aufs schwerste schaden, wenn es Dinglers Kampf behindere, der im übrigen auch die »bolschewistische Philosophie des sog. Wiener Kreises« gleich mit aus den Angeln hebe.[75]

75 »Der Aufsatz vom 14. 11. 29 [...] kann nur beurteilt werden auf Grund meines gesamten wissenschaftlichen Lebens. Wer [...] einmal einen Blick getan hat in die *absolute* Herrschaft der Juden in den wissenschaftlichen Gebieten der Mathematik und Physik (die heute noch fast unberührt besteht!) [...], der muß verstehen, daß es leichter ist, hinterher über einzelne taktische Maßnahmen zu Gericht zu sitzen, als eine gänzlich neue, allem jüdischen Wissenschaftsschwindel schwer ins Gesicht schlagende Errungenschaft bis zu der Anerkennung durchzukämpfen (ohne jeden pekuniären Rückhalt, mit Verfolgung und Hunger bis zum 51. Jahr und fast stets im Stiche gelassen von den Forschern eigenen Blutes), die sie [d. h. Dinglers Lebensarbeit] heute schon erlangt hat (s.u.a. meine Anerkennung in Schweden, die sich *ausdrücklich* gegen Einstein und den bolschewistischen Wiener Kreis richtete).
Um mich zu verstehen, muß man wissen, daß ich den Schlüssel der ganzen geistigen Situation in diesen Gebieten in der Hand halte. [...] Wenn von anderer Seite gegen Einstein und die jüdische Entwicklung in der Mathematik und Physik Front gemacht wird, so ist das fast allein von propagandistischer Bedeutung, die nicht lange vorhält gegen geeignet vorgebrachte Scheingründe. Ich aber besitze seit fast 25 Jahren den inzwischen zu voller Gültigkeit ausgearbeiteten absoluten Beweis, daß die ganze Basis dieser Entwicklung [...] überhaupt falsch ist und für die Anerkennung und das Verständnis dieser Resultate geht seit dieser Zeit mein Kampf. [...] Hier geht es nicht um Geld und Stellung, sondern um die Rettung der Wissenschaft vor semitischer Verballhornung. In einem solchen Kampf *sind auch Kriegslisten erlaubt* [offenbar im Ministerium unterstrichen]. Ich konnte nicht meine ersten 50 Jahre verstreichen lassen, im stillen Winkel, von den Juden und damit so gut wie allen arischen Fachgenossen völlig boykottiert. [...] Nur dadurch, daß ich die *Gefährlichkeit meiner Absichten* [offenbar Unterstreichung des Ministeriums] für diese ganze geschlossene internationale Schicht von Wissenschaftlern (die heute noch so gut wie ungebrochen regiert [...]) *gelegentlich tarnte*, konnte ich überhaupt die Möglichkeit gewinnen, zu Worte zu kommen [...]. Auch unsere beiden großen antieinsteinischen Physiker (P. Lenard, J. Stark) hatten

Dieses Memorandum vom Mai 1934 steht nicht isoliert da. Es ist auch wohl mehr als ein Versuch, die berufliche Existenz zu sichern. In ihm äußert sich vielmehr Dinglers unmittelbar nach der ›Machtergreifung‹ erwachte nationalsozialistische Überzeugung, wie sie uns auch schon in seinen Tagebuchaufzeichnungen von 1933 und 1934 entgegengetreten ist.
Dingler hat seine Ansichten nicht nur in der mehr oder weniger großen Privatheit des Tagebuchs geäußert oder in Memoranden zur Sicherung seiner beruflichen Existenz zur Sprache gebracht. Wie aus einigen Zitaten aus der im April 1933 im wesentlichen abgeschlossenen *Ethik* (Dingler 1935) bereits ersichtlich wurde, hat er auch seine wissenschaftliche Produktion teilweise den neuen Bedingungen angepaßt. Die schlimmsten Beispiele für Dinglers raschen Wandel zum Nationalsozialisten sind »Zur Philosophie des Dritten Reiches« (Dingler 1934) und sein Vorwort zu den *Grundlagen der Geometrie* (Dingler 1933). Nach 1936 findet man – soweit ich sehe außer in der *Tierseele* (Dingler 1941) – keine

> für die völlige Neuorientierung der Grundlagen [...] keine Zeit zur Kenntnisnahme [...]. In solcher Situation muß hin und wieder *eine Kriegslist* angewandt werden und *hieher gehört auch der Einstein-Aufsatz, der natürlich eine einzige Ironie darstellt* [offenbar Unterstreichungen des Ministeriums], wie jeder der meine wissenschaftlichen Resultate kennt, genau erkennen kann. [...] Ich habe wie ein Soldat seit 30 [!] Jahren auf meinem Posten gestanden, umbrandet vom Haß der Juden-Cliquen [...] und vertrete heute jeden Schritt (auch die Kriegslisten). [...] Wenn ausgerechnet das Dritte Reich dazu gelangt, mich auf Grund einiger äußerer Anscheine (hinter deren Aufbauschung [...] *letzten Endes stets nur* [...] direkte oder indirekte verkappte Einstein-Interessen stehen) zu verurteilen, so muß ich diese wahrhaft tragische Situation hinnehmen als ein Schicksal [...], aber ich vertraue, daß [...] diese Zeit erkennen wird, wo ich hingehöre und was mein Werk für die Volksgemeinschaft bedeuten kann und bedeutet. Es wäre vor der Geschichte eine völkische Kulturschande, einen Mann wie mich in dieser Zeit auszuschalten und in seiner wissenschaftlichen Wirksamkeit zu vernichten, dessen Verfolgungen stets Ausläufer getarnter Juden-Interessen sind. Es wäre zugleich eine wenig förderliche Bloßstellung vor dem wohlwollenden Auslande, das vielfach in mir den einzigen Forscher kennt, der das volle Rüstzeug besitzt, die ganze Einsteinische Richtung und die immer weiter um sich fressende bolschewistische Philosophie des sog. Wiener Kreises aus den Angeln zu heben.«

Nazipropaganda mehr in Dinglers Schriften. Vom Vorwort der *Grundlagen der Geometrie* abgesehen, bleiben Dinglers methodologische Schriften im übrigen sämtlich von seiner Option für den Nationalsozialismus unberührt.
Dinglers »Zur Philosophie des Dritten Reiches« geht auf einen Vortrag zurück, den er im April 1933 in Vertretung seines Dekans in Hannover auf einer evangelischen Akademikertagung (!) gehalten hat. Ich will es mir und den Lesern ersparen, die gefühlsduselige Deutschtümelei, die antisemitischen Widerwärtigkeiten und die Lobhudelei auf den großen Führer Adolf Hitler hier im Detail vorzustellen. Der erbärmliche Zweck des Artikels ist unmittelbar ersichtlich: der Nationalsozialismus ist philosophisch (und ökonomietheoretisch!) das, was Dingler in seiner Philosophie angeblich immer schon gefordert hatte.
Dem gleichen erbärmlichen Zweck der Anbiederung an den Nationalsozialismus dient – übrigens unter Vorspiegelung falscher Daten – das Vorwort zu den *Grundlagen.* Dessen letzter Satz lautet: »Das Manuskript wurde Weihnachten 1932 beendet« (Dingler 1933, S. VI). Damit soll suggeriert werden, daß auch das *Vorwort* schon vor der ›Machtergreifung‹ geschrieben wurde.[76] Dingler hält im Vorwort die *Grundlagen* für »die vollständige und unangreifbare Widerlegung derjenigen Grundanschauungen, welche in der heutigen theoretischen Physik so viel Unheil angerichtet haben«. Sodann wendet er sich in antisemitischer Anspielung gegen das »im leeren Raum rein rechnerischer Formalistik schwebende Denken (wie es besonders Einstein und seine Gruppe propagierte)« (S. IV), betont die Wichtigkeit der auf ›die Griechen‹ zurückgehenden Konzeption der »Realisierung reiner Ideen durch manuelles Machen« (ebd.) und holt dann zu einem ziemlich umfassenden Schlag aus:

»Das rein formalistische-rechnerische Denken, welches den Kalkül nicht als vielfach nützliches Hilfsinstrument, sondern als die Sache selbst, als das Absolutum betrachtet (Einstein, der sog. Wiener Kreis, Gesellschaft für wissenschaftliche Philosophie in Berlin, Kreis der Zeitschrift ›Erkenntnis‹

76 Der Ludwigsburger General v. Gleich, selbst ein Amateur-Anti-Einsteinianer und überzeugt von Dinglers Opportunismus, notierte in sein Exemplar der *Grundlagen* (Württembergische Landesbibliothek Stuttgart) ganz zu Recht: »aber das Vorwort anscheinend erst nach dem 30. Jan. 1933«.

bei Felix Meiner[77], im Bereiche des Naturphilosophischen besonders auch die Zeitschrift ›Die Naturwissenschaften‹ von Arnold Berliner), und das so eine starke Analogie zur sinnlosen Verabsolutierung von Organisationsformen im politischen Bolschewismus (auch in soziologischer und personeller Richtung)[78] zeigt, wird hier in seiner vollen Unfruchtbarkeit und Hohlheit nachgewiesen und im Gegensatze dazu dem wirklich schaffenden Tun und schöpferischen Denken des Menschen in der Idee wieder sein volles Recht gegeben.«[79]

Den Schluß bildet ein dessen Auffassungen entstellender Angriff auf Reichenbach, der als »Einsteins nomminierter [!] Leibphilosoph« apostrophiert wird. Dieser Text ist meines Erachtens das gefährlichste und widerwärtigste von Dinglers publizierten Nazi-Elaboraten, weil er als einziger unter Namensnennung mit denunziatorischen Angriffen gegen Dritte verbunden ist. Wenn man in Rechnung stellt, wie wichtig Dingler seine Schriften nahm, mußte er davon ausgehen, daß er die genannten Personen und Gruppen gefährdete.

Auf diese Weise für das ›Dritte Reich‹, wenn auch mit kleiner Verspätung, publizistisch gut gerüstet und nach vermeintlicher Widerlegung aller Verdächtigungen glaubte Dingler der Zeit nach seiner Darmstädter Pensionierung gelassen entgegensehen zu können: eine Neuberufung würde gewiß nicht lange auf sich warten lassen.

In der Zwischenzeit wollte er als Honorarprofessor in München unterrichten, eine Absicht, die beim Dekan A. v. Müller auf »reizende Aufnahme« stieß (Eintrag 22. 7. 1934). »Meine Dozentur sei sogar erwünscht, als Ergänzung zu Schultz[80] und als Gegenge-

77 Meiner hatte sich nach anfänglicher Zusage geweigert, die *Grundlagen* zu verlegen.

78 Dies ist eine Anspielung auf den Wiener Kreis-Philosophen Otto Neurath (1882-1945), der in der bayerischen Räteregierung als Kommissar für die Sozialisierung gewirkt hatte.

79 Wenig später stellte übrigens auch Heidegger im Manuskript der Vorlesung *Einleitung in die Metaphysik* (1935) einen Zusammenhang zwischen Carnaps Philosophie, dem Kommunismus und dem noch verderblicheren ›Amerikanismus‹ her, angeblich aber ohne diesen dann in der Vorlesung auch vorzutragen. Dieser Exkurs fehlt denn auch in der 1953 publizierten Version der Vorlesung (vgl. Pöggeler 1983, S. 340 f.).

80 Schultz hatte sich in einigen Schriften mit den Germanen befaßt, hatte aber vor seiner Berufung nach München nie eine Universitätsstelle

wicht gegen [den Neuscholastiker] Geyser. Sie lasse sich dann vielleicht ausbauen.« – Doch Dingler hatte sich getäuscht. Denn jetzt und, wie es scheint, erstmals in Dinglers Karriere begann ein gegen ihn inszeniertes Intrigenspiel: inszeniert von Altnazis gegen den »Konjunkturpolitiker« Dingler. Hinzu kam allerdings auch fehlende Unterstützung Dinglers innerhalb der Münchener Fakultät. Es waren jedoch die Naziintrigen, die letztlich dafür verantwortlich waren, daß Dingler nicht noch einmal eine von ihm beinahe für sicher gehaltene Professur erhielt.[81]
Vorerst lag in München Dinglers Antrag vom 14. Juli 1934 auf Lehrerlaubnis ab dem Wintersemester 1934/35 auf dem Tisch (UAM). *Für* diesen Antrag hatte sich – wie die Fakultätsakten der Universität (UAM) zeigen – von den im Rundlaufverfahren befragten Münchener Philosophen nur Schultz vorbehaltlos ausgesprochen. Geyser sah ›kaum ein Bedürfnis‹ für Dinglers Lehrtätigkeit, A. Fischer verwies auf bereits vorhandene Habilitierte, und Pfänder schloß sich den Bedenken der beiden ersteren an.[82] In einer Fakultätssitzung, über deren Verlauf Dingler vom späteren Münchener Rektor W. Wüst[83] informiert wurde, hieß es in Ergänzung der bereits gegen seinen Lehrauftrag vorgebrachten Argu-

innegehabt. Unter dem Datum des 3. 1. 35 kolportiert Dingler einen Besuch von Universitätsrektor Wüst bei Schultz: »Am Christbaum seien lauter Runen gehängt, die er eigens habe herstellen lassen, u. er habe ihm Meth [!] angeboten. Er trinke nur Meth.«

81 Obwohl ihm der Universitätssyndikus Einhauser bereits prophezeit hatte, »das Judenbuch werde mir dauernd nachgehen« (Eintrag 22. 7. 1934), scheint sich Dingler in relativer Sicherheit gewähnt zu haben. Das war gewiß nicht grundlos: er glaubte, in München eine neu zu besetzende Philosophieprofessur zu bekommen. Diese sollte eher naturphilosophisch ausgerichtet sein, nachdem der geisteswissenschaftlichen Seite durch die Berufung des Germanenforschers und Altnazis Schultz auf den Hönigswald-Lehrstuhl angeblich Genüge getan war. Lenard stellte Dinglers Berufung schon als sicher hin; Stark schrieb ihm (Eintrag 9. IX. 1934), »preuß. Kultusmin. wolle mir Phil.professur geben«.

82 In ungefähr diesem Sinne wurde Dingler vom Dekan v. Müller auch informiert (Eintrag 3. X. 1934).

83 Wüst ist einem breiteren Publikum wegen seiner Rolle als Rektor zur Zeit der studentischen Widerstandsbewegung »Die Weiße Rose« bekannt.

mente, daß der Extraordinarius A. Wenzl Dinglers Fach vertrete.[84] Dingler versuchte mit Schreiben vom 5. November 1934 und einem Besuch im Ministerium am 12. November doch noch die Lehrerlaubnis zu erhalten. Dort wurde er zwar auf seine Darmstädter »Entlassung« (sic!) und das »Judenbuch« angesprochen, konnte aber beide Problemkreise offenbar zufriedenstellend klären. Doch kamen offensichtlich von der Fakultät Schwierigkeiten, was Dingler am 11. 12. 1934 im Tagebuch zu einer längeren Reflexion von seltsam eindeutiger Zweideutigkeit veranlaßte, die er so ähnlich – wie schon zitiert – kurz nach der ›Machtergreifung‹ bereits einmal angestellt hatte. Er scheint sich selber Mut zusprechen zu müssen angesichts eines Verhaltens, das die bis dahin in der akademischen Welt üblichen Regeln von Fairneß und Anstand hinter sich ließ:

»Wenn man mich verstehen will, muß man bedenken, daß ich seit 30 Jahren wie hinter einer Mauer oder besser wie ein Erwachsener zwischen Kindern lebe. Ich weiß doch genau, wie alles wirklich ist u. kann es niemand sagen, weil niemand mich versteht, muß aber mit allen in ihrer Sprache sprechen, die sie verstehen. Dies gibt das Doppelspiel [!], ohne das ich mich nicht zwischen den Menschen halten könnte. Ich besitze doch die letzte, einzige, eindeutige Philosophie u. die einzig wahren Grundlagen der Wissenschaften. Aber niemand versteht mich. Der einzige, der etwas davon wirklich gespürt hat, ist Steck. Krampf ist in manchem Philosophischen sehr nahe gekommen. [...] Die Juden sind unfähig, das Wahre vom Falschen zu unterscheiden, weil ihnen alles bloß Mittel für ihre Zwecke ist, und diese Zwecke liegen z.Zt. darin, das Bestehende aufrecht zu erhalten, weil sie dort zuviel investiert haben u. weil es praktischer ist, eine Marktmeinung mit der man Macht gewinnen kann, hochzupumpen u. dann sie mit allen Mitteln festzuhalten. Das zahlt sich besser aus. Da das keine wissenschaftliche, sondern eine ›politische‹ Methode ist (im weitesten Sinn von ›politisch‹, als eben auf Menschenmacht und -organisation bezüglich) so kann man sie auch nur politisch bekämpfen u. muß politische Mittel anwenden, um eine wissenschaftliche Wahrheit zu bringen. Das ist ihnen natürlich sehr unangenehm; sie möchten vom Gegner nur ›wissenschaftlich‹ behandelt werden, weil ihnen das nicht wehtut, wenn sie selbst die Lage politisch beherrschen. Und die anderen sind heute trotz allem geistig noch völlig in den Händen der Juden.«

84 »der ist Creatur von Sommerfeld und Einsteinianern« (Eintrag 1. XI. 34). – Zu Wenzl vgl. Schorcht (1990, S. 207 ff.).

Am 20. 12. 1934 faßte er gewissermaßen noch einmal nach:

»Ich fühle mich ethisch verpflichtet, gegen die Juden in der Wissenschaft etc. aufzutreten. Ich war immer so gesinnt u. jetzt war u. ist die Zeit, das, was ich in 30 Jahren darüber erlebt und erkannt habe, an die Leute zu bringen, die es wissen müssen. Natürlich riskiere ich dabei meine Stellung im Ausland, aber die Sache der Wissenschaft und Deutschlands steht höher. Der Haß der Fachclique macht mir nichts, der war vorher genau so da.«

Inzwischen hatte sich die Fakultät (am 4. 2. 35) einstimmig darauf geeinigt, für Dingler eine Honorarprofessur, verbunden mit einem unbesoldeten Lehrauftrag beim Ministerium, zu beantragen. Dieser Antrag war auch von der NS-Dozentenschaft (Dr. Führer) befürwortet worden (16. 2. 1935) (UAM) und ging am 4. März vom Rektorat ans Münchener Kultusministerium. Dingler wurden bereits die Fragebögen über seine arische Abstammung ausgehändigt, und wieder einmal schien alles seinen ruhigen Verlauf zu nehmen. Doch das Ministerium war in solchen Angelegenheiten nicht mehr zu einer Entscheidung befugt, gestattete Dingler aber, zum Sommersemester 1935 seine Vorlesungen aufzunehmen. Bald aber kamen – während Dingler ein Ruf nach Würzburg als so gut wie sicher dargestellt wurde – über Wüst schlechte Nachrichten aus Berlin:

»Von Darmstadt sei gegen mich in schlimmster Form gearbeitet worden bei Reichsdozentenschaft. Man wolle mich nicht einmal als Honorarprofessor. Ich solle sofort Darstellung der D[armstädter] Verhältnisse [...] schicken, um zu retten, was zu retten ist.«

Dingler versuchte nun durch eine Gutachterschlacht und eine ausführliche Dokumentation gegen ein Gutachten von Jaensch [AUM] die Dinge hinsichtlich Honorarprofessur und Lehrauftrag zu wenden. Lenard[85], Stark, Pfaff, Spranger, v. Rintelen, Schultz und mit Einschränkung sogar Krieck setzten sich für Dingler ein. Freilich traf auch ein auf den 13. 8. 1935 datiertes negatives Gutachten des Kieler Naziphilosophen F. Weinhandl [AUM] an Dr. Führer, den Führer der Münchener Dozentenschaft, ein. Weinhandl hatte nach Lektüre des Jaensch-Gutachtens seine ursprünglich positive Meinung über Dingler geändert. Dingler reiste in Panik nach Berlin ins zuständige Ministerium und erfuhr dort, was er schon in München gehört hatte, daß Alfred Baeumler,

85 BHA, MK 43514, die übrigen AUM.

Leiter des Hauptamts Wissenschaft im Amt Rosenberg und mit Krieck um die Vorherrschaft in Sachen Nazi-Weltanschauung rivalisierend, gegen ihn eingestellt sei und für das Reichsministerium ein Gutachten gegen ihn angefertigt habe. Dingler hatte damit alle gegen sich, die in der nationalsozialistischen Philosophie etwas zu sagen hatten. In Dinglers Augen hat aber Baeumlers Gegnerschaft, die erneut auf dem »Judenbuch« beruhen soll, letztlich zu jener Entscheidung geführt, die unter dem Datum des 11. November 1935 aus dem Berliner Ministerium nach München ging:

»Nach eingehender Prüfung sehe ich mich nicht in der Lage, dem Antrage auf Ernennung des o. Professors i.R. Dr. Hugo Dingler zum Honorarprofessor in der Philosophischen Fakultät der Universität München und auf Erteilung eines Lehrauftrags zu entsprechen.«

Seine Vorlesungen durfte Dingler noch bis zum Semesterende fortsetzen.

Am 25. 2. 36 mußte er ein vorerst bitteres Resümee seiner gescheiterten Anbiederung an den Nationalsozialismus ziehen:

»Eine große Ruhe ist über mich gekommen. Ich habe alles versucht, ob die neue Welt reif wäre. Aber auch sie ist noch nicht reif dafür. Ich mußte diesen Versuch machen. Ich mußte versuchen, ob es eine Chance dafür gab. Es gibt keine. Nun lasse ich es sein u. arbeite einfach meinen Weg weiter. Das ist alles, was zu sagen ist.«[86]

Von der gerade erst beschworenen Ruhe aber keine Spur: Dingler verfiel in monatelange Depressionen und trieb ebenso monatelang »Zahlentheorie wie ein Narr, um mich zu betäuben« (Eintrag 24. 5. 36). Dazwischen gab es nur einige Lichtblicke, so zwei Vorträge beim NSLB (Nationalsozialistischer Lehrerbund), einer davon über den »Einfluß des Fremdrassigen in den wissenschaftlichen Fächern« (24. 8. 36) oder der Tod des Münchener Philosophieprofessors Wolfgang Schultz, über dessen vollständige philosophische Qualifikationslosigkeit, dessen Germanentick und Ordinariengehabe sich Dingler über die Jahre immer wieder geärgert hatte:

86 Freilich sollte die Lage – was Dingler zu jenem Zeitpunkt noch nicht wissen konnte – so völlig aussichtslos nicht sein, denn im Laufe des Jahres 1936 war mit dem Münchner Astronomen, rabiaten Alt-Nazi und Antisemiten Bruno Thüring ein Mann in sein Leben getreten, der sich später als der »Retter« erweisen sollte.

»Der liebe Gott hat die deutsche Philosophie, wie es scheint, doch nicht ganz vergessen. Heute stand im VB [»Völkischer Beobachter«] die Nachricht, daß Wolfgang Schultz plötzlich an Embolie verstorben« (Eintrag 25. 9. 1936).

Diese Freude hinderte Dingler freilich nicht daran, wenn auch »nach Zögern« und »sehr gequält« (Eintrag 29. 9. 36), über Schultz einen lobhudelnden Nachruf für den *Völkischen Beobachter* zu schreiben, der so trefflich gelang, daß er des Nachdrucks im offiziellen Organ des Bayerischen Nazilehrerbundes für wert erachtet wurde (Dingler 1936). Ansonsten aber war alles auf Moll gestimmt:

»Fast keine Post. Man ist einsam, verachtet und mundtot« (Eintrag 22. 11. 36).

Erst ganz zu Jahresende 1936 ging es – obwohl »immer noch Depression« (Eintrag 12. 12. 36) – ein wenig aufwärts: von Sievers, dem Leiter der wissenschaftlichen »Stiftung Ahnenerbe der SS«, traf die Aufforderung zur Mitgliedschaft ein.[87] Dingler raffte sich wieder einmal auf:

»Devise für dieses Jahr: Neuaufbau. Nach einer solchen Umwälzung muß man einfach wieder von vorne anfangen. Schritt um Schritt. Wie früher« (Eintrag 11. 1. 37).

Dieser Anfang war gewiß nicht einfach. An die Stelle der alten Feinde, der Juden, waren ja längst neue getreten: Nationalsozialisten wie Baeumler und Krieck, der unterdessen der sogenannten Hohlwelttheorie in seiner Zeitschrift *Volk im Werden* ein Forum verschaffte.

»Er [Krieck] ist zu dumm zu merken, daß er der vollendete Vertreter allen Chaos in der Wissenschaft ist, u. daß er einfach die englische Aufklärungsphilosophie vertritt. Ich bin von den *Juden* bekämpft worden, weil ich ihrer Auswertung dieser Philosophie in den Weg trat, und jetzt von diesen angeblichen Denkern des 3. Reiches. Aber letztere, bzw. das 3. Reich kann man vielleicht einmal überzeugen, während das bei den Juden nie möglich gewesen wäre, weil diese nicht wollten. Und weil Deutschland wichtiger ist als alles andere, auch allein fähig, so etwas schließlich zu verstehen. Ich

87 Beim »Ahnenerbe«, bei dem der von Dingler später in München zur Habilitation gebrachte Dingler-Anhänger und nachmalige Berliner Philosophieprofessor Eduard May bereits beschäftigt war, zeichnete sich die Möglichkeit »eine(r) Teilabteilung f. Philos. [ab] mit 2 Assistenten für mich« (Eintrag 20. 1. 37).

habe schon 1904 bewußt den Antrag Bartletts, nach Amerika zu kommen, abgelehnt, weil ich wußte, daß ich dort auf die Dauer doch nicht Verständnis finden würde, daß das zuletzt nur in Deutschland möglich sei. So habe ich jetzt bewußt meine Auslandsgeltung geopfert. Denn mein Kampf gegen die Juden kostet mich diese unfehlbar. So muß jetzt Schritt um Schritt um das deutsche Denken gekämpft werden« (Eintrag 11.1.37).

Anfang 1937 erkannte Dingler, daß er den Kampf um Rehabilitation lange genug und erfolglos bei »Unterstellen« ausgefochten hatte, und beschloß – vielleicht auf Anraten des politisch versierten Kämpfers Thüring –, nun endlich den Stier bei den Hörnern zu fassen und bei Propagandaminister Goebbels höchstpersönlich zu intervenieren. Dies war um so dringender, als das Propagandaministerium einen Vortrag Dinglers (»Jüdische Naturwissenschaft?«) in der von Thüring – inzwischen stellvertretender Münchener Dozentenführer – an der Münchener Universität organisierten Vorlesungsreihe »Jüdische Wissenschaft« verboten hatte. Grund: *Die Kultur der Juden.*[88] Dingler schrieb einen beinahe 20seitigen Brief (27. Januar 1937 [AUM, PAUK]) an Goebbels, in dem er sich zunächst dafür bedankte, daß zum erstenmal eine offizielle Begründung für eine Zurücksetzung gegeben worden sei, und bat *»formell um eine wirkliche Prüfung meiner Angelegenheit«.* Es folgt die schon in ihren Grundzügen bekannte Widerlegung des angeblich projüdischen Charakters dieses Buches, diesmal in epischer Breite. Sodann macht Dingler darauf aufmerksam,

»daß ein Bekanntwerden meiner Theorie der exakten Naturwissenschaften, die meine Hauptleistung ist, auf ihre [d. h. der Juden] Bestrebungen in diesen Wissenschaften vernichtend wirken würde. Sie haben daher seit 26 Jahren alles getan, um eine Nennung meines Namens nach Möglichkeit einzuschränken und zu verhindern.«

Dingler wehrte sich auch ausführlich gegen den Philosemitismus-Vorwurf des Jaensch-Gutachtens. Er sei vielmehr richtigerweise von den Juden, »die in diesen Dingen eine feine Witterung haben, stets als antisemitisch eingeschätzt worden«.

Um seine Wirksamkeit nicht zu behindern, habe er vor 1933 nicht

88 Thüring beschaffte sich daraufhin die *Kultur der Juden* und meinte nach der Lektüre trocken, »das sei ein judenfreundliches Buch. Was ich zu sagen hätte. Ich gab längere Darlegung u. wurde recht deutlich. Th. gab zu, daß es sich nur um die antiken J. handle. Ich solle Darlegung meines Lebens geben, sie wollten es weiterleiten« (Eintrag 20.1.37).

politisch gegen die Juden auftreten können. Seine politische Betätigung nach 1933 läge aber voll und ganz auf der auch schon vorher vertretenen Linie.

»Es liegt mir weltenfern, meinen Kampf und die Folgen, die er für mich seit 1911 hatte, irgendwie mit den Kämpfen und Leiden der ersten Vorkämpfer der nationalsozialistischen Bewegung auf eine Ebene zu stellen. Vor diesen, die das deutsche Volk gerettet haben, verneige ich mich in Ehrfurcht und lehne es ab, mein Tun im Vergleich mit ihnen überhaupt zu erwähnen.«

Im Vergleich mit Kollegen aber fühlt Dingler sich zutiefst zurückgesetzt; und dabei seien seine Forschungsresultate unvorstellbar wichtig. Private Interessen spielten keine Rolle. Dinglers Tätigkeit sei vielmehr »stets und ohne Ausnahme allein auf das Wohl meines Volkes und auf die höchsten Ideale gerichtet«. Er bittet schließlich an der »zentralen Stelle«, die hier Entscheidungsbefugnis habe, seinen Fall aufzurollen, »eine Aufrollung, der ich in unbegrenztem Vertrauen auf den gerechten und sachlichen Willen der Führung unseres Dritten Reiches entgegensehe«.
Ob ein kausaler Zusammenhang besteht oder nicht: *nach* Dinglers Brief an Goebbels ging es mit Dingler langsam, aber ziemlich stetig aufwärts. Entscheidender als die Wirkung des Briefs an Goebbels dürfte aber die energische Unterstützung Thürings und seiner Freunde, nämlich des Münchener Dozentenschaftsführers Dr. Wilhelm Führer, der später im Berliner Ministerium als (Ober-)Regierungsrat für Dingler wirken konnte, und des Münchener Studentenführers Dr. Kubach gewesen sein. Sogar die Partei schien sich für Dingler zu öffnen: Ende September 1937 wurde er nach Bezahlung von 30 Mark ein zweites Mal »Parteianwärter«, stellte aber nüchtern fest, daß sein politisches Engagement langsam ans Geld ging. Für seine Mitgliedschaften im NSLB, der Partei, dem NSV, dem »Ahnenerbe« und fürs »Winterhilfswerk« waren von seinen stets knappen Mitteln monatlich 13 Mark aufzuwenden. Doch unerwartet verzögerte sich die Aufnahme in die Partei noch um mehr als drei Jahre. Diesmal stand vor allem im Wege, daß Dingler in den zwanziger Jahren einer Freimaurerloge angehört hatte.[89] Nur ein »Gnadengesuch« an den »Führer«

89 Dingler war von den neuen Schwierigkeiten zunächst so konsterniert, daß er auf der Kreisleitung der Partei am 5.4.38 »in dem Drang des

konnte weiterhelfen. Endlich (Eintrag 28. 11. 1940) – drei Jahre und zwei Monate nach seinem Antrag – konnte Dingler seine »Parteikarte« abholen und schritt unverzüglich zum diesmal rechtmäßigen Kauf des Parteiabzeichens.
Im akademischen Bereich schienen sich mit Hilfe der Freunde, insbesondere Thürings, die Dinge ebenfalls besser anzulassen. Thüring erhielt im November 1937 Mitteilung aus dem Reichspropagandaministerium, daß nunmehr gegen Dingler nichts mehr vorliege. Dinglers Vorschlag, sich »vorläufig« erneut um einen Lehrauftrag in München zu bemühen, »weil das mit dem Professor noch lange dauern kann« (Eintrag 10. 11. 37), fand Thürings Billigung.
Bei derartig erfreulichem Fortschreiten der weltlichen Dinge war Dinglers Mitgliedschaft in der evangelischen Kirche überflüssig geworden. Unter dem 29. 3. 1938 vermerkt das Tagebuch, daß Dingler seinen Pastor auf dessen Anfrage über die Gründe für seinen Kirchenaustritt informiert habe. 1946 fand Dingler wieder zur Kirche zurück.
Noch bevor über den Münchener Lehrauftrag entschieden war, erreichte Dingler am 27. 10. 1938 ein Ruf an die Universität Berlin auf eine Professur für Wissenschaftsgeschichte. Er fuhr zu Verhandlungen nach Berlin und einigte sich rasch mit dem zuständigen Ministerialrat Dames. Zurück in München aber wartete Dingler vergeblich auf die schriftliche Bestätigung der Berufungsverhandlungen:

»Mi. 15. 12. [1938] schrieb ich an Reg. Rat Dames, ob ich warten solle, bis sein Schreiben einläuft, bis zum Eintritt [sic!] meiner Stellung, da kam postwendend (!), was sonst ganz unerhört bei dieser Behörde, ein Brief, ich solle die Unterredung [d. h. die Berufungsverhandlungen] als informatorisch betrachten und auf einen Erlaß des Ministers warten.«

Der aber sollte nie kommen, und wieder einmal war Dinglers Wunsch, erneut ordentlicher Professor zu werden, am Widerstand dunkler Mächte gescheitert. Diesmal war es der SD (›Sicherheitsdienst‹) der SS. Auch hatte Dingler im Ministerium einen ungünstigen persönlichen Eindruck hinterlassen (Eintrag 7. 3. 39). Alle Versuche, insbesondere Thürings (»Thüring will jetzt an Himmler schreiben. Thüring ist wunderbar in seinem Mut«, Eintrag 7. 3.

Zuredens« seinen Aufnahmeantrag wieder zurückzog, besann sich zu Hause aber wieder und beharrte erneut auf seinem Antrag.

1939), blieben zur Verbitterung[90] Dinglers erfolglos. Jedoch verzagte er nicht. Im für ihn typischen larmoyant-elegischen Ton notierte er am 31.7.39:

»Es ist bei mir so: Wer eine Flamme tragen muß, und eine heilige dazu, der darf keine Seitensprünge machen, weil da die Flamme erlöschen könnte. So habe ich mein ganzes Leben gehandelt.«

Inzwischen hatte Thüring wieder die Initiative ergriffen, als stellvertretender Dozentenführer vom SD die Akte Dingler angefordert und ein geharnischtes Gegengutachten (Dingler: »eine herrliche Leistung«) verfaßt (Eintrag 12.7.39).[91]
Das Jahr 1940 sollte für Dingler die eigentliche Wende zum Positiven bringen. Schon am 15. Januar bereitete ihm die Lektüre des *Völkischen Beobachters* wieder einmal besondere Freude:

»Soeben lese ich im V.B., daß Erich Jaensch in Marburg gestorben ist. Damit ist dieser hundsgemeine Schuft und Verläumder, dem ich es verdanke, daß ich seit 6 Jahren im Winkel sitze, von der Bildfläche verschwunden. Manchmal ist das Schicksal doch gnädig!«

Inzwischen (Eintrag 20.3.40) erfuhr Dingler auch Einzelheiten über das SD-Gutachten, das sich im »Berlin Document Center« in den Akten der »Stiftung Ahnenerbe« erhalten hat:[92]

»Im sog. Sicherheitsdienst hatte irgendein kleiner Polizeispitzel alle ›Gutachten‹, des Consortiums der Chaotiker, meiner größten Feinde, nämlich E. Jaensch, Baeumler, Krieck (zu) ein(em) S.D.-Gutachten zusammengekleistert, das alle Anstellungen verhinderte. Nun hat der Stab Hess diese Akten angefordert u. Thüring mit [dem schon erwähnten] neuem Gutachten beauftragt, das alles als Lüge u. Entstellung nachwies mit genauen Belegen.«

90 Seine Ernennung zum Blockwart der NSV betrachtete er als »Sühne« (Eintrag 13.4.39), ohne freilich zu sagen wofür.
91 Kaum daß am 1. September Hitler den Zweiten Weltkrieg vom Zaun gebrochen hatte, war der immerhin 58jährige Dingler schon beunruhigt, noch nicht zu den Fahnen gerufen zu sein: »Mo. 4. IX. [1939] ging ich aufs Wehrbezirkskommando, um zu fragen, warum ich nichts gehört hätte.« – Man brauchte ihn jedoch leider nicht: »16. XI. [1939] Stabsarzt v. Dallarmi. Ich kann Sie bei Ihrem Alter doch nicht kv [kriegsverwendungsfähig] schreiben. Nun, ich schreibe Sie qv [...?]-Feld.«
92 Der Inhalt des Gutachtens entspricht Dinglers Beschreibung.

Der SD bestand aber auf seinem Gutachten, und erst Kubachs persönlicher Einsatz in Berlin machte das alte Gutachten angeblich, aber wohl nicht wirklich, gegenstandslos. Letzteres erreichte wohl erst Thüring, der in Berlin einen der führenden Leute des SD persönlich in so nachdrücklicher Weise zur Rede stellte, daß dieser sich sogar für den SD entschuldigt habe (Eintrag 9. 3. 42).
Im Juli 1940 erhielt Thüring einen Ruf an die Wiener Sternwarte. Dingler sollte wenig später (Eintrag 5. 9. 40), auf Betreiben Kubachs, Professor in Straßburg werden. Diese Nachricht nahm er jedoch – in weiser Voraussicht, wie sich zeigen sollte – mit einiger Gelassenheit auf:

»Man muß sehen. Ich arbeite an meinem letzten Geheimnis der Philosophie u. lasse dem Geschick freie Hand. $l\ m\ a^2$ ist die Formel meines Lebens. Der brave, aufrechte Kubach.«

Im November 1940 (Eintrag 29. 11. 40) erhielt Dingler endlich seinen Lehrauftrag in der mathematisch-naturwissenschaftlichen Sektion der Münchener Universität, allerdings wiederum nicht die ebenfalls längst beantragte Honorarprofessur. Es folgten relativ ruhige Monate. Erst 1942 war wieder von einer Professur die Rede, diesmal wieder in der Münchener Philosophie. Dingler aber blieb skeptisch (Eintrag 3. 5. 42):

»Ob es dem 3. Reich überhaupt noch gelingt, mir eine anständige Stelle zu verschaffen? Ich zweifle jetzt manchmal.«

Freilich, solche Zweifel, die sich sogar mit Kritik am ›Überwachungsapparat‹ der Nazis verbanden[93], bedeuteten aber nicht fundamentale Bedenken gegen das ›Dritte Reich‹ oder Zweifel an

93 »Goebbels, Rosenberg, Bouhler (für die Kanzlei d. Führers), Himmler u. wahrscheinlich noch mehrere, haben *jeder für sich* einen eigenen großen Apparat zur Überwachung der deutschen Literatur aufgezogen. Himmler natürlich geheim. Mit unzähligen Lektoren und Beamten. Das ist ein undurchdringliches Gestrüpp, Sieb, in dem alles Echte und Große erstickt wird und nur das Banale und Alltägliche Aussicht hat durchzuschlüpfen. So wird jetzt das deutsche Geistesleben ruiniert. Vor allem aber kommt noch dazu die politische Geheimpolizei, der sog. Sicherheitsdienst, der offenbar in Ermangelung sonstiger Beschäftigung (deren es Berge gäbe!) sich damit befaßt, auf Grund völlig unkontrollierter Berichte beliebiger ungebildeter Polizeispitzel deutschen Gelehrten Beine zu stellen« (Eintrag 5. 11. 42). – Diese Kritik zeigt freilich auch, daß Dingler gegen Polizeiüberwachung des Geistes-

dessen Sieg im Krieg, auch keine Zweifel an der Richtigkeit seiner Parteinahme für den Nationalsozialismus und an seinem Antisemitismus, der nun noch um einen verschärften Antibolschewismus ergänzt wurde.

»Im Politischen und für das Reich u. das Deutsche Volk ist alles, was das 3. Reich macht, über alles wunderbar. Aber im geistigen Sektor ist (auf Grund letztlich der allgemeinen geistigen Situation seit 50 Jahren) alles schwer verworren, und es werden da ungeheuerliche Fehler und Dummheiten gemacht« (Eintrag 24. 11. 1942).

An dieser grundsätzlich positiven Einstellung zum Nationalsozialismus änderten auch der Fall Stalingrads im Februar 1943 und die ersten schweren Bombardierungen Münchens (»Terrorangriffe«) noch nichts. Denn an der privaten Front ging es in gewisser Hinsicht kontinuierlich aufwärts: zu einer Zeit, in der Druckpapier streng rationiert war, traf (Eintrag 23. 6. 43) die erfreuliche Nachricht ein, daß die bereits in zwei Auflagen mit insgesamt 6000 Exemplaren verlegte und an Frontsoldaten verteilte *Tierseele*[94] nunmehr in die dritte Auflage mit weiteren 6000 Exemplaren gehen sollte (»Das ist ein großer und schöner Schritt!«). In solcher Lage konnten grundsätzliche Bedenken eben schlecht aufkommen. In einem am 15. 4. 43 begonnenen Heft »für allgemeine Betrachtungen«[95] schrieb der sich zunehmend für biologische Fragen interessierende Dingler gleich zu Beginn:

»Es wird allmählich immer deutlicher sichtbar, daß es das biologische System des Judentums ist, die führenden Schichten der anderen Völker zu ermorden.«

Mit Blick darauf war selbst das Wirken seiner Widersacher (»die Feinde«) von nur untergeordneter Bedeutung:

»Aber was bedeutet das alles, wo es jetzt um Deutschland geht, um sein Wesen, seine Innigkeit und Tiefe, um seinen unverbüchlichen Rechtlichkeitswillen. Sollen auch in der Menschheit die Raubgeschlechter siegen?« (Eintrag 6. 5. 43).

Immer wieder bis in den Februar 1945 hinein erliegt Dingler selbst den plumpsten Propagandatricks der Nazis oder schöpft

lebens an sich nichts einzuwenden hat: sie muß nur in geordneter Weise erfolgen und die ›Richtigen‹, nicht aber ihn selbst, treffen.

94 Sie war mit ihrer kosmischen Apotheose des Nationalsozialismus für den geistigen Einsatz an der Front auch durchaus geeignet.

95 Eine ganze Reihe von Seiten wurden später aus diesem Heft herausgerissen.

wenigstens Hoffnung für das, was ihm »eine Wende zum Besseren« (Eintrag 10. 12. 44) erscheint, den Sieg Deutschlands. Noch am 17. Januar 1945 lesen wir: »Gott gebe unseren Waffen den Sieg.« Und am 1. März 1945: »Jetzt heißt es durchhalten. Vielleicht gelingt es doch noch. Unsere Soldaten leisten Übermenschliches.«

Freilich meldeten sich in der zweiten Hälfte 1944 auch bei Dingler leise Zweifel an der Richtigkeit seiner politischen Haltung, die er aber eigentlich nie im Sinne einer Erörterung persönlicher Schuld äußert. Eher umgekehrt. Dingler scheint von ganz anderen, namentlich nicht Genannten zu reden, denen nun vom großen Denker einmal gesagt wird, wie die Dinge wirklich liegen. Wir werden bald eine merkwürdige Erklärung für diese seltsame Inversion kennenlernen. In einer langen Reflexion vom 16. 9. 1944 über die moralisch und intellektuell niedrigstehenden »Tagesmenschen« gelangte er schließlich zu der Erkenntnis, daß er aufgrund seiner professoralen Stellung nicht zu diesen Tagesmenschen gehöre: Professoren handeln nämlich nicht, sondern erarbeiten geistige Resultate, die die anderen, eben die Tagesmenschen, für ihr Handeln verwenden. »Daher ist der Hochschullehrer in seinem Verfahren vom technischen Gesichtspunkt aus prinzipiell unpolitisch.« In diesem Sinne mußte Dingler dann auch (Eintrag 12. 2. 1945) die Idee einer politischen, ›völkischen Wissenschaft‹ verwerfen.

Am 12. 2. 1945 trägt Dingler ein: »Man [!] hat im 3. Reich durch den Haß gegen die Juden sich den klaren Blick trüben lassen.« – ›Man‹ sind die deutschen Politiker, die sich aus rassischer Sentimentalität vor Jahrzehnten an England gehalten hätten, ohne zu bemerken, daß England seit 1870

»darauf lauert uns zu erwürgen. [...] Wer aber wirklich sich ernsthaft in die Geheimnisse der deutschen Geschichte vertieft hätte, hätte absolut bemerken müssen, wo unsere Linie liegt.« Statt dessen hat man sich »durch die unsinnige und dilettantische Behauptung, daß die Juden England völlig regieren und nur der jüdische Haß die englische Haltung bestimme«, in die Irre führen lassen. »Weil eben niemand der Beteiligten eigene Kenntnisse der Welt besaß. So hat eine blinde Wut auf das Judentum uns in die Irre geführt, so daß schwerste politische Fehler gemacht wurden.«

Im April schließlich (Eintrag 2.4.45) hat Dingler möglicherweise von der Judenvernichtung gehört:

»Ich höre mit Erschütterung von den Dingen, die wir im Osten auf uns geladen haben. Ich fürchte, diese müssen zuletzt auf uns zurückkommen. Aber auch andere, die Engländer besonders, haben immer Furchtbares getan, ohne, daß es ihnen vergolten wurde. Aber wir sind nun wohl einmal anders in unserem Metaphysischen.«[96]

Merkwürdigerweise scheint es übrigens nicht Deutschland zu sein, das das Inferno herbeigeführt und die wesentlichen Formen seines Ablaufs geprägt hat:

»Die Vernichtungswelle in Europa rast weiter und strebt folgerichtig einem letzten grausigen Höhepunkt zu, wo die letzten, schmerzlichsten Mittel angewendet werden, welche die moderne Technik und die Verzweiflung der Menschen leistet. Die kulturelle Höhe und Sauberkeit der letzten 300 Jahre erscheint jetzt als eine Verweichlichung gegenüber dem Rasen der entfesselten biologischen Urkräfte. Der Bolschewismus hat mit seinen Methoden der Zeit den Stempel aufgedrückt.«[97]

Mit einer gewissen Erleichterung nahm Dingler schließlich das Ende auf:

»Hitler u. Goebbels haben sich erschossen. Endlich! Trotz allem ist doch ein Gefühl der Erleichterung und Befreiung nicht zu verkennen. Wahn und Sturheit haben uns soweit gebracht« (Eintrag 3. Mai 1945).

7. Der ›Zusammenbruch‹

›Zusammenbruch‹ ist der Begriff, in den man im Westen Deutschlands vorzugsweise die Situation des 8. Mai 1945 (Kapitulation Nazi-Deutschlands) faßte. Die bevorzugte Verwendung ausgerechnet dieses Begriffs liefert eine erhellende, begriffliche Momentaufnahme des zeitgenössischen Bewußtseinszustandes. ›Be-

96 Auch hier eine denkwürdige Parallele zu Heidegger, der gegenüber Herbert Marcuse ungerührt die Judenvernichtung gegen die Verbrechen bei der Vertreibung der Deutschen aus dem Osten aufrechnete (vgl. Farias 1987, S. 372 ff.).

97 Eine merkwürdige, aber keineswegs einmalige Inversion. Mit ihrer Hilfe vermag im sogenannten Historikerstreit Ernst Nolte (1987, S. 32) sogar Auschwitz weniger als Tat, sondern »vor allem [...] (als) die aus Angst geborene Reaktion auf die Vernichtungsvorgänge der Russischen Revolution« zu interpretieren.

freiung‹[98] oder ›Niederlage‹ sind Begriffe mit persönlichen Konnotationen: es ist stets *jemand,* der verloren hat oder befreit wird. Ein Zusammenbruch aber bricht herein wie ein Naturereignis. In dem schon erwähnten autobiographischen Romanfragment von 1945 spricht Philosophieprofessor Hans Spiritus denn auch vom politischen Geschehen der vorangegangenen Jahre ausschließlich in der Metaphorik der Naturgewalten. Er selbst hat sich nur einen »Denkfehler« vorzuwerfen. Infolge einer nicht ganz korrekten Interpretation des Darwinismus habe er die Ermordung der ›Geisteskranken‹ durch die Nazis irrtümlich für richtig gehalten. Aber eigentliche politische oder moralische Schuld kann es für den Denker nicht geben: Am 19. April 1945 notiert er:

»Ich bin aus Erbteil meiner l[ieben] Mutter das, was der Engländer law abiding nennt und war das immer. Praktisch heißt das, daß ich guvernemental [sic!] sein muß [sic!]. Es ist mir unmöglich, mich mit der Regierung, unter der ich angestellt bin, in starkem Gegensatz zu befinden.«

Mit dieser Bemerkung kündigt sich an, wie Dingler seine Kollaboration mit den Nazis und seinen markanten Opportunismus zu interpretieren gedachte. Zwei weitere Tagebucheinträge sollen genauer beleuchten, was ich meine:

»Man pflegt insbesondere in Deutschland immer eine festgelegte politische ›Überzeugung‹ zu verlangen. [...] Ich muß nun bekennen, daß das trotz vielfachem inneren Ringen darum, mir persönlich ganz unmöglich ist. Ich behaupte nicht, daß das vorbildlich für alle sein soll. Ich konstatiere nur, daß mir das bei meiner geistigen Konstitution persönlich ganz unmöglich ist. Ich kenne auch den Grund dafür. Ich sehe zu sehr um die Dinge herum« (Eintrag 9.6.45).

»Ich habe mir überlegt. Ich habe immer eigentlich so unter den Menschen gelebt wie ein Reisender unter einem fremden Volk (manchmal wie unter einem wilden Volk). Dort sieht man alles mit Interesse, macht nach außen hin einiges mit, um nicht zu sehr aufzufallen, ohne sich aber innerlich irgendwie wirklich zu engagieren, fühlt sich dauernd geistig auf einer höheren Ebene [...]. Nur mit den großen Geistern fühlte ich mich zu Haus und als Mensch zu Mensch. Bei den anderen mußte ich mein Bestes und mein eigentliches Selbst stets verstecken und maskieren, damit diese es ja nicht merken – andernfalls hätten sie mich verfolgt und mißverstanden. [...] Es ist daher ein völliger Fehlgriff, mich auf irgendetwas festzunageln, was ich nach außen gemeint habe. Es war mir nie ernst genug, um das

98 ›Befreiung‹ wurde offiziell in der DDR verwendet und hätte die Sachlage gut getroffen, wenn die Befreiung von der einen Gewaltherrschaft dort nicht gleich in die nächste geführt hätte.

wirklich zu meinen. [...] Ich sehe auch vor allem die Kehrseite, sehe bildhaft vor mir die ungezählten Fälle wie etwas ganz anders sein kann und könnte mit genau dem gleichen Recht u. der gleichen Wahrscheinlichkeit. Da soll ich mich für eines festlegen? Wahrscheinlich ist alles ziemlich gleich richtig und gleich wichtig, wenn man ein anständiger Mensch ist, der nur das Wahre und Echte will. Aber man ist im Geistigen in der Tat wie ein Wesen aus einer anderen Welt und von einer anderen Art, das zwischen Leuten leben muß, denen jeder Zugang zu einem fehlt. Aber das ist nun einmal mein Schicksal gewesen mein ganzes Leben hindurch« (Eintrag 23. 2. 46).

Das ist eine – verglichen mit dem damals üblichen – überraschende, ja gewissermaßen philosophische Strategie, sich auch nur der Erwägung persönlicher Schuld zu entziehen. Sie besteht aus zwei Momenten. (1) Dingler reklamiert für sich so etwas wie eine genetische (›aus Erbteil meiner l. Mutter‹) Disposition zum Opportunismus. *Opportunismus als Naturanlage: ultra posse nemo obligetur.* (2) Der wahre Denker hat das Recht, ja die Pflicht zur Verstellung gegenüber den Massen: *larvatus prodeo.*
So innerlich unverzüglich entnazifiziert und freigesprochen, konnte Dingler zur Ordnung des Tages übergehen:

»Am Sa. 5. v. [1945] waren morgens fast alle Am[erikaner] verschwunden. Ich beschloß, zum Beginn meiner Vorlesungen zu versuchen, [vom oberbayerischen Land] nach München zu kommen.«

Das schaffte er aber im allgemeinen Chaos des ›Zusammenbruchs‹ nicht. Die Universität war ohnehin geschlossen. Dingler sollte im übrigen nie mehr auf dem Katheder stehen: Am 19. Dezember 1945 schrieb ihm das Bayerische Kultusministerium:

»Auf Weisung der Militärregierung vom 6. 12. 1945 [...] werden Sie mit sofortiger Wirkung von ihrem Dienst als o. Professor i.R. in der Naturwissenschaftlichen Fakultät enthoben. Sie haben sich jeder weiteren dienstlichen Tätigkeit zu enthalten.«

Das war für Dingler eine bittere Enttäuschung.[99] Denn ein überzeugter Nazi war er in seiner Selbsteinschätzung allem äußeren Anschein zuwider nicht gewesen, ja, er konnte es – wie soeben

99 Schon am 22. 6. 1946 finden wir eine Klage, die Dingler so ähnlich öfters äußerte. Anläßlich der Nachricht seiner Bank über »Vermögenssperren« schreibt er: »Nun hat man sein ganzes Leben lang Tag und Nacht nichts anders getan als über das Wohl der Menschheit gearbeitet und dies ist nun der Dank des deutschen Volkes und der Menschheit.«

nachgewiesen – *prinzipiell* nicht gewesen sein. Ja, genau betrachtet mußte er als Verfolgter des Naziregimes gelten. Denn inzwischen war er davon überzeugt, daß ihn 1934 die Nazis »wegen des Judenbuches« (Eintrag 14. 10. 1945) und nicht etwa wegen einer Einsparungsaktion entlassen hätten. So konnte er auf die abermalige Enthebung nun so reagieren:

»Jetzt bin ich schon zu 3. Male abgesetzt: zweimal von den Nazi u. einmal von den Amerikanern.«

Und in der Tat, Dinglers politisches Schicksal ist nicht frei von tragischen Elementen. Es ist ja wirklich so, daß er Schwierigkeiten mit den Nazis hatte und daß alle seine Anbiederungsversuche ihm nicht mehr als einen Lehrauftrag in den letzten Kriegsjahren eingebracht haben: wenig Geld und Ehre für viel Opportunismus. Seine Nazi-Universitätskollegen und die Mehrzahl seiner Parteigenossen waren erheblich erfolgreicher und hatten nach dem Krieg auch nicht mehr zu leiden als Dingler.

Seine Entlassung mußte Dingler um so mehr schmerzen, als er – wieder einmal – genau zu wissen glaubte, was seiner Zeit nottat. Die wesentlichen Dinge, vor allem, daß der Bolschewismus das eigentliche Weltübel darstelle, hatte er doch immer schon und die politischen Systeme überdauernd richtig gesehen. Noch am 25. 11. 1951 bestätigte er seine Einschätzung des Wiener Kreises in den *Grundlagen der Geometrie* (Dingler 1933): »Es ist ganz klar, daß jeder Szientismus auf geradem Wege zum Bolschewismus führt.«

Aus der geschilderten Sicht seiner Verstrickung in den Nationalsozialismus und im Blick auf seinen unveränderten geistigen Führungsanspruch kann Dinglers Reaktion auf seine Verurteilung bei der Entnazifizierung nicht mehr überraschen:

»Mi. 16. 6. 48 [...] heute Spruchkammer, dann Zentralfinanzamt, wo Kostenberechnung, dann d[eutsche?] Bank, wo 1380 M ›Sühne‹ bezahlt dafür, daß ich Deutschlands Ruhm vermehrt habe.«

Literatur

Altwegg, Jürg (Hg.) (1988), *Die Heidegger-Kontroverse*. Frankfurt: Athenäum.

Broder, Henryk M. (1986), *Der ewige Antisemit. Über Sinn und Funktion eines ständigen Gefühls*, Frankfurt: Fischer.

Clark, Ronald W. (1978), *Albert Einstein. Leben und Werk*, München: Wilhelm Heyne.

Dingler, Hugo (1911), *Die Grundlagen der angewandten Geometrie. Eine Untersuchung über den Zusammenhang zwischen Theorie und Erfahrung in den exakten Wissenschaften*, Leipzig: Akademische Verlagsgesellschaft.

– (1912), *Über wohlgeordnete Mengen und zerstreute Mengen im allgemeinen*, München: T. Ackermann.

– (1915), *Das Prinzip der logischen Unabhängigkeit in der Mathematik, zugleich als Einführung in die Axiomatik*, München: T. Ackermann.

– (1919), *Die Grundlagen der Physik. Synthetische Prinzipien der mathematischen Naturphilosophie*, Berlin/Leipzig: W. de Gruyter.

– (1919a), *Die Kultur der Juden. Eine Versöhnung zwischen Religion und Wissenschaft*, Leipzig: Der Neue Geist Verlag.

– (1929), »Albert Einstein. Zu seinem 50. Geburtstag, 14. März«, in: *Münchner Neueste Nachrichten*, Jg.72, Nr. 72, 14. März, S. 1 f.

– (1933), *Die Grundlagen der Geometrie. Ihre Bedeutung für Philosophie, Mathematik, Physik und Technik*, Stuttgart: Ferdinand Enke.

– (1934), »Zur Philosophie des Dritten Reiches«, in: *Zeitschrift für Deutschkunde* (= Jg. 48 der *Zeitschrift für den deutschen Unterricht*), S. 609–622.

– (1935), *Das Handeln im Sinne des höchsten Zieles (Absolute Ethik)*, München: Ernst Reinhardt.

– (1936), »Künder deutscher Weltanschauung. Zum Tode des Münchener Universitätsprofessors Wolfgang Schultz«, in: *Pädagogischer Umbruch. Ein Kampf um die Macht des nationalsozialistischen Geistes. Amtliche Zeitschrift des Amtes für Erzieher in der NSDAP und des NS-Lehrerbundes*, Gau München–Oberbayern, 4, S. 293 f.

– (1941), *Von der Tierseele zur Menschenseele. Zur Geschichte der geistigen Menschwerdung*, Leipzig: Heling.

– (1969), *Die Ergreifung des Wirklichen*. Frankfurt am Main: Suhrkamp.

Fölsing, Albrecht (1981), »Naturwissenschaft im Dritten Reich«, in: *Die Zeit*, 27. März 1981, S. 15 f.

Gethmann-Siefert, Annemarie/Pöggeler, Otto (Hg.) (1988), *Heidegger und die praktische Philosophie*, Frankfurt am Main: Suhrkamp.

Heiber, Helmut (1966), *Walter Frank und sein Reichsinstitut für Geschichte des neuen Deutschland*, Stuttgart: Deutsche Verlagsanstalt.

Heidegger, Martin (1983), *Die Selbstbehauptung der Deutschen Universität. Rede gehalten bei der feierlichen Übernahme des Rektorats der Universität Freiburg i.Br. am 27. 5. 1933 – Das Rektorat 1933/34. Tatsachen und Gedanken*, Frankfurt am Main: Vittorio Klostermann.

Israel, Hans/Ruckhaber, Erich/Weinmann, Rudolf (Hg.) (1931), *Hundert Autoren gegen Einstein*, Leipzig: R. Voigtländer.

Klaus, Georg/Buhr, Manfred (Hg.) (1972), *Marxistisch-leninistisches Wörterbuch der Philosophie*, Bde. 1-3, Reinbek: Rowohlt.
Klemperer, Victor (1985), *LTI. Notizbuch eines Philologen*, Leipzig: Philipp Reclam jun.
Krampf, Wilhelm (Hg.) (1956), *Hugo Dingler – Gedenkbuch zum 75. Geburtstag*, München: Eidos.
Lenard, Philipp (1936 f.), *Deutsche Physik*, Bde. 1-4, München: J. F. Lehmann.
Lorenz, Kuno/Mittelstraß, Jürgen (1969), »Die methodische Philosophie Hugo Dinglers«, in: Dingler 1969, S. 7-55.
Nolte, Ernst (1987), »Zwischen Geschichtslegende und Revisionismus? Das Dritte Reich im Blickwinkel des Jahres 1980«, in: *›Historikerstreit‹. Die Dokumentation der Kontroverse um die Einzigartigkeit der nationalsozialistischen Judenvernichtung*, München: Piper, S. 13-35.
Ott, Hugo (1988), *Martin Heidegger. Unterwegs zu einer Biographie*, Frankfurt am Main/New York: Campus.
Rossi-Landi, Ferruccio (1967), Artikel »Dingler, Hugo«, in: P. Edwards (Hg.), *The Encyclopedia of Philosophy*, Bd. 2, S. 407 f.
Schorcht, Claudia (1990), *Philosophie an den bayerischen Universitäten*, Erlangen: Harald Fischer.
Wolters, Gereon (1985), »›The First Man Who Almost Wholly Understands Me‹: Carnap, Dingler, and Conventionalism«, in: N. Rescher (Hg.), *The Heritage of Logical Positivism*, Lanham/New York/London: University Press of America, S. 93-107.
– (1987), *Mach* I, *Mach* II, *Einstein und die Relativitätstheorie. Eine Fälschung und ihre Folgen*, Berlin/New York: de Gruyter.
– (1988), »Hugo Dingler«, in: *Science in Context* 2, S. 359-367.

Hinweise zu den Autoren

Carl Friedrich Gethmann, Professor Dr. phil. habil., lic. phil., geb. 1944; Studium der Philosophie in Bonn, Innsbruck und Bochum; 1968 lic. phil. (Institutum Philosophicum Oenipontanum); 1971 Promotion zum Dr. phil. an der Universität Bochum; 1978 Habilitation für Philosophie an der Universität Konstanz. 1968 wiss. Assistent; 1972 Universitätsdozent für Philosophie an der Universität Essen; 1978 Privatdozent an der Universität Konstanz; seit 1979 Professor für Philosophie an der Universität Essen; weitere Lehrtätigkeiten an den Universitäten Düsseldorf und Göttingen, Mitglied der Academia Europaea (London).
Veröffentlichungen u. a.: *Verstehen und Auslegung. Untersuchungen zum Methodenproblem in der Philosophie Martin Heideggers*, 1974; *Protologik. Untersuchungen zur formalen Pragmatik von Begründungsdiskursen*, 1979; *Dasein: Erkennen und Handeln*, 1992; (Hg.). *Theorie des wissenschaftlichen Argumentierens*, 1980; *Logik und Pragmatik. Zum philosophischen Rechtfertigungsproblem logischer Kalküle*, 1982; *Lebenswelt und Wissenschaft*, 1991.

Rüdiger Inhetveen, Dr. rer. nat., geb. 1943; Studium der Mathematik, Physik und Philosophie in Erlangen; 1971 wissenschaftlicher Assistent am Institut für Philosophie; seit 1983 wissenschaftlicher Mitarbeiter am Institut für Gesellschaft und Wissenschaft an der Universität Erlangen-Nürnberg.
Veröffentlichungen: *Konstruktive Geometrie. Eine formentheoretische Begründung der euklidischen Geometrie*, Mannheim 1983; Aufsätze zur Begründung von Mathematik und Physik; Mitherausgeber von Sammelbänden zu Querschnittsfragen der Wissenschaftsforschung.

Peter Janich, Professor Dr. phil., geb. 1942; Studium der Physik, der Philosophie und der Psychologie in Erlangen und Hamburg; Promotion 1969; 1969/70 Gastdozent an der Universität von Texas in Austin; 1971 Wissenschaftlicher Rat; 1978 Professor an der Universität Konstanz; seit 1980 Professor für Philosophie an der Universität Marburg.
Veröffentlichungen: *Die Protophysik der Zeit*, Mannheim 1969; (zusammen mit F. Kambartel u. J. Mittelstraß), *Wissenschaftstheorie als Wissenschaftskritik*, Frankfurt 1974; *Die Protophysik der Zeit. Konstruktive Begründung und Geschichte der Zeitmessung*, Frankfurt 1980 (englisch 1985); *Euklids Erbe. Ist der Raum dreidimensional?* München 1989 (englisch 1992); Grenzen der Naturwissenschaft. *Erkennen als Handeln*, München 1992; (Hg.) *Wissenschaftstheorie als Wissenschaftsforschung*, München 1981; (Hg.) *Methodische Philosophie. Beiträge zum Begrün-*

dungsproblem der exakten Wissenschaften in Auseinandersetzung mit Hugo Dingler, Mannheim, Wien, Zürich 1984; (Hg.) *Protophysik heute*, Sonderband von Philosophia Naturalis, Meisenheim 1985. – Aufsätze zur Wissenschaftstheorie von Physik, Biologie, Chemie, Psychologie, Informatik; zur Geschichte der Naturwissenschaften; zur Sprachphilosophie, Handlungstheorie, Geschichte der Philosophie.

Friedrich Kambartel, Professor Dr., geb. 1935; Studium u. a. der Physik, Mathematik, mathematischen Logik und Philosophie in Münster; Promotion 1959; Habilitation für Philosophie 1966; seit 1966 Professor an der Universität Konstanz.
Veröffentlichungen u. a.: *Erfahrung und Struktur. Bausteine zu einer Kritik des Empirismus und Formalismus* (1968, [2]1976); *Was ist und soll Philosophie?* (1968, [2]1974); (zusammen mit P. Janich u. J. Mittelstraß) *Wissenschaftstheorie als Wissenschaftskritik* (1974); *Theorie und Begründung. Studien zum Philosophie- und Wissenschaftsverständnis* (1976); *Philosophie der humanen Welt* (1989); Mitherausgeber der nachgelassenen Schriften und des wissenschaftlichen Briefwechsels von Gottlob Frege, der Bernard-Bolzano-Gesamtausgabe und des *Historischen Wörterbuchs der Philosophie*. – Aufsätze zu Problemen der Logik, Wissenschaftstheorie, Sprachphilosophie, Praktischen Philosophie.

Rudolf Kötter, Dr. phil., geb. 1947; Studium der Philosophie, Rechtswissenschaft und Volkswirtschaftslehre; Promotion 1980; Akademischer Oberrat am Interdisziplinären Institut der Universität Erlangen-Nürnberg.
Veröffentlichungen zur Wissenschafts- und Erkenntnistheorie sowie zu philosophischen Problemen der Ökonomie.

Kuno Lorenz, geb. 1932 in Vachdorf/Thüringen; Studium der Mathematik und Physik in Tübingen, Hamburg, Bonn und Princeton, N. J.; 1961 Promotion mit einer Dissertation über ›Arithmetik und Logik als Spiele‹; 1969 Habilitation für Philosophie in Erlangen; 1970-74 o. Professur an der Universität Hamburg, seit 1974 an der Universität des Saarlandes in Saarbrücken. Arbeitsgebiete: Philosophie der Logik, Sprachphilosophie, Handlungstheorie und Zeichentheorie, Vergleichende Philosophie.
Veröffentlichungen u. a.: *Elemente der Sprachkritik*, Frankfurt 1970; (zusammen mit P. Lorenzen) *Dialogische Logik*, Darmstadt 1978; (Hg.) *Konstruktionen versus Positionen*, Berlin 1979; (Hg.) *Identität und Individuation*, Stuttgart 1982; *Einführung in die philosophische Anthropologie*, Darmstadt 1990.

Paul Lorenzen, geb. 1915, em. o. Prof. für Philosophie an der Universität Erlangen-Nürnberg; mit W. Kamlah Gründer der sogenannten »Erlanger Schule«. 1938 Promotion, 1946 Habilitation in Mathematik. 1952 apl. Prof. für Mathematik an der Universität Bonn; 1956 o. Prof. für Philosophie in Kiel, 1962 in Erlangen. Gastprofessuren an zahlreichen ausländischen, bes. amerikanischen Universitäten.
Wichtigste Veröffentlichungen: *Einführung in die operative Logik und Mathematik*, Berlin 1955; *Formale Logik*, Berlin 1958; *Die Entstehung der exakten Wissenschaften*, Berlin 1960; *Metamathematik*, Mannheim 1962; *Differential und Integral*, Frankfurt am Main 1965; *Logische Propädeutik* (mit W. Kamlah), Mannheim 1967; *Methodisches Denken*, Frankfurt am Main 1968; *Normative Logic and Ethics*, Mannheim 1969; *Konstruktive Logik, Ethik und Wissenschaftstheorie* (mit O. Schwemmer), Mannheim 1973; *Konstruktive Wissenschaftstheorie*, Frankfurt am Main 1974; *Lehrbuch der konstruktiven Wissenschaftstheorie*, Mannheim 1987.

Jürgen Mittelstraß, Professor Dr. phil., geb. 1936; Studium der Philosophie, Germanistik und ev. Theologie in Bonn, Erlangen, Hamburg und Oxford; Promotion 1961 in Erlangen; Habilitation 1968 in Erlangen; seit 1970 Professor für Philosophie in Konstanz.
Veröffentlichungen u. a.: *Die Rettung der Phänomene. Ursprung und Geschichte eines antiken Forschungsprinzips*, Berlin 1962; *Neuzeit und Aufklärung. Studien zur Entstehung der neuzeitlichen Wissenschaft und Philosophie*, Berlin/New York 1970; *Die Möglichkeit von Wissenschaft*, Frankfurt 1974; (zusammen mit P. Janich und F. Kambartel) *Wissenschaftstheorie als Wissenschaftskritik*, Frankfurt 1974; *Wissenschaft als Lebensform*, Frankfurt 1982; *Fortschritt und Eliten*, Konstanz 1984; (zusammen mit M. Carrier) *Geist, Gehirn, Verhalten. Das Leib-Seele-Problem und die Philosophie der Psychologie*, Berlin/New York 1989 (engl. 1991); *Der Flug der Eule*, Frankfurt 1989; (Hg.) *Enzyklopädie Philosophie und Wissenschaftstheorie*, bisher 2 Bände, Mannheim/Wien/Zürich 1980/1984. – Aufsätze zur allgemeinen Wissenschaftstheorie, Wissenschaftsgeschichte, Erkenntnistheorie und Sprachphilosophie.

Hans Julius Schneider, Professor Dr. phil., geb. 1944; Studium der Philosophie, Germanistik, Anglistik und Linguistik in Berlin, Austin (Texas) und Erlangen; Promotion in Erlangen 1970; ab 1970 Wissenschaftlicher Assistent in Konstanz; Habilitation 1975; 1978-1983 Privatdozent in Konstanz und Heisenberg-Stipendiat der Deutschen Forschungsgemeinschaft; seit 1983 Professor für Philosophie in Erlangen (1989 Gastsemester in den USA).
Veröffentlichungen: *Pragmatik als Basis von Semantik und Syntax*, Frankfurt a. M. 1975; *Über das Schweigen der Philosophie zu den Lebenspro-*

blemen, Konstanz 1979; *Phantasie und Kalkül. Über die Polarität von Handlung und Struktur in der Sprache*, Frankfurt a. M. 1992. – Aufsätze zur Sprachphilosophie, allgemeinen Wissenschaftstheorie, Ethik und philosophischen Anthropologie.

Oswald Schwemmer, Professor Dr. phil., geb. 1941; Studium der Philosophie, Mathematik, Soziologie und Politischen Wissenschaft in Bonn, Pullach (Philosophische Hochschule Berchmanskolleg), München und Erlangen; Lizentiat der Philosophie 1966; Promotion 1970; Habilitation 1975. 1976-1978 Wissenschaftlicher Rat in Erlangen. Professor für Philosophie 1978-1982 in Erlangen, 1982-1987 in Marburg, seit 1987 in Düsseldorf. 1984/85 Senior Research Fellow am Center for Philosophy of Science der University of Pittsburgh, 1991 Visiting Professor an der Emory University, Atlanta.
Buchveröffentlichungen: *Philosophie der Praxis. Versuch zur Grundlegung einer Lehre vom moralischen Argumentieren in Verbindung mit einer Interpretation der praktischen Philosophie Kants*, Frankfurt a. M. 1971, ²1980; (zusammen mit Paul Lorenzen) *Konstruktive Logik, Ethik und Wissenschaftstheorie*, Mannheim/Wien/Zürich 1973, ²1975; *Theorie der rationalen Erklärung. Zu den methodischen Grundlagen der Kulturwissenschaften*, München 1976; (Hg.) *Vernunft, Handlung und Erfahrung. Über die Grundlagen und Ziele der Wissenschaften*, München 1981; *Ethische Untersuchungen. Rückfragen zu einigen Grundbegriffen*, Frankfurt a. M. 1986; *Handlung und Struktur. Zur Wissenschaftstheorie der Kulturwissenschaften*, Frankfurt a. M. 1987; (Hg.) *Über Natur. Philosophische Beiträge zum Naturverständnis*, Frankfurt a. M. 1987, ²1991; *Die Philosophie und die Wissenschaften. Zur Kritik einer Abgrenzung*, Frankfurt a. M. 1990.

Holm Tetens, Prof. Dr. phil, geb. 1948; Studium der Philosophie, der Mathematik und Soziologie in Bochum und Erlangen; Promotion in Erlangen 1977; 1978-1979 Assistenzprofessor an der Nationaluniversität Brasilia (Brasilien); 1980-1986 Wissenschaftlicher Assistent an der Universität Marburg; Habilitation 1986; 1987-1988 Heisenberg Stipendiat der Deutschen Forschungsgemeinschaft; 1987-1988 Vertretung des Lehrstuhls für Wissenschaftstheorie an der Universität Göttingen; seit 1988 Professor für Philosophie an der Universität Paderborn.
Veröffentlichungen: *Experimentelle Erfahrung – eine wissenschaftstheoretische These über die Rolle des Experiments in der Begriff- und Theoriebildung der Physik*, Hamburg 1987. – Zahlreiche Aufsätze in Fachzeitschriften.

Christian Thiel, Professor Dr. phil., geb. 1937; Studium von Philosophie, Mathematik und Soziologie in Erlangen sowie zeitweise Psychologie und Kunsterziehung in München; 1965 Promotion zum Dr. phil.; 1966/67 Postdoctoral Fellow und Assistant Professor an der University of Texas at Austin; 1970 Habilitation für Philosophie in Erlangen. Nach Lehrstuhlvertretungen an den Universitäten Konstanz und Kiel von 1972-1982 o. Prof. für Philosophie und Wissenschaftstheorie an der RWTH Aachen; seit 1982 o. Prof. für Philosophie an der Universität Erlangen-Nürnberg.
Veröffentlichungen: *Sinn und Bedeutung in der Logik Freges*, Meisenheim 1965 (englisch 1968, spanisch 1972); *Grundlagenkrise und Grundlagenstreit*, Meisenheim 1972; (Hg.) *Frege und die moderne Grundlagenforschung*, Meisenheim 1975; (Hg. u. a.) *Gottlob Frege. Wissenschaftlicher Briefwechsel*, Hamburg 1976; (Hg. u. a.) *Zugänge zur Philosophie*, Kastellaun 1979; (Hg.) *Gottlob Frege, Die Grundlagen der Arithmetik*, Hamburg 1986; »Kurt Gödel: Die Grenzen der Kalküle«, im Druck 1991.

Ulrich Weiß, Dr. phil. habil., geb. 1947; Studium der Philosophie, Politischen Wissenschaft, Germanistik und Geschichte in München; Promotion 1974; Wissenschaftlicher Assistent in Augsburg 1975-1983; Habilitation 1989; Privatdozent für Philosophie in Augsburg, Lehraufträge für Politische Theorie an der Hochschule für Politik in München sowie für Philosophie an der Universität Ulm.
Veröffentlichungen: *Das philosophische System von Thomas Hobbes*, Stuttgart-Bad Cannstatt 1980; *Hugo Dinglers methodische Philosophie. Eine kritische Rekonstruktion ihres voluntaristisch-pragmatischen Begründungszusammenhangs*, Mannheim/Wien/Zürich 1991; (Hg.) *Hugo Dingler, Aufsätze zur Methodik*, 1987. – Aufsätze und Lexikonartikel zur Erkenntnistheorie und zur politischen Theorie.

Jörg Willer, Professor Dr. phil., M. A., geb. 1936; Studium der Philosophie, Pädagogik und Physik; Magister 1965; Promotion 1971; 1966-1974 Dozent an der PH Würzburg; 1974-1980 Professor an der PH Berlin; seit 1980 Professor für Didaktik der Physik unter Berücksichtigung erkenntnis- und wissenschaftstheoretischer Grundlagenprobleme an der TU Berlin.
Veröffentlichungen: *Relativität und Eindeutigkeit*, Meisenheim 1973; *Max Scheler, Logik* I (Erstveröffentlichung), Amsterdam 1975; *Repetitorium Fachdidaktik Physik*, Bad Heilbrunn 1977; *Physik und menschliche Bildung*, Darmstadt 1990. – Beiträge zur Fachdidaktik Physik und zur Wissenschaftstheorie.

Gereon Wolters, Prof. Dr. phil., geb. 1944; Studium der Philosophie und Mathematik in Innsbruck, Kiel und Tübingen; Promotion 1977; Habilitation 1985; seit 1988 Professor für Philosophie an der Universität Konstanz.

Veröffentlichungen: *Basis und Deduktion. Studien zur Entstehung und Bedeutung der Theorie der axiomatischen Methode bei Johann Heinrich Lambert (1728-1777)*, Berlin 1980; *Mach I, Mach II, Einstein und die Relativitätstheorie. Eine Fälschung und ihre Folgen*, Berlin 1987; *Franz Anton Mesmer und der Mesmerismus. Wissenschaft, Scharlatanerie, Poesie*, Konstanz 1988; (Hg. zusammen mit W. C. Salmon), *Mind, Language, and Reality. Proceedings of the First Pittsburgh-Konstanz Colloquium in the Philosophy of Science*, Konstanz/Pittsburgh 1992; (Hg. zusammen mit A. Elepfandt), *Gehirn und Geist. Interdisziplinäre Vorlesungen*, Stuttgart 1992; (Hg. u. a.) *Enzyklopädie Philosophie und Wissenschaftstheorie*, Mannheim 1980 ff. – Mitglied des Direktoriums von: *Gaia. Ecological Perspectives in Science, Humanities, and Economics*, Heidelberg 1991 ff.